EXCEL

(versiones 2024 y Microsoft 365)

Domine las funciones avanzadas de la hoja de cálculo de Microsoft®

Incluye **Copilot**, la IA de Microsoft

ISBN: 978-2-409-05306-1
Edición original: 978-2-409-04945-3

Ediciones ENI es una marca comercial registrada de Ediciones Software.

Ediciones ENI
P° Ferrocarriles Catalanes, 97-117, 2a pl. of. 18
08940 - Cornellà de Llobregat (Barcelona)

Tel: 934 246 401
Fax: 934 231 576

e-mail: info@ediciones-eni.com
http://www.ediciones-eni.com

Colección **Ofimática Profesional** dirigida por Jonathan LOMBARD

Para poder acceder durante un año
a la versión online de este libro,
envíenos su justificante de compra a

librodigital@ediciones-eni.com

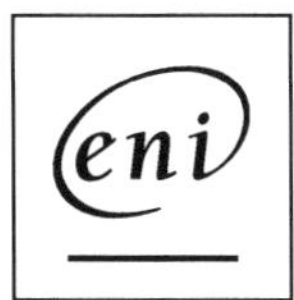

Prefacio

Este manual está destinado a los usuarios de Excel que deseen ampliar sus conocimientos descubriendo las funcionalidades más complejas de esta conocida hoja de cálculo. Se ha elaborado con la versión 2024 de Excel y también es válida para la version de Excel incluida en las suscripciones de Microsoft 365. Su objetivo es ayudarle a localizar rápidamente las opciones que se deben activar y las operaciones a realizar para llevar a cabo acciones determinadas. Las imágenes presentadas muestran el cuadro de diálogo correspondiente a la operación en curso o ejemplos concretos de uso.

El libro consta de 11 partes:

Microsoft Excel . . . . páginas 9 a 30

La primera parte presenta las funciones avanzadas de la visualización de ventanas y gestión de libros.

Datos . . . . páginas 31 a 66

Esta parte presenta los elementos específicos que se pueden insertar en las hojas de cálculo (hipervínculos, listas desplegables...), así como las operaciones que permiten importar datos y las funciones avanzadas de copia y desplazamiento.

Hojas de cálculo . . . . páginas 67 a 74

En esta parte, aprenderá a manipular las celdas y los rangos con nombre.

Cálculos y auditorías . . . . páginas 75 a 138

Aquí descubrirá las funciones de cálculo complejas (función SI, cálculos sobre fechas, funciones de búsqueda, tabla de doble entrada, funciones de tabla dinámica...) y aprenderá a auditar sus hojas de cálculo.

Presentación de los datos. . . . . páginas 139 a 160

Descubra las funciones avanzadas que permiten dar formato a los datos: formatos personalizados, condicionales, estilos y temas.

Reorganización de los datos . . . . páginas 161 a 188

Esta parte aborda las funciones avanzadas de gestión de libros: cómo ordenar los datos, filtrar y optimizar el trabajo con tablas grandes y mediante esquemas.

Gráficos . . . . páginas 189 a 220

En esta parte descubrirá las opciones avanzadas para presentar sus datos en forma de gráficos.

Herramientas de análisis . . . . páginas 221 a 290

Excel permite trabajar con tablas de datos (presentadas como listas de datos) y crear, a partir de ellas, tablas y gráficos dinámicos. También aprenderá a usar las herramientas specificas de análisis para realizar diversas simulaciones (escenarios y solver).

Tras tratar el tema de la protección de datos mediante el uso de contraseñas, en esta parte verá cómo compartir un libro y coeditarlo.

Esta última parte presenta las bases de la creación de macros, así como la personalización del entorno y la gestión de las cuentas de usuario.

Esta nueva sección presenta las posibilidades de uso de Copilot (la inteligencia artificial de Microsoft) en Excel. Copilot en Excel está disponible para los usuarios que dispongan de una suscripción a Microsoft 365 y una licencia Copilot. Descubrirá cómo optimizar su productividad utilizando Copilot para generar fórmulas y analizar datos. Un capítulo específico presenta recomendaciones prácticas para redactar consultas eficaces.

En el Anexo encontrará una lista con los principales métodos abreviados de teclado. Las últimas páginas del libro presentan un índice temático, muy útil para encontrar rápidamente las operaciones correspondientes a temas concretos.

Convenciones tipográficas

Para que el usuario pueda localizar e interpretar con facilidad las informaciones que más le interesen, hemos adoptado las siguientes convenciones tipográficas.

Los siguientes estilos de caracteres se utilizan para:

negrita indicar una opción del menú o de un cuadro de diálogo que hay que activar.

cursiva un comentario que introduce una operación o que explica las modificaciones que aparecen en pantalla.

Ctrl representar las teclas del teclado que deben pulsarse. Cuando dos teclas aparecen juntas, deberá pulsarlas a la vez.

Los siguientes símbolos introducen:

la operación que hay que efectuar (activar una opción, hacer clic con el ratón, etc.).

una observación de orden general sobre el comando actual.

un truco que conviene conocer y memorizar.

Contenido

Microsoft Excel

Vista

Libros

Datos

Entradas específicas

Contenido

Hipervínculos

Importar datos

Copiar y mover

Hojas de cálculos

Filas, columnas y celdas

Rangos con nombre

Cálculos y auditorías

Cálculos

Auditoría de fórmulas

Presentación de los datos

Formatos personalizados y condicionales

Contenido

Estilos y temas

Reorganización de los datos

Ordenar y esquematizar datos

Filtrar datos

Contenido

Gráficos

Opciones de gráficos

Herramientas de análisis

Tablas de datos y tablas dinámicas

Tablas dinámicas

Contenido

Compartir y coeditar

Funciones avanzadas diversas

Macros

Personalizar

Administración de las cuentas

Contenido

Copilot

Copilot en Excel Microsoft 365

Redactar consultas eficaces

Mostrar un libro en dos ventanas distintas

Existe la posibilidad de crear varias vistas diferentes del libro, cosa que permite, por ejemplo, visualizar a la vez dos zonas apartadas de una misma hoja de cálculo o incluso dos hojas de cálculo de un mismo libro.

- En la pestaña **Vista**, haga clic en el botón **Nueva ventana** del grupo **Ventana**.

  Inmediatamente, una nueva ventana con el nombre ***Nombre de libro:2*** *se superpone a la ventana de origen.*
- Muestre las ventanas en mosaico (véase Organizar la vista de las ventanas).
- Desplace el contenido de cada ventana con el fin de visualizar en cada una de ellas una zona diferente del libro.

Al trabajar en una ventana u otra se modifica todo el libro, no solo la hoja activa en la ventana.

Organizar la vista de las ventanas

Otra posibilidad que existe es ver en pantalla al mismo tiempo las ventanas abiertas de uno o de varios libros.

- Active la ventana deseada.
- En la pestaña **Vista**, haga clic en el botón **Organizar todo** del grupo **Ventana**.

  Aparece un cuadro de diálogo en el que puede seleccionar la disposición de las ventanas.

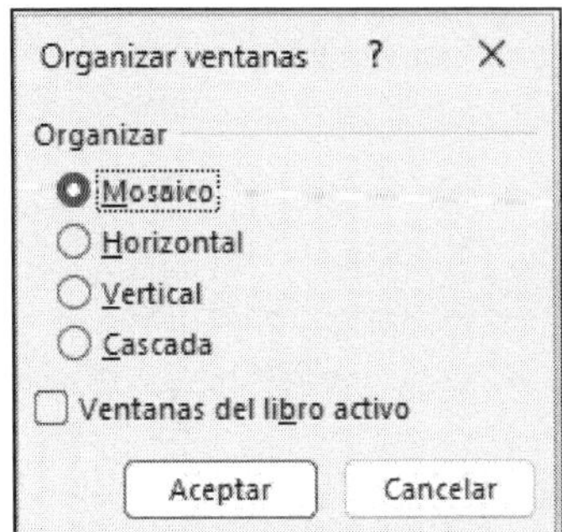

- Seleccione la disposición de las ventanas. La opción **Mosaico** muestra las ventanas unas al lado de otras, mientras que la opción **Cascada** permite superponer las ventanas con una pequeña separación, de forma que la barra de título de cada una de ellas esté accesible.

- Si tiene abiertos varios libros y el libro activo contiene varias ventanas, active la opción **Ventanas del libro activo** para ver las ventanas creadas para el libro activo (véase Mostrar un libro en dos ventanas distintas).
- Haga clic en **Aceptar**.

Dado que ahora cada libro dispone de su propia ventana independiente, también puede hacer clic y, sin soltar el botón del ratón, arrastrar la ventana de Excel que elija a uno de los lados de su pantalla (o de sus pantallas).

Mostrar u ocultar una ventana

Excel permite ocultar las ventanas sin necesidad de cerrarlas.

- Para ocultar una ventana, empiece por activarla.
- En la pestaña **Vista**, haga clic en el botón **Ocultar ventana** del grupo **Ventana.**
- Para ver una ventana oculta, haga clic en el botón **Mostrar ventana** del grupo **Ventana.**
- En el cuadro de diálogo **Mostrar** que aparece a continuación, haga clic en el nombre de la ventana y luego en el botón **Aceptar** o haga doble clic sobre su nombre.

Dividir una ventana en varios paneles

Siguiendo el mismo principio descrito en el apartado anterior, también es posible dividir la ventana en dos o cuatro paneles. Esta funcionalidad permite desplazarse de forma independiente por el contenido de cada panel.

- Para dividir la ventana, haga clic en la celda situada a la derecha y por debajo del punto en el que desea dividir la hoja de cálculo.
- Active la pestaña **Vista** y haga clic en la herramienta **Dividir** del grupo **Ventana.**
  Aparecerán barras de desplazamiento en cada panel, lo que permite desplazarse por el contenido de cada uno de forma independiente.

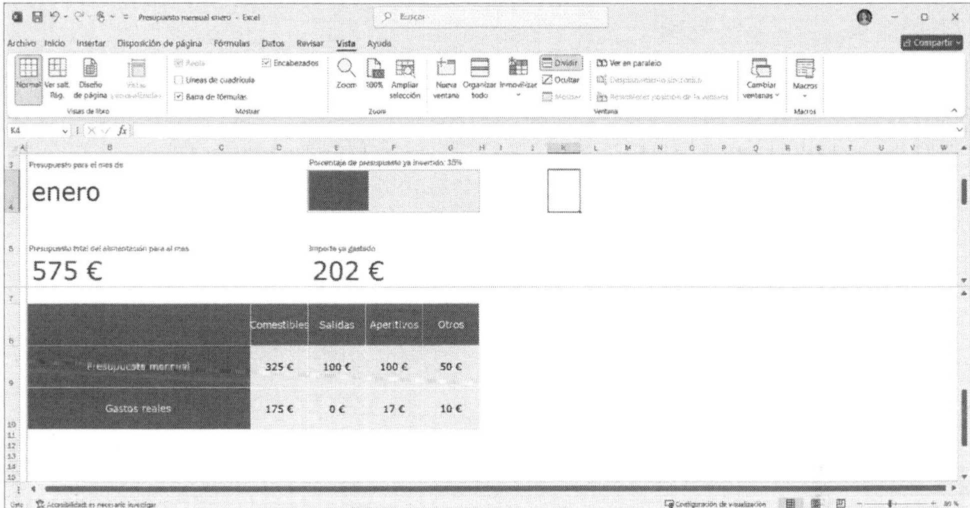

- Para modificar la división, arrastre la barra de separación hasta la posición deseada.
- Para eliminar la división, haga clic de nuevo en la herramienta **Dividir** del grupo **Ventana**, en la pestaña **Vista**.

  También puede hacer doble clic en la barra de división (horizontal o vertical) para eliminarla.

Tenga en cuenta que los controles de división rápida que permitían (en versiones anteriores de Excel) dividir la ventana en cualquier punto de la hoja de cálculo, se eliminaron a partir de Excel 2013.

Mostrar dos libros uno al lado del otro para compararlos

- Active uno de los dos libros.
- En la pestaña **Vista**, haga clic en la herramienta **Ver en paralelo** del grupo **Ventana**.

  *Si hay más de dos libros abiertos, se mostrará el cuadro de diálogo **Comparar en paralelo**.*
- Haga clic en el nombre del segundo libro que desea comparar y, a continuación, en **Aceptar**.

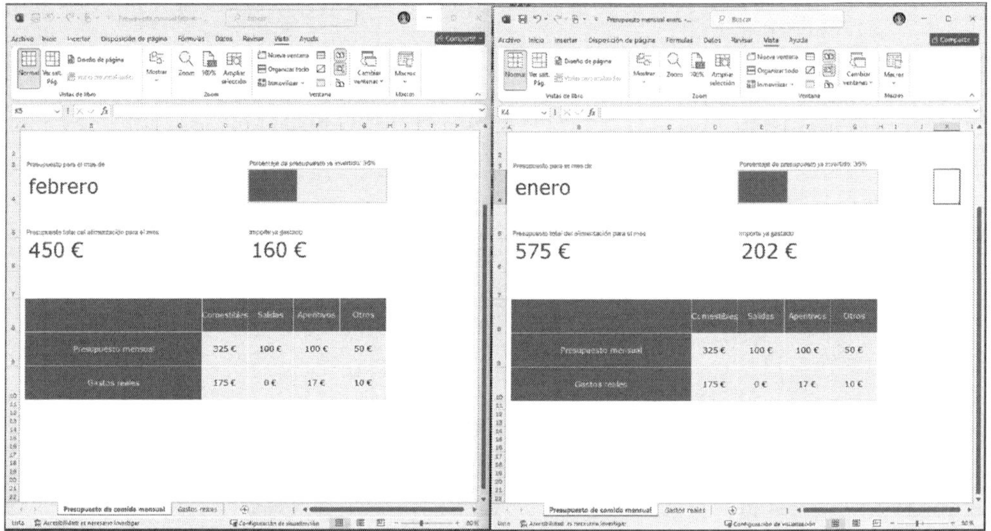

Ambos libros se mostrarán en ventanas separadas, colocadas una al lado de la otra o una encima de la otra.

- Si la disposición de las ventanas no es adecuada, haga clic en el botón **Organizar todo**, seleccione la opción que prefiera (por ejemplo, **Vertical**) y confirme con **Aceptar**.

  *Por defecto, el desplazamiento de los libros está sincronizado, lo que significa que al desplazarse por una ventana, la otra se mueve al mismo tiempo (el botón **Desplazamiento sincrónico** del grupo **Ventana**, en la pestaña **Vista**, está activado).*

- Para desplazar las ventanas de forma independiente, haga clic en el botón **Desplazamiento sincrónico** para desactivarlo.

- Si ha modificado el tamaño o la posición de las ventanas, puede restablecer su disposición original haciendo clic en **Restablecer posición de la ventana** desde la pestaña **Vista** de uno de los documentos.

- Cuando haya terminado de comparar los documentos, haga clic nuevamente en el botón **Ver en paralelo** de la pestaña **Vista** para desactivar la visualización en paralelo.

Vista

Inmovilizar y movilizar filas y columnas

Esta operación permite inmovilizar filas o columnas en la pantalla con el fin de que aparezcan, unos al lado de otros, datos que de otra manera aparecerían separados al ir haciendo avanzar la hoja de cálculo.

- Active la pestaña **Vista**.
- Para bloquear una fila, haga que se desplace, si es preciso, el contenido de la ventana para ver la fila en cuestión como primera fila de la ventana. Haga clic en el botón **Inmovilizar** del grupo **Ventana** y active la opción **Inmovilizar fila superior**.
- Para bloquear una columna, colóquela como si fuera la primera columna de la ventana. Haga clic en el botón **Inmovilizar** del grupo **Ventana** y active la opción **Inmovilizar primera columna**.
- Para bloquear las primeras filas y columnas de la ventana, haga clic en la celda situada a la derecha de las columnas y debajo de las filas que desea bloquear. Luego haga clic en el botón **Inmovilizar** del grupo **Ventana** y active la opción **Inmovilizar paneles**.

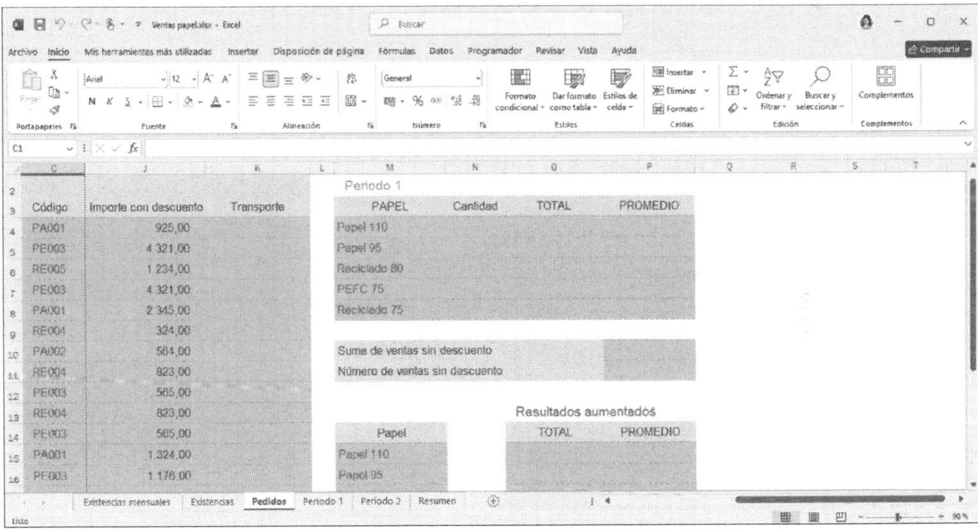

Inmovilizar las columnas A, B y C permite mostrar la columna J junto a la columna C.

- Para liberar las filas y columnas bloqueadas, haga clic en el botón **Inmovilizar** del grupo **Ventana** y active la opción **Movilizar paneles**.

Crear una plantilla personalizada

Una plantilla es un documento que contiene hojas de cálculo, datos con formato, fórmulas, etc., que se pueden reutilizar para crear nuevos libros.

- Diseñe la plantilla incluyendo los elementos que tendrán en común todos los libros que se crearán a partir de ella. Si es necesario, puede proteger hojas o celdas (véase el capítulo Proteger un libro).
- Haga clic en la pestaña **Archivo** y seleccione **Guardar como**.
- Haga clic en la opción **Examinar** del panel central.
- En la lista **Tipo**, seleccione la opción **Plantilla de Excel**.

*Por defecto, Excel propone guardar la plantilla en la carpeta **Plantillas personalizadas de Office**, ubicada dentro de la carpeta **Documentos** del disco duro:*

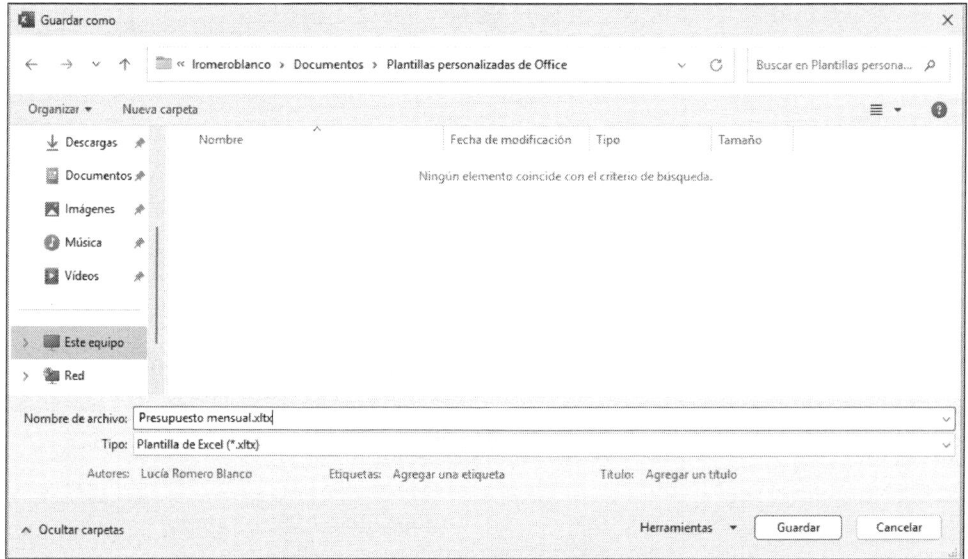

*La ubicación predeterminada para guardar las plantillas puede consultarse y modificarse en **Archivo - Opciones - Guardar - Ubicación predeterminada de las plantillas personales**.*

- Escriba el nombre de la plantilla, o modifíquelo, en el campo **Nombre de archivo**.
- Haga clic en el botón **Guardar**.

- La extensión que se asigna a los archivos de plantilla es **.xltx** (según la configuración de Windows, la extensión puede estar oculta).
- Para modificar una plantilla personalizada, ábrala y edítela como si se tratase de cualquier otro libro.
- Las plantillas personalizadas aparecen en la sección **Personal** de la ventana **Nuevo** (**Archivo - Nuevo**).

También puede crear un nuevo libro a partir de uno ya existente seleccionando la opción **Abrir una copia** en el menú contextual del archivo dentro de la lista de archivos recientes (**Archivo - Abrir - Recientes**):

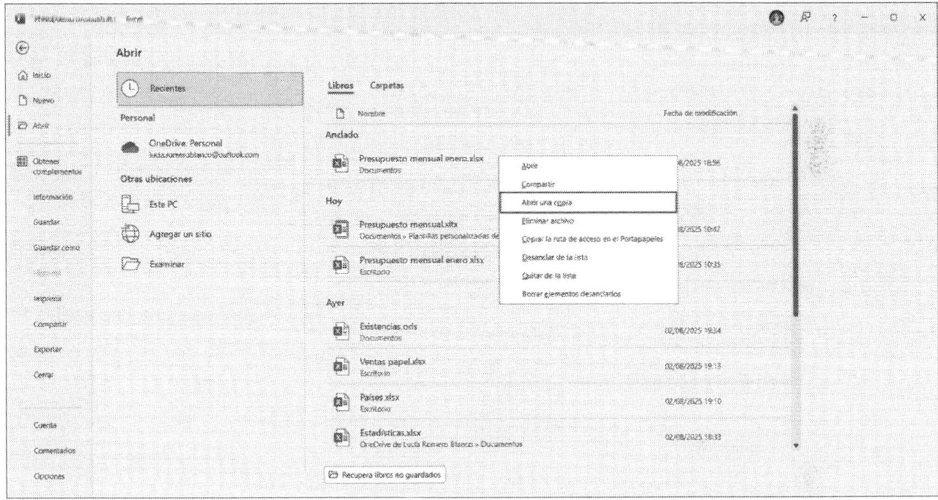

Guardar un libro en formato PDF o XPS

Los formatos de archivo PDF y XPS conservan las fuentes, las imágenes, los gráficos y el formato original de un documento tal como fue creado en su aplicación de origen. Un usuario puede visualizar, compartir e imprimir archivos PDF si dispone del programa Acrobat Reader (disponible gratuitamente en el sitio web de Adobe), y archivos XPS si tiene instalado Microsoft .NET Framework (disponible de forma gratuita en el sitio web de Microsoft). Dado que ambos programas son gratuitos y compatibles con la gran mayoría de sistemas operativos, independientemente de su versión, los archivos en formato PDF y XPS pueden distribuirse fácilmente por vía electrónica sin riesgo de problemas de compatibilidad al abrirlos en otro dispositivo.

Una vez se ha guardado el archivo en los formatos PDF o XPS, ya no puede convertirse de nuevo al formato de Excel (.xls, .xlsx...) con el programa Excel, sino que solo podrá hacerse con una aplicación especializada.

- Haga clic en la pestaña **Archivo** y luego en la opción **Exportar**.
- Elija la opción **Crear documento PDF/XPS** en el panel central y haga clic en el botón **Crear documento PDF/XPS**.
- Si es preciso, verifique o modifique la carpeta de almacenamiento y el **Nombre de archivo** en el cuadro de texto correspondiente.
- Si es preciso, abra la lista **Tipo** y seleccione la opción **PDF** o **Documento XPS**.

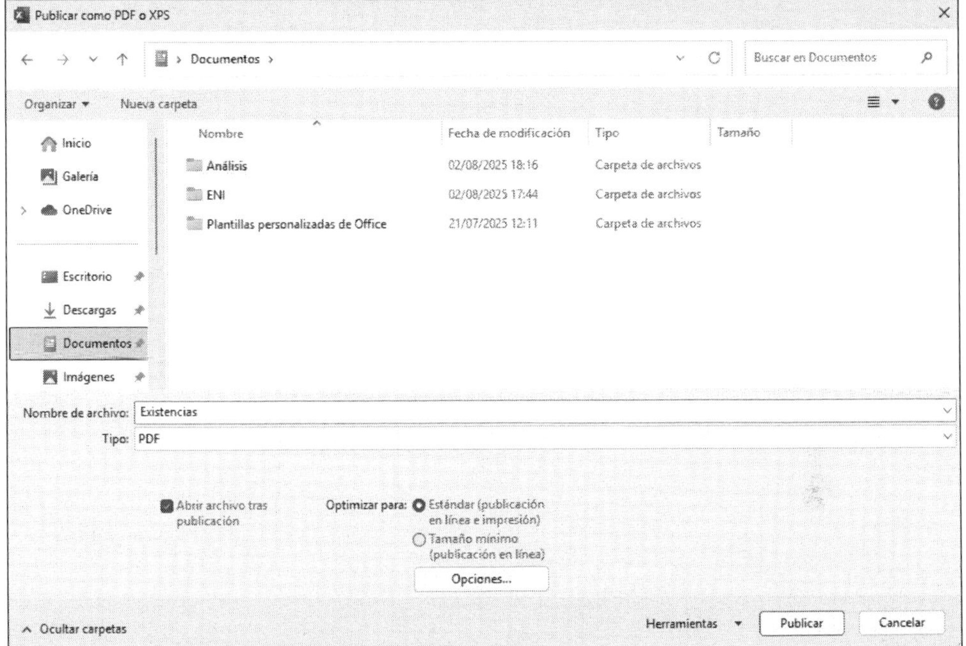

- Marque la opción **Abrir archivo tras publicación** si desea abrir el archivo (**PDF** o **XPS**) inmediatamente después de haberlo guardado.
- Active una de las opciones asociadas a la opción **Optimizar para**:

Estándar (publicación en línea e impresión)	Para obtener una buena calidad de impresión del documento: se aumenta el tamaño del archivo.
Tamaño mínimo (publicación en línea)	Si el archivo no está destinado a ser impreso: se reduce el tamaño del archivo (su calidad de impresión será menor).

- En caso necesario, modifique las **Opciones** asociadas al formato **PDF** o **XPS** haciendo clic en el botón correspondiente.

*Aquí puede ver las opciones vinculadas al formato **PDF**. Estas opciones son las mismas que las incluidas en el cuadro de diálogo del formato **XPS**, exceptuando las pertenecientes al apartado **Opciones**, situado en la parte inferior del cuadro de diálogo.*

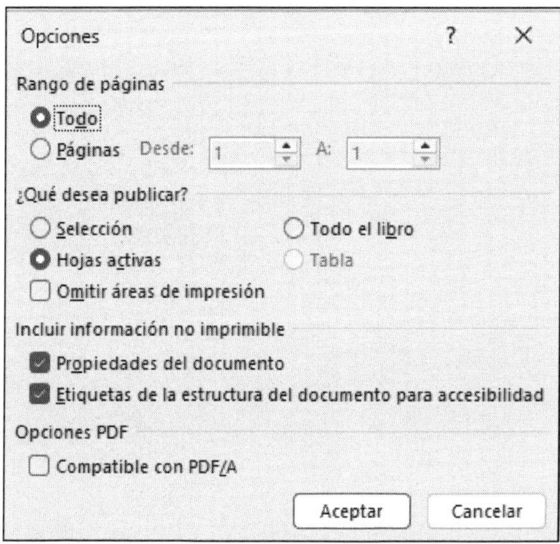

- Especifique la parte del libro que desea publicar activando una de las siguientes opciones:

Todo	Publica todas las páginas del libro.
Páginas	Publica las páginas especificadas en los cuadros **Desde** y **A**.
Selección	Publica las celdas seleccionadas.
Hojas activas	Publica la hoja u hojas seleccionadas.
Todo el libro	Publica todos los datos del libro.
Tabla	Publica la tabla seleccionada.

- Marque la opción **Omitir áreas de impresión** para imprimir toda la hoja, sin tener en cuenta las zonas de impresión existentes.
- Deje marcada la opción **Propiedades del documento** si desea incluir las propiedades del libro (título, asunto, autor...) en la versión PDF o XPS.
- Deje marcada la opción **Etiquetas de la estructura del documento para accesibilidad** si desea publicar un archivo más accesible para los usuarios con alguna discapacidad. Si se desmarca esta opción, el archivo publicado será más pequeño porque no contendrá los datos que contribuyen a mejorar la accesibilidad.

- En los archivos PDF puede activar la opción **Compatible con PDF/A** si desea que el archivo esté en ese formato (exigido en algunas administraciones).
- Haga clic en el botón **Aceptar** del cuadro de diálogo **Opciones**.
- Haga clic en el botón **Publicar**.

  Si ha solicitado abrir el archivo después de su publicación, el contenido publicado se muestra en una página del navegador de Internet o en el lector de archivos PDF.

Abrir o guardar un libro en formato .ods

El formato Hoja de cálculo OpenDocument (.ods) es utilizado por algunas aplicaciones de hojas de cálculo como OpenOffice.org Calc, LibreOffice Calc o Google Sheets.*

Abrir un libro en formato .ods

- Para abrir un libro en formato OpenDocument en Excel, haga clic en la pestaña **Archivo** y luego en la opción **Abrir**.
- Utilice el panel central y, si es necesario, el cuadro de diálogo **Abrir** para acceder a la ubicación que contiene el archivo, como haría con cualquier otro libro.

  Para mostrar únicamente los archivos guardados en formato .ods en el cuadro de diálogo **Abrir**, despliegue la lista de tipos de archivo, situada junto al campo **Nombre de archivo**, y seleccione el tipo **Hoja de cálculo OpenDocument (*.ods)**.

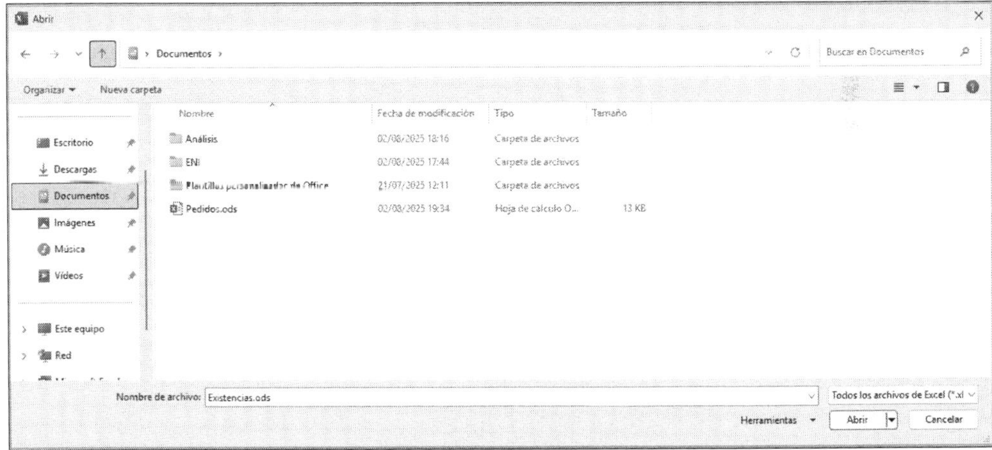

- Haga clic en el archivo deseado y, a continuación, en **Abrir**.

Cuando se abre una hoja de cálculo OpenDocument en Excel, el formato puede diferir del que tenía en su aplicación de origen. Los datos y el contenido básico se convierten, pero algunas funciones y elementos gráficos podrían no estar soportados o hacerlo de forma parcial.

Guardar un libro en formato .ods por primera vez

Para conservar una versión de Excel de su libro, guárdelo primero como libro de Excel (*.xlsx) antes de guardarlo nuevamente en formato OpenDocument (*.ods).

- Haga clic en la pestaña **Archivo** y seleccione la opción **Guardar como**.
- Haga clic en **Examinar** para acceder a la ubicación donde desea guardar el archivo.
- En la lista **Tipo**, seleccione **Hoja de cálculo de OpenDocument (*.ods)**.

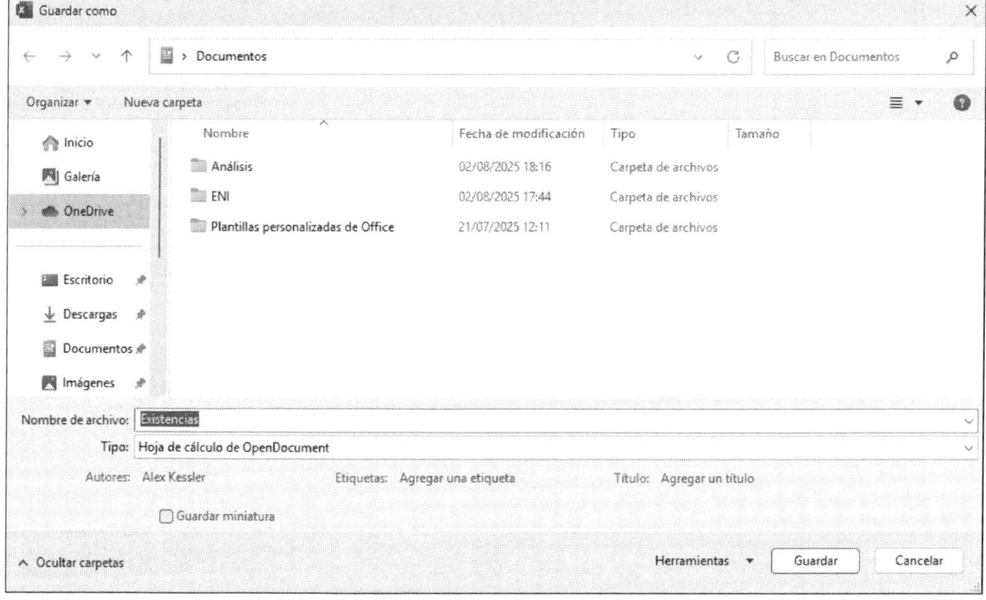

- Introduzca un nombre en el campo **Nombre de archivo** y confirme haciendo clic en **Guardar**.

Aparecerá un cuadro de diálogo recordando que algunas funcionalidades específicas de Excel pueden no ser compatibles con el formato .ods. Es decir, aquellas funciones propias de Excel 2024 que no estén contempladas en OpenDocument no se conservarán ni podrán utilizarse en otro software. Sin embargo, los datos y contenidos básicos sí se conservarán.

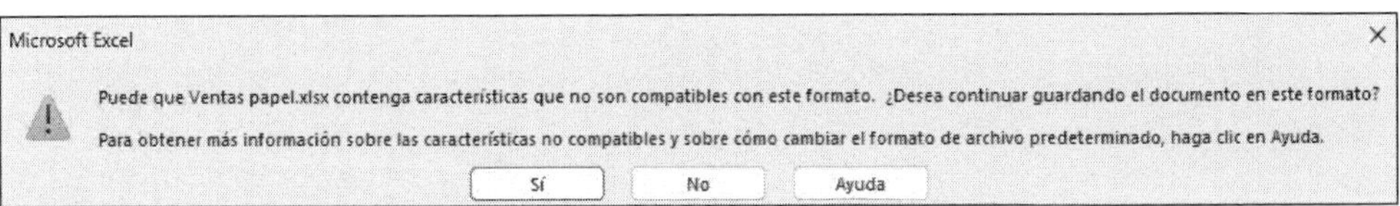

Haga clic en **Sí** si desea continuar con el guardado en formato .ods, o en **No** para volver al cuadro de diálogo anterior y seleccionar otro formato.

Si va a enviar un libro en formato .ods a otra persona, es recomendable guardarlo también en formato Excel .xlsx. A continuación, abra ambos libros y compárelos para asegurarse de que no se ha perdido ningún elemento importante.

Guardar un libro existente en formato .ods

Cuando se guarda un libro ya existente en formato .ods, se muestra un cuadro de diálogo recordando que algunas funciones de Excel no se conservarán en este formato.

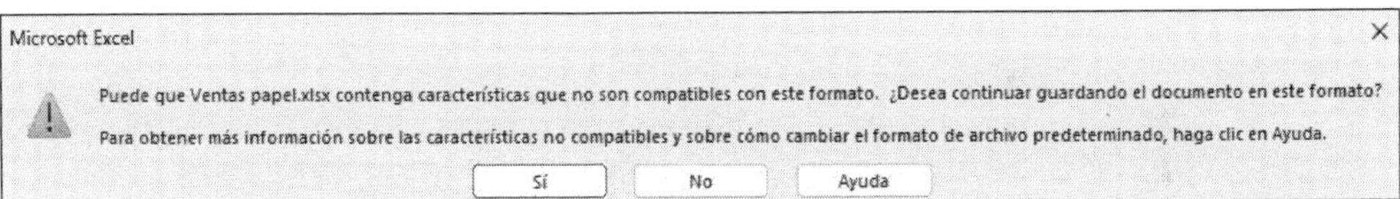

Haga clic en **Sí** para guardar el archivo en formato .ods. Haga clic en **No** para abrir la opción **Guardar como** y seleccionar otro formato si lo desea.

Ver o modificar las propiedades de un libro

Las propiedades, también llamadas metadatos (es decir, datos que describen a otros datos; por ejemplo, las palabras de un libro son datos y el número de palabras que contiene es un metadato), es información relativa a un archivo, que lo describe o lo identifica. Comprende información como el título, el nombre del autor, el objeto, etc.

Haga clic en la pestaña **Archivo** y luego en la opción **Información**.

A la derecha de la ventana, el panel ***Propiedades*** *presenta, en forma de lista, el nombre de las principales propiedades, seguido de su contenido.*

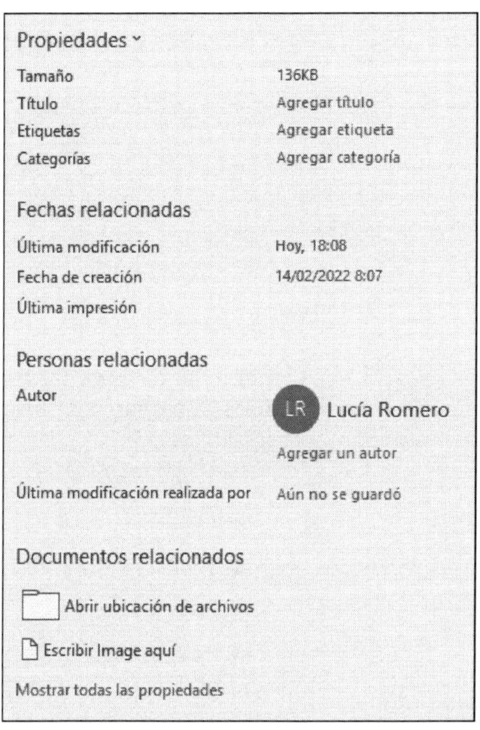

- Para mostrar todas las propiedades, haga clic en el vínculo **Mostrar todas las propiedades**; haga clic en **Mostrar menos propiedades** para reducir su número.
- Para modificar una de las **Propiedades**, haga clic en el campo asociado al nombre de la propiedad e introduzca el título de la etiqueta que desee. Para añadir varias etiquetas, sepárelas con punto y coma (;). Confirme mediante la tecla ⏎.
- Para volver al libro y guardar automáticamente los cambios efectuados, haga clic de nuevo en la flecha ⊖.

Administrar las propiedades avanzadas

- Acceda a la pestaña **Archivo** y haga clic en **Información.**
- Para mostrar las propiedades en detalle, abra la lista **Propiedades** y escoja la opción **Propiedades avanzadas.**

- Efectúe las modificaciones que desee y confirme con **Aceptar**.

Ver las estadísticas de un libro

Excel dispone de una herramienta que muestra información sobre la hoja activa y sobre el libro.

- Para activarla, acceda a la pestaña **Revisar**, grupo **Revisión**, y haga clic en **Estadísticas del libro**.

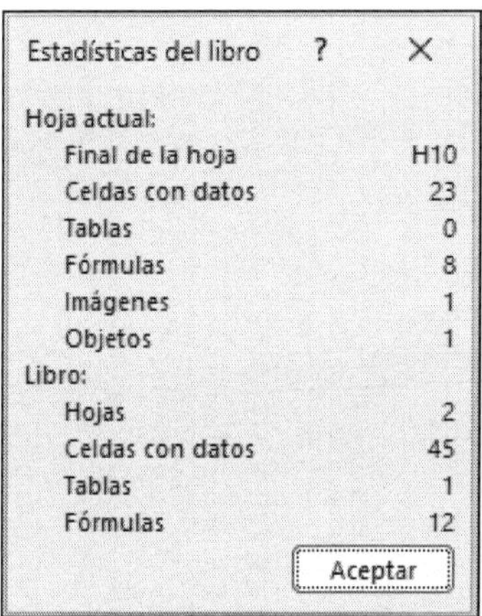

- También puede acceder a ella haciendo clic en el botón **Estadísticas del libro**, que aparece en el extremo izquierdo de la barra de estado.

  Si dicho botón no aparece en la barra de estado, haga clic con el botón derecho en dicha barra y seleccione la opción **Estadísticas del libro** para habilitarlo.

Configurar la recuperación automática de libros

Puede ocurrir que Microsoft Excel se cierre inesperadamente (por ejemplo, por un corte de corriente o un error del sistema) antes de haber guardado el trabajo. El sistema de recuperación automática, activo por defecto, guarda automáticamente los datos y el estado del programa. Esta función se puede personalizar.

- Haga clic en la pestaña **Archivo**, seleccione **Opciones** y luego **Guardar**.

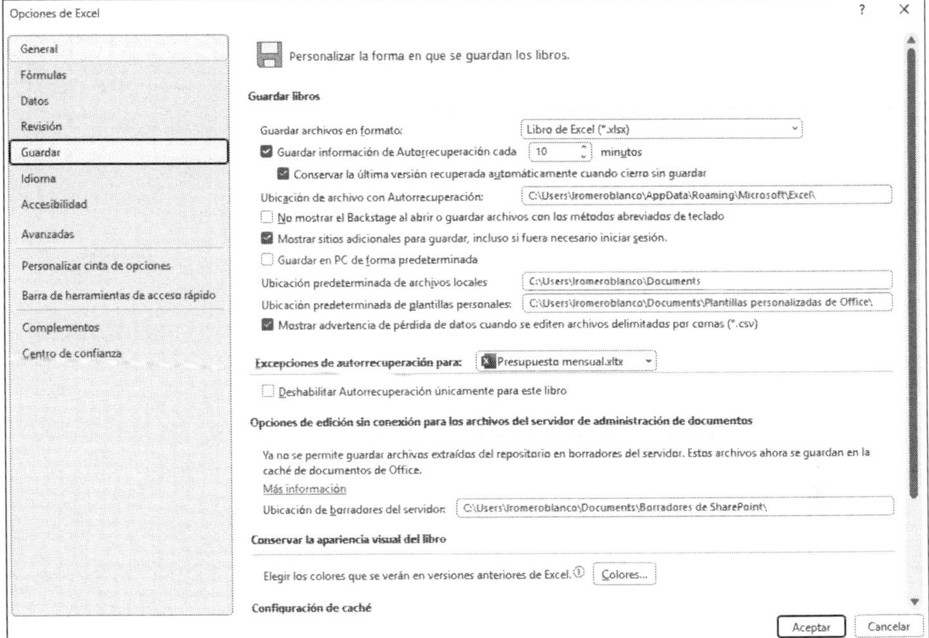

- Para activar la recuperación automática, marque la casilla **Guardar información de Autorrecuperación cada X minutos**, si aún no está activada.
- Establezca la frecuencia con la que Excel debe realizar el guardado automático en el campo **minutos**.
- Si tiene activada la recuperación automática, puede activar también la opción **Conservar la última versión recuperada automáticamente cuando cierro sin guardar**, lo que permite restaurarla la siguiente vez que se inicia Excel.
- El campo **Ubicación del archivo con Autorrecuperación** permite modificar la carpeta en la que Excel guarda las versiones temporales de los archivos.
- Haga clic en **Aceptar**.

Recuperar una versión anterior de un archivo

Si tiene activadas las funciones de recuperación automática (véase Configurar la recuperación automática de libros), puede abrir fácilmente una versión anterior del archivo para comprobarla o restaurarla. El procedimiento varía ligeramente en función de si el libro se ha guardado al menos una vez.

Recuperar un libro guardado al menos una vez

- Abra el libro cuyas versiones guardadas automáticamente desea consultar.
- Haga clic en la pestaña **Archivo** y seleccione **Información.**

  *A la derecha del botón **Administrar libro** aparecerá una lista con las versiones guardadas.*

  *Si un libro se ha cerrado sin guardar los cambios, Excel mostrará una versión denominada **(cuando se cerró sin guardar).***

- Haga clic en la versión que desea abrir.

  Ambas versiones del archivo se abrirán en paralelo.

- Tras comprobar el contenido, si desea sustituir el archivo actual por la versión recuperada (el nombre y la fecha de la versión aparecen en la barra de título), haga clic en el botón **Guardar como** de la barra de información con el mensaje **VERSIÓN RECUPERADA AUTOMÁTICAMENTE**, situada justo encima de la barra de fórmulas.

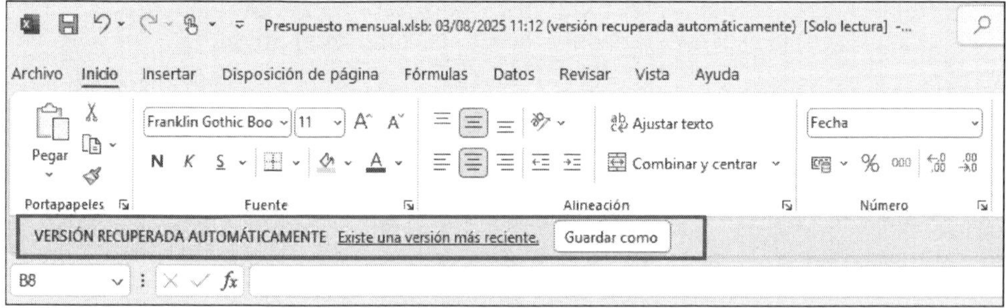

- A continuación, haga clic en el botón **Aceptar** para confirmar el reemplazo de la última versión guardada por la versión seleccionada.

Recuperar un libro que aún no se ha guardado

Si el libro se ha cerrado sin que se haya guardado nunca, debe saber que Excel, a pesar de todo, conserva una copia.

- Active la pestaña **Archivo** y luego el botón **Abrir**.
- Active si es preciso la opción **Recientes** del panel central.
- Active el botón **Recupera libros no guardados**, situado debajo de la lista de los libros recientes del panel derecho.

*También puede utilizar la pestaña **Archivo - Información** - botón **Administrar libro** - opción **Recupera libros no guardados**.*

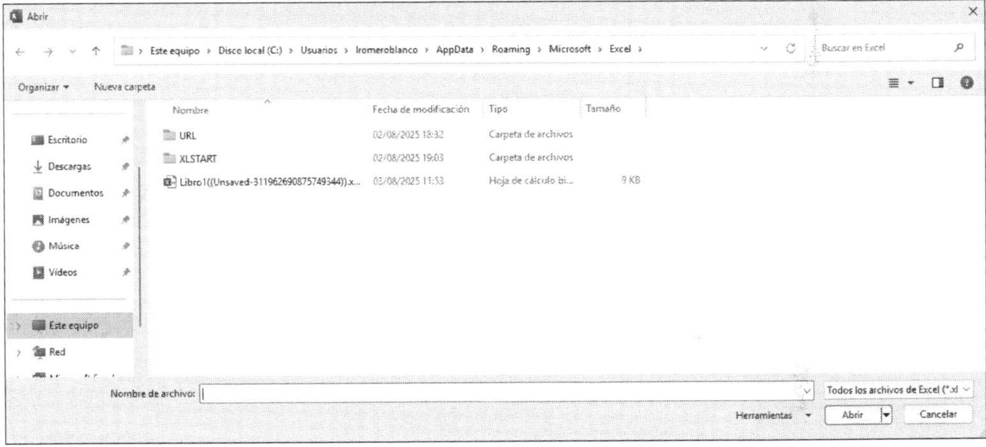

*Por defecto, Excel guarda estas copias de seguridad de emergencia en la carpeta AppData\Local\Microsoft\Office\UnsavedFiles. Observe que la extensión de estos archivos de seguridad es **.xlsb**.*

- Seleccione el archivo que desea recuperar y haga clic en el botón **Abrir**.

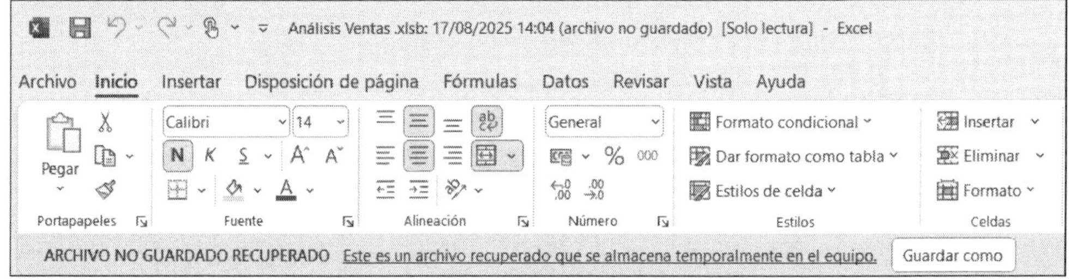

Excel le recuerda en la barra de título el nombre del libro recuperado, seguido de la fecha y la hora en que fue guardado. También especifica que se trata de un ***archivo no guardado*** *y que es de* ***solo lectura****.*

- Si desea conservar este libro, haga clic en el botón **Guardar como** de la barra de información situada bajo la cinta de opciones.
- Prosiga con el procedimiento de guardado de este archivo como si se tratase de un libro nuevo.

Utilizar el historial de versiones en Excel Microsoft 365

Si se utiliza Excel Microsoft 365 y el libro está almacenado en OneDrive o SharePoint, es posible volver a una versión anterior del archivo. Esta función puede resultar útil cuando varias personas trabajan en un mismo archivo, en caso de errores, o para se desea visualizar las diferencias entre varias versiones.

- Si es necesario, active el libro en el que desea trabajar.
- Haga clic en el **nombre del archivo** en la barra de título y seleccione la opción **Historial de versiones:**

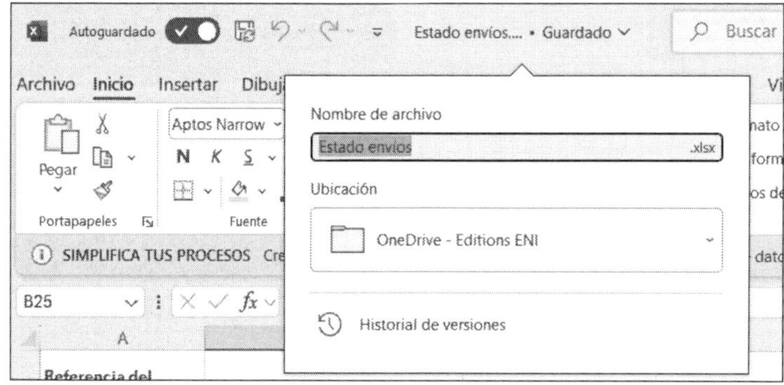

*Se abrirá el panel **Historial de versiones** en la parte derecha de la pantalla. Si está utilizando una cuenta personal de Microsoft, podrá recuperar las 25 versiones más recientes. En el caso de una cuenta profesional, el número de versiones disponibles dependerá de la configuración de su biblioteca.*

- Para visualizar una versión anterior, haga clic sobre su nombre en el panel **Historial de versiones.**

  *La versión seleccionada se abrirá en una ventana nueva. Si la opción **Mostrar cambios** está activada, las modificaciones respecto a la última versión aparecerán resaltadas.*

- La versión abierta no se puede modificar directamente. Para **restaurar** una versión anterior, haga clic en el botón **Restaurar** que aparece debajo de la cinta de opciones.

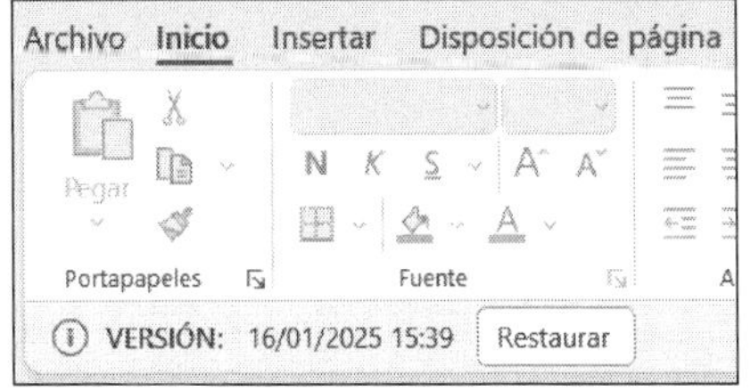

Introducir un mismo contenido en varias celdas

- Seleccione el rango de celdas (estas pueden ser contiguas o no).
- Introduzca el contenido común a todas las celdas (fórmula o texto).

  Cuando el contenido es una fórmula, teclee la fórmula relativa a la celda activa.
- Confirme con las teclas Ctrl ↵.

  La introducción de datos y la copia de estos se efectúa en una sola operación.

Crear una lista desplegable de valores

Esta operación permite crear listas desplegables en celdas a partir de datos introducidos en celdas situadas en otra parte del libro. Cuando está activa, la celda que contiene la lista desplegable muestra un botón, una flecha que permite abrir la lista y seleccionar la entrada deseada.

- Si es preciso, introduzca cada entrada de la lista desplegable en una celda, en una sola fila o una sola columna, delimitada por una celda vacía.

  Es posible ordenar los datos según el orden en que desea que aparezcan en la lista desplegable.
- Si quiere crear la lista en una hoja de cálculo diferente de aquella en la que se encuentran las entradas, es preferible asignar un nombre a las celdas que contienen las entradas (véase capítulo Rangos con nombre).

  Si los valores de la lista no son muy numerosos, puede introducir sus diferentes elementos en el momento en que la cree.
- Seleccione la celda o las celdas en las que desea que aparezca la lista desplegable.
- Active la pestaña **Datos** y haga clic en la herramienta **Validación de datos** del grupo **Herramientas de datos**.

  *Se abre el cuadro de diálogo **Validación de datos**.*
- En la pestaña **Configuración**, abra la lista **Permitir** y seleccione la opción **Lista**.

- Para seleccionar las celdas con entradas de lista situadas en una hoja, active el cuadro de texto **Origen** y escriba el signo = seguido del nombre atribuido a las celdas o seleccione las entradas de lista situadas en la hoja de cálculo.

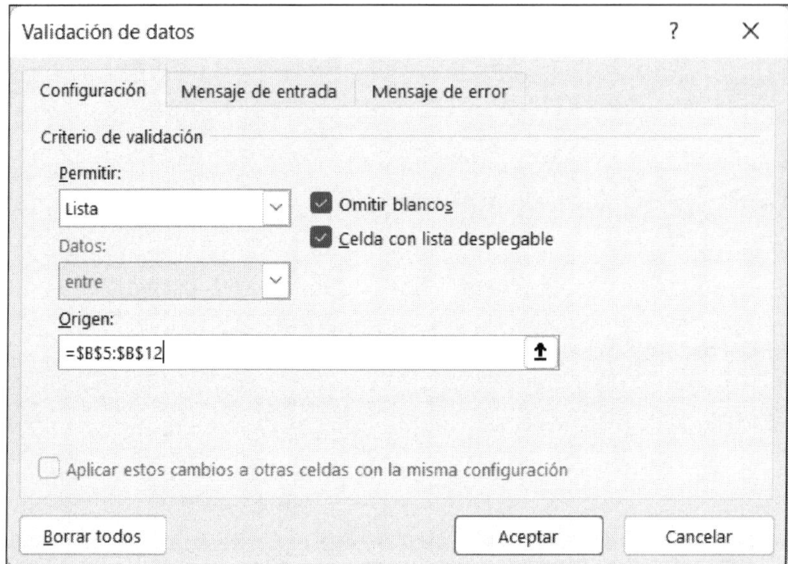

Cualquiera que sea la solución escogida, el nombre o la selección aparecen precedidos del signo =.

Si los datos que se han de incluir en la lista no se han introducido en celdas, añádalos en la zona **Origen** separándolos con punto y coma.

- Para indicar que la celda puede estar vacía, deje activa la opción **Omitir blancos**.
- Añada opcionalmente el mensaje que aparecerá en una etiqueta informativa al activar la celda con la lista desplegable:

  Haga clic en la pestaña **Mensaje de entrada** y verifique que la opción **Mostrar mensaje de entrada al seleccionar la celda** está activa.

Introduzca el título del mensaje en el cuadro **Título** y el texto del mensaje (hasta 225 caracteres) en el cuadro **Mensaje de entrada**.

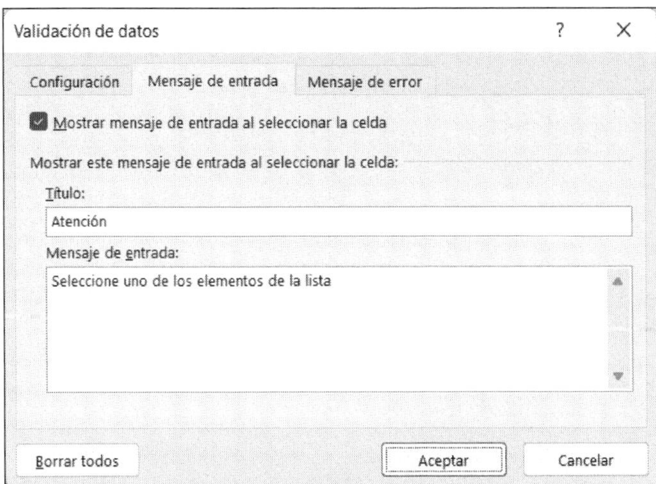

Indique el procedimiento que se deberá seguir en caso de que se introduzcan datos no incluidos en la lista desplegable, haga clic en la pestaña **Mensaje de error** y verifique que la opción **Mostrar mensaje de error si se introducen datos no válidos** está activa.

Seleccione una de las opciones siguientes en la lista **Estilo**:

Alto Para ver el mensaje y no permitir la introducción de datos que no pertenezcan a la lista desplegable.

Advertencia Para ver un mensaje de advertencia, pero sin impedir la introducción de datos que no pertenezcan a la lista desplegable.

Información Para ver un mensaje de información y aceptar que se introduzcan datos que no pertenecen a la lista desplegable.

Introduzca el título del mensaje en el cuadro **Título** y el texto en el cuadro **Mensaje de error**.

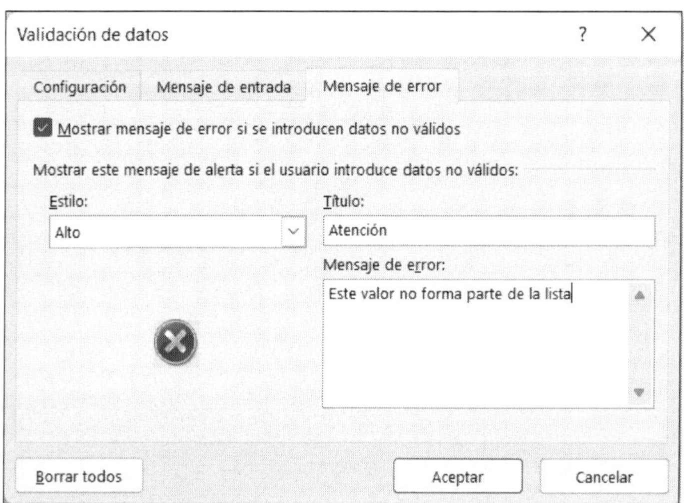

Haga clic en **Aceptar**.

Si no especifica nada, en caso de datos no válidos aparecerá el siguiente mensaje de forma predeterminada:

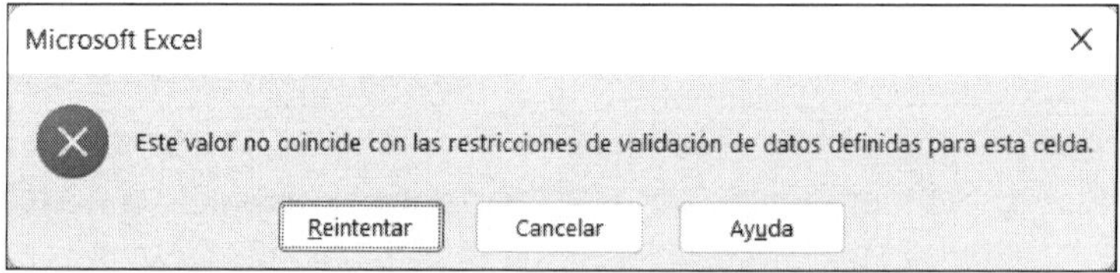

No podrá introducir datos que no se encuentren en la lista desplegable.

El ancho de la lista desplegable viene determinado por el ancho de la celda que la contiene.

Para eliminar una lista desplegable, seleccione la celda que la contenga, acceda al cuadro de diálogo **Validación de datos** (pestaña **Datos** - grupo **Herramientas de datos** - botón **Validación de datos**) para la celda que contiene la lista que se ha de suprimir y haga clic en el botón **Borrar todos** que aparece en la parte inferior.

 Si las entradas de la lista desplegable están en otra hoja y desea impedir que los usuarios accedan a ella, oculte o proteja la hoja de cálculo.

Modificar o eliminar una serie de datos personalizada

- Entre en el cuadro de diálogo **Listas personalizadas** (pestaña **Archivo - Opciones** - categoría **Avanzadas** botón **Modificar listas personalizadas**).
- Para modificar una lista personalizada, seleccione la serie en el cuadro **Listas personalizadas**.

  Lleve a cabo las modificaciones oportunas en el cuadro **Entradas de lista**: agregue o elimine caracteres o entradas.
- Para eliminar una serie personalizada, selecciónela en el cuadro **Listas personalizadas** y haga clic en el botón **Eliminar**. Confirme la eliminación definitiva haciendo clic en el botón **Aceptar**.
- Haga clic en **Aceptar** una primera vez para cerrar el cuadro de diálogo **Listas personalizadas** y una segunda vez para cerrar el cuadro **Opciones de Excel**.

Crear una lista desplegable de valores

Esta operación permite crear listas desplegables en celdas a partir de datos introducidos en celdas situadas en otra parte del libro. Cuando está activa, la celda que contiene la lista desplegable muestra un botón, una flecha que permite abrir la lista y seleccionar la entrada deseada.

- Si es preciso, introduzca cada entrada de la lista desplegable en una celda, en una sola fila o una sola columna, delimitada por una celda vacía.

  Es posible ordenar los datos según el orden en que desea que aparezcan en la lista desplegable.
- Si quiere crear la lista en una hoja de cálculo diferente de aquella en la que se encuentran las entradas, es preferible asignar un nombre a las celdas que contienen las entradas (véase capítulo Rangos con nombre).

  Si los valores de la lista no son muy numerosos, puede introducir sus diferentes elementos en el momento en que la cree.
- Seleccione la celda o las celdas en las que desea que aparezca la lista desplegable.

- Active la pestaña **Datos** y haga clic en la herramienta **Validación de datos** del grupo **Herramientas de datos.**

  *Se abre el cuadro de diálogo **Validación de datos**.*
- En la pestaña **Configuración**, abra la lista **Permitir** y seleccione la opción **Lista.**
- Para seleccionar las celdas con entradas de lista situadas en una hoja, active el cuadro de texto **Origen** y escriba el signo = seguido del nombre atribuido a las celdas o seleccione las entradas de lista situadas en la hoja de cálculo.

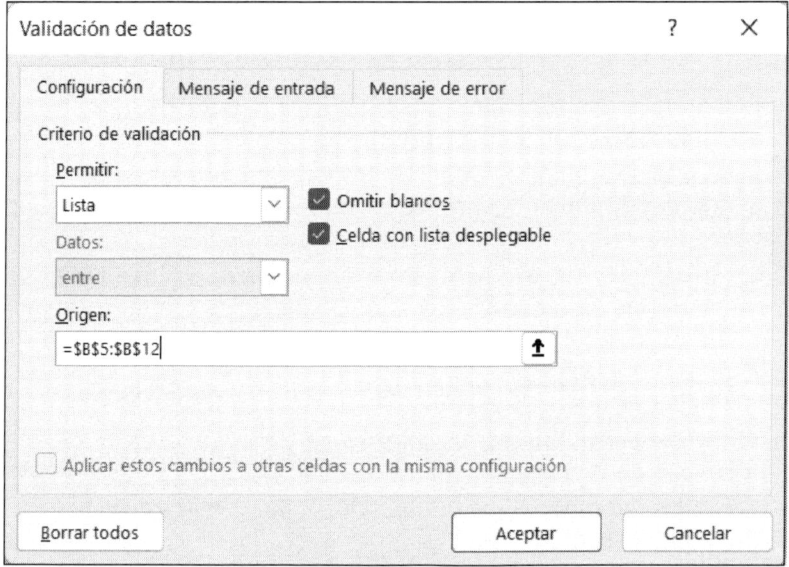

Cualquiera que sea la solución escogida, el nombre o la selección aparecen precedidos del signo =.

Si los datos que se han de incluir en la lista no se han introducido en celdas, añádalos en la zona **Origen** separándolos con punto y coma.

- Para indicar que la celda puede estar vacía, deje activa la opción **Omitir blancos.**
- Añada opcionalmente el mensaje que aparecerá en una etiqueta informativa al activar la celda con la lista desplegable:

  Haga clic en la pestaña **Mensaje de entrada** y verifique que la opción **Mostrar mensaje de entrada al seleccionar la celda** está activa.

Introduzca el título del mensaje en el cuadro **Título** y el texto del mensaje (hasta 225 caracteres) en el cuadro **Mensaje de entrada**.

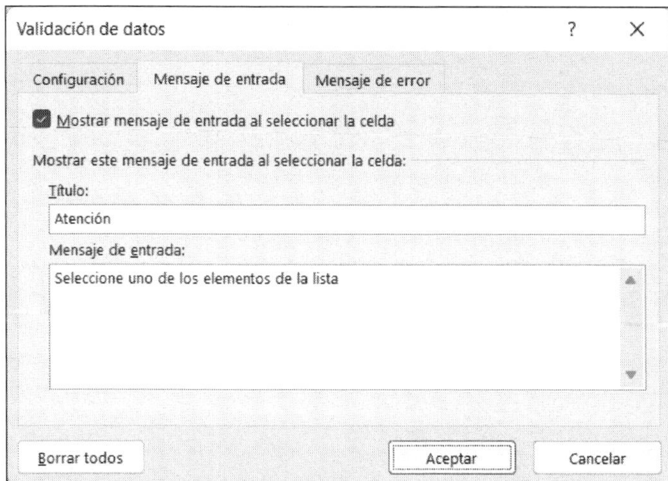

Indique el procedimiento que se deberá seguir en caso de que se introduzcan datos no incluidos en la lista desplegable, haga clic en la pestaña **Mensaje de error** y verifique que la opción **Mostrar mensaje de error si se introducen datos no válidos** está activa.

Seleccione una de las opciones siguientes en la lista **Estilo**:

Alto Para ver el mensaje y no permitir la introducción de datos que no pertenezcan a la lista desplegable.

Advertencia Para ver un mensaje de advertencia, pero sin impedir la introducción de datos que no pertenezcan a la lista desplegable.

Información Para ver un mensaje de información y aceptar que se introduzcan datos que no pertenecen a la lista desplegable.

Introduzca el título del mensaje en el cuadro **Título** y el texto en el cuadro **Mensaje de error**.

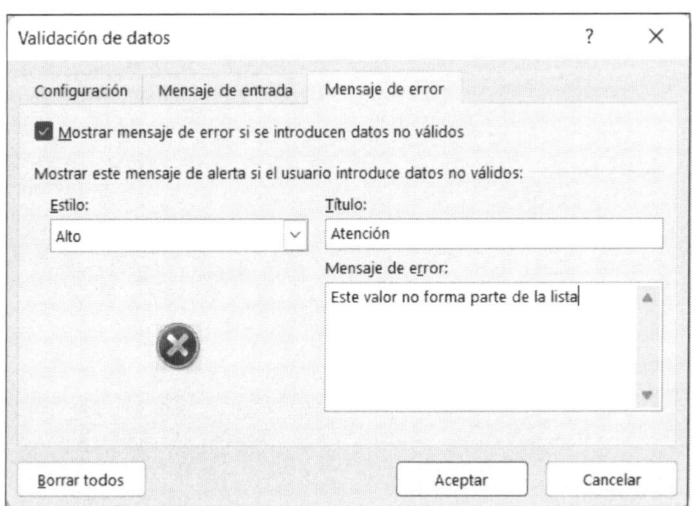

Haga clic en **Aceptar**.

Si no especifica nada, en caso de datos no válidos aparecerá el siguiente mensaje de forma predeterminada:

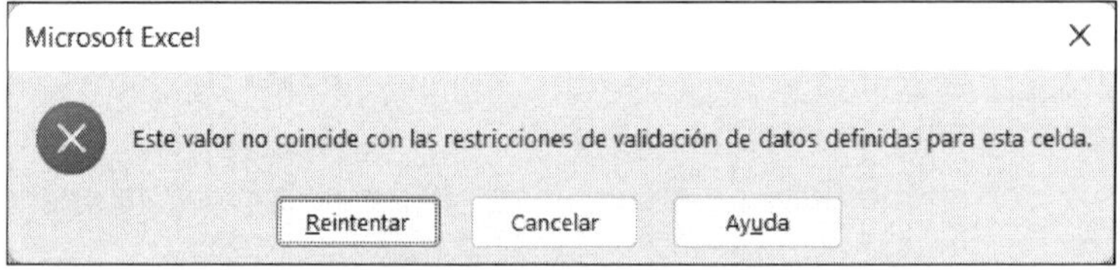

No podrá introducir datos que no se encuentren en la lista desplegable.

El ancho de la lista desplegable viene determinado por el ancho de la celda que la contiene.

Para eliminar una lista desplegable, seleccione la celda que la contenga, acceda al cuadro de diálogo **Validación de datos** (pestaña **Datos** - grupo **Herramientas de datos** - botón **Validación de datos**) para la celda que contiene la lista que se ha de suprimir y haga clic en el botón **Borrar todos** que aparece en la parte inferior.

Si las entradas de la lista desplegable están en otra hoja y desea impedir que los usuarios accedan a ella, oculte o proteja la hoja de cálculo.

Definir los datos permitidos

Este procedimiento permite limitar el tipo de datos autorizados en una o varias celdas definiendo los criterios de validación.

Definir los criterios de validación

- Seleccione las celdas.
- Active la pestaña **Datos** y haga clic en la herramienta **Validación de datos** del grupo **Herramientas de datos**.

  *Se abre el cuadro de diálogo **Validación de datos**.*
- En la pestaña **Configuración**, abra la lista **Permitir** y seleccione una opción en función del tipo de datos que desea autorizar en la celda:

Cualquier valor	No hay restricciones.
Número entero	El dato debe ser un número entero.
Decimal	El dato debe ser un número o una fracción.
Lista	El dato ya debe estar seleccionado en una celda (véase Crear una serie de datos personalizada).
Fecha	El dato debe ser una fecha.
Hora	El dato debe ser una hora.
Longitud del texto	Esta opción permite precisar el número de caracteres autorizados para el dato.
Personalizada	Esta opción permite introducir una fórmula para definir los datos autorizados.

- En las opciones **Número entero**, **Decimal**, **Fecha**, **Hora**, **Longitud del texto**, seleccione un operador en la lista **Datos** y complete las opciones en función del operador seleccionado.

Los criterios de validación siguientes autorizan la introducción de un número entero o decimal comprendido entre 0 y 10.

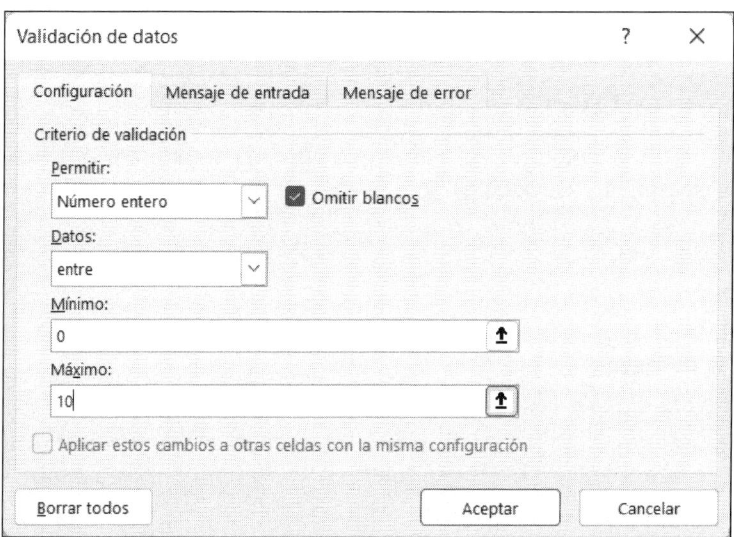

- Si ha seleccionado **Personalizada**, escriba la fórmula de cálculo en el cuadro **Fórmula** empezando por el signo igual (=). La fórmula debe ser de tipo lógico, con resultado VERDADERO o FALSO.
- Sea cual sea el tipo de datos, deje activa la opción **Omitir blancos** si admite que la celda se quede vacía.
- Escriba opcionalmente el mensaje que aparecerá en una etiqueta informativa al activar la celda en cuestión:

  Haga clic en la pestaña **Mensaje de entrada** y verifique que la opción **Mostrar mensaje de entrada al seleccionar la celda** está activa.

  Introduzca el título del mensaje en el cuadro **Título** y el texto en el cuadro **Mensaje de entrada.**
- Indique el procedimiento que se debe seguir en caso de que se introduzcan datos no válidos:

  Haga clic en la pestaña **Mensaje de error** y verifique que la opción **Mostrar mensaje de error si se introducen datos no válidos** está activa.

Seleccione una de las opciones siguientes en la lista **Estilo:**

Alto Para ver el mensaje y no permitir la introducción de datos no válidos.

Advertencia Para ver un mensaje de advertencia y, opcionalmente, forzar la introducción no autorizada de datos.

Información Para ver un mensaje de información y aceptar que se introduzcan datos no válidos.

Introduzca el título del mensaje en el cuadro **Título** y el texto en el cuadro **Mensaje de error**.

- Haga clic en **Aceptar**.

Los botones del mensaje de error difieren en función del estilo escogido, dando así la posibilidad de forzar o no la introducción de datos.

*En este ejemplo vemos un mensaje de advertencia: el usuario puede forzar la introducción de datos haciendo clic en el botón **Sí**.*

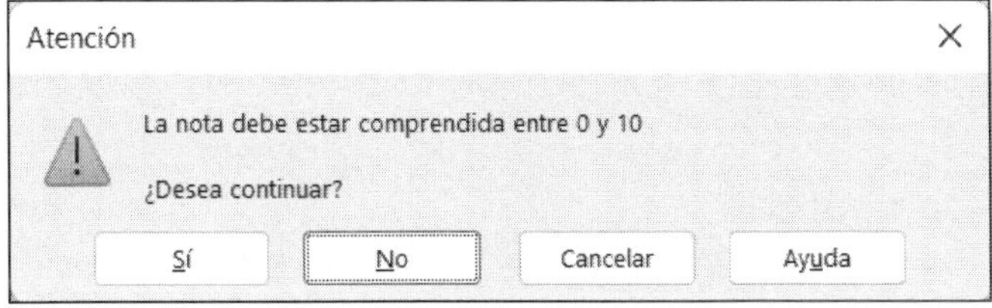

Señalar con un círculo los datos no válidos

Se trata de señalar con círculos rojos los datos que no se corresponden con los criterios de validación solicitados.

- Active la pestaña **Datos** y abra la lista de la herramienta **Validación de datos** del grupo **Herramientas de datos**.
- Haga clic en la opción **Rodear con un círculo datos no válidos**.

En este ejemplo las notas deben estar comprendidas entre 0 y 10.

	Aparatos	15-ene	15-mar	15-may	15-jul	15-sep	15-nov	Media	Máximo	Mínimo
Pruebas individuales	Barra	10,025	4,815	8,565	4,128	3,880	9,300	6,786	10,025	3,880
	Trampolín	9,025	6,595	6,945	9,375	7,925	0,000	6,644	9,375	0,000
	Potro	10,885	8,555	8,425	2,557	10,125		8,109	10,885	2,557
	Suelo	8,97	10,29	8,170	8,810	9,430	9,930	9,267	10,290	8,170
	Salto	8,955	9,91	6,620	6,825	5,040	9,375	7,788	9,910	5,040
	Anillas	5,255	5,98	6,620		7,685	9,150	6,938	9,150	5,255
	Media 1	8,853	7,691	7,558	6,339	7,348	7,551	7,556	8,853	6,339
Pareja	Barra fija	5,955		4,620	11,825	6,040	7,450	7,178	11,825	4,620
	Paralelas	7,255	9,025	6,110	6,565	6,355	8,250	7,260	9,025	6,110
	Suelo	3,475	6,285	4,620	7,140	6,930	3,450	5,317	7,140	3,450
	Media 2	5,562	7,655	5,117	8,510	6,442	6,383	6,611	8,510	5,117
	Media general	7,207	7,673	6,337	7,425	6,895	6,967	7,084	8,681	5,728

- Para ocultar los círculos rojos, en la pestaña **Datos**, abra la lista de la herramienta **Validación de datos** y haga clic en la opción **Borrar círculos de validación.**

Hacer anotaciones en las celdas

Crear el comentario

- Active la celda a la que desea añadir un comentario.
- Active la pestaña **Revisar** y haga clic en el botón **Nuevo comentario** del grupo **Comentarios.**
- Escriba el texto del comentario.
- Pulse la tecla esc o haga clic en otra parte para interrumpir la redacción del comentario.

De forma predeterminada, en la parte superior derecha de la celda, una pequeña marca morada avisa de la existencia del comentario.

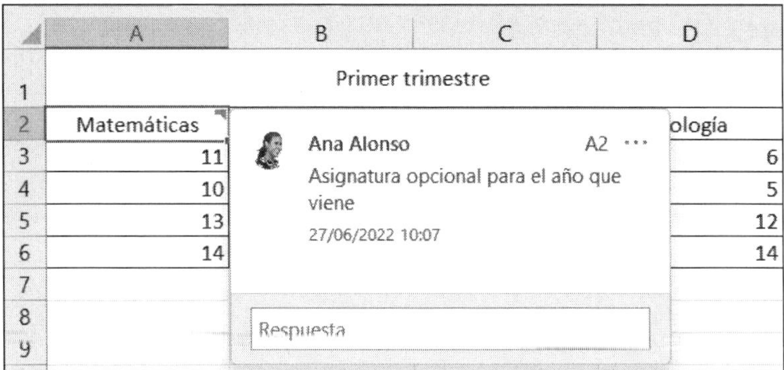

Visualizar los comentarios

- Para visualizar un comentario, con Excel 2024, simplemente coloque el cursor sobre el triángulo rojo.
- Para ver los comentarios unos tras otros, haga clic en los botones **Anterior** y **Siguiente** del grupo **Comentarios** (pestaña **Revisar**).
- Para mostrar todos los comentarios a la vez, en la pestaña **Revisar**, grupo **Comentarios**, haga clic en el botón **Mostrar todos los comentarios** en Excel 2024 o en el botón **Mostrar comentarios** en Excel Microsoft 365.
- Para modificar la vista general de los comentarios, haga clic en la pestaña **Archivo** y luego en **Opciones**, categoría **Avanzadas**, zona **Mostrar**, active la opción **Sin comentarios ni indicadores**, **Solo indicadores y comentarios al mantener el mouse** o **Comentarios e indicadores** y confirme.

Para modificar un comentario, haga clic en la celda que lo contiene, haga clic en el botón **Modificar comentario** (grupo **Comentarios** de la pestaña **Revisar**), introduzca los cambios y pulse esc.

Para eliminar un comentario, haga clic en la celda que lo contiene y luego en el botón **Eliminar** del grupo **Comentarios** (pestaña **Revisar**).

Distribuir el contenido de una celda en varias celdas

*Aunque Excel dispone de la función de relleno rápido, vamos a ver en este apartado el comando **Texto en columnas**, que permite repartir en diferentes celdas el contenido de una celda en función de un separador, como un espacio, una coma, un punto, un punto y coma o un salto de columna.*

- Prevea una o varias columnas vacías a la derecha de las celdas cuyo contenido se va a repartir.
- Seleccione el rango de celdas que desee convertir, active la pestaña **Datos** y haga clic en el botón **Texto en columnas** del grupo **Herramientas de datos**.

  *Aparece el primer paso del **Asistente para convertir texto en columnas**.*
- Active si es preciso la opción **Delimitados** y haga clic en el botón **Siguiente**.
- En el paso 2, en el cuadro **Separadores**, active la opción que corresponda al separador utilizado para efectuar la distribución.

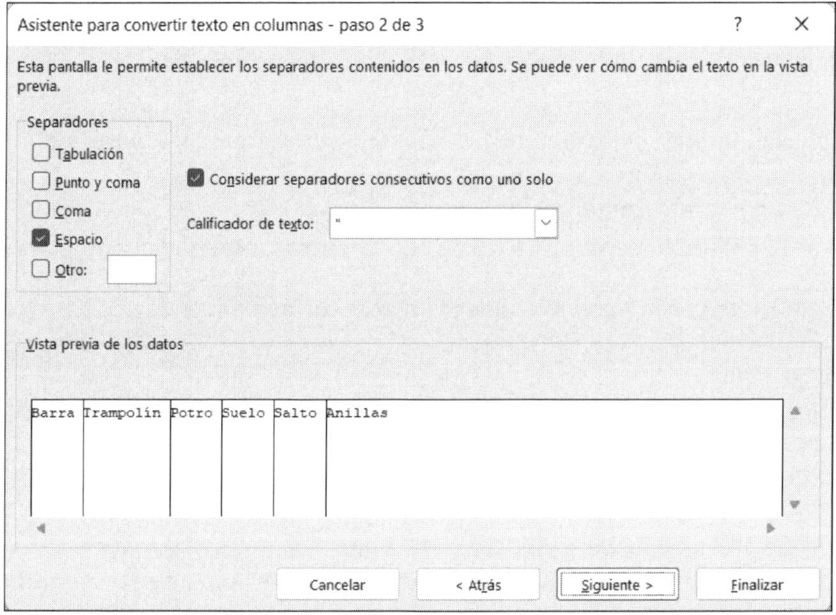

*La zona **Vista previa de los datos** muestra en columnas distintas la forma como se separarán los datos.*

- Haga clic en el botón **Siguiente**.

- En el paso 3, especifique el formato de cada columna:
  - En la zona **Vista previa de los datos**, haga clic en la columna correspondiente para seleccionarla.
  - Escoja el formato que debe aplicarse en el cuadro **Formato de los datos en columnas.**
- Especifique el lugar donde aparecerán los datos repartidos: utilice, si es preciso, el botón de la zona **Destino** para precisar la referencia de la primera celda de destino. En ese caso, las celdas de origen permanecen intactas y los datos fraccionados aparecen al lado.

  Si no especifica un destino, los datos de origen se reemplazarán.
- Haga clic en el botón **Finalizar**.

Introducción

Para acceder con rapidez a información situada en otro emplazamiento del libro o en otro archivo o página web, es posible insertar hipervínculos en celdas o en objetos gráficos.

Crear un hipervínculo

- Para crear un hipervínculo, haga clic en la celda o seleccione el objeto gráfico que debe asociarse al enlace que se va a crear.

  Si se trata de una celda, esta puede contener datos y formatos.

- Active la pestaña **Insertar** y haga clic en el botón **Vínculo** del grupo **Vínculos** o pulse Ctrl **K**.

Crear un vínculo a un nuevo archivo

- Haga clic en la opción **Crear nuevo documento** situada en el panel izquierda del cuadro de diálogo.

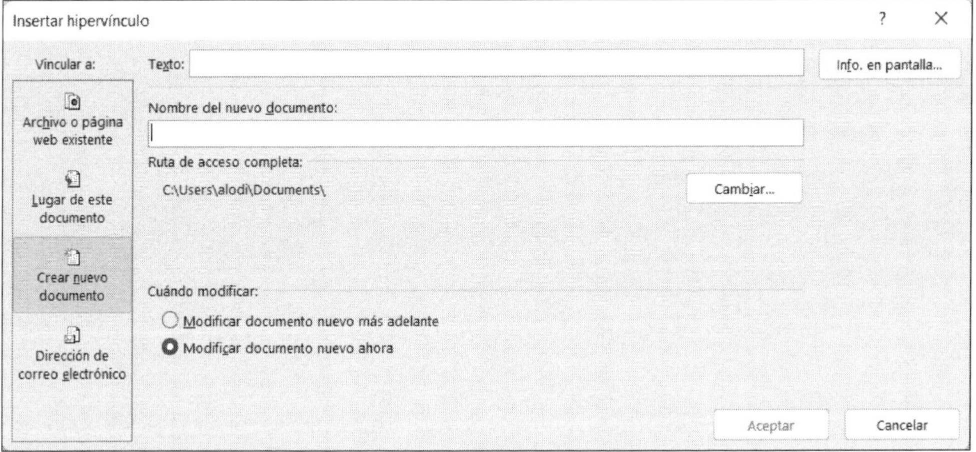

- Si la **Ruta de acceso completa** propuesta es la carpeta donde desea crear la nueva hoja, escriba su nombre en el cuadro **Nombre del nuevo documento**; de no ser así, haga clic en el botón **Cambiar** para seleccionar otra hoja.
- Dependiendo de si desea **Modificar documento nuevo ahora** o **Modificar documento nuevo más adelante**, active una u otra opción en la sección **Cuándo modificar**.

- Si es preciso, haga clic en el botón **Info. en pantalla** para escribir el texto que desea que aparezca (en una etiqueta informativa) cuando el cursor esté sobre el hipervínculo. A continuación, confirme haciendo clic en **Aceptar**.

  Si no escribe nada en el texto de la etiqueta, por defecto Excel mostrará la ruta completa de acceso al nuevo documento.

- Haga clic en **Aceptar** para confirmar la creación del vínculo y del nuevo documento.

  Si ha solicitado una edición inmediata, el libro con el nuevo hipervínculo permanece abierto y el nuevo libro aparece en una nueva ventana.

- En ese caso, cree el contenido del libro y guárdelo.

Crear un vínculo a un archivo existente o a una página web

- Haga clic en la opción **Archivo o página web existente** situada en el panel izquierdo del cuadro de diálogo **Insertar hipervínculo**.

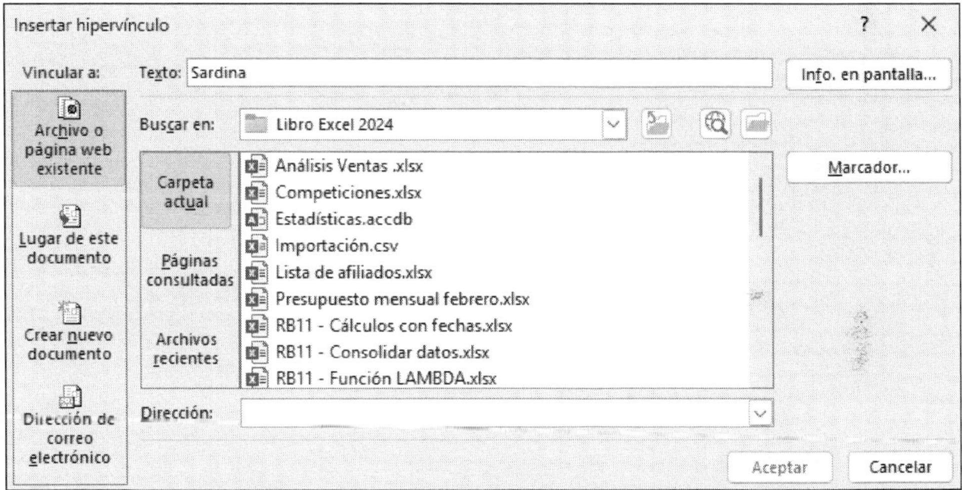

- Dependiendo de con qué archivo quiera crear el vínculo, haga clic en el botón:

  Carpeta actual: para seleccionar el archivo de destino del vínculo en la carpeta actual.

  Páginas consultadas: para seleccionar la página web de destino del vínculo entre la lista de las últimas páginas visitadas.

  Archivos recientes: para seleccionar el archivo de destino del vínculo entre la lista de archivos usados recientemente.

*Si conoce la **Dirección** exacta del archivo con el que desea establecer el vínculo, puede escribirla directamente en el cuadro correspondiente.*

- Si es preciso, haga clic en el botón **Info. en pantalla** para escribir el texto que desea que aparezca (en una etiqueta informativa) cuando el cursor esté sobre el hipervínculo. A continuación, confirme haciendo clic en **Aceptar**.

  Si no escribe nada en el texto de la etiqueta, por defecto Excel mostrará la ruta completa de acceso al nuevo documento.

- Haga clic en **Aceptar** para confirmar la creación del vínculo.

Crear un vínculo a un lugar del libro de trabajo

- Haga clic en la opción **Lugar de este documento** situada en el panel izquierdo del cuadro de diálogo **Insertar hipervínculo**.

  En la parte central del cuadro de diálogo aparece la lista de hojas existentes y nombres definidos en el libro activo.

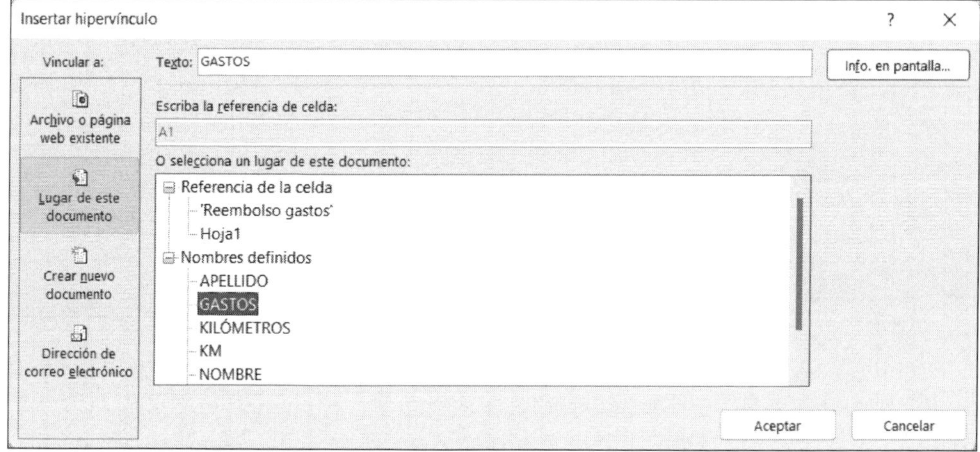

- Introduzca la referencia de la celda de destino del hipervínculo o seleccione en la lista **O selecciona un lugar de este documento**, el nombre de la hoja o el nombre definido con el que desea crear el vínculo.

- Si es preciso, haga clic en el botón **Info. en pantalla** y escriba el texto que desea que se aparezca al señalar el hipervínculo. A continuación, confirme haciendo clic en **Aceptar**.

- Haga clic en el botón **Aceptar** del cuadro de diálogo **Insertar hipervínculo** para confirmar la creación del vínculo.

Crear un vínculo a una dirección de correo electrónico

En esos casos, al hacer clic en el vínculo, se abrirá la ventana de un nuevo correo electrónico con la dirección de email definida como destino.

- Haga clic en la opción **Dirección de correo electrónico** situada en el panel izquierdo del cuadro de diálogo **Insertar hipervínculo.**

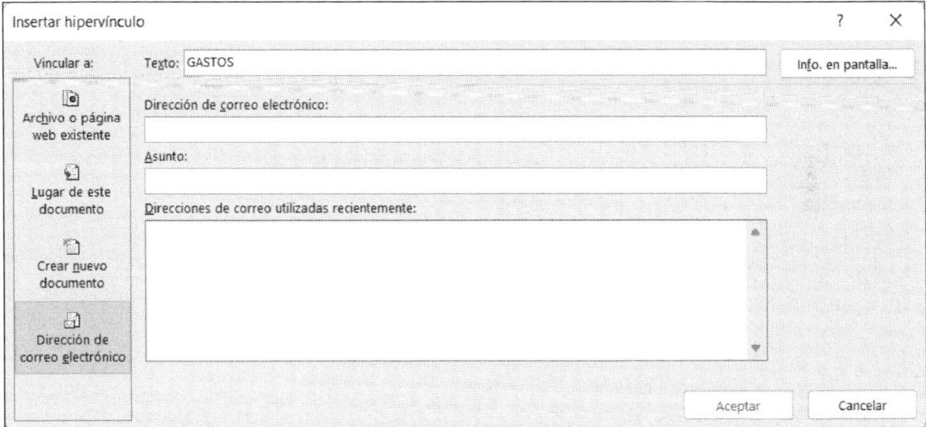

- Escriba la **Dirección de correo electrónico** y el **Asunto del mensaje**.
- Haga clic en el botón **Aceptar** del cuadro de diálogo **Insertar hipervínculo** para crearlo.

Al hacer clic en el vínculo, se abrirá una ventana de su programa de correo y podrá escribir el mensaje y enviarlo (la dirección y el asunto del mensaje estarán ya cumplimentados).

Si ha insertado un hipervínculo en una celda vacía, el texto correspondiente al contenido de dicho hipervínculo (la ruta completa del archivo o la ubicación en el libro) aparecen en la celda.

Para que las direcciones de correo electrónico escritas en celdas no se transformen en hipervínculos, haga clic en la pestaña **Archivo** y, en **Opciones**, active la categoría **Revisión** y haga clic en el botón **Opciones de Autocorrección**; active la pestaña **Autoformato mientras escribe** y, por último, desactive la opción **Rutas de red e Internet por hipervínculos.**

También puede crear hipervínculos con direcciones de correo electrónico escribiendo directamente la dirección de correo en una celda.

Activar un hipervínculo

Coloque el cursor sobre el hipervínculo que desea activar.

	A	B	C	D
1	Producto	Importe de ventas	Proveedor	
2	Camisetas	750	Línea Urbana	
3	Pantalones	2200	Línea U	
4	Jerseys	800	Línea U	
5	Camisas	1200	Paso & Estilo	
6	Faldas	600	Línea Urbana	
7	Chaquetas	1800	Vértice Moda	
8	Zapatos	1400	Vértice Moda	

mailto:pedidos@lineaurbana.com - Haga clic una sola vez para seguir. Haga clic y mantenga presionado el botón para seleccionar esta celda.

Cuando se coloca el cursor sobre un vínculo insertado en una celda o en un objeto gráfico, el cursor del ratón adopta la forma de una mano ; si al crear el vínculo no ha cumplimentado el texto de la etiqueta, esta mostrará la dirección completa del documento, de la página web o de la dirección de correo electrónico a la que haga referencia.

Cuando el cursor adopte esta forma , haga clic para activar el hipervínculo.

Cuando el hipervínculo se ha activado al menos una vez, cambia de color y pasa a violeta.

Seleccionar una celda u objeto sin activar el hipervínculo

Para seleccionar una celda con un hipervínculo, señálela y haga clic manteniendo presionado unos instantes el botón del ratón; cuando el cursor del ratón adopte la forma de una cruz blanca, suelte el botón.

También puede usar las teclas de desplazamiento para activar la celda.

Para seleccionar un objeto con un hipervínculo asociado, pulse la tecla Ctrl y, manteniéndola pulsada, haga clic en el objeto.

Modificar el destino de un hipervínculo

- Seleccione la celda o el objeto gráfico con el hipervínculo.
- En la pestaña **Insertar**, haga clic en el botón **Vínculo** del grupo **Vínculos** o pule Ctrl **K**.

  También puede mostrar el menú contextual (clic derecho) de la celda o del contorno del objeto que quiere activar y activar la opción ***Modificar hipervínculo****.*
- Haga los cambios necesarios y confirme.

Modificar el texto o el objeto gráfico de un hipervínculo

- Para modificar el texto de una celda con un hipervínculo, seleccione la celda y escriba el nuevo texto o bien introduzca las modificaciones directamente en la barra de fórmulas y después confirme.
- Para modificar el objeto gráfico, selecciónelo y haga doble clic en él para mostrar la pestaña específica de modificación del objeto.

Eliminar un hipervínculo

- Haga clic con el botón derecho del ratón en la celda o el contorno del objeto para que aparezca su menú contextual.
- Haga clic en la opción **Quitar hipervínculo**.

Importar datos de una base de datos de Access

Esta técnica permite importar datos de Access, actualizables en Excel, estableciendo una conexión con la base de datos. Una vez importados, puede actualizar los datos de Access en la hoja de cálculo automáticamente y en el momento en que lo desee.

- Abra, si es preciso, el libro que debe contener los datos importados y active la primera celda destinataria de la importación.
- Active la pestaña **Datos**, haga clic en el botón **Obtener datos** del grupo **Obtener y transformar datos**, luego en **De una base de datos** y después en la opción **De una base de datos de Access.**
- En el cuadro de diálogo **Importar datos** que aparece, abra la carpeta que contiene la base de datos Access y haga doble clic sobre esta para seleccionarla.
- En el cuadro de diálogo **Navegador** que se muestra, haga clic en el objeto (tabla o consulta) de la base de datos que desea importar para seleccionarlo.
- Si desea crear un modelo de datos en Excel, es decir, permitir la integración de datos extraídos de diversas tablas y crear un origen de datos relacional, marque la opción **Seleccionar varios elementos.**

  En ese caso, se añade una casilla de verificación delante del nombre de cada una de las tablas disponibles para que pueda marcar aquellas que desea integrar en el modelo.

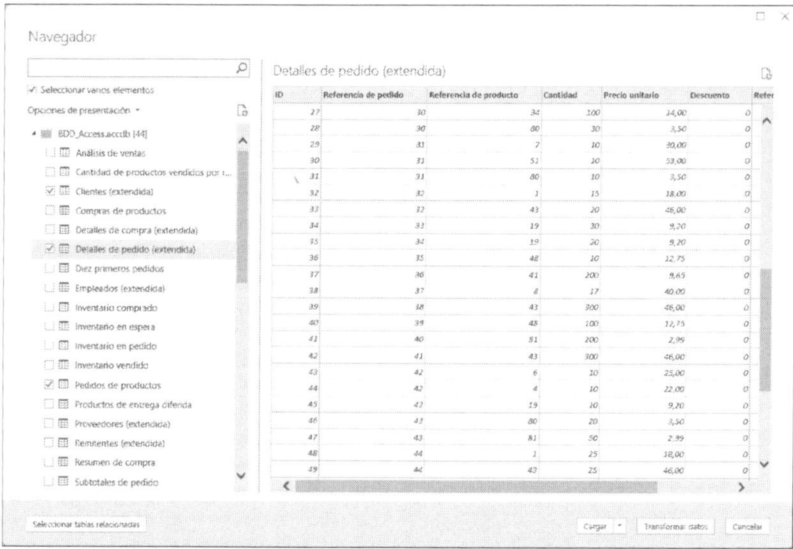

ID	Referencia de pedido	Referencia de producto	Cantidad	Precio unitario	Descuento
27	30	34	100	14,00	0
28	30	80	30	3,50	0
29	31	7	10	30,00	0
30	31	51	10	53,00	0
31	31	80	10	3,50	0
32	32	1	15	18,00	0
33	32	43	20	46,00	0
34	33	19	30	9,20	0
35	34	19	20	9,20	0
36	35	48	10	12,75	0
37	36	41	200	9,65	0
38	37	8	17	40,00	0
39	38	43	300	46,00	0
40	39	48	100	12,75	0
41	40	81	200	2,99	0
42	41	43	300	46,00	0
43	42	6	10	25,00	0
44	42	4	10	22,00	0
45	42	19	10	9,20	0
46	43	80	20	3,50	0
47	43	81	50	2,99	0
48	44	1	25	18,00	0
49	44	43	25	46,00	0

- Abra la lista del botón **Cargar** y seleccione **Cargar en**.

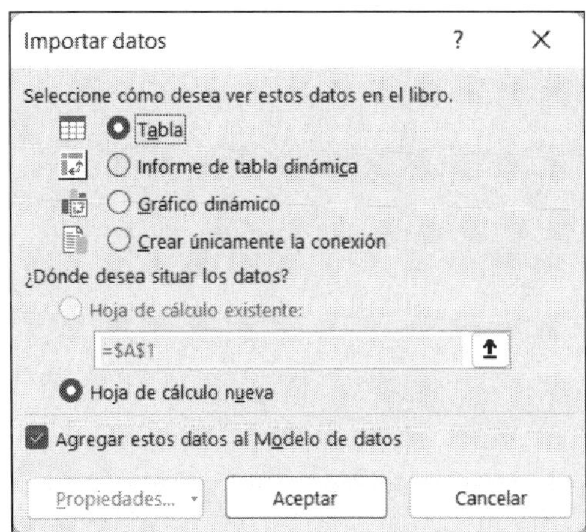

*Si ha seleccionado varias tablas en la etapa anterior, se marca automáticamente la opción **Agregar estos datos al Modelo de datos**.*

- Escoja la forma en que deben importarse los datos: en forma de **Tabla**, de **Informe de tabla dinámica** o de **Gráfico dinámico**.
- Especifique la ubicación de la importación de los datos activando la opción **Hoja de cálculo nueva** u **Hoja de cálculo existente**. Si se ha decantado por esta última opción, use si es preciso el botón para activar la primera celda destinataria de los datos importados.

  *El botón **Propiedades** permite definir las opciones de actualización, de formato y de diseño de página de los datos importados.*
- Haga clic en **Aceptar**.

  Excel coloca el rango de datos externos en la ubicación especificada.

Cuando se han importado los datos externos, el panel ***Consultas y conexiones*** *los muestra; para ver los datos importados, señale el nombre de la tabla:*

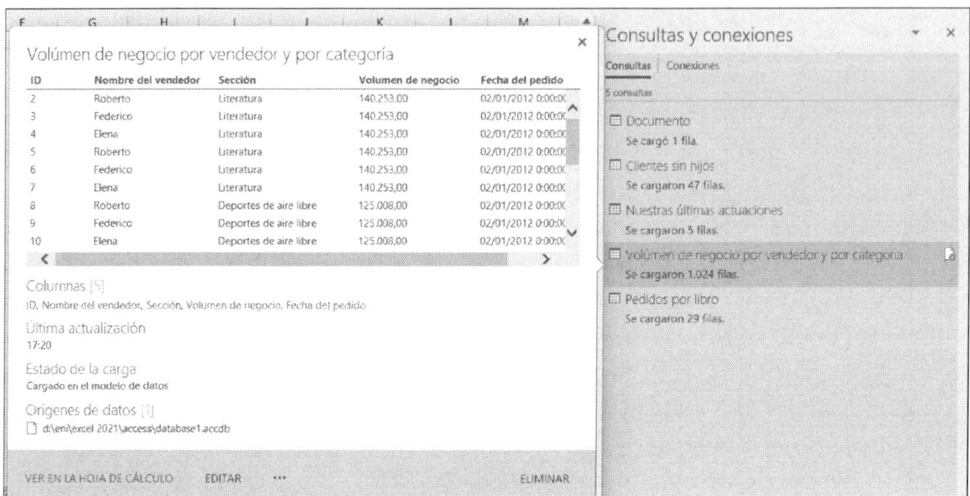

En Windows 8 y Windows 10, la conexión se almacena en un archivo Office Data Connection (.odc) en la carpeta C:\Usuarios\Nombre de usuario\Mis documentos\Mis archivos de origen de datos.

Para crear una nueva tabla dinámica a partir de tablas en un modelo de datos, acceda a la pestaña **Insertar**, abra la lista **Tabla dinámica** y seleccione la opción **Desde fuente de datos externa**. En el cuadro de diálogo **Crear tabla dinámica a partir de una fuente externa**, haga clic en el botón **Elegir conexión** para seleccionar los datos que se van a utilizar.

Importar datos de una página web

Esta técnica permite importar datos de una página web, actualizables en Excel mediante la conexión con la página web. Una vez importados los datos, es posible actualizarlos.

- Compruebe que está conectado a Internet.
- Abra, si es preciso, el libro que debe contener los datos importados y active la primera celda destinataria de la importación.
- Active la pestaña **Datos**, haga clic en el botón **De la web** del grupo **Obtener y transformar datos**.

- En el cuadro de diálogo que aparece, introduzca la URL o dirección de la página web en el cuadro correspondiente y haga clic en el botón **Ir**.

- En la ventana **Acceder al contenido web**, haga clic en **Conectar**.

  *En Windows 10 y Windows 11, las consultas web se guardan de forma predeterminada en la carpeta C:\Usuarios\Nombre de usuario\App Data\Roaming\Microsoft\ Queries y llevan la extensión **.iqy**. Si no guarda la consulta web en un archivo, esta se guardará como elemento del libro y solo podrá ejecutarse a partir de ese libro.*

Importar datos de un archivo de texto

*Se trata de importar datos de un archivo con extensión **.txt**, o **.csv** con la posibilidad de actualizar esos datos en Excel.*

- Abra, si es preciso, el libro que debe contener los datos importados y active la primera celda destinataria de la importación.
- En la pestaña **Datos**, haga clic en el botón **De texto/CSV** del grupo **Obtener y transformar datos**.
- En el cuadro de diálogo **Importar datos** que aparece, entre en la carpeta que contiene el archivo que hay que importar y haga doble clic en su nombre.

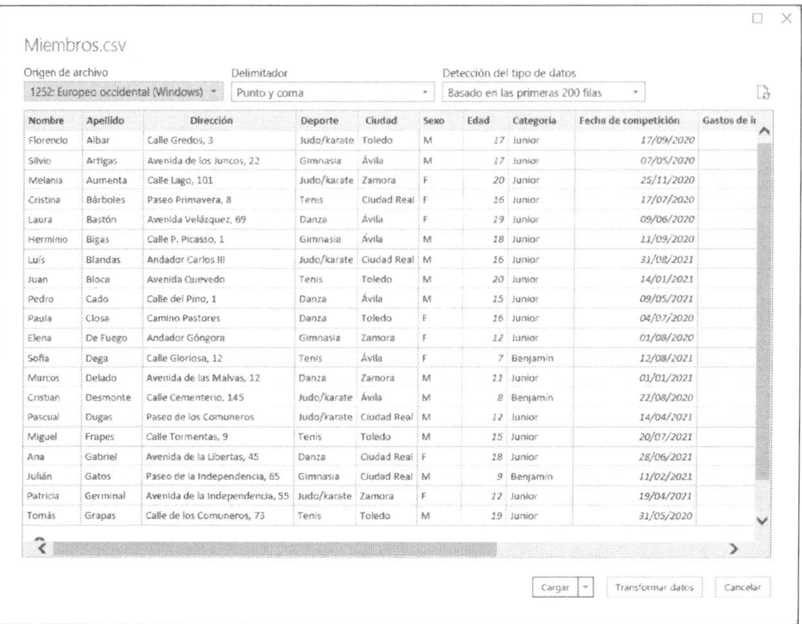

Nombre	Apellido	Dirección	Deporte	Ciudad	Sexo	Edad	Categoría	Fecha de competición	Gastos de i
Florencio	Aibar	Calle Gredos, 3	Judo/karate	Toledo	M	17	Junior	17/09/2020	
Silvio	Artigas	Avenida de los Juncos, 22	Gimnasia	Ávila	M	17	Junior	07/05/2020	
Melania	Aumenta	Calle Lago, 101	Judo/karate	Zamora	F	20	Junior	25/11/2020	
Cristina	Bárboles	Paseo Primavera, 8	Tenis	Ciudad Real	F	16	Junior	17/07/2020	
Laura	Bastón	Avenida Velázquez, 69	Danza	Ávila	F	19	Junior	09/06/2020	
Herminio	Bigas	Calle P. Picasso, 1	Gimnasia	Ávila	M	18	Junior	11/09/2020	
Luís	Blandas	Andador Carlos III	Judo/karate	Ciudad Real	M	16	Junior	31/08/2021	
Juan	Bloca	Avenida Quevedo	Tenis	Toledo	M	20	Junior	14/01/2021	
Pedro	Cado	Calle del Pino, 1	Danza	Ávila	M	15	Junior	09/05/2021	
Paula	Closa	Camino Pastores	Danza	Toledo	F	16	Junior	04/07/2020	
Elena	De Fuego	Andador Góngora	Gimnasia	Zamora	F	12	Junior	01/08/2020	
Sofía	Dega	Calle Gloriosa, 12	Tenis	Ávila	F	7	Benjamín	12/08/2021	
Marcos	Delado	Avenida de las Malvas, 12	Danza	Zamora	M	11	Junior	01/01/2021	
Cristian	Desmonte	Calle Cementerio, 145	Judo/karate	Ávila	M	8	Benjamín	22/08/2020	
Pascual	Dugas	Paseo de los Comuneros	Judo/karate	Ciudad Real	M	12	Junior	14/04/2021	
Miguel	Frapes	Calle Tormentas, 9	Tenis	Toledo	M	15	Junior	20/07/2021	
Ana	Gabriel	Avenida de la Libertas, 45	Danza	Ciudad Real	F	18	Junior	28/06/2021	
Julián	Gatos	Paseo de la Independencia, 65	Gimnasia	Ciudad Real	M	9	Benjamín	11/02/2021	
Patricia	Germinal	Avenida de la Independencia, 55	Judo/karate	Zamora	F	12	Junior	19/04/2021	
Tomás	Grapas	Calle de los Comuneros, 73	Tenis	Toledo	M	19	Junior	31/05/2020	

- Modifique, si es preciso, el tipo de datos originales seleccionando una de las opciones de la lista **Origen de archivo**.
- Si es preciso, en la lista **Delimitador** seleccione el carácter que separa los datos de las columnas.
- Abra la lista del botón **Cargar** y seleccione **Cargar en**.
- Especifique la ubicación de los datos importados: en una **Hoja de cálculo nueva** o en una **Hoja de cálculo existente**. Si se ha decantado por esta última opción, active la primera celda de destino de los datos importados.

  El botón ***Propiedades*** *permite definir las opciones de actualización, de formato y de diseño de página de los datos importados.*
- Haga clic en **Aceptar**.

También puede usar el cuadro de diálogo **Abrir** para importar un archivo de texto, pero en ese caso los datos no podrán actualizarse.

Actualizar datos importados

- Abra el libro que contiene los datos que debe actualizar.

  Es posible que aparezca un mensaje de aviso encima de la barra de fórmulas para indicarle que las conexiones de datos se han desactivado.

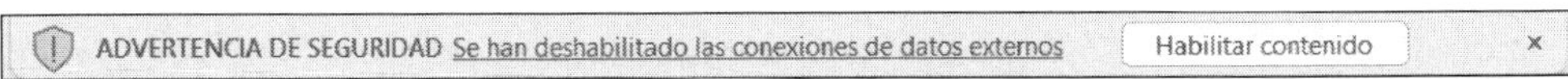

  En ese caso, para reactivar las conexiones, puede hacer clic en el botón **Habilitar contenido**.

- Haga clic en uno de los rangos de datos importados.
- Active la pestaña **Datos** y abra la lista asociada al botón **Actualizar todo** del grupo **Consultas y conexiones**.
- Escoja una de las opciones siguientes:

Actualizar todo	Para actualizar todos los rangos de datos externos del libro.
Actualizar	Para actualizar el rango de datos externos activo.

  Si hay varios libros abiertos, deberá actualizar los datos externos en cada uno de ellos.

  Si no ha habilitado las conexiones en el mensaje de advertencia, es posible que aparezca un mensaje de alerta en el que se le solicite prudencia a la hora de usar determinados archivos.

- En ese caso, si el archivo que quiere abrir proviene de una fuente fiable, haga clic en **Aceptar**; en caso contrario, haga clic en **Cancelar**.
- Para cambiar los parámetros de actualización, active la pestaña **Datos**, abra la lista asociada al botón **Actualizar todo** del grupo **Consultas y conexiones** y haga clic en **Propiedades de conexión** para abrir el cuadro de diálogo del mismo nombre.

  *Para actualizar los datos de una tabla, puede hacerlo desde la pestaña **Diseño de tabla** - grupo **Datos externos de tabla** - botón **Actualizar** y después, en la lista desplegable, haga clic en la herramienta **Actualizar** correspondiente.*

Modificar los datos importados con Power Query

El editor Power Query es un software independiente que, en versiones anteriores de Excel, era un complemento que no estaba instalado de manera predeterminada y había que instalarlo. En la actualidad está instalado de manera predeterminada y se puede acceder a él directamente. Este programa permite hacer muchas transformaciones desde las pestañas que aparecen en la cinta de opciones, funciones de cálculo integradas y también un lenguaje específico, el lenguaje M.

Cuando importamos datos, tenemos la posibilidad de realizar acciones para modificar o eliminar elementos de nuestra lista de datos. Estas acciones se memorizan y se repiten en cada actualización del archivo sin que tengamos que realizar ninguna acción.

En efecto, en algunos casos el archivo que importamos contiene filas o columnas necesarias o datos en un formato no adaptado a nuestro uso en Excel (como por ejemplo, números con formato de texto u otros).

En el ejemplo que vamos a ver, el archivo para importar es un archivo CSV. Contiene una fila con un título, una fila vacía y después la fila que contiene los encabezados de columna. Por lo tanto esta fila no se reconocerá como tal sino más bien como un simple registro.

```
*Miembros.csv: Bloc de notas
Archivo  Editar  Ver

Lista de miembros;;;;;;;;;;
;;;;;;;;;;
Nombre;Apellido;Dirección;Ciudad;Sexo;Edad;Categoría;"Fecha de competición";Gastos de inscripción;Pagado;"Modo de pago"
Florencio;Albar;Calle Gredos, 3;Judo/karate;Toledo;M;17;Junior;17/09/2020;115;N;;;;;
Silvio;Artigas;Avenida de los Juncos, 22;Gimnasia;Ávila;M;17;Junior;07/05/2020;115;S;Bizum;;;;
Melania;Aumenta;Calle Lago, 101;Judo/karate;Zamora;F;20;Junior;25/11/2020;115;S;Tarjeta;;;;
Cristina;Bárboles;Paseo Primavera, 8;Tenis;Ciudad Real;F;16;Junior;17/07/2020;115;S;Metálico;;;;
Laura;Bastón;Avenida Velázquez, 69;Danza;Ávila;F;19;Junior;09/06/2020;115;S;Metálico;;;;
Herminio;Bigas;Calle P. Picasso, 1;Gimnasia;Ávila;M;18;Junior;11/09/2020;115;S;Bizum;;;;
Luís;Blandas;Andador Carlos III;Judo/karate;Ciudad Real;M;16;Junior;31/08/2021;115;S;Tarjeta;;;;
Juan;Bloca;Avenida Quevedo;Tenis;Toledo;M;20;Junior;14/01/2021;115;S;Tarjeta;;;;
Pedro;Cado;Calle del Pino, 1;Danza;Ávila;M;15;Junior;09/05/2021;115;N;;;;;
Paula;Closa;Camino Pastores;Danza;Toledo;F;16;Junior;04/07/2020;115;N;;;;;
Elena;De Fuego;Andador Góngora;Gimnasia;Zamora;F;12;Junior;01/08/2020;115;N;;;;;
Sofía;Dega;Calle Gloriosa, 12;Tenis;Ávila;F;7;Benjamín;12/08/2021;95;S;Tarjeta;;;;
Marcos;Delado;Avenida de las Malvas, 12;Danza;Zamora;M;11;Junior;01/01/2021;115;S;Bizum;;;;
Cristian;Desmonte;Calle Cementerio, 145;Judo/karate;Ávila;M;8;Benjamín;22/08/2020;95;S;Bizum;;;;
Pascual;Dugas;Paseo de los Comuneros;Judo/karate;Ciudad Real;M;12;Junior;14/04/2021;115;S;Bizum;;;;
Miguel;Frapes;Calle Tormentas, 9;Tenis;Toledo;M;15;Junior;20/07/2021;115;S;Bizum;;;;
Ana;Gabriel;Avenida de la Libertas, 45;Danza;Ciudad Real;F;18;Junior;28/06/2021;115;N;;;;;
Julián;Gatos;Paseo de la Independencia, 65;Gimnasia;Ciudad Real;M;9;Benjamín;11/02/2021;95;N;;;;;
Patricia;Germinal;Avenida de la Independencia,
55;Judo/karate;Zamora;F;12;Junior;19/04/2021;115;S;Bizum;;;;
Tomás;Grapas;Calle de los Comuneros, 73;Tenis;Toledo;M;19;Junior;31/05/2020;115;N;;;;;
Ronan;Grima;Calle Urraca, 10;Tenis;Zamora;M;19;Junior;04/06/2021;115;N;;;;;
Pascual;Huros;Andador de los Osos;Gimnasia;Zamora;M;16;Junior;15/01/2021;115;S;Tarjeta;;;;
Daniel;Ker;Andador Comuneros, 12;Judo/karate;Zamora;M;16;Junior;04/09/2021;115;S;Bizum;;;;
```

Importar datos

- Para importar los datos, haga clic en el botón **De texto/CSV** del grupo **Obtener y transformar datos** de la pestaña **Datos**, seleccione el archivo que desee importar y luego haga clic en **Importar**.

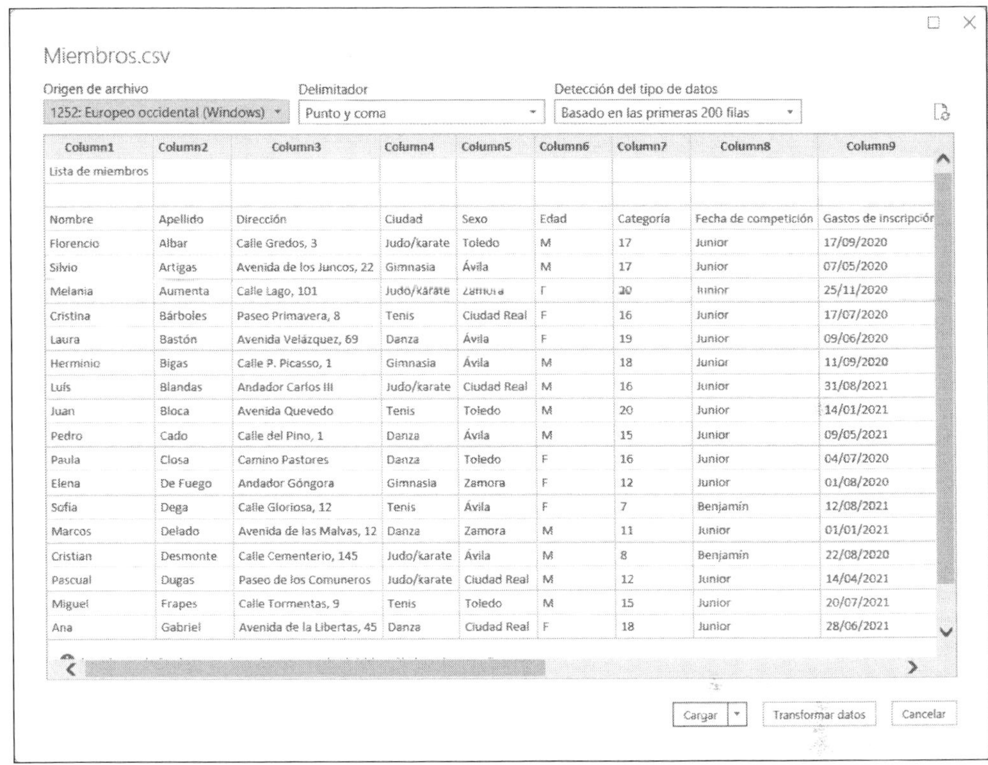

Column1	Column2	Column3	Column4	Column5	Column6	Column7	Column8	Column9
Lista de miembros								
Nombre	Apellido	Dirección	Ciudad	Sexo	Edad	Categoría	Fecha de competición	Gastos de inscripción
Florencio	Albar	Calle Gredos, 3	Judo/karate	Toledo	M	17	Junior	17/09/2020
Silvio	Artigas	Avenida de los Juncos, 22	Gimnasia	Ávila	M	17	Junior	07/05/2020
Melania	Aumenta	Calle Lago, 101	Judo/karate	Zamora	F	20	Junior	25/11/2020
Cristina	Bárboles	Paseo Primavera, 8	Tenis	Ciudad Real	F	16	Junior	17/07/2020
Laura	Bastón	Avenida Velázquez, 69	Danza	Ávila	F	19	Junior	09/06/2020
Herminio	Bigas	Calle P. Picasso, 1	Gimnasia	Ávila	M	18	Junior	11/09/2020
Luís	Blandas	Andador Carlos III	Judo/karate	Ciudad Real	M	16	Junior	31/08/2021
Juan	Bloca	Avenida Quevedo	Tenis	Toledo	M	20	Junior	14/01/2021
Pedro	Cado	Calle del Pino, 1	Danza	Ávila	M	15	Junior	09/05/2021
Paula	Closa	Camino Pastores	Danza	Toledo	F	16	Junior	04/07/2020
Elena	De Fuego	Andador Góngora	Gimnasia	Zamora	F	12	Junior	01/08/2020
Sofia	Dega	Calle Gloriosa, 12	Tenis	Ávila	F	7	Benjamín	12/08/2021
Marcos	Delado	Avenida de las Malvas, 12	Danza	Zamora	M	11	Junior	01/01/2021
Cristian	Desmonte	Calle Cementerio, 145	Judo/karate	Ávila	M	8	Benjamín	22/08/2020
Pascual	Dugas	Paseo de los Comuneros	Judo/karate	Ciudad Real	M	12	Junior	14/04/2021
Miguel	Frapes	Calle Tormentas, 9	Tenis	Toledo	M	15	Junior	20/07/2021
Ana	Gabriel	Avenida de la Libertas, 45	Danza	Ciudad Real	F	18	Junior	28/06/2021

Puede observar que los encabezados de las columnas se han nombrado de manera automática columna1, columna2,... y que las tres primeras líneas se han considerado como registros.

- Haga clic en el botón **Transformar datos** para corregir este problema.

Se abre el Editor de Power Query:

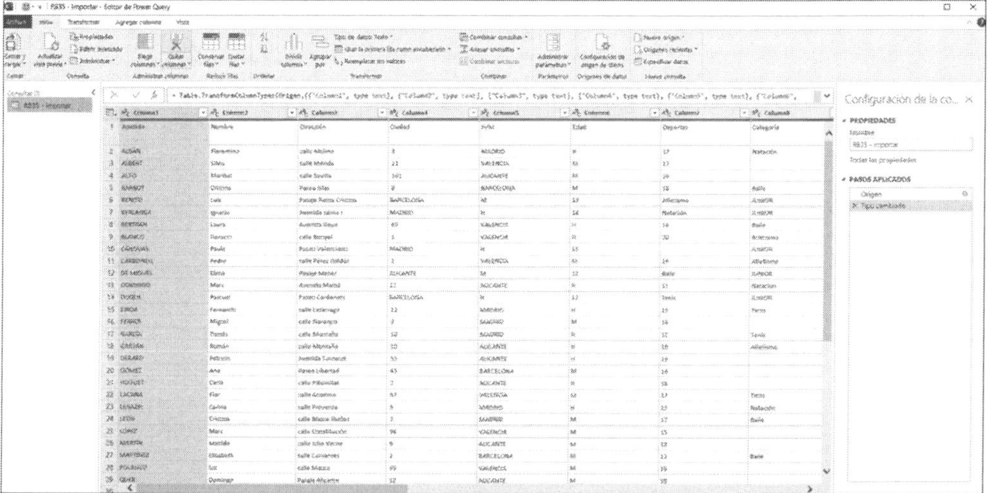

En la pestaña **Inicio** de Power Query, haga clic en el botón **Quitar filas** (o en el grupo **Reducir filas** dependiendo de su vista en pantalla) y luego en **Quitar filas superiores**.

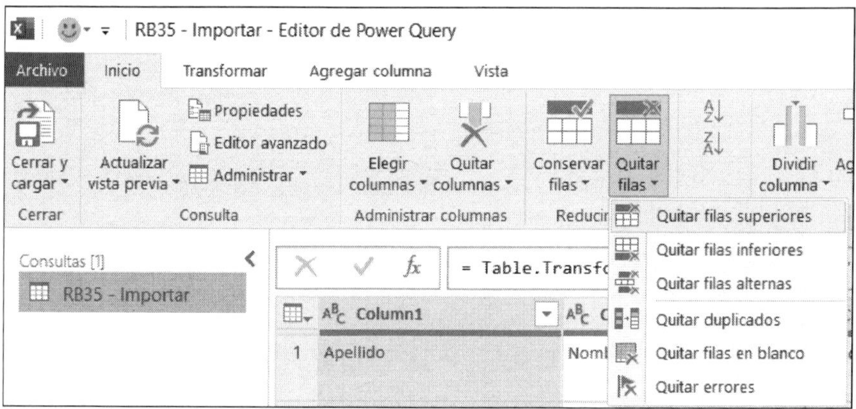

- En la ventana que aparece, indique el **Número de filas** que desea eliminar de la parte superior:

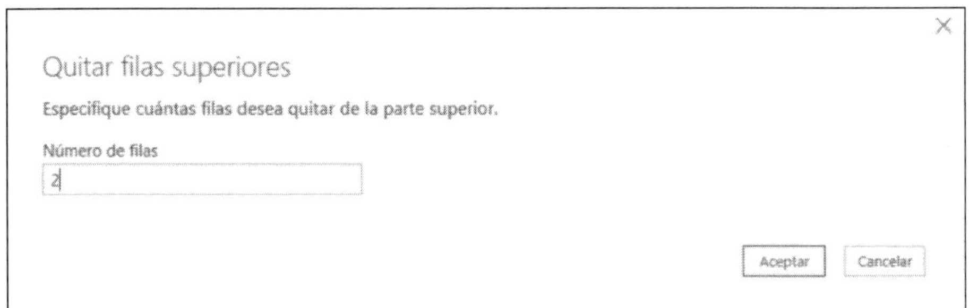

- Haga clic en **Aceptar**.

  *Las dos líneas se eliminan inmediatamente y la acción se ha añadido al panel **Configuración de la consulta**, en la zona **PASOS APLICADOS** con el nombre **Filas superiores quitadas**.*

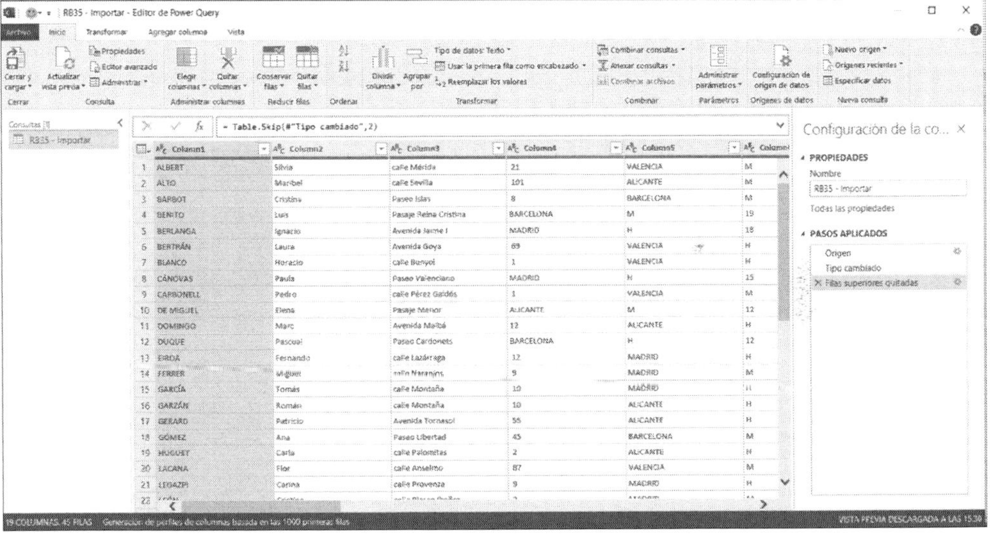

La equis que aparece a la izquierda del texto permite eliminar esta acción.

- Para usar la primera fila de la lista actual como encabezados de columnas, active la pestaña **Inicio**, si es necesario, y luego haga clic en el botón **Usar la primera fila como encabezado** del grupo **Transformar**.

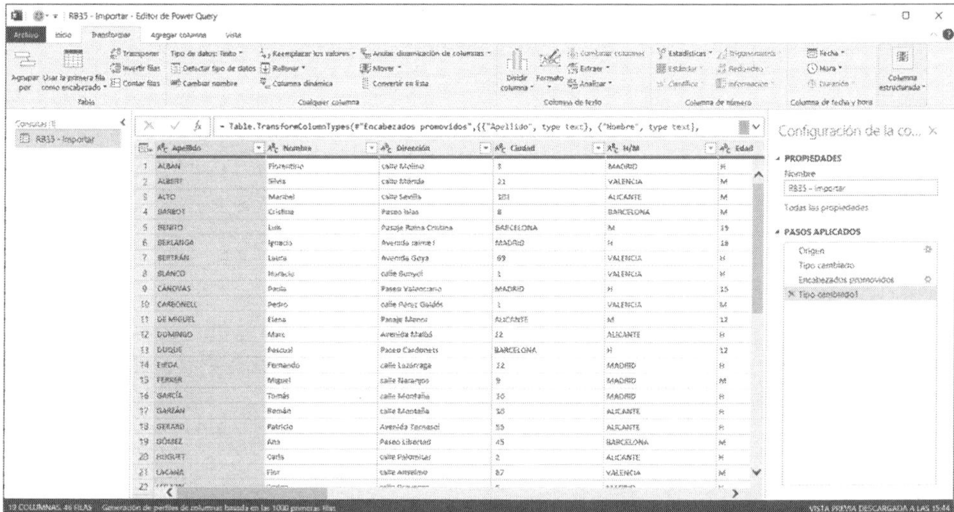

*Los encabezados se han modificado y se han añadido dos pasos nuevos en el panel **Configuración de la consulta**. El paso **Encabezados promovidos** indica que la fila 1 se ha transformado correctamente en encabezados de columnas. El paso **Tipo cambiado1** indica que se ha modificado el tipo de los datos o ha sido reconocido de manera automática (el tipo de datos puede ser texto, número, fecha, etc.).*

*En la zona **PASOS APLICADOS** del panel **Configuración de la consulta**, todas las acciones realizadas se indican en el orden de creación y el programa las nombra de manera automática. Para localizar fácilmente los distintos pasos de transformación, le recomendamos que los renombre.*

- Haga clic con el botón derecho del ratón sobre el paso que desea modificar, luego haga clic en **Cambiar nombre** y escriba el nombre nuevo.

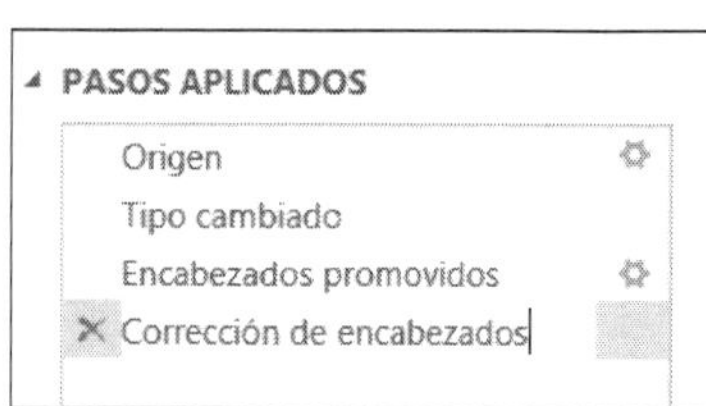

- Valide usando [Intro].

- Si quiere volver a ver los datos tal y como estaban antes de la modificación, haga un simple clic en cada etapa: los datos se mostrarán enseguida dependiendo del paso seleccionado.

  El editor Power Query analiza los datos y muestra el tipo de datos que ha reconocido. En ciertos casos, el tipo de datos indicado no corresponde a lo que se esperaba.

- Para modificar el tipo de datos, haga clic en el encabezado de la columna de su elección, después en la pestaña **Inicio** - grupo **Transformar** - botón **Tipo de datos**, seleccione el tipo que desee.

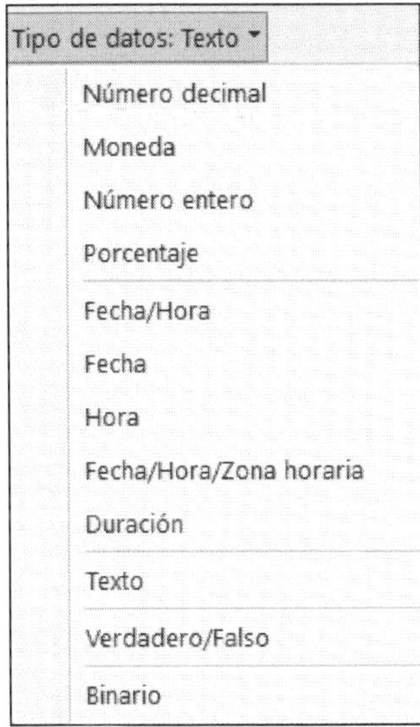

  *El tipo de datos aplicado aparece al lado del nombre del botón **Tipo de datos**:....*

- Después de transformar los datos, haga clic en el botón **Cerrar y cargar** de la pestaña **Inicio** - grupo **Cerrar**.

  El editor Power Query se cierra y los datos transformados se muestran en Excel.

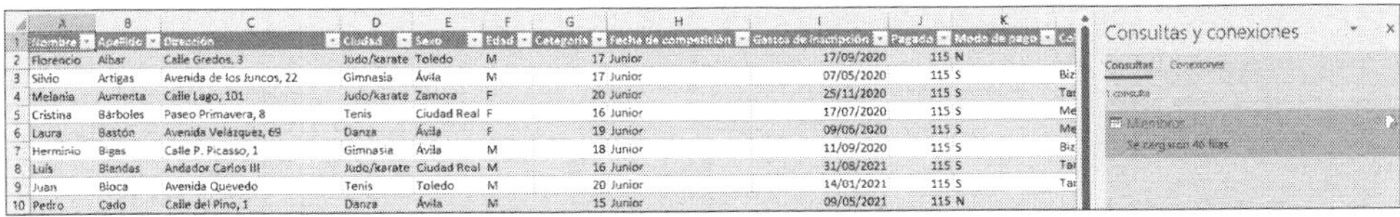

- Para volver al editor de PowerQuery, solo tiene que hacer doble clic en la consulta en el panel **Consultas y conexiones** - pestaña **Consultas**.

Copiar datos transponiéndolos

Esta técnica permite transponer las columnas y las filas de una tabla al copiarla.

- Seleccione los datos que desea copiar; para copiarlos, utilice el método abreviado Ctrl C o haga clic en y luego active la primera celda de destino de la copia.
- Abra la lista del botón **Pegar** y seleccione el icono **Transponer** del grupo **Pegar**.

  De esta manera las filas de la selección se convierten en columnas y viceversa.

Copiar datos de Excel estableciendo un vínculo

Los vínculos permiten que todas las modificaciones de datos efectuadas en el libro de Microsoft Excel se transfieran a otra hoja u otro libro.

- Seleccione los datos que desea copiar.
- Utilice el método abreviado Ctrl **C** o haga clic en la herramienta **Copiar** .
- Active la primera celda de destino de la copia (en la misma hoja, en otra hoja o en otro libro).
- Abra la lista del botón **Pegar** y seleccione el icono **Pegar vínculo** .

  Las celdas receptoras de la copia pasarán a incluir una fórmula que permite ver el contenido de la celda de origen. Si se modifica un valor de origen, se modificará automáticamente el contenido de la celda de destino correspondiente.

Cuando se crean vínculos durante la operación de pegado, no es posible recuperar al mismo tiempo los formatos.

Si pega con vínculo una celda vacía, Excel muestra un cero.
Obtendrá el mismo resultado insertando en la celda una fórmula de tipo =**celda** por ejemplo, **(=A1)**.

Efectuar cálculos simples al pegar

Esta operación permite copiar datos a la vez que se lleva a cabo una operación (suma, resta, etc.) que combina los datos copiados y los datos contenidos en las celdas de destino.

- Seleccione los datos que desea copiar.
- Utilice el método abreviado Ctrl **C** o haga clic en la herramienta **Copiar**.
- Active la primera celda de destino (las celdas receptoras deben contener datos).
- Abra la lista del botón **Pegar** y active la opción **Pegado especial**.

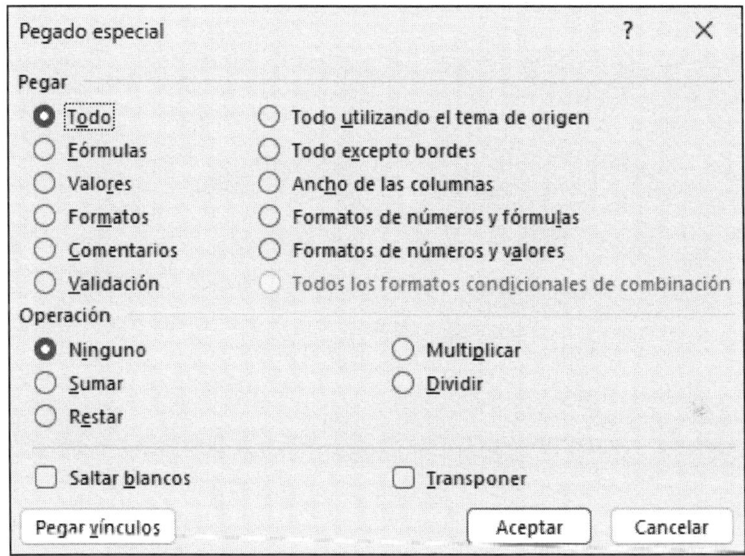

- Determine en el apartado **Pegar** aquello que debe copiarse.
- A continuación, especifique la **Operación** deseada activando la opción correspondiente.
- Si deben omitirse las celdas vacías de la selección, marque la opción **Saltar blancos**.
- Haga clic en **Aceptar**.

Copiar datos como imagen

- Seleccione los datos que desea copiar.
- Utilice el método abreviado Ctrl **C** o haga clic en la herramienta **Copiar**.
- Active la celda destinataria de la copia (en la hoja activa, en otra hoja o en otro libro).
- Abra la lista del botón **Pegar** y active el icono **Imagen**.

  *El icono **Imagen vinculada** puede usarse si desea que cualquier modificación que se efectúe en la imagen de origen se aplique también a la copiada.*

También puede usar la opción **Copiar como imagen** de la lista de la herramienta **Copiar** y hacer clic en el botón **Pegar** para pegar los datos como imagen.

Insertar celdas vacías

Las celdas se insertarán debajo o a la izquierda del rango de celdas seleccionadas.

- Seleccione tantas celdas como desee insertar.
- Active la pestaña **Inicio**, abra la lista del botón **Insertar** del grupo **Celdas** y haga clic en la opción **Insertar celdas**, o use el método abreviado Ctrl + o bien active la opción **Insertar** del menú contextual de la selección.

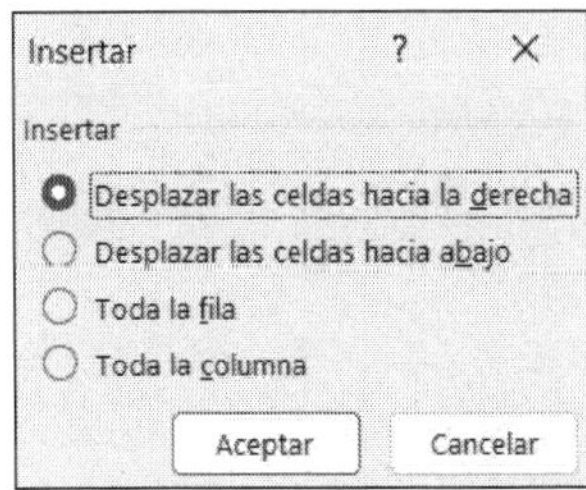

- Active la primera o la segunda opción para indicar de qué manera separar las celdas existentes tras insertar las nuevas.
- Confirme pulsando **Aceptar**.

Para insertar una única celda encima de otra, haga clic en la celda y después en el botón **Insertar** del grupo **Celdas**.

Eliminar celdas

- Seleccione las celdas que desea eliminar.
- Active la ficha **Inicio**, abra la lista del botón **Eliminar** del grupo **Celdas** y haga clic en la opción **Eliminar celdas** o active la opción **Eliminar** del menú contextual de la selección.

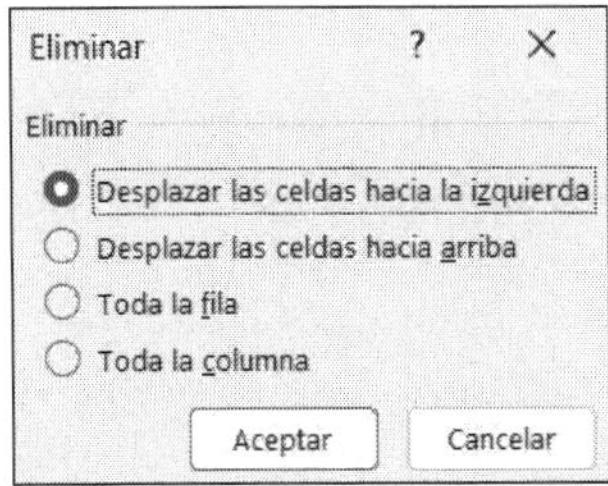

- Active la primera o la segunda opción para indicar de qué manera deben moverse las celdas existentes tras eliminar las celdas seleccionadas.
- Haga clic en **Aceptar**.

Para eliminar celdas desplazando las demás hacia la izquierda, seleccione las celdas que desea eliminar y haga clic en el botón **Eliminar** del grupo **Celdas**.

Mover e insertar celdas, filas y columnas

Las celdas (filas o columnas) se desplazarán e insertarán entre las existentes.

- Seleccione las celdas (filas o columnas) que desea desplazar.
- Señale uno de los bordes de la selección hasta que el puntero adopte la forma de una flecha de cuatro puntas.
- Arrastre la selección mientras mantiene pulsada la tecla Mayús.

*Aparece una barra horizontal (o vertical) entre las filas (o las columnas). En este ejemplo, la fila 4 (**Marcos LAFUENTE**) se va a insertar entre las filas 6 y 7:*

	A	B	C	D	E	F	G	H
1	TERCER TRIMESTRE	**Análisis de ventas**						
2		Comercial		Objetivo	Parte	Realización	Parte	Objetivo (a alcanzar)
3		Pedro	MARCHANTE	3.100.000	9,78%	3.202.370	9,24%	3.302.598
4		Marcos	LAFUENTE	3.200.000	10,10%	3.605.900	10,40%	3.409.134
5		Laurinda	GARCÍA	5.300.000	16,72%	5.176.500	14,94%	5.646.378
6		María	DURO	4.200.000	13,25%	5.141.200	14,84%	4.474.488
7		Pablo	USTARI	2.120.000	6,69%	3.070.600	8,86%	2.258.551
8		Horacio	BAEZA	3.700.000	11,68%	3.623.550	10,46%	3.941.811
9		Bautista	BRETÓN	5.300.000	16,72%	5.176.500	14,94%	5.646.378
10		Luisa	FLORES	4.770.000	15,05%	5.658.850	16,33%	5.081.740
11			**Total**	**31.690.000**		34.655.470		

B7:H7

- Suelte el botón del ratón cuando la barra horizontal (o vertical) aparezca en el lugar adecuado.

Si se mantiene pulsada la tecla Ctrl, además de la tecla Mayús, al hacer clic y arrastrar la selección, las celdas, filas o columnas se copian en lugar de desplazarse.

Eliminar filas que contienen duplicados

Se trata de eliminar las filas con datos iguales en varias columnas.

- Haga clic en una celda cualquiera de la tabla correspondiente.
- Active la pestaña **Datos** y haga clic en la herramienta **Quitar duplicados** del grupo **Herramientas de datos.**
- En el cuadro de diálogo **Quitar duplicados** que aparece, seleccione las columnas que contienen las repeticiones que desea eliminar. Para ello, desactive las casillas de verificación correspondientes a las columnas en las que no debe eliminarse nada. Otra opción es hacer clic en el botón **Anular selección** para desactivar todas las casillas de verificación y seleccionar las columnas que desee o hacer clic en el botón **Seleccionar todo** para activar todas las casillas de verificación.

  *En este ejemplo, se eliminarán las filas repetidas correspondientes a los datos de los clientes cuyo **Nombre** y **Apellidos** sean idénticos.*

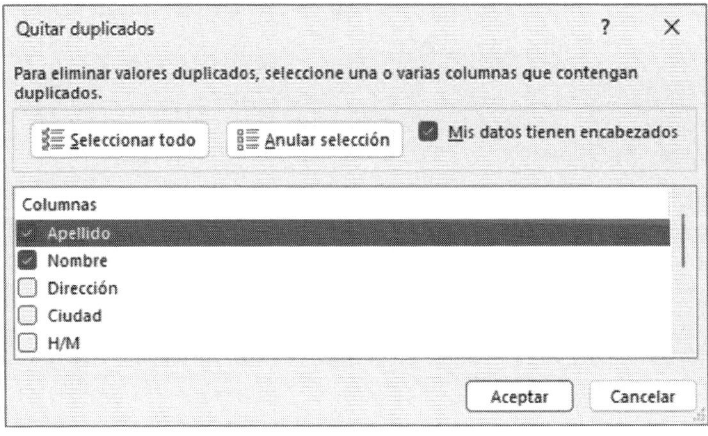

- Haga clic en el botón **Aceptar**.

  El número de valores duplicados hallados y eliminados se muestra con objeto de que usted pueda controlarlo.

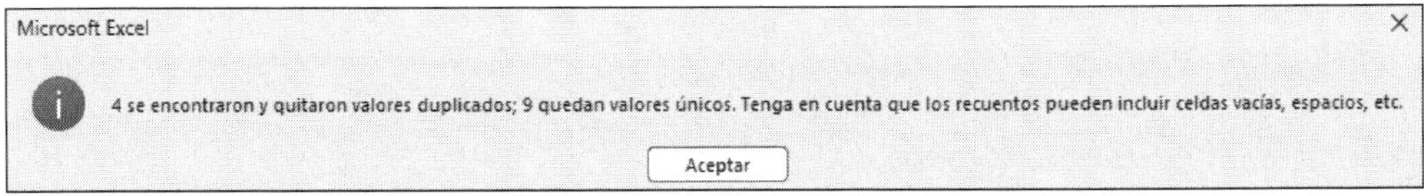

- Haga clic en **Aceptar** para cerrar este cuadro de diálogo.

Asignar un nombre a un rango de celdas

Es posible hacer referencia a un rango de celdas usando su nombre para seleccionarlo o bien utilizar dicho rango en fórmulas (véase Usar zonas con nombre en las fórmulas, en el capítulo Cálculos sencillos).

Puede crear ***nombres definidos****, que representan una celda, un rango de celdas, una fórmula o un valor constante. Microsoft Excel crea a veces algunos automáticamente (por ejemplo, cuando se define una zona de impresión). También es posible crear* ***nombres de tabla*** *que corresponden a listas de datos (véase el capítulo Tablas de datos).*

Primer método

- Seleccione la celda o el rango de celdas contiguas (o no) al que desea atribuir un nombre.
- Haga clic en el **cuadro de nombres**, situado a la izquierda de la barra de fórmulas.
- Introduzca el nombre que desea dar a la selección.

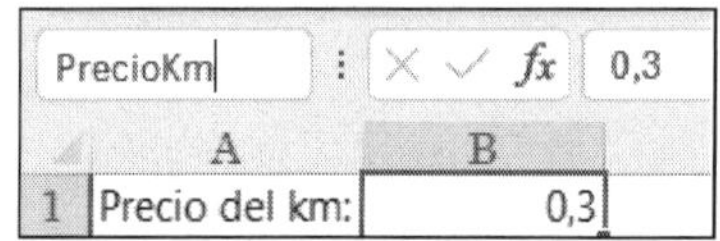

Los nombres pueden contener un máximo de 255 caracteres y no pueden usarse espacios. El primer carácter debe ser una letra, un carácter de subrayado (_) o una barra oblicua inversa (\). Los demás caracteres pueden ser letras, cifras, puntos y caracteres de subrayado. Los nombres no pueden ser iguales a las referencias de las celdas y pueden contener mayúsculas y minúsculas (Excel no hace distinción entre ellas).

- Pulse la tecla ↵.

Segundo método

- Seleccione la celda o el rango de celdas contiguas (o no) al que desea atribuir un nombre.
- Active la pestaña **Fórmulas** y haga clic en el botón **Asignar nombre** del grupo **Nombres definidos**.
- Se abre el cuadro de diálogo **Nombre nuevo**. Introduzca o modifique el nombre propuesto en el cuadro **Nombre**.

- En la lista desplegable **Ámbito**, seleccione la opción **Libro** si el nombre debe estar accesible en todas las hojas del libro; en caso contrario, seleccione una de las hojas de cálculo del libro.
- Opcionalmente, introduzca una descripción del rango de celdas con nombre en el cuadro **Comentario** (255 caracteres como máximo).

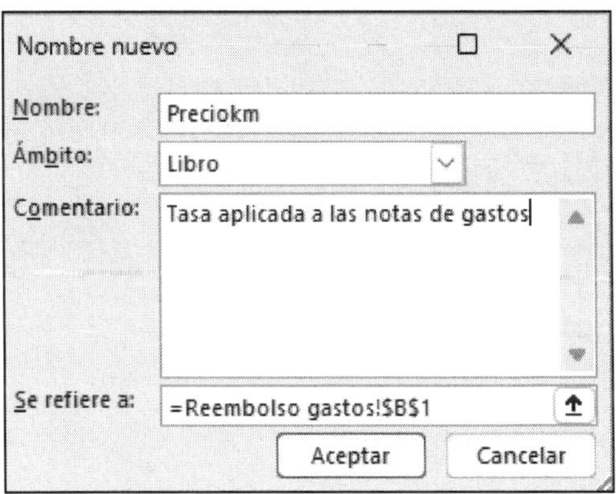

El botón [↑] permite reducir el cuadro de diálogo para modificar el rango de celdas asociado al nombre.

- Haga clic en **Aceptar**.

Tercer método

Este método parte del supuesto de que los nombres que se van a atribuir existen en la hoja de cálculo como títulos de columna o etiquetas de fila del rango de celdas al que se va a poner nombre.

- Seleccione las celdas que contienen los nombres que se van a asignar y las celdas a las que se quiere poner nombre.
- Active la pestaña **Fórmulas** y haga clic en el botón **Crear desde la selección** del grupo **Nombres definidos.**
- Indique dónde se encuentran las celdas que contienen el nombre que se va a asignar.

*En este ejemplo, el contenido de la fila 3 se utilizará para asignar un nombre a los rangos de celdas: el rango denominado **Comercial** corresponderá a las celdas B5 a B12; el rango denominado **1er Trim**, a las celdas C5 a C12, etc.:*

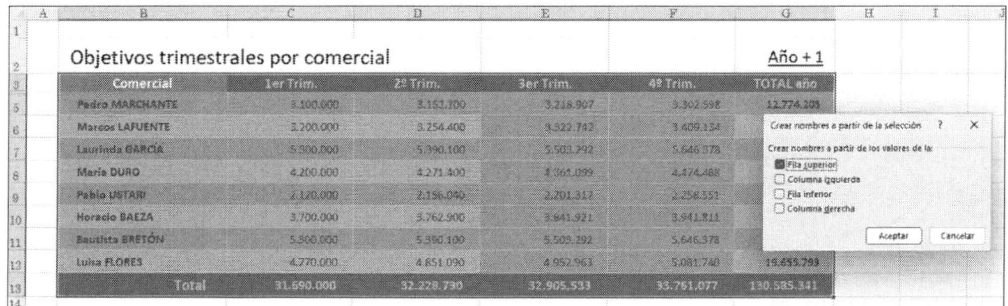

- Haga clic en **Aceptar**.

Excel convierte los guiones y los espacios en líneas de subrayado.

Administrar los nombres de celdas

Acceder al administrador de nombres

- Active la pestaña **Fórmulas** y haga clic en el botón **Administrador de nombres** del grupo **Nombres definidos**.

  *El cuadro de diálogo **Administrador de nombres** muestra el nombre, el valor, la referencia, el ámbito y los comentarios de todos los rangos con nombre existentes en el libro.*

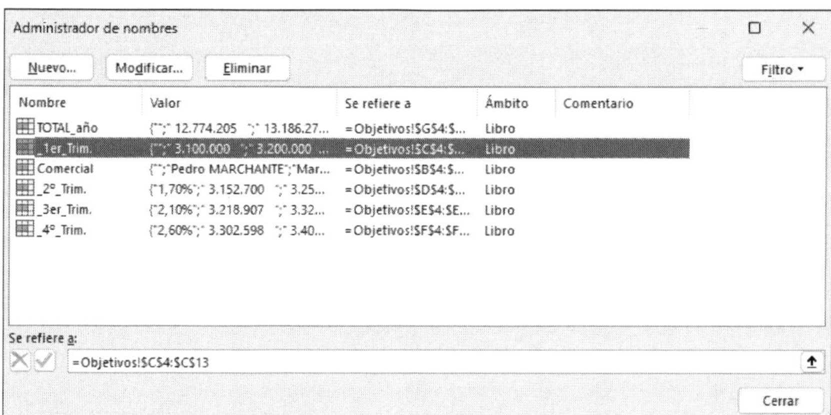

- Para adaptar automáticamente el tamaño de la columna a su valor más elevado, haga doble clic en lado derecho del encabezado de columna.
- Para ordenar los nombres mostrados por orden creciente, haga clic una vez sobre el encabezado de la columna a partir de la cual desea ordenar; para ordenar en orden decreciente, haga clic otra vez en el mismo encabezado.
- Para filtrar los nombres que aparecen, haga clic en el botón **Filtro** y seleccione el filtro deseado.

  Nombres en el ámbito de la hoja de trabajo/del libro: para ver solo los nombres vinculados a la hoja activa o al libro.

  Nombres con errores/Nombres sin errores: para ver solo los nombres que contienen errores (como #REF, #VALUE, #NAME...) o los que no los contienen.

  Nombres definidos: para ver solo los nombres definidos por usted o por Excel.

  Nombres de tabla: para ver solo los nombres de listas de datos.
- Para seleccionar un nombre, haga clic en él.

Eliminar un nombre

- Para eliminar un nombre, selecciónelo, haga clic en el botón **Eliminar** y confirme la eliminación haciendo clic en **Aceptar**.

Modificar el nombre asignado a un rango de celdas

- Seleccione el nombre que desea modificar y haga clic en el botón **Modificar**.

  Aparece el cuadro de diálogo ***Editar nombre****, que es similar al cuadro de diálogo* ***Nuevo nombre****.*
- Lleve a cabo los cambios deseados en los cuadros **Nombre** y **Comentario** y haga clic en **Aceptar**.

Modificar el rango de celdas asociado a un nombre

- Seleccione el nombre que desea modificar.

  Las referencias del rango con nombre aparecen en la zona ***Se refiere a****.*
- Haga clic en el botón para reducir el cuadro de diálogo con el fin de modificar el rango de celdas asociado al nombre.
- Haga clic en el botón para volver al cuadro de diálogo **Administrador de nombres**.
- Cuando haya efectuado todas las modificaciones, cierre el cuadro de diálogo **Administrador de nombres** haciendo clic en el botón **Cerrar** o en la herramienta .

Seleccionar un rango de celdas escribiendo su nombre

- Haga clic en el botón [botón de flecha], situado en el **cuadro de nombres** de la barra de fórmula.
  Excel muestra todos los rangos con nombre del libro.

- Haga clic en el nombre que prefiera.

Ver la lista de nombres y referencias de celdas asociadas

Esta técnica permite ver en la primera columna de una hoja de cálculo la lista con todos los nombres del libro y las referencias de celda asociadas en la columna siguiente.

- Active la celda a partir de la cual desea que aparezca la lista de nombres.
- Active la pestaña **Fórmulas** y haga clic en el botón **Utilizar en la fórmula** del grupo **Nombres definidos** y luego en la opción **Pegar nombres**.
- Haga clic en el botón **Pegar lista** del cuadro de diálogo **Pegar nombre**.

Usar zonas con nombre en las fórmulas

Esta función permite reemplazar una referencia de rangos de celda por la zona con nombre correspondiente en una fórmula. Recuerde que las celdas o rangos de celdas con nombre se gestionan como referencias absolutas cuando se copian fórmulas.

- Empiece a introducir la fórmula y deténgase al llegar al nombre.
- Haga clic en el botón **Utilizar en la fórmula** del grupo **Nombres definidos** de la pestaña **Fórmulas**.

  Aparece la lista con las zonas a las que se ha puesto nombre previamente (véase Rangos con nombre - Asignar un nombre a un rango de celdas):

- Haga clic en el nombre correspondiente al rango de celdas que desea insertar en la fórmula.
- Continúe y concluya la fórmula.

También es posible introducir el nombre directamente en la fórmula, en lugar de las referencias de celda.

Usar las fórmulas condicionales

Este tipo de fórmulas permite mostrar un valor o efectuar un cálculo según una o varias condiciones.

Función SI simple

- Active la celda en la que desea introducir la fórmula y ver el resultado.
- Utilice la función **SI** para efectuar una prueba lógica (VERDADERO o FALSO) sobre el valor de una celda o en el resultado de otra fórmula; en función del resultado de la prueba, la función SI lleva a cabo una acción si el resultado es verdadero, u otra, si el resultado es falso.

  La sintaxis de la función **SI** es la siguiente:

  =SI(prueba_lógica;[valor_si_verdadero];[valor_si_falso])

  La fórmula introducida en H3 se ha copiado en H4 a H10. En este ejemplo, probamos el valor de la celda (H3): ***=SI(F3>=D3;"ALCANZADO";"NO ALCANZADO").*** *Si el contenido de la celda F3 es mayor o igual al valor de la celda D3, el texto "ALCANZADO" se mostrará en la celda de resultado; en caso contrario, lo hará el texto "NO ALCANZADO".*

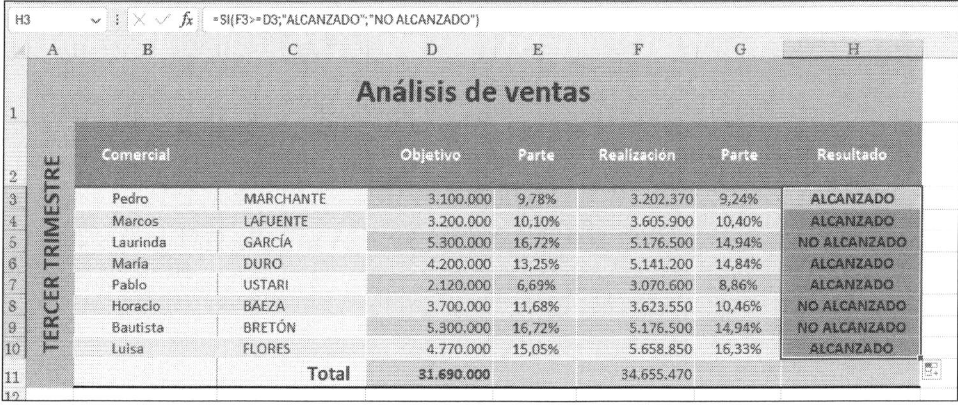

H3 =SI(F3>=D3;"ALCANZADO";"NO ALCANZADO")

Análisis de ventas

TERCER TRIMESTRE

Comercial		Objetivo	Parte	Realización	Parte	Resultado
Pedro	MARCHANTE	3.100.000	9,78%	3.202.370	9,24%	ALCANZADO
Marcos	LAFUENTE	3.200.000	10,10%	3.605.900	10,40%	ALCANZADO
Laurinda	GARCÍA	5.300.000	16,72%	5.176.500	14,94%	NO ALCANZADO
María	DURO	4.200.000	13,25%	5.141.200	14,84%	ALCANZADO
Pablo	USTARI	2.120.000	6,69%	3.070.600	8,86%	ALCANZADO
Horacio	BAEZA	3.700.000	11,68%	3.623.550	10,46%	NO ALCANZADO
Bautista	BRETÓN	5.300.000	16,72%	5.176.500	14,94%	NO ALCANZADO
Luisa	FLORES	4.770.000	15,05%	5.658.850	16,33%	ALCANZADO
	Total	31.690.000		34.655.470		

Observe que, si invertimos la prueba, el resultado es el mismo siempre que se invierta también el valor si FALSO y el valor si VERDADERO:
=SI(F3<=D3;"NO ALCANZADO";"ALCANZADO")

H3 =SI(F3<=D3;"NO ALCANZADO";"ALCANZADO")

Análisis de ventas

TERCER TRIMESTRE

Comercial		Objetivo	Parte	Realización	Parte	Resultado
Pedro	MARCHANTE	3.100.000	9,78%	3.202.370	9,24%	ALCANZADO
Marcos	LAFUENTE	3.200.000	10,10%	3.605.900	10,40%	ALCANZADO
Laurinda	GARCÍA	5.300.000	16,72%	5.176.500	14,94%	NO ALCANZADO
María	DURO	4.200.000	13,25%	5.141.200	14,84%	ALCANZADO
Pablo	USTARI	2.120.000	6,69%	3.070.600	8,86%	ALCANZADO
Horacio	BAEZA	3.700.000	11,68%	3.623.550	10,46%	NO ALCANZADO
Bautista	BRETÓN	5.300.000	16,72%	5.176.500	14,94%	NO ALCANZADO
Luisa	FLORES	4.770.000	15,05%	5.658.850	16,33%	ALCANZADO
	Total	31.690.000		34.655.470		

Para mostrar un resultado solo si la condición es VERDADERA, puede no especificar el argumento FALSO, por ejemplo: **=SI(F3>=D3;"ALCANZADO")**; en este caso, si la condición no se verifica, dado que la acción no se ha definido en la fórmula, Excel muestra el valor **FALSO**.

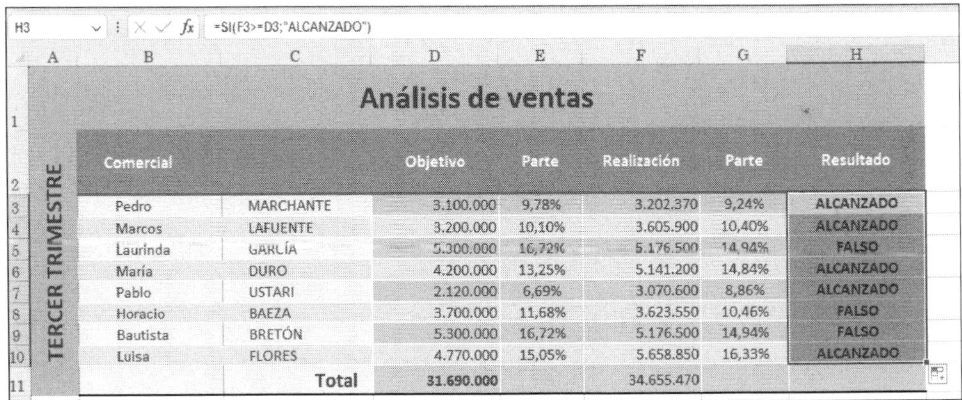

H3 =SI(F3>=D3;"ALCANZADO")

Análisis de ventas

TERCER TRIMESTRE

Comercial		Objetivo	Parte	Realización	Parte	Resultado
Pedro	MARCHANTE	3.100.000	9,78%	3.202.370	9,24%	ALCANZADO
Marcos	LAFUENTE	3.200.000	10,10%	3.605.900	10,40%	ALCANZADO
Laurinda	GARCÍA	5.300.000	16,72%	5.176.500	14,94%	FALSO
María	DURO	4.200.000	13,25%	5.141.200	14,84%	ALCANZADO
Pablo	USTARI	2.120.000	6,69%	3.070.600	8,86%	ALCANZADO
Horacio	BAEZA	3.700.000	11,68%	3.623.550	10,46%	FALSO
Bautista	BRETÓN	5.300.000	16,72%	5.176.500	14,94%	FALSO
Luisa	FLORES	4.770.000	15,05%	5.658.850	16,33%	ALCANZADO
	Total	31.690.000		34.655.470		

Para dejar vacío el contenido una de las celdas del resultado (VERDADERO o FALSO) con el fin de que no se visualicen las palabras VERDADERO ni FALSO, escriba comillas. Por ejemplo: **=SI(F3>=D3;"ALCANZADO";" ")**

Las celdas cuyo resultado es FALSO no muestran nada:

H3 =SI(F3>=D3;"ALCANZADO";" ")

Análisis de ventas

TERCER TRIMESTRE

Comercial		Objetivo	Parte	Realización	Parte	Resultado
Pedro	MARCHANTE	3.100.000	9,78%	3.202.370	9,24%	ALCANZADO
Marcos	LAFUENTE	3.200.000	10,10%	3.605.900	10,40%	ALCANZADO
Laurinda	GARCÍA	5.300.000	16,72%	5.176.500	14,94%	
María	DURO	4.200.000	13,25%	5.141.200	14,84%	ALCANZADO
Pablo	USTARI	2.120.000	6,69%	3.070.600	8,86%	ALCANZADO
Horacio	BAEZA	3.700.000	11,68%	3.623.550	10,46%	
Bautista	BRETÓN	5.300.000	16,72%	5.176.500	14,94%	
Luisa	FLORES	4.770.000	15,05%	5.658.850	16,33%	ALCANZADO
	Total	31.690.000		34.655.470		

En una fórmula condicional pueden realizarse diversas acciones:

Ver un número	introducir el número.
Ver un texto	introducir el texto entre comillas.
Ver un resultado de cálculo	introducir la fórmula de cálculo.
Ver el contenido de una celda	hacer clic en la celda o introducir su referencia.
No ver nada	escribir "".

Existen varios operadores disponibles relativos a las condiciones:

=	igual.
>/<	superior a/inferior a.
<>	diferente de.
>=/<=	superior o igual a/inferior o igual a.

Función SI anidada

Cuando un resultado de condición de prueba implica más de dos posibilidades, se pueden anidar fórmulas condicionales:

=SI (prueba_logica1 ;valor_si_verdadero ;(valor_si_falso)

SI (prueba_logica2 ;valor_si_verdadero ;valor_si_falso)

- En este caso, la fórmula se escribe así:
  =SI(prueba_lógica1;valor si verdadero; SI(prueba_lógica2;valor si verdadero;valor si falso)).

  La fórmula condicional número se halla anidada en la primera.

  Usando este método, es posible anidar varias condiciones unas en otras.

  En este ejemplo, se desea completar la columna K como sigue: si el importe con descuento es inferior a 500 euros, los gastos de envío deben ser de 50 euros. Si el importe con descuento está comprendido entre los 500 y los 1500 euros, deben pagarse 25 euros. Por último, si el importe supera los 1500 euros, debe aparecer el texto Franco de porte.

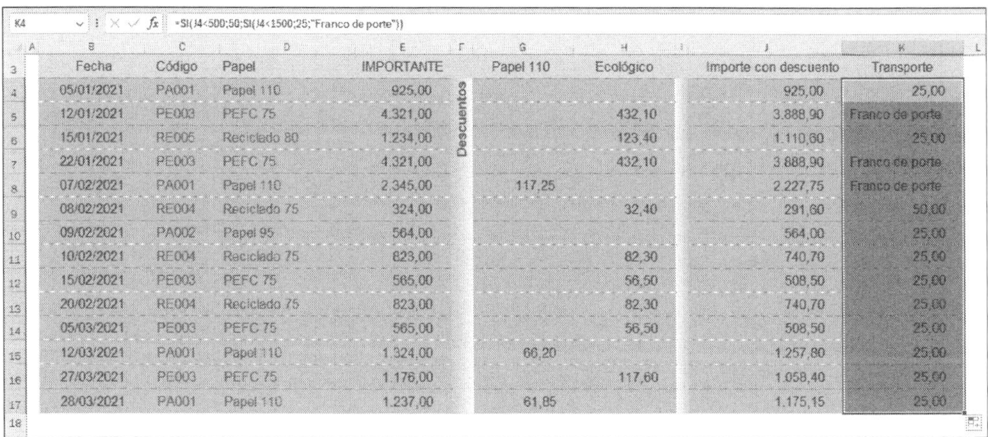

K4 =SI(J4<500;50;SI(J4<1500;25;"Franco de porte"))

Fecha	Código	Papel	IMPORTANTE	Papel 110	Ecológico	Importe con descuento	Transporte
05/01/2021	PA001	Papel 110	925,00			925,00	25,00
12/01/2021	PE003	PEFC 75	4.321,00		432,10	3.888,90	Franco de porte
15/01/2021	RE005	Reciclado 80	1.234,00		123,40	1.110,60	25,00
22/01/2021	PE003	PEFC 75	4.321,00		432,10	3.888,90	Franco de porte
07/02/2021	PA001	Papel 110	2.345,00	117,25		2.227,75	Franco de porte
08/02/2021	RE004	Reciclado 75	324,00		32,40	291,60	50,00
09/02/2021	PA002	Papel 95	564,00			564,00	25,00
10/02/2021	RE004	Reciclado 75	823,00		82,30	740,70	25,00
15/02/2021	PE003	PEFC 75	565,00		56,50	508,50	25,00
20/02/2021	RE004	Reciclado 75	823,00		82,30	740,70	25,00
05/03/2021	PE003	PEFC 75	565,00		56,50	508,50	25,00
12/03/2021	PA001	Papel 110	1.324,00	66,20		1.257,80	25,00
27/03/2021	PE003	PEFC 75	1.176,00		117,60	1.058,40	25,00
28/03/2021	PA001	Papel 110	1.237,00	61,85		1.175,15	25,00

  Observe que al final de la fórmula hay un paréntesis para cerrar cada condición.

- Para facilitar la escritura de la fórmula, puede separar los argumentos insertando saltos de línea mediante las teclas Alt Enter.

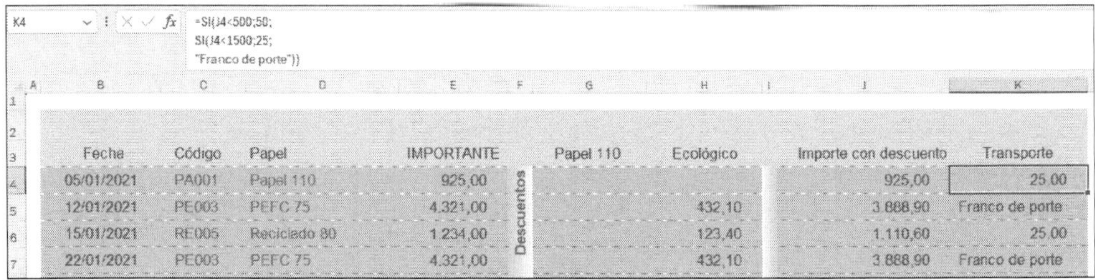

K4 =SI(J4<500;50;
SI(J4<1500;25;
"Franco de porte"))

Fecha	Código	Papel	IMPORTANTE	Papel 110	Ecológico	Importe con descuento	Transporte
05/01/2021	PA001	Papel 110	925,00			925,00	25,00
12/01/2021	PE003	PEFC 75	4.321,00		432,10	3.888,90	Franco de porte
15/01/2021	RE005	Reciclado 80	1.234,00		123,40	1.110,60	25,00
22/01/2021	PE003	PEFC 75	4.321,00		432,10	3.888,90	Franco de porte

  La inserción de saltos de línea en una fórmula no tiene ninguna incidencia en el resultado.

Función SI.CONJUNTO

*Similar a las funciones SI anidadas, la función **SI.CONJUNTO** permite comprobar hasta 127 condiciones.*

La sintaxis es la siguiente:

=SI.CONJUNTO(Prueba lógica1;Valor_si_verdadero1;[Prueba_logica2];[Valor_si_verdadero2]...)

*En este ejemplo, si el niño o niña es **menor de 10 años**, aparece la categoría **Benjamín**; si es menor de 15, aparece la categoría **Juvenil** y si es **mayor o igual a 15**, aparece la categoría **Cadete**:*

G2 =@SI.CONJUNTO(F2<10;"Benjamín";F2<15;"Juvenil";F2>=15;"Cadete")

	A	B	C	D	E	F	G
1	Apellido	Nombre	Dirección	Ciudad	Sexo	Edad	Categoría
2	Díaz	Lorena	Calle del Olmo, 45	VALENCIA	H	7	Benjamín
3	Alonso	Marta	Avenida de las Rosas, 102	MADRID	M	17	Cadete
4	López	Consuelo	Calle San Martín, 8	ALICANTE	M	12	Juvenil
5	García	María José	Paseo del Prado, 120	TOLEDO	M	16	Cadete
6	Guzmán	Lucía	Calle Mayor, 23	MADRID	M	11	Juvenil
7	Martín	Adrián	Avenida Libertad, 56	MADRID	H	6	Benjamín
8	Sánchez	Pedro	Calle de la Luna, 9	TOLEDO	H	8	Benjamín
9	Ludeña	Jorge	Plaza de la Constitución, 3	VALENCIA	H	9	Benjamín
10	Romero	Pablo	Camino Real, 77	MADRID	H	15	Cadete
11	Blanco	Sofía	Calle del Sol, 11	VALENCIA	M	16	Cadete

Función CAMBIAR

*La función **CAMBIAR** permite evaluar un valor y mostrar el resultado correspondiente al valor buscado. Así puede evaluar hasta 126 condiciones.*

La sintaxis es la siguiente:

=CAMBIAR(Expresión;Valor1,Resultado1;[Valor2;Resultado2];[Defecto o Valor3;Resultado3]...)

Expresión	corresponde al valor para evaluar.
Valor	corresponde al valor buscado.
Resultado	corresponde al valor para devolver en caso de correspondencia.
Defecto	corresponde al valor para devolver en caso de no-correspondencia.

*En este ejemplo, si el valor de la columna **Opción** es **1**, se mostrará el texto de la celda **E2** (**Natación**); si el valor es **2**, aparecerá el texto de la celda **E3** (**Equitación**); en caso de no correspondencia, veremos el texto de la celda **E4** (**Atletismo**):*

	A	B	C	D	E
1	Apellido	Opción	Actividad		Lista de actividades
2	Díaz	3	=CAMBIAR(B2;1;$E$2;2;$E$3;$E$4)		Natación
3	Alonso	1	Natación		Equitación
4	López	3	Atletismo		Atletismo
5	García	2	Equitación		
6	Guzmán	3	Atletismo		
7	Martín	2	Equitación		
8	Sánchez	1	Natación		
9	Ludeña	2	Equitación		
10	Romero	3	Atletismo		
11	Blanco	2	Equitación		

Combinar el operador O o Y en una fórmula condicional

En la función SI, solo se puede hacer una pregunta en la parte Prueba_logica. Para poder hacer varias preguntas, puede usar los operadores O/Y que se anidarán dentro de la función SI.

Utilice el operador O o Y según el caso:

- si deben verificarse varias condiciones al mismo tiempo:

  =SI(Y(cond1;cond2;... ;condn); acción que se debe realizar si las n condiciones se cumplen; acción que debe realizarse si por lo menos una de las condiciones no se cumple)

- si por lo menos una de las condiciones debe ser verdadera:

  =SI(O(cond1;cond2;... ;condn); acción que debe realizarse si por lo menos una condición se cumple; acción que debe realizarse si ninguna condición se cumple)

*En este ejemplo, si el niño es **Chico Y** tiene menos de **13** años, aparece el icono de un regalo (letra **e** de la fuente Webdings) en la celda de la columna **Coche**; en caso contrario, la celda se queda vacía.*

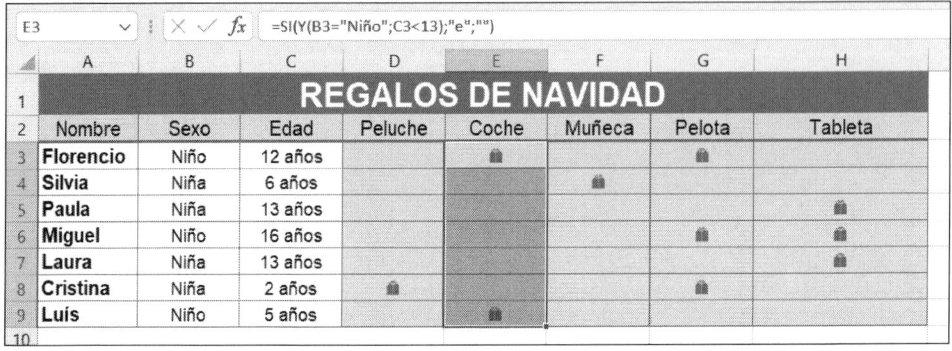

	A	B	C	D	E	F	G	H
1	REGALOS DE NAVIDAD							
2	Nombre	Sexo	Edad	Peluche	Coche	Muñeca	Pelota	Tableta
3	**Florencio**	Niño	12 años					
4	**Silvia**	Niña	6 años					
5	**Paula**	Niña	13 años					
6	**Miguel**	Niño	16 años					
7	**Laura**	Niña	13 años					
8	**Cristina**	Niña	2 años					
9	**Luís**	Niño	5 años					
10								

Contar las celdas que responden a uno o a varios criterios específicos (CONTAR.SI)

Función CONTAR.SI

*La función CONTAR.SI, cuya sintaxis es **=CONTAR.SI(rango_de_celdas;criterios)**, permite contar el número de celdas que responden a uno o varios criterios.*

Rango_de_celdas	Corresponde al rango de celdas que contiene el criterio buscado.
Criterios	Corresponde al criterio buscado para el recuento de las celdas correspondientes.

Como ejemplo de esta función, hemos calculado el número de días en los que ha caído más de 5 mm de lluvia.

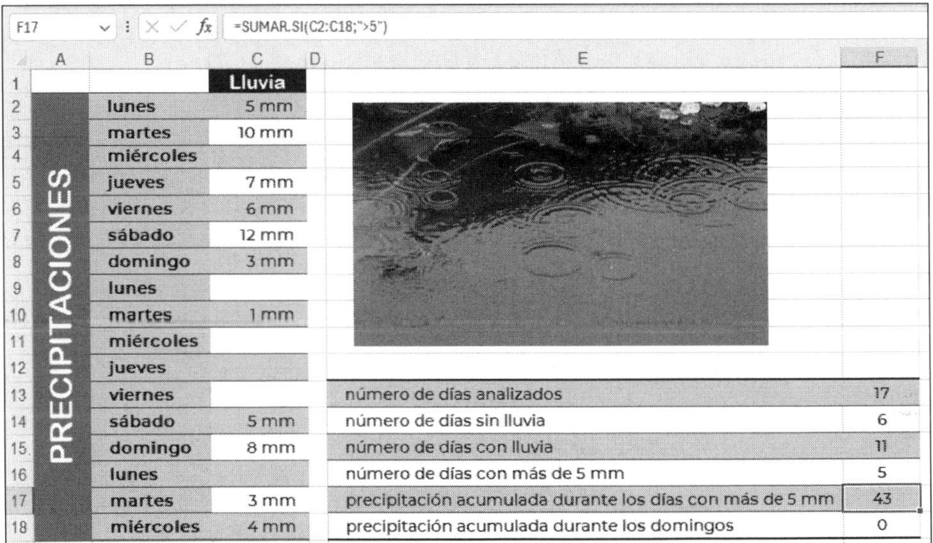

- Haga clic en la celda en la que desea mostrar el resultado.
- Comience a introducir el principio de la fórmula **=CONTAR.SI(**
- Haciendo clic y arrastrando, seleccione el **rango** de celdas que incluyen los datos que interesan para el cálculo.

  Por supuesto, también puede introducir la referencia al rango de celdas o su nombre en caso de que se le haya asignado uno.
- Introduzca el punto y coma (;) para indicar el cambio de argumento.
- Luego, introduzca el **criterio**; este puede estar compuesto:
  - de un número: en ese caso se escribe el valor directamente. Por ejemplo: =CONTAR.SI(C2:C18;5) para buscar únicamente la cantidad de lluvia igual a 5.
  - de una referencia de celda. Por ejemplo: =CONTAR.SI(C2:C18;C2) para buscar la cantidad incluida en la celda C2.
  - de una expresión: hay que escribir la expresión entre comillas. Por ejemplo: CONTAR.SI(C2:C18;">5") para buscar el número de días en los que la cantidad de lluvia ha sido superior a 5.
  - de una cadena de texto: hay que escribir el texto buscado entre comillas. Por ejemplo: =CONTAR.SI(B2:B18;"lunes") para buscar el número de lunes.

Observe que los criterios no tienen en cuenta si los caracteres están en minúsculas o en mayúsculas: las cadenas "lunes", "Lunes" y "LUNES" proporcionarán el mismo resultado.

- La inserción de un carácter genérico ? (signo de interrogación) en un criterio sirve para buscar un carácter cualquiera.
  Por ejemplo, el criterio «p?rte» devuelve los resultados «porte» y «parte».
- La inserción de un * (asterisco) sirve para buscar un número cualquiera de caracteres. Por ejemplo, el criterio «lun*» puede devolver «lunes», «luna», «lunático»...
- Para buscar literalmente un signo de interrogación o un asterisco, escriba ˜ (tilde) delante de ese carácter. Por ejemplo, el criterio «xx902˜?» devuelve el resultado «xx902?».

Para obtener el carácter tilde solo (˜), pulse la tecla AltGr *y, sin soltarla, pulse los dígitos 126 en el teclado numérico.*

Función =CONTAR.SI.CONJUNTO

La función CONTAR.SI está limitada a un único criterio y un único rango de celdas.

- Para poder trabajar con varios criterios repartidos en rangos de celdas diferentes, puede usar la función: =CONTAR.SI.CONJUNTO con la siguiente sintaxis:
  =CONTAR.SI.CONJUNTO(rango_criterios1;criterios1;rango_criterios2; criterios2...)

Hacer estadísticas condicionales con un criterio

Función SUMAR.SI

La función SUMAR.SI, cuyo principio es muy similar al de la función CONTAR.SI (véase Contar las celdas que responden a uno o a varios criterios específicos, permite añadir las celdas de un rango que responden a un criterio dado.

- La sintaxis de la función es:
  =SUMAR.SI(rango_de celdas;criterio;rango_para_sumar)

Rango_de_celdas	Corresponde al rango de celdas donde se encuentra el criterio buscado.
Criterio	Corresponde al criterio que se busca para añadir las celdas que cumplan el criterio.

Rango_a_añadir Este argumento se puede omitir si el argumento **Rango_de_celdas** contiene los valores a añadir; en caso contrario, el argumento corresponde al rango de celdas que se añadirá si las celdas corresponden al criterio.

Como ejemplo de esta función, hemos calculado en F17 la suma de la cantidad de agua únicamente si el valor diario es superior a 5 mm, usando solo los dos primeros argumentos de la función, ya que el rango de celdas que contiene el criterio y el que contiene los valores que se han de calcular son los mismos (C2 a C18). En F18, hemos calculado la suma de la cantidad de agua que ha caído en domingo usando los tres argumentos de la función, ya que el rango de celdas que contiene el criterio "domingo" (B2 a B18) no es el mismo que el rango de celdas que contienen los valores que se han de sumar (C2 a C18).

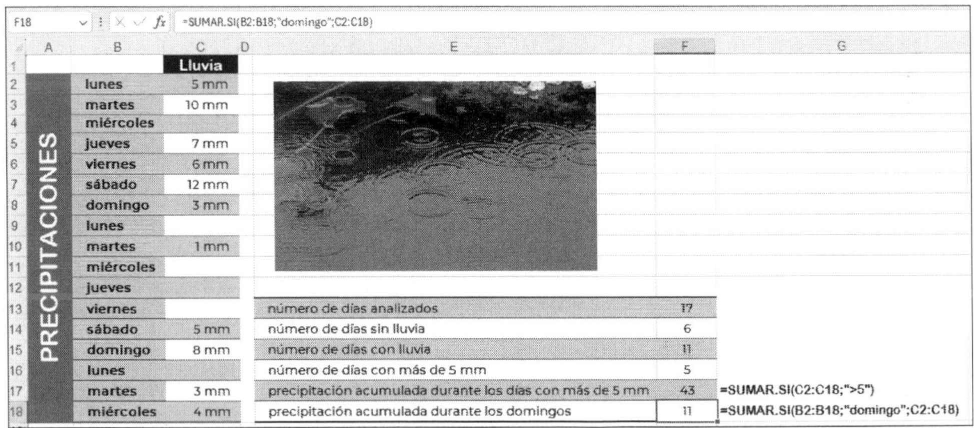

- Haga clic en la celda en la que desea que se muestre el resultado.
- Comience introduciendo el principio de la fórmula **=SUMAR.SI(**
- Seleccione el **rango** de celdas en las que se comprobará el criterio haciendo clic y arrastrando. Las celdas deben contener números o nombres, matrices o referencias que contengan nombres (los valores vacíos o textuales no se tienen en cuenta).

  También puede introducir la referencia del rango de celdas o su nombre si se le ha asignado uno.
- Introduzca un punto y coma (;) para indicar el cambio de argumento.
- Introduzca el argumento **criterio**; este puede estar compuesto por un nombre, una referencia de celda, una expresión o una cadena de texto.

- Si es preciso, introduzca un punto y coma (;) y seleccione el rango de celdas que contienen los valores que se han de sumar.

  Si se omite este argumento, Excel suma las celdas incluidas en el argumento rango_de_celdas.
- Confirme mediante la tecla ⏎.

Función =PROMEDIO.SI

*Esta función tiene una estructura y funcionamiento similares a la función **SUMAR.SI**. Además, permite calcular la media de los valores que responden a un criterio.*

Su sintaxis es:
=PROMEDIO.SI(rango_de_celdas;criterio;rango_promedio)

Realizar estadísticas condicionales con varios criterios

Función SUMAR.SI.CONJUNTO

El propósito de esta función es sumar valores en función de uno o varios criterios. Como para la función CONTAR.SI.CONJUNTO puede usar varios rangos distintos con la función SUMAR.SI.CONJUNTO.

- La sintaxis es la siguiente:
  =SUMAR.SI.CONJUNTO(rango_para_sumar;rango_criterio1;criterio1; rango_criterio2;criterio2...)

Puede observar la posición del rango de celdas para sumar que se encuentra al principio de la sintaxis de la función SUMAR.SI.CONJUNTO al contrario que la función SUMAR.SI, que coloca este rango al final de la función.

Función PROMEDIO.SI.CONJUNTO

Esta función tiene una estructura y funcionamiento similares a la función SUMAR.SI.CONJUNTO. Además, permite calcular la media de los valores que cumplen uno o varios criterios.

- La sintaxis es la siguiente:
  =PROMEDIO.SI.CONJUNTO(rango_promedio;rango_criterio1;criterio1; rango_criterio2;criterio2...)

Funciones MAX.SI.CONJUNTO y MIN.SI.CONJUNTO

*La función **MAX.SI.CONJUNTO** permite obtener el valor mayor de un rango de celdas que cumplen uno o varios criterios.*

*La función **MIN.SI.CONJUNTO** permite obtener el valor menor de un rango de celdas que cumplen uno o varios criterios.*

- La sintaxis es la siguiente:

=MAX.SI.CONJUNTO(rango_max;rango_criterios1;criterios1;[rango_criterios2];[criterios2]...)

=MIN.SI.CONJUNTO(rango_min;rango_criterios1;criterios1;[rango_criterios2];[criterios2]...)

Rango_max/min	Corresponde al rango de celdas que contienen los valores buscados.
Rango criterios	Corresponde al rango de celdas que contienen el criterio.
Criterios	Escriba el criterio buscado.

*En este ejemplo, en G3, la función **MAX.SI.CONJUNTO** muestra el número máximo de hijos de las mujeres casadas; en G7, la función **MIN.SI.CONJUNTO** muestra el número mínimo de hijos de las mujeres casadas:*

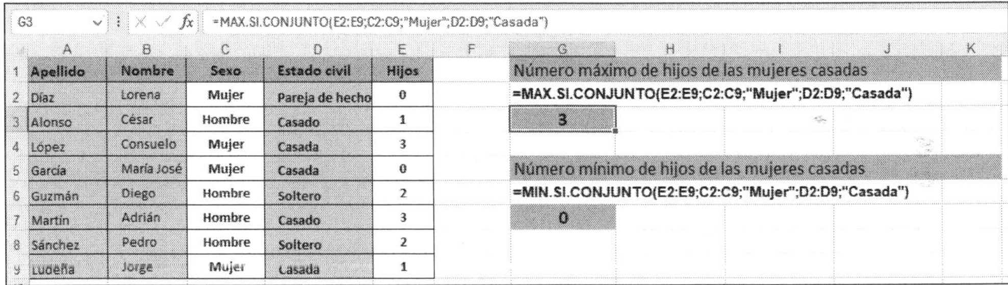

Apellido	Nombre	Sexo	Estado civil	Hijos
Díaz	Lorena	Mujer	Pareja de hecho	0
Alonso	César	Hombre	Casado	1
López	Consuelo	Mujer	Casada	3
García	María José	Mujer	Casada	0
Guzmán	Diego	Hombre	Soltero	2
Martín	Adrián	Hombre	Casado	3
Sánchez	Pedro	Hombre	Soltero	2
Ludeña	Jorge	Mujer	Casada	1

Insertar subtotales en una lista de datos

La operación consiste en agregar filas de subtotales a una lista que contiene valores numéricos (por ejemplo, una lista de productos con precios, una lista de pedidos con importes, etc.).

- Ordene la tabla en función de la columna que albergará los grupos con los cuales se elaborarán los subtotales.

- Seleccione la tabla en la que se van a insertar las filas de estadísticas, incluyendo los títulos de las columnas.
- Active la pestaña **Datos** y haga clic en el botón **Subtotal** del grupo **Esquema**.
- Seleccione la columna que contiene los grupos con los que se hará el cálculo estadístico en la lista **Para cada cambio en**.
- Luego seleccione el cálculo que desea efectuar en la lista **Usar función**.

Suma	Calcula la suma.
Cuenta	Calcula el número de elementos.
Promedio	Calcula el promedio.
Máx.	Destaca el valor máximo.
Mín.	Destaca el valor mínimo.
Producto	Multiplica los valores.
Contar números	Determina el número de valores comprendidos en la lista de los argumentos.
Desvest	(De una serie de números) calcula la desviación estándar de los valores respecto a la media.
Desvestp	Calcula la desviación estándar de una población a partir de la totalidad de la población.
Var	Calcula la varianza, que es igual al cuadrado de la desviación estándar, sobre la base de una muestra.
Varp	Calcula la varianza sobre la base de la totalidad de la población.

- Por último, marque las columnas que contienen los valores con los que se efectuarán los cálculos.

*En este ejemplo, después de haber ordenado los datos en función de la **Pagado**, se desea conocer el número de pagos e impagos.*

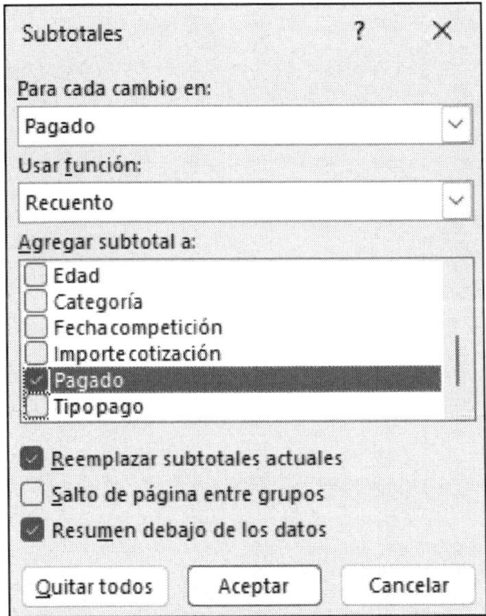

- Deje marcada la opción **Reemplazar subtotales actuales** si desea sustituir los posibles subtotales ya creados por aquellos que se están creando.
- Marque la opción **Salto de página entre grupos** para insertar automáticamente un salto de página después de cada grupo de subtotales.
- Deje marcada la opción **Resumen debajo de los datos** para realizar subtotales y totales debajo de los datos detallados. Si se desmarca esta opción, debajo de los datos detallados solo aparecerán los subtotales.
- Haga clic en **Aceptar**.

  Excel calcula las estadísticas solicitadas y construye un esquema a partir de ellas: aquí puede ver la suma de importes para cada categoría de producto, así como el ***Total general*** *de los importes de todas las categorías mezcladas, ya que hemos marcado la opción* ***Resumen debajo de los datos****.*

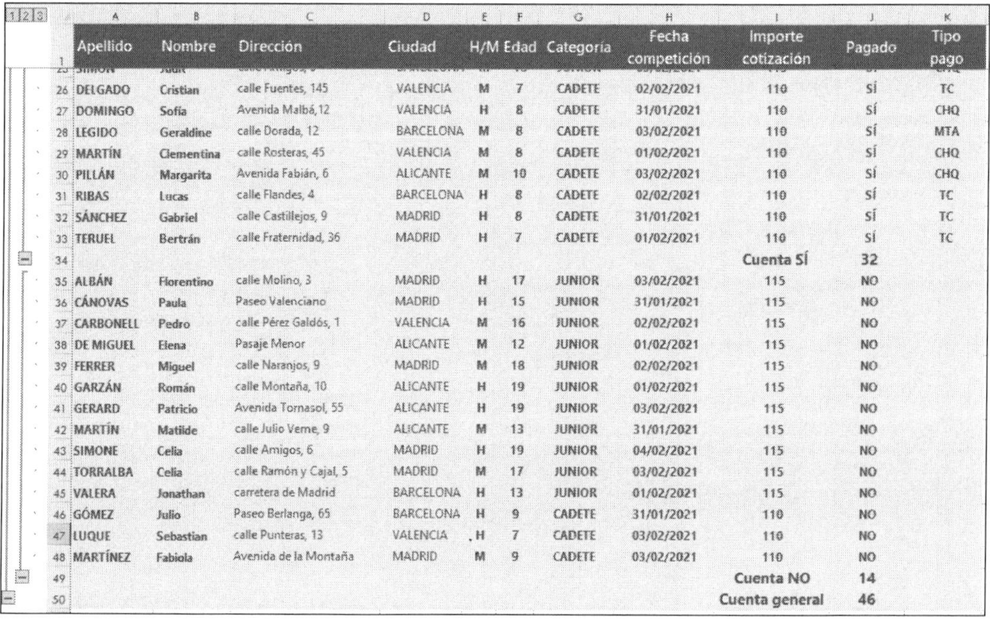

	Apellido	Nombre	Dirección	Ciudad	H/M	Edad	Categoría	Fecha competición	Importe cotización	Pagado	Tipo pago
26	DELGADO	Cristian	calle Fuentes, 145	VALENCIA	M	7	CADETE	02/02/2021	110	SÍ	TC
27	DOMINGO	Sofía	Avenida Malbá,12	VALENCIA	H	8	CADETE	31/01/2021	110	SÍ	CHQ
28	LEGIDO	Geraldine	calle Dorada, 12	BARCELONA	M	8	CADETE	03/02/2021	110	SÍ	MTA
29	MARTÍN	Clementina	calle Rosteras, 45	VALENCIA	M	8	CADETE	01/02/2021	110	SÍ	CHQ
30	PILLÁN	Margarita	Avenida Fabián, 6	ALICANTE	M	10	CADETE	03/02/2021	110	SÍ	CHQ
31	RIBAS	Lucas	calle Flandes, 4	BARCELONA	H	8	CADETE	02/02/2021	110	SÍ	TC
32	SÁNCHEZ	Gabriel	calle Castillejos, 9	MADRID	H	8	CADETE	31/01/2021	110	SÍ	TC
33	TERUEL	Bertrán	calle Fraternidad, 36	MADRID	H	7	CADETE	01/02/2021	110	SÍ	TC
34									Cuenta SÍ	32	
35	ALBÁN	Florentino	calle Molino, 3	MADRID	H	17	JUNIOR	03/02/2021	115	NO	
36	CÁNOVAS	Paula	Paseo Valenciano	MADRID	H	15	JUNIOR	31/01/2021	115	NO	
37	CARBONELL	Pedro	calle Pérez Galdós, 1	VALENCIA	M	16	JUNIOR	02/02/2021	115	NO	
38	DE MIGUEL	Elena	Pasaje Menor	ALICANTE	M	12	JUNIOR	01/02/2021	115	NO	
39	FERRER	Miguel	calle Naranjos, 9	MADRID	M	18	JUNIOR	02/02/2021	115	NO	
40	GARZÁN	Román	calle Montaña, 10	ALICANTE	H	19	JUNIOR	01/02/2021	115	NO	
41	GERARD	Patricio	Avenida Tornasol, 55	ALICANTE	H	19	JUNIOR	03/02/2021	115	NO	
42	MARTÍN	Matilde	calle Julio Verne, 9	ALICANTE	M	13	JUNIOR	31/01/2021	115	NO	
43	SIMONE	Celia	calle Amigos, 6	MADRID	H	19	JUNIOR	04/02/2021	115	NO	
44	TORRALBA	Celia	calle Ramón y Cajal, 5	MADRID	M	17	JUNIOR	03/02/2021	115	NO	
45	VALERA	Jonathan	carretera de Madrid	BARCELONA	H	13	JUNIOR	01/02/2021	115	NO	
46	GÓMEZ	Julio	Paseo Berlanga, 65	BARCELONA	H	9	CADETE	31/01/2021	110	NO	
47	LUQUE	Sebastian	calle Punteras, 13	VALENCIA	H	7	CADETE	03/02/2021	110	NO	
48	MARTÍNEZ	Fabiola	Avenida de la Montaña	MADRID	M	9	CADETE	03/02/2021	110	NO	
49									Cuenta NO	14	
50									Cuenta general	46	

Para reducir la vista de un grupo de celdas, haga clic en la herramienta **Ocultar detalle** (pestaña **Datos** - grupo **Esquema**) o la herramienta situada al lado del total de la fila.

Si lo que desea es expandir la vista de un grupo, haga clic en la herramienta **Mostrar detalle** o en la herramienta .

Para obtener más detalles sobre el funcionamiento de un esquema, vaya al apartado Utilizar un esquema del capítulo Ordenar y esquematizar datos.

El botón **Quitar todos** del cuadro de diálogo **Subtotales** permite eliminar todos los subtotales (y el esquema) de la tabla seleccionada.

Efectuar cálculos con datos de tipo fecha

En este apartado, una vez abordados los principios de cálculo de fechas usados por Excel, procederemos a describir algunas funciones específicas al tratamiento de fechas a través de una serie de ejemplos:

Principios para calcular los días

- En los cálculos realizados sobre días, siga el mismo procedimiento que con los demás cálculos. Excel registra las fechas en forma de números secuenciales llamados números de serie. Por ese motivo pueden agregarse, sustraerse e incluirse en otros cálculos.
- De forma predeterminada, Excel para Windows inicia el calendario a partir de 1900 (para Macintosh el calendario se inicia en 1904). El 1 de enero de 1900 corresponde por tanto (en Excel para Windows) al número de serie 1, y el 1 de enero de 2005 es el 38 353, ya que desde el 1 de enero de 1900 han transcurrido 38 353 días.
- Para utilizar una función específica de gestión de fechas y horas, puede activar la pestaña **Fórmulas**, hacer clic en el botón **Fecha y hora** del grupo **Biblioteca de funciones** y luego en la función que corresponda para utilizar el asistente.

  AHORA()

  Devuelve la fecha y la hora actuales con formato de fecha y hora, como por ejemplo: 09/08/2025 11:14.

  AÑO(número_de_serie)

  Devuelve el año, un número entero entre 1999 y 9999.

  Esta función permite aislar el año de una fecha; ejemplo: la celda A1 contiene el valor 12/12/2024, la función =AÑO(A1) devuelve 2024.

  DIA(número_de_serie)

  Da el día del mes (un número entero entre 0 y 31).

  Sigue el mismo principio que la función AÑO, aísla el día de una fecha cualquiera.

  DIA.LAB(fecha_inicial;días;[vacaciones])

  Devuelve el número de serie de la fecha antes o después del número de días laborables especificado (ver sección Calcular la fecha situada después de una cantidad de días laborables dada).

  DIA.LAB.INTL(fecha_inicial;días;[fin_de_semana];[días_no_laborables])

  Devuelve el número de serie de la fecha antes y después de un número especificado de días laborables con parámetros que identifican y cuentan los días de fin de semana.

DIAS(fecha_final;fecha inicial)

Calcula el número de días entre las dos fechas.

Observe que obtiene el mismo resultado mediante una resta sencilla. Por ejemplo: A1 contiene 01/01/2025 y A2 contiene 31/01/2025, escribiendo =A2-A1 se obtiene 30.

DIAS.LAB(fecha_inicial; fecha_final;[días_no_laborables])

Devuelve el número de días laborables enteros comprendidos entre dos fechas.

DIAS.LAB.INTL(fecha_inicial;fecha_final;[fin_de_semana];[días_no_laborables])

Devuelve el número de días laborables enteros comprendidos entre dos fechas usando parámetros que identifican los días del fin de semana y su número (ver sección Calcular la cantidad de días laborables o festivos entre dos fechas).

DIAS360(fecha_inicial;fecha_final[método])

Calcula el número de días que separan dos fechas sobre la base de un año de 360 días (12 meses de 30 días).

DIASEM(número_de_serie;[tipo_devolución]

Devuelve un número entre 1 y 7 que designa el día de la semana de una fecha.

FECHA(año;mes;día)

Devuelve el número que representa la fecha en código de fecha y hora de Microsoft Excel.

*La función **FECHA** permite la representación de una fecha a partir de tres valores: supongamos que en A1, B1 y C1 tenemos respectivamente el año 2024, el mes 12 y el día 20. La fórmula **=FECHA(A1;B1;C1)** devolverá 20/12/2024.*

FECHA.MES(fecha_inicial;mes)

Devuelve una fecha que representa una fecha especificada (el argumento **fecha_inicial**), aumentada o reducida en la cantidad de meses indicada.

FECHANUMERO(texto_de_fecha)

Convierte una fecha representada en forma de texto en un número que representa la fecha en código de fecha y hora de Microsoft Excel.

En forma de texto significa que Excel no reconoce como fecha la fecha introducida 20/12/2024, sino como dato de tipo texto. Esto suele pasar cuando se han importado datos.

FIN.MES(fecha_inicial;mes)

Devuelve el número de serie del último día del mes situado dentro de un intervalo expresado como número de mes en el futuro o en el pasado.

Esta función es muy útil para calcular las fechas de vencimiento.

*Ejemplo: para determinar la fecha de vencimiento de una factura que se paga a 30 días a fin de mes suponiendo que la fecha de facturación introducida en **B2** es el 15/02/2025, la función se escribe **=FIN.MES(B2;1)** y devuelve 28/02/2025.*

FRAC.AÑO(fecha_inicial;fecha_final;[base])

Devuelve la fracción del año que representa el número de días completos entre la fecha inicial y la fecha final.

Esta función es práctica para calcular los años, la edad y, de manera más general, la cantidad de años que han transcurrido entre dos fechas. Es frecuente que el valor obtenido sea un valor decimal del tipo 12,4568252 (más de 12 años...).

HORA(número_de_serie)

Devuelve la cantidad de horas: un número entero entre 0 y 23 de serie en hora.

Número_de_serie corresponde a un tiempo escrito de la siguiente manera hh:mm:ss (horas:minutos:segundos). Ejemplo: 12:25:30 devolverá 12.

HORANUMERO(texto_de_hora)

Convierte una hora representada como texto en número de serie.

Utiliza la misma lógica que la función FECHANUMERO para las fechas. Esta función permite la corrección de datos importados en un formato incorrecto.

HOY()

Devuelve la fecha actual con formato de fecha.

Esta función tiene la particularidad de que no posee argumentos, no hay que escribir nada entre paréntesis, pero tenga cuidado de no olvidar estos dos paréntesis.

ISO.NUM.DE.SEMANA(fecha)

Devuelve el número ISO de la semana del año correspondiente a una fecha dada. ISO corresponde a la norma europea.

MES(número_de_serie)

Devuelve el mes de una fecha.

MINUTO(número_de_serie)

Devuelve los minutos de una indicación de tiempo.

Como la función HORA, esta función aísla los minutos que contiene una indicación de tiempo. Ejemplo: 12:25:40 devuelve el valor 25.

NSHORA(hora;minuto;segundo)

Recompone una indicación horaria a partir de tres valores numéricos que representan las horas, los minutos y los segundos.

Ejemplo: A1 contiene la hora 14, A2 contiene los minutos 19 y A3 contiene los segundos 40. La fórmula =NSHORA(A1;A2;A3) devolverá 14:19:40.

NUM.DE.SEMANA(número_de_serie;[tipo_retorno])

Devuelve el número de serie como número de semana en el año correspondiente a la fecha indicada.

SEGUNDO(número_de_serie)

Devuelve los segundos de una indicación horaria.

Es el mismo principio que para las funciones HORA y MINUTO.

Combinar texto y fecha

- Para combinar en una celda el texto y la fecha contenidos en diferentes celdas, puede usar la función **TEXTO**, cuya sintaxis es:
  =TEXTO(valor;formato_texto)

  El argumento **valor** representa un valor numérico, una fórmula cuyo resultado es un valor numérico o bien una referencia a una celda con un valor numérico.

  El argumento **formato_texto** representa un formato de número en forma de texto definido en el cuadro **Categoría** del cuadro de diálogo **Formato de celdas**.

  Presentamos aquí un ejemplo de uso:

	A	B	C	D	E
1		Nombre	Fecha de nacimiento	Edad	Día y mes de nacimiento
2		Lorena Díaz	21/04/1988	37	="nacido/a el "&TEXTO(C2;"dd mmmm")
3		Marta Alonso	17/05/1978	47	nacido/a el 17 mayo
4		Consuelo López	15/06/2001	24	nacido/a el 15 junio
5		María José García	12/05/1966	59	nacido/a el 12 mayo
6		Lucía Guzmán	03/07/1997	28	nacido/a el 03 julio
7		Adrián Martín	12/04/1980	45	nacido/a el 12 abril
8		Pedro Sánchez	01/09/1999	25	nacido/a el 01 septiembre
9		Jorge Ludeña	12/11/1995	29	nacido/a el 12 noviembre
10		Pablo Romero	03/12/1983	41	nacido/a el 03 diciembre
11		Sofía Blanco	31/01/2002	23	nacido/a el 31 enero

A partir de la fecha de nacimiento, la función TEXTO ha permitido la transcripción del día en número y del mes en letra. A partir del 17/05/1978 obtenemos 17 de mayo.

Calcular la diferencia entre dos fechas (función SIFECHA)

SIFECHA es una de las funciones «ocultas» de la aplicación Excel. Por ese motivo no aparece en el asistente para funciones ni en la ayuda en línea. Las funciones ocultas se han introducido en Excel por razones de compatibilidad con otras hojas de cálculo; funcionan a la perfección, pero no forman parte de las funciones «oficiales» de Excel.

Esta función resulta muy práctica en caso, por ejemplo, de que desee calcular la antigüedad de un empleado en años y meses.

- La sintaxis de la función **SIFECHA** es:
SIFECHA(fecha_inicial;fecha_final;base)

El argumento **base** representa la duración calculada y puede adoptar los valores siguientes:

"y" para calcular la diferencia absoluta en años (número entero).

"m" para calcular la diferencia absoluta en meses.

"d" para calcular la diferencia absoluta en días.

"ym" para calcular los meses restantes una vez deducidos todos los años enteros.

"yd" para calcular los días restantes una vez deducidos todos los años enteros.

"md" para calcular los días restantes una vez deducidos todos los meses enteros.

Presentamos aquí un ejemplo de uso:

	A	B	C	D	E
1		Fecha de inicio	15/06/2023	Fórmulas utilizadas en las celdas C3 a C5	
2		Fecha de fin	15/01/2025		
3		Número de días	580	=SIFECHA(C1;C2;"d")	
4		Número de meses	19	=SIFECHA(C1;C2;"m")	
5		Número de años	1	=SIFECHA(C1;C2;"y")	

*He aquí otro ejemplo; este permite calcular la edad de una persona en función de la fecha actual (función=**HOY()**):*

	A	B	C	D
1		**Fecha de nacimiento**	**21/04/1988**	**Fórmulas**
2		Edad en años	37 años	=SIFECHA(C1;HOY();"y")&" años"
3		Número de meses	37 años y 3 meses	=SIFECHA(C1;HOY();"y")&" años y "&SIFECHA(C1;HOY();"ym")&" meses"

Calcular el número de días laborables o no entre dos fechas

- Excel puede calcular el número de días laborables (de lunes a viernes) que hay entre dos fechas con ayuda de la función **DIAS.LAB**, cuya sintaxis es:
  =DIAS.LAB(fecha_inicial;fecha_final)

  A continuación, se muestra un ejemplo de uso:

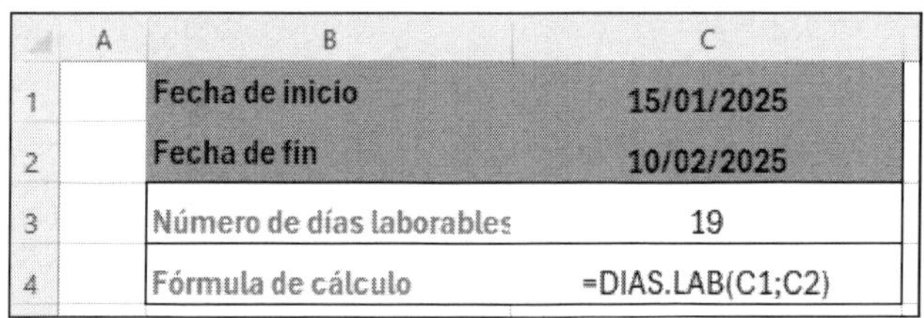

	A	B	C
1		Fecha de inicio	15/01/2025
2		Fecha de fin	10/02/2025
3		Número de días laborables	19
4		Fórmula de cálculo	=DIAS.LAB(C1;C2)

  Para que la función pueda tener en cuenta los días festivos en el cálculo, deberá agregar un tercer argumento que haga referencia a un día festivo o a un rango de días festivos.

- Entonces, la sintaxis de esta función es:
  =DIAS.LAB(fecha_inicial; fecha_final;[días_no_laborables])

En este ejemplo, los días festivos se han registrado en formato de fecha en el rango de celdas B4 a B13.

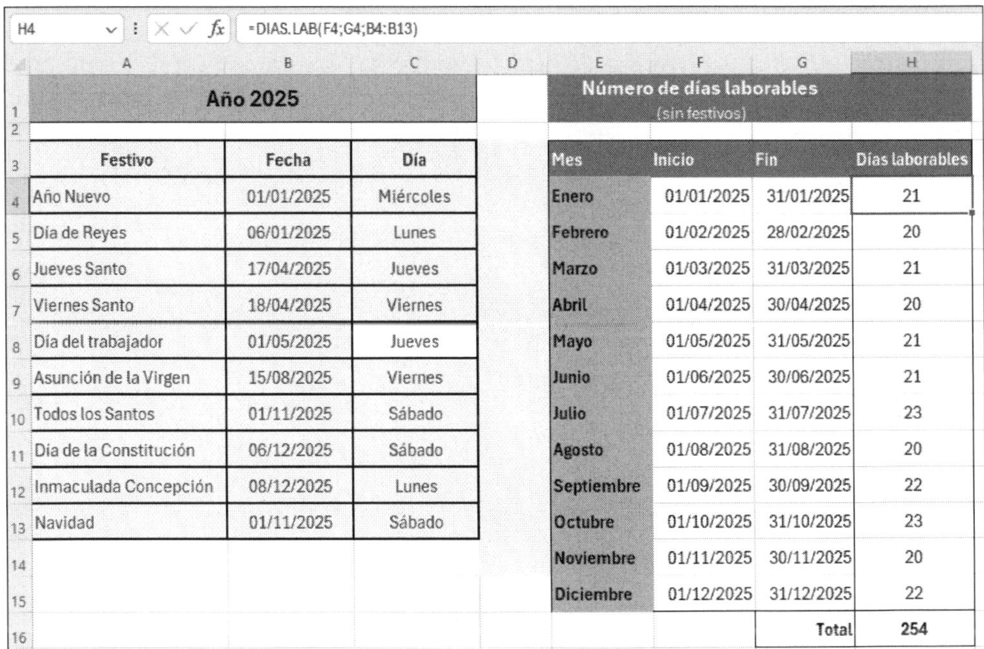

H4 =DIAS.LAB(F4;G4;B4:B13)

Año 2025

Festivo	Fecha	Día
Año Nuevo	01/01/2025	Miércoles
Día de Reyes	06/01/2025	Lunes
Jueves Santo	17/04/2025	Jueves
Viernes Santo	18/04/2025	Viernes
Día del trabajador	01/05/2025	Jueves
Asunción de la Virgen	15/08/2025	Viernes
Todos los Santos	01/11/2025	Sábado
Día de la Constitución	06/12/2025	Sábado
Inmaculada Concepción	08/12/2025	Lunes
Navidad	01/11/2025	Sábado

Número de días laborables (sin festivos)

Mes	Inicio	Fin	Días laborables
Enero	01/01/2025	31/01/2025	21
Febrero	01/02/2025	28/02/2025	20
Marzo	01/03/2025	31/03/2025	21
Abril	01/04/2025	30/04/2025	20
Mayo	01/05/2025	31/05/2025	21
Junio	01/06/2025	30/06/2025	21
Julio	01/07/2025	31/07/2025	23
Agosto	01/08/2025	31/08/2025	20
Septiembre	01/09/2025	30/09/2025	22
Octubre	01/10/2025	31/10/2025	23
Noviembre	01/11/2025	30/11/2025	20
Diciembre	01/12/2025	31/12/2025	22
		Total	254

Para calcular el número de días entre dos fechas (días festivos, no laborables, etc., incluidos, puede utilizar la función **DIAS**, cuya sintaxis es **=DIAS(fecha_final; fecha_inicial)**.

Calcular una fecha después de determinado número de días laborables

*La función **DIA.LAB** permite calcular una fecha correspondiente a un día (fecha de inicio) más o menos el número de días laborables especificado. Los días laborables excluyen sábados y domingos y todas las fechas identificadas como días festivos.*

La sintaxis de esta función es la siguiente:
=DIA.LAB(fecha_inicial;días;[días_no_laborables]):

fecha_inicial	Representa la fecha de inicio.
días	Representa el número de días laborables antes o después de la fecha de inicio. Un número de días positivo da una fecha futura y un número de días negativo, una fecha pasada.
días_no_laborables	Representa una lista de fechas que deben excluirse del calendario de días de trabajo (días festivos, vacaciones, permisos, etc.). Este argumento es opcional.

Presentamos aquí un ejemplo de uso: queremos encontrar la fecha de finalización de un trabajo que debía empezar el 01 de mayo de 2025 y que tiene una duración de 40 días laborables.

K13

	A	B	C	D
1	Fecha de inicio	01/05/2025		**Días festivos**
2	Número de días	40		01/05/2025
3				08/05/2025
4				29/05/2025
5				09/06/2025
6	Fecha de fin	**01/07/2025**		
7				
8	La fórmula utilizada es **=DIA.LAB(B1;B2;D2:D5)**			

*Se ha aplicado a la celda B6 el formato **Fecha**, ya que, de forma predeterminada, Excel muestra el resultado en forma de número de serie.*

Si la fórmula devuelve un mensaje de error, la explicación es la siguiente:

#¡VALOR!	Un argumento no es una fecha válida.
#¡NUM!	La fecha de inicio más el número de días no da una fecha válida.

Calcular la fecha de los días festivos

Para calcular la fecha de algunos días festivos (Año nuevo, Día de reyes...), se requieren fórmulas diferentes, anidadas o no.

He aquí algunos ejemplos de los diferentes cálculos que se pueden utilizar para estos días. Cada una de estas fórmulas hace referencia al año introducido en la celda B2; basta con cambiar el año para actualizar las fechas.

	A	B	C
1	Año	2025	
2			
3	Días festivos	Fecha	Fórmula
4	Año Nuevo	01/01/2025	=FECHA(B1;1;1)
5	Día de Reyes	06/01/2025	=REDONDEAR(FECHA(B1;1;6)/7;)*7-1
6	Jueves Santo	17/04/2025	=DATE(B1;4;17)
7	Viernes Santo	18/04/2025	=B6+1
8	Día del trabajador	01/05/2025	=B6+14
9	Asunción de la Virgen	15/08/2025	=FECHA(B1;8;15)
10	Todos los Santos	01/11/2025	=FECHA(B1;11;1)
11	Día de la Constitución	06/12/2025	=FECHA(B1;12;6)
12	Inmaculada Concepción	08/12/2025	=FECHA(B1;12;8)
13	Navidad	25/12/2025	=FECHA(B1;12;25)

Sumar meses y años

- Para sumar meses respete la sintaxis siguiente:
  =FECHA(AÑO(fecha_inicial);MES(fecha_inicial)+plazo_mensual;DÍA(fecha_inicial))
  Por ejemplo, para calcular un plazo de 2 meses, use la fórmula:
  =FECHA(AÑO(HOY());MES(HOY())+2;DÍA(HOY()))
- Para sumar años respete la sintaxis siguiente:
  =FECHA(AÑO(fecha_inicial)+plazo_anual;MES(fecha_inicial);DÍA(fecha_inicial))

Efectuar cálculos con datos de tipo hora

En este apartado, una vez abordados los principios de cálculo de horas usados por Excel, procederemos a describir métodos y fórmulas específicos del tratamiento de las horas a través de una serie de ejemplos.

Principios de cálculo de las horas

- Al introducir una hora en una celda, Excel la guarda en forma de número decimal de 0 a 1 (1 no incluido) por cada periodo de 24 horas.
- Para que Excel pueda reconocer la información como una hora y guardarla en forma de número decimal, deberá separar las diferentes partes de la hora con el signo dos puntos (:). Por ejemplo, 18 h 30 min y 43 segundos se escribe de acuerdo con la sintaxis **18:30:43**. Si no desea incluir los segundos, introduzca **18:30**

Ejemplo de hora	Valor registrado por Excel
00:00 (medianoche)	0
11:59	0,499305555555556
12:00 (mediodía)	0,5
15:00 (15 h)	0,625
18:00 (18 h)	0,75

Este concepto de hora propio de Excel permite aplicar cálculos aritméticos a las horas.

Ejemplo: para calcular la diferencia entre 18:00 (18 h) y 15:00 (15 h), Excel efectúa este cálculo:

= 0,75 - 0,625 = 0,125

Excel pone a su disposición numerosos formatos de hora predeterminados.

Calcular la diferencia entre dos horas

- Para efectuar ese cálculo y representar el resultado en formato horario estándar, es decir, horas:minutos:segundos, puede usar la función **TEXTO**, cuya sintaxis es **=TEXTO(valor;formato)**.
  - El argumento **valor** representa un valor numérico o una fórmula cuyo resultado es un valor numérico o una referencia a una celda con un valor numérico.
  - El argumento **formato** representa un formato de número en forma de texto definido en el cuadro **Categoría** del cuadro de diálogo **Formato de celdas** (pestaña **Inicio** - grupo **Celdas** - herramienta **Formato** - opción **Formato de celdas** - pestaña **Número**).

Presentamos aquí un ejemplo de uso:

	A	B	C
1	**Hora de inicio**	8:30:45	
2	**Hora de fin**	15:15:00	
3			
4	**Descripción**	**Resultado**	**Fórmula**
5	Número de horas entre dos horas	6	=TEXTO(B2-B1;"h")
6	Número de horas y minutos entre dos horas	6:44	=TEXTO(B2-B1;"h:mm")
7	Número de horas minutos y segundos entre dos horas	6:44:15	=TEXTO(B2-B1;"h:mm:ss")

Convertir horas

Para convertir unidades como horas en otras unidades de medida, utilice la función **CONVERTIR**, cuya sintaxis es:
=CONVERTIR(número;desde_unidad;a_unidad)

número — Representa el número que hay que convertir.

"desde_unidad" — Corresponde a la unidad del número que hay que convertir (presentada entre comillas).

"a_unidad" — Corresponde a la unidad del resultado (presentado entre comillas).

Esta función permite convertir múltiples unidades de medida (peso, masa, distancia, presión, fuerza, energía, etc.).

Veamos su uso en el marco de una conversión de unidades de medición del tiempo. Según la unidad que hay que convertir y la unidad deseada, use los siguientes argumentos:

Año	**"yr"**
Día	**"day"**
Hora	**"hr"**
Minuto	**"mn"**
Segundo	**"sec"**

*Ejemplo: para convertir **10 años** en horas, use esta fórmula:*
=CONVERTIR(10;"yr";"hr")
Resultado = 87 660 (horas)

Usar las funciones de búsqueda

Funciones BUSCARV

La función BUSCARV permite buscar un valor en la primera columna de una tabla (V = Vertical) y devuelve el valor contenido en la celda situada en la misma fila y en la columna especificadas.

- Elabore una tabla que agrupe los datos que se recuperarán después, al efectuar la búsqueda, y ordénela por orden creciente a partir de los datos de la primera columna. Dé un nombre a este rango de celdas si no desea seleccionarlo en el momento de crear la fórmula de cálculo.
- Haga clic en la celda en la que aparecerá el dato buscado de la tabla.
- Elabore la fórmula de cálculo respetando la sintaxis siguiente:
  =BUSCARV(valor_buscado;matriz_tabla;indicador_columnas;[rango])

valor_buscado	Es el valor que la función buscará en la primera columna de la matriz tabla.
matriz_tabla	Es la tabla a partir de la cual se recuperarán los datos. Puede ser las referencias o el nombre de un rango de celdas.
indicador_columnas	Es el número de orden de la columna de la matriz_tabla que contiene el valor recuperado. La primera columna de la tabla es la columna 1.
rango	Es un valor lógico que permite efectuar una búsqueda exacta o aproximada a aquella buscada. Si el rango es VERDADERO o nulo, se muestra un dato igual o inmediatamente inferior al valor buscado. Si el rango es FALSO, solo se tiene en cuenta el valor buscado. Si no se encuentra el valor buscado, la función devuelve un mensaje de error #N/D.

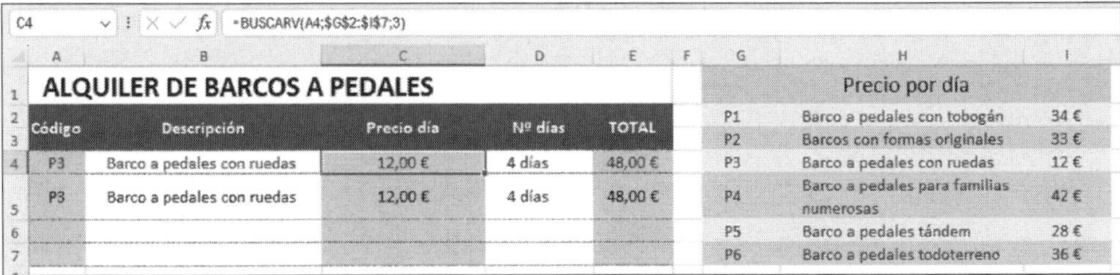

C4 =BUSCARV(A4;$G$2:$I$7;3)

	A	B	C	D	E	F	G	H	I
1	ALQUILER DE BARCOS A PEDALES						Precio por día		
2	Código	Descripción	Precio día	Nº días	TOTAL		P1	Barco a pedales con tobogán	34 €
3							P2	Barcos con formas originales	33 €
4	P3	Barco a pedales con ruedas	12,00 €	4 días	48,00 €		P3	Barco a pedales con ruedas	12 €
5	P3	Barco a pedales con ruedas	12,00 €	4 días	48,00 €		P4	Barco a pedales para familias numerosas	42 €
6							P5	Barco a pedales tándem	28 €
7							P6	Barco a pedales todoterreno	36 €

En este ejemplo, la función BUSCARV busca la referencia exacta del producto (contenida en celda A4) en la tabla con los códigos de los productos (G2 a I7) y encuentra en ella la descripción, que sitúa en la segunda columna, y el precio del artículo, en la tercera.

Confirme la fórmula pulsando la tecla ↵.

El rango de celdas G2:I7 se ha tomado como referencia absoluta en la fórmula (símbolos $) con el fin de que se mantenga tal cual cuando las fórmulas se copien a otras partes de la tabla. Para facilitar la lectura de la fórmula (y conservar sus referencias absolutas), puede dar un nombre a este rango de celdas. Esta técnica resulta especialmente interesante si la tabla matriz se encuentra en otra hoja o en otro libro, por ejemplo.

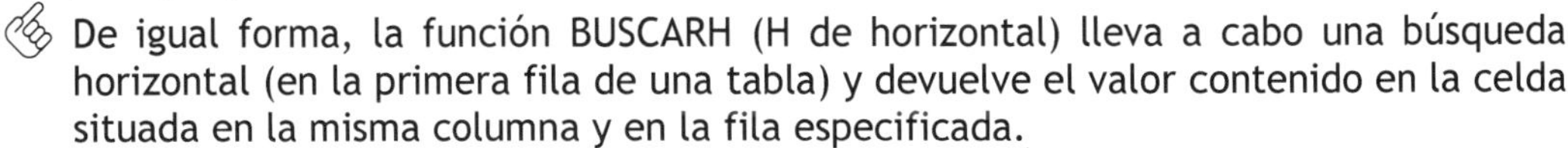

De igual forma, la función BUSCARH (H de horizontal) lleva a cabo una búsqueda horizontal (en la primera fila de una tabla) y devuelve el valor contenido en la celda situada en la misma columna y en la fila especificada.

Funciones BUSCARX

Novedad de la versión 2021, la función BUSCARX se puede usar de distintas maneras:

- *Puede realizar las mismas tareas que las funciones BUSCARV y BUSCARH.*
- *Puede devolver varios elementos con una única fórmula (por ejemplo, el nombre y apellido de un socio de una sola vez).*
- *También da la posibilidad de devolver un texto específico si no se encuentra el valor buscado (por ejemplo "El valor no existe").*
- *Y por último, puede buscar y recuperar datos a la izquierda y a la derecha de la columna que contiene el valor buscado.*

La sintaxis de la función es la siguiente:

=BUSCARX(valor_buscado;matriz_buscada;matriz_devuelta;[si_no_se_encuentra];[modo_de_coincidencia];[modo_de_búsqueda])

valor_buscado	Valor para buscar en la matriz_buscada, si se omite este valor el programa buscará las celdas vacías de la matriz_buscada.
matriz_buscada	Matriz o rango que contiene el valor para buscar.
matriz_devuelta	Matriz o rango que contiene los datos para recuperar.
[si_no_se_encuentra]	Texto que se mostrará si no se ha encontrado el valor para recuperar (si no hay texto se devuelve el mensaje #N/D).
[modo_de_coincidencia]	Valores numéricos 0,-1,1 o 2 para especificar si quiere correspondencias exactas (0) o la más cercana (-1: valor inferior; 1: valor superior; 2: carácter genérico).
[modo_de_búsqueda]	Para especificar el modo de búsqueda para usar: 1 (desde la primera columna de la matriz_buscada); -1 (desde la última columna); 2 y -2 (busca en una matriz obligatoriamente ordenada).

Aquí podemos ver un ejemplo de cómo se usa:

SI | =BUSCARX(G4;$A$1:$A$23;$B$1:$D$23)

	A	B	C	D
1	CÓDIGO VENTA	CATEGORÍA	PRODUCTOS	IMPORTE
2	12345	Dulces	Chocolate negro	1.234,00
3	12346	Dulces	Chocolate negro	2.345,00
4	12354	Dulces	Calissons d'Aix	765,00
5	12357	Dulces	Calissons d'Aix	2.312,00
6	12358	Dulces	Calissons d'Aix	987,00
7	12365	Dulces	Chocolate negro	1.324,00
8	12366	Dulces	Chocolate negro	1.237,00
9	12350	Gourmet	Foie gras	3.421,00
10	12351	Gourmet	Caviar persa	1.192,00
11	12352	Gourmet	Caviar ruso	2.300,00
12	12353	Gourmet	Caviar persa	1.234,00
13	12356	Gourmet	Caviar ruso	1.263,00
14	12361	Gourmet	Caviar persa	1.234,00
15	12362	Gourmet	Caviar persa	9.123,00
16	12363	Gourmet	Foie gras	1.298,00
17	12364	Gourmet	Foie gras	3.499,00
18	12347	Tés	Té de China	4.321,00
19	12348	Tés	Té de Ceilán	324,00
20	12349	Tés	Té de Cachemira	564,00
21	12355	Tés	Té de Cachemira	1.176,00
22	12359	Tés	Té de Ceilán	823,00
23	12360	Tés	Té de China	565,00

G	H	I	J
CÓDIGO VENTA	CATEGORÍA	PRODUCTOS	IMPORTE
12359	Tés	Té de Ceilán	823
12360	Tés	Té de China	565
12361	$A$23;$B$1:$D$23)	Caviar persa	1234
12362			
12363			
12364			
12365			
12366			

A la izquierda podemos ver la tabla que contiene los datos para buscar y recuperar, a la derecha la tabla donde se introducen de antemano los códigos para buscar y donde, gracias a la función ***BUSCARX****, se recuperarán los datos correspondientes.*

La celda G4 corresponde al código de venta para buscar, el rango $A$1:$A$23 corresponde a la columna CÓDIGO DE VENTA, el rango $B$1:$D$23 corresponde a las columnas CATEGORÍA, PRODUCTOS e IMPORTE que contienen los valores para recuperar y que se recuperan automáticamente, sin que sea necesario crear tantas fórmulas como valores para recuperar.

En este ejemplo, solo se han inscrito los argumentos obligatorios.

En el caso de que el valor buscado no se encuentre y queramos mostrar el texto «Código_Venta desconocido», la función se escribiría ***=BUSCARX(G4;$A$1:$A$23;$B$1:$D$23;«Código_Venta desconocido»).***

Función COINCIDIRX

Esta función busca un elemento en un rango de celdas o en una tabla y devuelve su posición dentro del rango según el modo de búsqueda seleccionado.

Su sintaxis es la siguiente:
=COINCIDIRX(valor_buscado; matriz_buscada; [modo_de_coincidencia]; [modo_de_búsqueda])

valor_buscado	Valor que se desea encontrar.
matriz_buscada	Tabla o rango de celdas donde se busca el valor.
modo_de_coincidencia	Valores numéricos 0, -1, 1 o 2 para indicar si se quiere una coincidencia exacta (0) o la más cercana (-1 valor inferior; 1 valor superior; 2 búsqueda con comodín).
modo_de_búsqueda	Especifica el modo de búsqueda que se debe utilizar: 1 (desde la primera columna del rango); -1 (desde la última columna); 2 y -2 (búsqueda en tabla ordenada obligatoriamente).

	A	B	C	D	E	F	G	H	I
1	Producto	Categoria	Facturación 2024		Producto	Posición			
2	Manzanas	Clima templado	6450		Uvas	4	=COINCIDIRX(E2;A2:A11)		
3	Peras	Clima templado	6500		ag*	10	=COINCIDIRX(E3;A2:A11;2)		
4	Naranjas	Mediterráneas	6550						
5	Uvas	Clima templado	5580						
6	Plátanos	Tropicales	5650		Facturación	Posición			
7	Limones	Mediterráneas	5720		5600	5	=COINCIDIRX(E9;C2:C11;1)		
8	Kiwis	Tropicales	5790						
9	Mandarinas	Mediterráneas	5860						
10	Mangos	Tropicales	5930						
11	Aguacates	Tropicales	6000						

*En el primer ejemplo, la función **COINCIDIRX** devuelve la posición del valor "Uvas" en la columna Producto. Observe que solo se especifican los argumentos valor_buscado (E2) y matriz_buscada (A2:A11), por lo que la coincidencia se considera implícitamente exacta (0).*

*En el segundo ejemplo, la función busca los elementos que comienzan por "av"; el asterisco * es un carácter comodín, por lo que el modo_de_coincidencia es 2.*

El tercer ejemplo busca el valor numérico 5600, que no existe en el rango; con modo_coincidencia en 1, la función devuelve la posición del valor superior más cercano, en este caso 5650.

En los tres ejemplos se trabaja sobre un rango contenido en una sola columna, por lo que no es necesario especificar el cuarto argumento (modo_de_búsqueda).

Usar funciones de texto

En 2024 se han añadido tres nuevas funciones a las ya existentes: TEXTOANTES, TEXTODESPUES y DIVIDIRTEXTO.

Función TEXTOANTES

*La función **TEXTOANTES** (novedad de la versión 2024) permite extraer el texto de una cadena que se encuentra antes de un determinado carácter.*

Su sintaxis es:

=TEXTOANTES(Texto;Delimitador;[Número_instancia];[Modo_búsqueda];[Coincidencia_final];[Si_no_encuentra])

Texto Texto (normalmente una referencia de celda) en el que se realiza la búsqueda. Argumento obligatorio.

Delimitador Texto que indica el punto antes del cual se debe extraer el texto. Argumento obligatorio.

Número_instancia Número de ocurrencia del delimitador tras el cual se quiere extraer el texto. Por defecto, 1.

Modo_búsqueda Determina si se distingue entre mayúsculas y minúsculas. Por defecto, 0 (sensible a mayúsculas); usar 1 para no distinguir.

Coincidencia_final Si es 1 y no se encuentra el delimitador, se toma el final del texto como delimitador. Por defecto, 0 (no se considera el final).

Si_no_encuentra Valor que se devuelve si no hay coincidencia. Por defecto, #N/A.

En este ejemplo, la columna B contiene la descripción de una serie de productos y se desea extraer en la columna C el tipo de producto, que corresponde a la información anterior al primer guion:

D2 =TEXTOANTES(B2;" - ")

	A	B	C	D
1	ID Producto	Descripción producto	Tipo de producto	Capacidad de almacenamiento (Go)
2	ID001	Ordenador portátil- Modelo X123 - 16Go RAM - 512Go SSD	Ordenador portátil	Ordenador portátil- Modelo X123
3	ID002	Smartphone - Modelo Y456 - 128Go - Negro	Smartphone	Smartphone
4	ID003	Tableta - Modelo Z789 - 64Go - Plateada	Tableta	Tableta
5	ID004	Ordenador de sobremesa - Modelo A321 - 32Go RAM - 1To HDD	Ordenador de sobremesa	Ordenador de sobremesa
6	ID005	Auriculares - Modelo B654 - Inalámbricos - Negro	Auriculares	Auriculares
7	ID006	Impresora - Modelo C987 - Láser - Color	Impresora	Impresora
8	ID007	Teclado mecánico - Modelo D432 - RGB - AZERTY	Teclado mecánico	Teclado mecánico
9	ID008	Ratón gaming - Modelo E876 - 16000 DPI - Con cable	Ratón gaming	Ratón gaming

Función TEXTODESPUES

*La función **TEXTODESPUES** (novedad de la versión 2024) es complementaria a TEXTOANTES y permite extraer el texto que aparece tras un determinado carácter.*

Tiene la misma sintaxis que TEXTOANTES:
=TEXTODESPUES(Texto;Delimitador;[Número_instancia];[Modo_búsqueda];[Coincidencia_final];[Si_no_encuentra])

La combinación de TEXTOANTES y TEXTODESPUES permite seleccionar fácilmente fragmentos de texto intercalados dentro de una cadena:

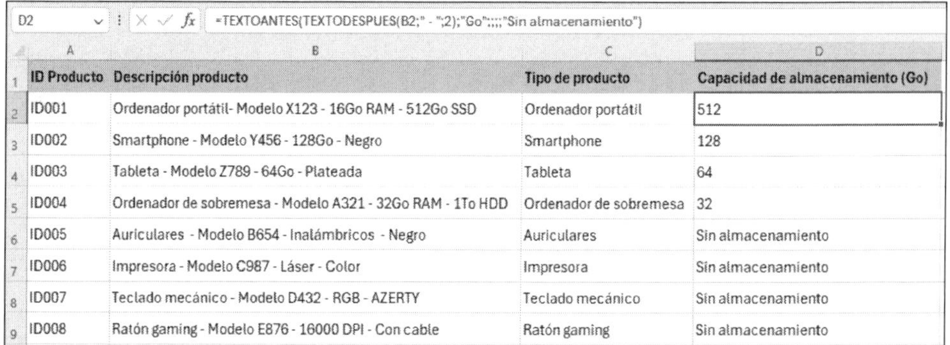

D2 =TEXTOANTES(TEXTODESPUES(B2;" - ";2);"Go";;;;"Sin almacenamiento")

	A	B	C	D
1	**ID Producto**	**Descripción producto**	**Tipo de producto**	**Capacidad de almacenamiento (Go)**
2	ID001	Ordenador portátil- Modelo X123 - 16Go RAM - 512Go SSD	Ordenador portátil	512
3	ID002	Smartphone - Modelo Y456 - 128Go - Negro	Smartphone	128
4	ID003	Tableta - Modelo Z789 - 64Go - Plateada	Tableta	64
5	ID004	Ordenador de sobremesa - Modelo A321 - 32Go RAM - 1To HDD	Ordenador de sobremesa	32
6	ID005	Auriculares - Modelo B654 - Inalámbricos - Negro	Auriculares	Sin almacenamiento
7	ID006	Impresora - Modelo C987 - Láser - Color	Impresora	Sin almacenamiento
8	ID007	Teclado mecánico - Modelo D432 - RGB - AZERTY	Teclado mecánico	Sin almacenamiento
9	ID008	Ratón gaming - Modelo E876 - 16000 DPI - Con cable	Ratón gaming	Sin almacenamiento

En este ejemplo, la función TEXTODESPUES extrae de cada celda de la columna B el texto que sigue al segundo guion. La función TEXTOANTES usa dicha cadena para devolver el texto anterior a "Go", recuperando así la capacidad de almacenamiento. Para productos sin "Go" en la descripción (sin capacidad de almacenamiento específica), la función TEXTOANTES devuelve "Sin almacenamiento".

Función UNIRCADENAS

*La función **UNIRCADENAS** concatena el texto de varias celdas en una sola cadena, separando cada texto por uno o varios caracteres especificados.*

Su sintaxis es:

=UNIRCADENAS(delimitador, ignorar_vacío, Texto1, [Texto2],...)

delimitador	Caracteres usados para separar las cadenas concatenadas.
ignorar_vacío	**VERDADERO** para omitir celdas vacías, **FALSO** para incluirlas.
Texto1;Texto2...	Rangos o celdas que contienen los datos que se desean concatenar.

*En este ejemplo, **UNIRCADENAS** concatena el contenido de las celdas **C3**, **B3** y **A3**, separados por un **espacio**. Las celdas vacías se ignoran (argumento **VERDADERO**).*

E3 | '=UNIRCADENAS(" ";VERDADERO;C3;B3;A3)

	A	B	C	D	E
1					
2	Producto	Cantidad	Unidades		Ingredientes
3	pescado	g	350		=UNIRCADENAS(" ";VERDADERO;C3;B3;A3)
4	calabacín	kg	2		2 kg calabacín
5	zanahoria	g	200		200 g zanahoria
6	Unidades	Cantidad	Producto		
7	3	g	tomate		3 g tomate
8	1		pepino		1 pepino
9	1		limón		1 limón

Función DIVIDIRTEXTO

*La función **DIVIDIRTEXTO** (novedad de la versión 2024) permite dividir un texto en columnas o filas.*

Es una función de matriz dinámica. Para más información, consulte el apartado Usar las nuevas funciones de matrices dinámicas de este capítulo.

Su sintaxis es:

=DIVIDIRTEXTO(Texto;Delimitador_columna;[Delimitador_fila];[Ignorar_vacíos];[Modo_búsqueda];[Completar_con])

Texto	Texto (normalmente una referencia) que se desea dividir. Argumento obligatorio.
Delimitador_columna	Texto que indica dónde cortar en columnas. Argumento obligatorio.

Delimitador_fila Texto que indica dónde dividir en filas. Este argumento y los siguientes son opcionales.

Ignorar_vacíos Introduzca **VERDADERO** para ignorar los delimitadores consecutivos. Por defecto, su valor es **FALSO**, lo que crea una celda vacía cuando dos delimitadores aparecen uno junto a otro en el texto.

Modo_búsqueda 0 para respetar mayúsculas/minúsculas; 1 para ignorarlas. Por defecto 0.

Completar_con Valor devuelto si no hay coincidencia. Por defecto #N/A.

*En el ejemplo, la celda **A2** contiene datos estructurados con símbolos "/" que separan productos y símbolos "-" que separan datos dentro de cada producto. La fórmula en **A5** usa **DIVIDIRTEXTO** para separar la información de cada producto en columnas (delimitador "-") y cada producto en filas (delimitador "/"):*

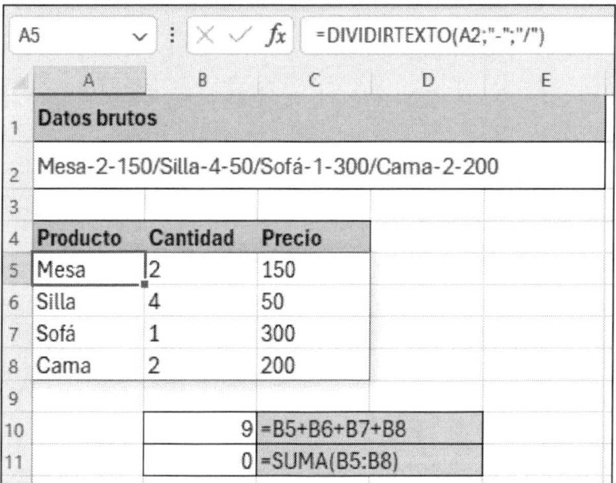

A5 | =DIVIDIRTEXTO(A2;"-";"/")

	A	B	C	D	E
1	Datos brutos				
2	Mesa-2-150/Silla-4-50/Sofá-1-300/Cama-2-200				
3					
4	Producto	Cantidad	Precio		
5	Mesa	2	150		
6	Silla	4	50		
7	Sofá	1	300		
8	Cama	2	200		
9					
10		9	=B5+B6+B7+B8		
11		0	=SUMA(B5:B8)		

La división de texto en columnas mediante la herramienta **Texto** en columnas se encuentra en la pestaña **Datos** - grupo **Herramientas de datos**.

Función CONCAT

*La función **CONCAT** permite concatenar texto, es decir, unir varias cadenas en una sola. Se pueden combinar hasta 254 cadenas de texto. Esta función sustituyó en 2019 a la función CONCATENAR y es más fácil de usar.*

Su sintaxis es:

=CONCAT(Texto1;Texto2;[Texto3]...)

*En este ejemplo, la función **CONCAT** muestra el contenido de las celdas **A3**, **B3** y **C3**, separadas por un **espacio** y seguidas del símbolo monetario **€**:*

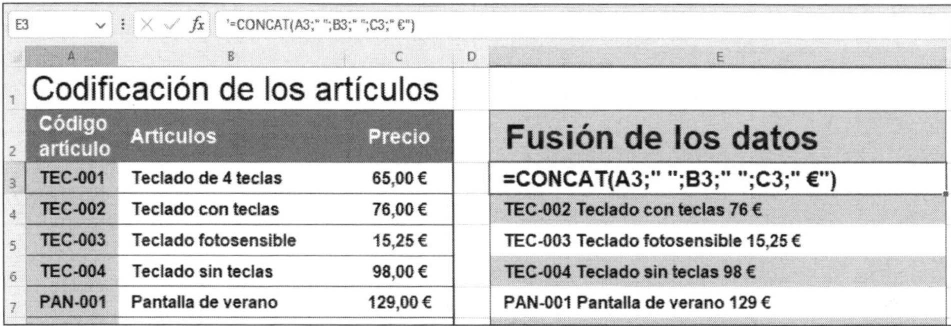

E3 '=CONCAT(A3;" ";B3;" ";C3;" €")

	A	B	C	D	E
1	Codificación de los artículos				
2	Código artículo	Artículos	Precio		Fusión de los datos
3	TEC-001	Teclado de 4 teclas	65,00 €		=CONCAT(A3;" ";B3;" ";C3;" €")
4	TEC-002	Teclado con teclas	76,00 €		TEC-002 Teclado con teclas 76 €
5	TEC-003	Teclado fotosensible	15,25 €		TEC-003 Teclado fotosensible 15,25 €
6	TEC-004	Teclado sin teclas	98,00 €		TEC-004 Teclado sin teclas 98 €
7	PAN-001	Pantalla de verano	129,00 €		PAN-001 Pantalla de verano 129 €

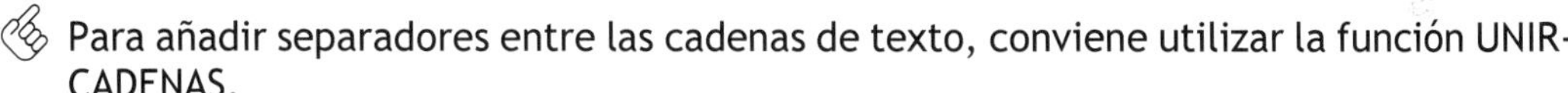

Para añadir separadores entre las cadenas de texto, conviene utilizar la función UNIRCADENAS.

Función MATRIZATEXTO

*La función **MATRIZATEXTO** recoge en una sola celda los datos de un rango y separa cada elemento por un punto y coma. Los valores de tipo texto se muestran entre comillas si se usa el modo **estricto (1)**. El otro modo es el **conciso (0)**.*

Su sintaxis es:

=MATRIZATEXTO(rango_de_datos;[formato])

Ejemplo:

	A	B
1	Lorena	Lorena; Díaz; Avenida Boladiez, 3; 45007 Toledo; España
2	Díaz	
3	Avenida Boladiez, 3	En B1 hemos utilizado:
4	45007 Toledo	=MATRIZATEXTO(A1:A5;0)
5	España	

Si se hubiera elegido el modo estricto (1), el resultado sería:

{"Lorena"; "Díaz"; "Avenida Boladiez, 3"; "45007 Toledo"; "España"}

Función VALORATEXTO

*La función **VALORATEXTO** devuelve una representación en texto de un valor.*

Su sintaxis es:

=VALORATEXTO(valor;[formato])

Ejemplo:

	A	B	C
1	Manzana	"Manzana"	=VALORATEXTO(A1;1)
2	21/01/1999	36181	=VALORATEXTO(A2;1)
3	1500	1500	=VALORATEXTO(A3;1)
4	Hola	Hola	=VALORATEXTO(A4;0)

Las fechas y los valores numéricos se convierten en texto. En el caso de las fechas, la función devuelve el número de serie correspondiente.

Crear funciones personalizadas

*En 2024, se introdujo la función **LAMBDA**, que permite crear funciones personalizadas y reutilizables asignándoles un nombre fácil de recordar, sin necesidad de usar VBA, macros o JavaScript. Una vez creada, la función personalizada está disponible en todo el libro y se utiliza igual que las funciones nativas de Excel.*

Su sintaxis es la siguiente:

=LAMBDA([parámetro1;parámetro2;...;]cálculo)

Parámetros Valores que se pasan a la función (pueden ser referencias de celda, texto o números). Son opcionales y puede haber hasta 253 parámetros.

Cálculo Fórmula que ejecuta la función y devuelve su resultado. Debe ir al final y devolver un valor.

Los parámetros de la función LAMBDA siguen las mismas reglas de nomenclatura que otros nombres en Excel, salvo que no se debe usar el punto (.) en el nombre del parámetro.

Conviene seguir una serie de pasos para asegurarse de que la función LAMBDA devuelve el resultado deseado.

- Pruebe primero la fórmula que desea automatizar con LAMBDA para comprobar que funciona.

En este ejemplo se realiza un cálculo sencillo del precio con IVA a partir del precio sin impuestos y del tipo de IVA:

D2 =B2*(1+C2/100)

	A	B	C	D
1	Nombre del producto	Precio sin IVA	Tipo de IVA	Precio con IVA
2	Barra de pan	1,20	10,00	1,32
3	Leche semidesnatada	0,90	5,50	
4	Queso camembert	3,50	5,50	
5	Pollo asado	8,00	10,00	
6	Pasta	1,50	5,50	
7	Vino tinto	7,00	20,00	
8	Champú	4,50	20,00	
9	Pasta de dientes	2,50	20,00	
10	Papel higiénico	3,00	20,00	
11	Jabón líquido	2,00	20,00	
12	Agua mineral	0,60	5,50	
13	Zumo de naranja	2,20	5,50	
14	Café molido	4,00	5,50	
15	Chocolate negro	2,80	5,50	
16	Aceite de oliva	5,00	5,50	

El segundo paso consiste en definir la función LAMBDA.

- En la pestaña **Fórmulas**, grupo **Nombres definidos**, haga clic en la herramienta **Asignar nombre.**
- En el cuadro de diálogo **Nuevo nombre**, asigne un nombre a la función personalizada. Dicho nombre debe ser específico y fácil de recordar, ya que será el que se utilice para invocar la función posteriormente.
- Si es necesario, en la lista **Ámbito** seleccione la opción **Libro** para que la función personalizada esté disponible en todo el libro. El campo Comentario es opcional y permite explicar el uso de la función.

- Introduzca la función LAMBDA con su fórmula en el campo **Se refiere a**, o bien seleccione una celda que contenga dicha función utilizando la herramienta . Asigne nombres claros y específicos a los argumentos de la función LAMBDA para facilitar su comprensión cuando se llame a la función.

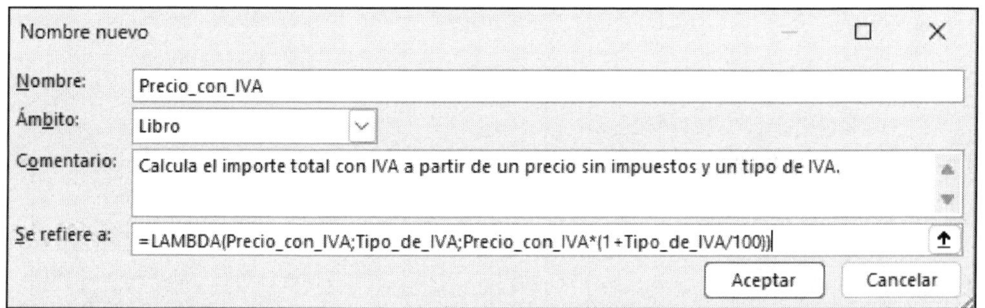

- Haga clic en **Aceptar**.

  A continuación, podrá invocar la función personalizada por su nombre desde cualquier celda de la hoja o del libro en el que se haya definido.

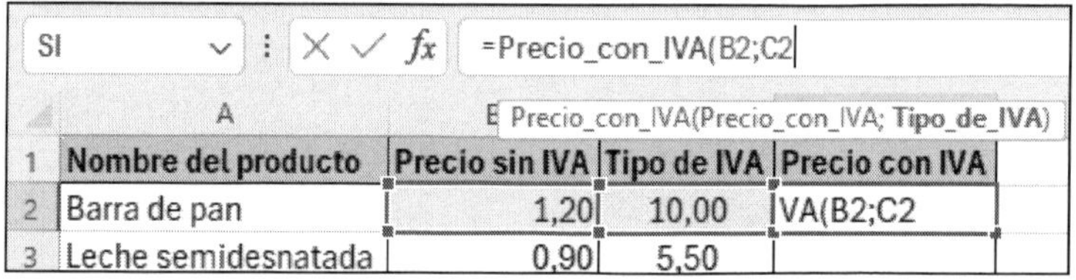

Tenga en cuenta que, al igual que con las funciones nativas, al escribir el nombre de la función personalizada Excel mostrará los argumentos que debe introducir para llamarla. Por ello conviene utilizar nombres muy claros al definir una LAMBDA.

Asignar un nombre a un cálculo intermedio

La función LET, incorporada en 2021, se utiliza para asignar un nombre al resultado de un cálculo con el objetivo de almacenar cálculos intermedios o definir nombres dentro de una fórmula.

Para usar la función LET, tiene que definir elementos compuestos de un binomio: nombre y valor_asociado (hasta 126 binomios posibles) y de un cálculo que usa todos los elementos.

Su sintaxis es como sigue:

=LET(nombre1;nombre_valor1;cálculo_o_nombre2;[nombre_valor2];...; cálculo

nombre1	Primer nombre que se define, debe empezar obligatoriamente por una letra.
nombre_valor1	Valor asociado a nombre1, este valor puede ser un valor introducido o un valor resultante de un cálculo.
nombre2; nombre_valor2	Nombre y valor del segundo elemento (opcional). La función puede incluir un único elemento o alcanzar los 126.
Cálculo	El cálculo usa todos los nombres y debe ser el último argumento de la función.

Ejemplos de uso:

	A	B	C	D
1	Producto	Categoría	Facturación 2024	Objetivo 2025
2	Manzanas	Clima templado	6450	9675
3	Peras	Clima templado	6500	9750
4	Naranjas	Mediterráneas	6550	9825
5	Uvas	Clima templado	5580	8370
6	Plátanos	Tropicales	5650	8475
7	Limones	Mediterráneas	5720	8580
8	Kiwis	Tropicales	5790	8685
9	Mandarinas	Mediterráneas	5860	8790
10	Mangos	Tropicales	5930	8895
11	Aguacates	Tropicales	6000	9000
12				
13	La fórmula utilizada en la celda D2 es:			
14	=LET(coef;1,5;C2*coef)			

*En este ejemplo, la facturación de 2024 se multiplica por el coeficiente para obtener el objetivo de 2025. Evidentemente, lo más fácil habría sido escribir = C2*1,5, pero este ejemplo es práctico para comprender bien la lógica de esta función. Aquí, **coef** es el nombre del elemento y **1,5** es el valor dado a este elemento, después el nombre se usa en la fórmula de cálculo situada al final de la función **C2*coef**.*

	A	B	C	D	E
1	Producto	Categoría	Facturación 2024	Objetivo 2025 Ejemplo 1	Objetivo 2025 Ejemplo 2
2	Manzanas	Clima templado	6450	9675	9675
3	Peras	Clima templado	6500	9750	9750
4	Naranjas	Mediterráneas	6550	9825	9825
5	Uvas	Clima templado	5580	8370	8370
6	Plátanos	Tropicales	5650	8475	6780
7	Limones	Mediterráneas	5720	8580	8580
8	Kiwis	Tropicales	5790	8685	6948
9	Mandarinas	Mediterráneas	5860	8790	8790
10	Mangos	Tropicales	5930	8895	7116
11	Aguacates	Tropicales	6000	9000	7200
12					
13	La fórmula utilizada en la celda E2 es: **=LET(coeficiente; 1,5; descuento; 20%; SI(B2="Tropicales"; coeficiente*(1-descuento)*C2; coeficiente*C2))**				
14					

*En este ejemplo nuevo, los productos de la categoría **Tropicales** benefician de una reducción del 20 % sobre el coeficiente. En la función **LET**, se han creado dos elementos: el elemento **coeficiente** con un valor de 1,5 y el elemento **descuento** con un valor del **20%**. Para el cálculo hemos usado la función **SI** que usa los nombres de los dos elementos.*

Habríamos podido hacerlo directamente con la función SI escribiendo =SI(B2="Tropicales";1,5(1-20%)*C2;1,5*C2)), pero puede observar que es un poco más difícil de leer.*

La función LET es interesante porque es fácil de leer y de modificar. Los valores se ven rápidamente y se pueden modificar sin tener que tocar el cálculo.

Consolidar datos

Esta función permite combinar valores de varios rangos de datos ubicados en diferentes hojas de cálculo (para reunirlos, por ejemplo).

- Antes de iniciar la consolidación, compruebe los siguientes puntos:
  - Cada rango de datos de origen debe estar ubicado en una hoja de cálculo distinta; ningún rango de origen debe estar ubicado en la hoja de cálculo sobre la cual se va a situar la consolidación.
  - Asegúrese de que las tablas que se van a consolidar tienen la misma estructura (el mismo número de filas y de columnas, el mismo tipo de datos en las celdas) y que están colocadas en las mismas celdas de las distintas hojas.
  - Si lo desea, asigne un nombre a los rangos de datos de origen (véase Rangos con nombre - Poner nombre a los rangos de celdas).
- Active la primera celda de destino de la consolidación.
- Active la pestaña **Datos** y haga clic en la herramienta **Consolidar** del grupo **Herramientas de datos**.
- Seleccione la **Función** de síntesis que debe usarse para consolidar los datos; para sumar los datos de las distintas tablas, escoja **Suma**.
- Si los datos que desea consolidar se hallan en otro libro, haga clic en el botón **Examinar**, localice el libro correspondiente, selecciónelo y haga clic en **Aceptar**.
- Si los datos que desea consolidar se encuentran en el libro activo, efectúe estas operaciones en todos los rangos de datos:
  - haga clic en el botón para reducir el cuadro de diálogo.
  - acceda a la hoja de cálculo y seleccione las celdas necesarias o introduzca el nombre de la zona de datos de origen.
  - haga clic en el botón para ver de nuevo el cuadro de diálogo.
  - haga clic en **Agregar**.

*En este ejemplo, la consolidación calculará la suma de las celdas **D3** a **J23** de las hojas **Semana 1**, **Semana 2**, **Semana 3** y **Semana 4**.*

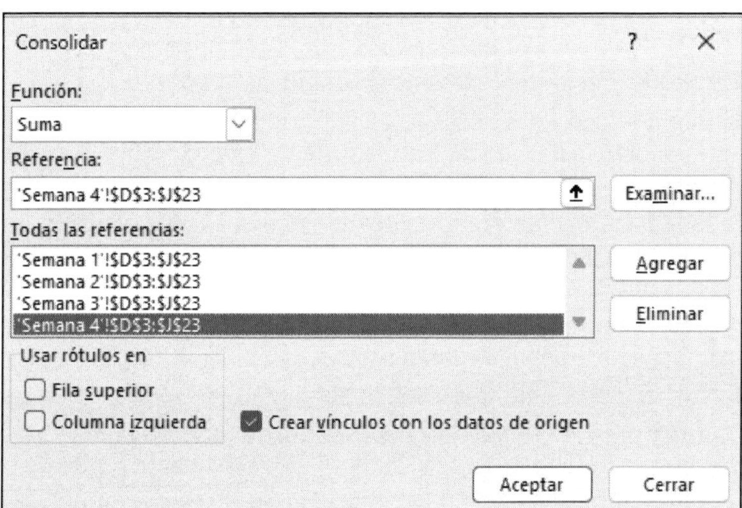

- Marque la opción **Crear vínculos con los datos de origen** si desea crear un vínculo permanente entre las hojas de origen y la hoja de consolidación. En esos casos, la tabla de consolidación se actualizará automáticamente cada vez que se modifiquen los datos de origen.

  Observe que, en este caso, no podrá modificar las celdas ni los rangos incluidos en la consolidación.
- Marque o desmarque las opciones del cuadro **Usar rótulos en** según si los datos copiados contienen o no rótulos de filas y de columnas.
- Haga clic en el botón **Aceptar** para confirmar.

El resultado de la consolidación aparece enseguida.

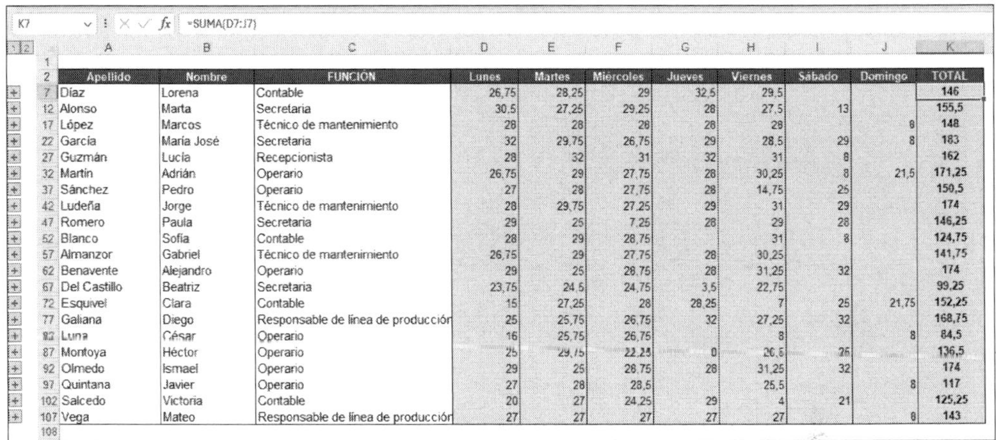

K7 =SUMA(D7:J7)

	Apellido	Nombre	FUNCIÓN	Lunes	Martes	Miércoles	Jueves	Viernes	Sábado	Domingo	TOTAL
7	Díaz	Lorena	Contable	26,75	28,25	29	32,5	29,5			146
12	Alonso	Marta	Secretaria	30.5	27,25	29,25	28	27,5	13		155,5
17	López	Marcos	Técnico de mantenimiento	28	28	28	28	28		8	148
22	García	María José	Secretaria	32	29,75	26,75	29	28,5	29	8	183
27	Guzmán	Lucía	Recepcionista	28	32	31	32	31	8		162
32	Martín	Adrián	Operario	26,75	29	27,75	28	30,25	8	21,5	171,25
37	Sánchez	Pedro	Operario	27	28	27,75	28	14,75	25		150,5
42	Ludeña	Jorge	Técnico de mantenimiento	28	29,75	27,25	29	31	29		174
47	Romero	Paula	Secretaria	29	25	7,25	28	29	28		146,25
52	Blanco	Sofía	Contable	28	29	28,75		31	8		124,75
57	Almanzor	Gabriel	Técnico de mantenimiento	26,75	29	27,75	28	30,25			141,75
62	Benavente	Alejandro	Operario	29	25	28,75	28	31,25	32		174
67	Del Castillo	Beatriz	Secretaria	23,75	24.5	24,75	3,5	22,75			99,25
72	Esquivel	Clara	Contable	15	27,25	28	28,25	7	25	21,75	152,25
77	Galiana	Diego	Responsable de línea de producción	25	25,75	26,75	32	27,25	32		168,75
82	Luna	César	Operario	16	25,75	26,75		8		8	84,5
87	Montoya	Héctor	Operario	25	29,75	22,25	0	20,5	25		136,5
92	Olmedo	Ismael	Operario	29	25	28,75	28	31,25	32		174
97	Quintana	Javier	Operario	27	28	28,5		25,5		8	117
102	Salcedo	Victoria	Contable	20	27	24,25	29	4	21		125,25
107	Vega	Mateo	Responsable de línea de producción	27	27	27	27	27		8	143

Al solicitar un vínculo, Excel genera además un esquema de la tabla de consolidación; las referencias de la hoja de cálculo y del libro de origen se retoman en las fórmulas de la tabla consolidada de este modo.

Generar una tabla de doble entrada

Con el fin de ilustrar el uso de una tabla de doble entrada, queremos conocer el valor de los pagos para un capital prestado fijo de 15 000 €, un número variable de mensualidades y tipos de interés también variables.

- Introduzca los elementos iniciales del cálculo que se debe realizar (el tipo de interés, la duración del préstamo y el importe del préstamo, en nuestro ejemplo).
- Introduzca los encabezados y las filas de la tabla que corresponden a los parámetros variables.

  Atención, la tabla preparada no debe estar unida a los elementos iniciales y el primer dato variable de fila debe estar situado una fila más arriba y una columna más a la derecha que el primer dato variable de columna.
- Introduzca la fórmula de cálculo en la intersección de la fila y la columna y confirme.

A11 =ABS(PAGO(D4/12;D5;D6))

	A	B	C	D	E	F	G	H	I	J
1										
2										
3										
4		Tipo de interés		10%						
5		Plazo (meses)		360						
6		Importe del préstamo		15.000,00 €						
7										
8										
9		Cálculo de las cuotas mensuales								
10		2 años	3 años	4 años	5 años	6 años	7 años	8 años	9 años	10 años
11	131,64 €	24 meses	36 meses	48 meses	60 meses	72 meses	84 meses	96 meses	108 meses	120 meses
12	9,00%									
13	9,25%									
14	9,50%									
15	9,75%									
16	10,00%									
17										

En este ejemplo, en la celda A11 hemos usado la función PAGO para calcular el importe de las cuotas mensuales correspondiente a la devolución de un préstamo basándonos en el número de pagos mensuales y en un tipo de interés constante. Asimismo, hemos usado la función ABS para efectuar este cálculo en valor absoluto.

- Seleccione el rango de celdas que comprende la fórmula de cálculo hasta la última celda de la tabla.
- Active la pestaña **Datos**, haga clic en el botón **Análisis de hipótesis** del grupo **Previsión.**
- Active la opción **Tabla de datos.**
- En el cuadro **Celda de entrada (fila)**, indique la referencia de la celda utilizada en la fórmula correspondiente a los datos variables situados en la primera fila de la tabla.

  *En nuestro ejemplo, la fila corresponde a la duración; por tanto, usaremos la celda **D5**.*
- De acuerdo con el mismo principio, indique la **Celda de entrada (columna).**

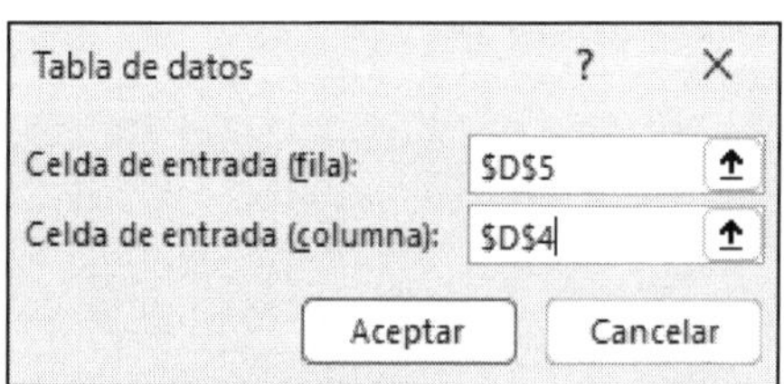

- Haga clic en **Aceptar.**

Excel calcula íntegramente la tabla de pagos.

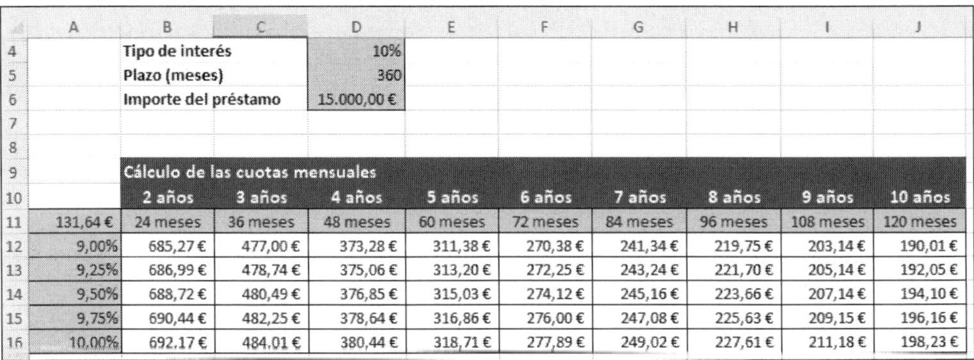

	A	B	C	D	E	F	G	H	I	J
4		Tipo de interés		10%						
5		Plazo (meses)		360						
6		Importe del préstamo		15.000,00 €						
7										
8										
9		Cálculo de las cuotas mensuales								
10		2 años	3 años	4 años	5 años	6 años	7 años	8 años	9 años	10 años
11	131,64 €	24 meses	36 meses	48 meses	60 meses	72 meses	84 meses	96 meses	108 meses	120 meses
12	9,00%	685,27 €	477,00 €	373,28 €	311,38 €	270,38 €	241,34 €	219,75 €	203,14 €	190,01 €
13	9,25%	686,99 €	478,74 €	375,06 €	313,20 €	272,25 €	243,24 €	221,70 €	205,14 €	192,05 €
14	9,50%	688,72 €	480,49 €	376,85 €	315,03 €	274,12 €	245,16 €	223,66 €	207,14 €	194,10 €
15	9,75%	690,44 €	482,25 €	378,64 €	316,86 €	276,00 €	247,08 €	225,63 €	209,15 €	196,16 €
16	10,00%	692,17 €	484,01 €	380,44 €	318,71 €	277,89 €	249,02 €	227,61 €	211,18 €	198,23 €

En este ejemplo, para los cálculos a partir de las celdas B11 a J11, a pesar del texto «mes», se ha aplicado a estas celdas el formato personalizado 0 "meses".

Usar las nuevas funciones de tablas dinámicas

*Tradicionalmente, las funciones de Excel muestran su resultado en una sola celda. En este ejemplo, la fórmula ubicada en la celda **B9** devuelve su resultado en esa misma celda:*

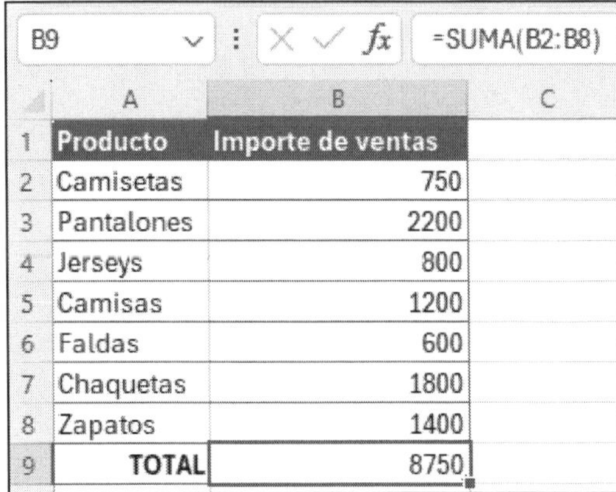

B9 | =SUMA(B2:B8)

	A	B	C
1	Producto	Importe de ventas	
2	Camisetas	750	
3	Pantalones	2200	
4	Jerseys	800	
5	Camisas	1200	
6	Faldas	600	
7	Chaquetas	1800	
8	Zapatos	1400	
9	TOTAL	8750	

*En 2019, Microsoft introdujo un nuevo tipo de fórmula: las **tablas propagadas** o **tablas dinámicas** (dynamic arrays en inglés, que no deben confundirse con las tablas dinámicas de resumen o tablas cruzadas dinámicas). La particularidad de estas funciones es que, a diferencia de las fórmulas clásicas, el resultado de las tablas dinámicas puede llenar automáticamente varias celdas. En este ejemplo, la función DIVIDIRTEXTO se encuentra en la celda **A5**, toma el texto de la celda **A2** y muestra su resultado en el rango **A5:C8**, el cual aparece delimitado por un borde azul:*

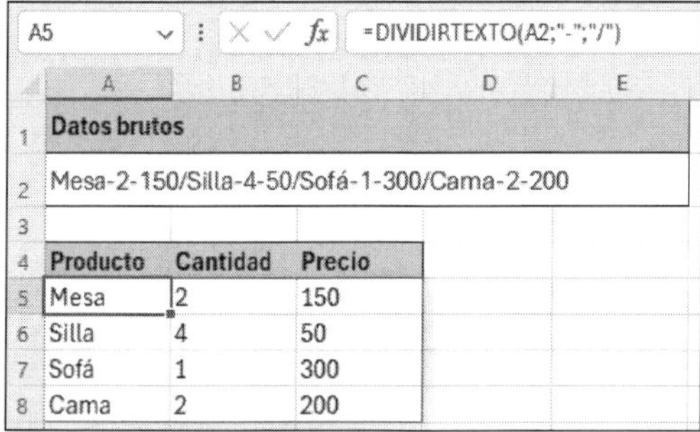

A5 =DIVIDIRTEXTO(A2;"-";"/")

	A	B	C	D	E
1	Datos brutos				
2	Mesa-2-150/Silla-4-50/Sofá-1-300/Cama-2-200				
3					
4	Producto	Cantidad	Precio		
5	Mesa	2	150		
6	Silla	4	50		
7	Sofá	1	300		
8	Cama	2	200		

*El mecanismo por el cual el resultado ocupa varias celdas se denomina propagación y es automático. La celda que contiene la fórmula es la celda principal, mientras que las celdas adyacentes son las celdas de **desbordamiento**.*

Si alguna celda en el rango de desbordamiento ya está ocupada por otro valor o fórmula, Excel devuelve el error **#DESBORDAMIENTO!** en la celda principal. Las celdas ocupadas deben liberarse para que la fórmula pueda propagarse correctamente.

Si la celda principal está activa, la fórmula aparece normalmente en la barra de fórmulas. Si la celda activa es una celda de desbordamiento, la fórmula en la barra aparece atenuada:

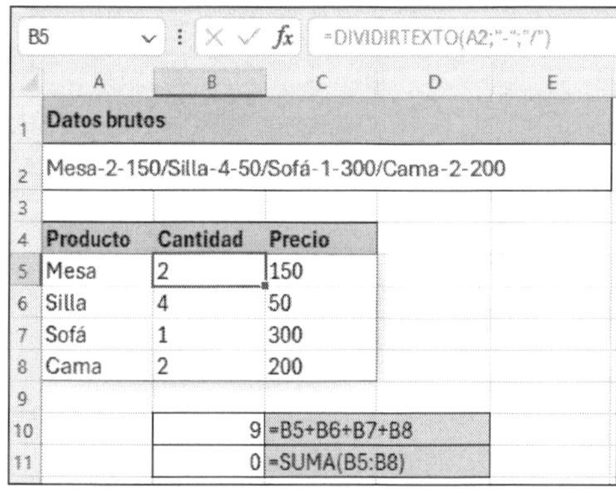

B5 =DIVIDIRTEXTO(A2;"-";"/")

	A	B	C	D	E
1	Datos brutos				
2	Mesa-2-150/Silla-4-50/Sofá-1-300/Cama-2-200				
3					
4	Producto	Cantidad	Precio		
5	Mesa	2	150		
6	Silla	4	50		
7	Sofá	1	300		
8	Cama	2	200		
9					
10		9	=B5+B6+B7+B8		
11		0	=SUMA(B5:B8)		

Las celdas de desbordamiento tienen características particulares:

- **Se actualizan automáticamente** cuando cambian los datos de origen o los parámetros de la fórmula, lo que garantiza que los resultados siempre estén actualizados. Por ello, estas tablas se denominan **dinámicas**.
- **No pueden modificarse ni eliminarse de forma individual**, ya que están controladas por la fórmula principal.
- **No pueden copiarse de manera individual** tampoco.

Los resultados de las tablas dinámicas pueden usarse con otras funciones de Excel, como SUMA, PROMEDIO o INDICE, para realizar cálculos adicionales sobre los datos propagados.

- Para hacer referencia a **una** celda individual, proceda como de costumbre.
- Para hacer referencia a **todo el rango** de desbordamiento, utilice la referencia de la celda principal seguida de # (por ejemplo: **A5#**).
- Por el momento, no es posible hacer referencia a un rango **parcial** dentro del rango de desbordamiento.

*En este ejemplo, la celda **B10** contiene el resultado de la fórmula **=B5+B6+B7+B8** (cada celda se referencia individualmente); la celda **B11** contiene la fórmula **=SUMA(B5:B8)**, pero esta no funciona porque las celdas **B5** a **B8** forman un rango **parcial** del rango de desbordamiento **A5:C8**.*

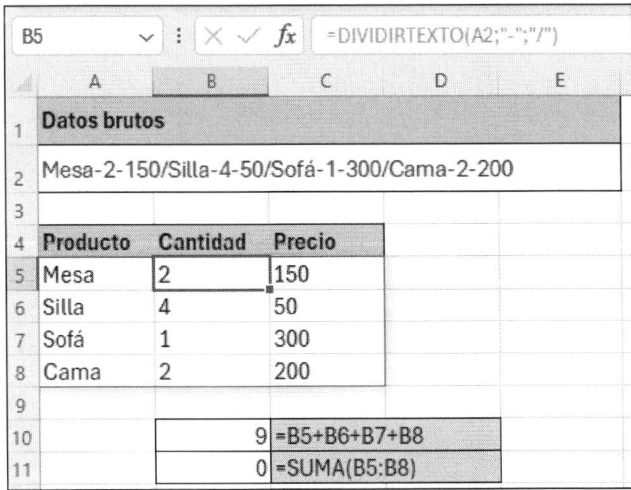

En 2021 existían seis funciones que devolvían tablas dinámicas: UNICOS, ORDENAR, ORDENARPOR, FILTRAR, SECUENCIA y MATRIZALEAT. En 2024 se añadieron nuevas funciones de tablas dinámicas, entre ellas DIVIDIRTEXTO, que se presentó en el apartado Usar funciones de texto, y otras que se describen a continuación.

Funciones APILARH y APILARV

*Las funciones **APILARH** y **APILARV** permiten combinar matrices de origen de forma horizontal (añadiendo columnas) o vertical (añadiendo filas) para formar una nueva matriz dinámica.*

Su sintaxis es idéntica:

=APILARH(matriz1,[matriz2],...)

y

=APILARV(matriz1,[matriz2],...)

Matriz Las matrices que se usarán como origen.

*En el ejemplo siguiente, la información de la izquierda se ha combinado en la matriz dinámica de la derecha usando **APILARV** (combinación vertical):*

F1 =APILARV(A1:D4;A7:D8)

	A	B	C	D	E	F	G	H	I
1	Proyecto	Responsable	Fecha de inicio	Fecha de fin		Proyecto	Responsable	Fecha de inicio	Fecha de fin
2	Proyecto Alfa	Alicia Díaz	01/01/2025	31/03/2025		Proyecto Alfa	Alicia Díaz	01/01/2025	31/03/2025
3	Proyecto Beta	Alejandro Martín	15/02/2025	15/05/2025		Proyecto Beta	Alejandro Martín	15/02/2025	15/05/2025
4	Proyecto Gamma	Clara Bautista	01/03/2025	30/06/2025		Proyecto Gamma	Clara Bautista	01/03/2025	30/06/2025
5						Proyecto Delta	David López	01/04/2025	31/07/2025
6	Proyecto	Responsable	Fecha de inicio	Fecha de fin		Proyecto Épsilon	Elisa García	15/05/2025	15/08/2025
7	Proyecto Delta	David López	01/04/2025	31/07/2025					
8	Proyecto Épsilon	Elisa García	15/05/2025	15/08/2025					

*En el ejemplo siguiente, la información de la izquierda se ha combinado en la matriz dinámica de la derecha usando **APILARH** (combinación horizontal):*

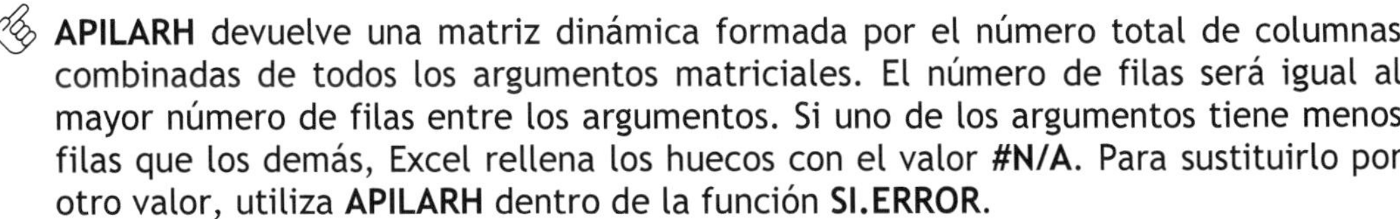

F1 =APILARH(A1:D6;B8:C13)

Proyecto	Responsable	Fecha de inicio	Fecha de fin
Proyecto Alfa	Alicia Díaz	01/01/2025	31/03/2025
Proyecto Beta	Alejandro Martín	15/02/2025	15/05/2025
Proyecto Gamma	Clara Bautista	01/03/2025	30/06/2025
Proyecto Delta	David López	01/04/2025	31/07/2025
Proyecto Épsilon	Elisa García	15/05/2025	15/08/2025

Proyecto	Estado	Prioridad
Proyecto Alfa	En curso	1
Proyecto Beta	Planificado	2
Proyecto Gamma	En curso	2
Proyecto Delta	No iniciado	3
Proyecto Épsilon	Planificado	3

Proyecto	Responsable	Fecha de inicio	Fecha de fin	Estado	Prioridad
Proyecto Alfa	Alicia Díaz	01/01/2025	31/03/2025	En curso	1
Proyecto Beta	Alejandro Martín	15/02/2025	15/05/2025	Planificado	2
Proyecto Gamma	Clara Bautista	01/03/2025	30/06/2025	En curso	2
Proyecto Delta	David López	01/04/2025	31/07/2025	No iniciado	3
Proyecto Épsilon	Elisa García	15/05/2025	15/08/2025	Planificado	3

APILARH devuelve una matriz dinámica formada por el número total de columnas combinadas de todos los argumentos matriciales. El número de filas será igual al mayor número de filas entre los argumentos. Si uno de los argumentos tiene menos filas que los demás, Excel rellena los huecos con el valor **#N/A**. Para sustituirlo por otro valor, utiliza **APILARH** dentro de la función **SI.ERROR**.

Lo mismo se aplica a la función **APILARV**, pero invirtiendo filas y columnas.

Funciones ENFILA, ENCOL, ELEGIRFILAS y ELEGIRCOLS

El objetivo de estas cuatro nuevas funciones es generar una lista dinámica a partir de la información de una matriz o, al contrario, convertir una lista en una matriz dinámica.

*Por un lado, **ENFILA** y **ENCOL** devuelven una matriz dinámica a partir de una fila o de una columna, respectivamente.*

Su sintaxis es idéntica:

=ENFILA(matriz, [ignorar], [scan_by_column])

y

=ENCOL(matriz, [ignorar], [scan_by_column])

matriz Matriz de origen.

ignorar Tipos de valores a omitir en la transformación. Valor por defecto: 0 (conservar todo). 1 omite espacios, 2 omite errores y 3 omite espacios y errores.

scan_by_column Por defecto, la lectura se hace por filas (de izquierda a derecha). Si se establece en VERDADERO, la lectura se hace por columnas (de arriba abajo).

*En este ejemplo, la celda A4 utiliza **ENFILA** para transformar la matriz superior en una sola fila:*

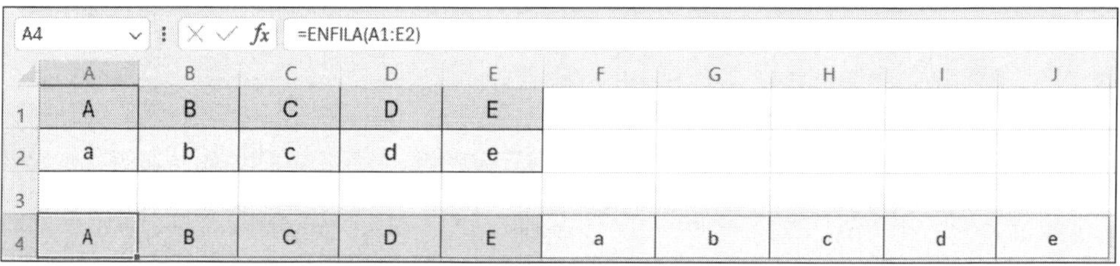

*Por otro lado, **AJUSTARFILAS** y **AJUSTARCOLS** devuelven una matriz a partir de un vector de datos.*

Su sintaxis es idéntica:

=AJUSTARFILAS(vector;wrap_count;[pad_with])

y

=AJUSTARCOLS(vector;wrap_count;[pad_with])

vector Vector o referencia de origen.

wrap_count Para la función **AJUSTARFILAS**, el número máximo de valores que debe contener cada fila; para la función **AJUSTARCOLS**, el número máximo de valores que debe contener cada columna.

pad_with Valor con el que completar la matriz si faltan datos.

*En este ejemplo, se ha utilizado la función **AJUSTARFILAS** en la celda A3 para convertir el vector superior en una matriz dinámica con cinco elementos por fila:*

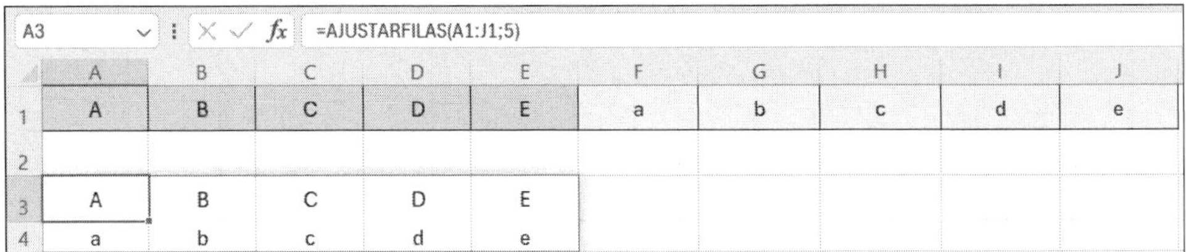

	A	B	C	D	E	F	G	H	I	J
1	A	B	C	D	E	a	b	c	d	e
2										
3	A	B	C	D	E					
4	a	b	c	d	e					

Funciones TOMAR, EXCLUIR, ELEGIRFILAS, ELEGIRCOLS y EXPANDIR

Estas cinco funciones parten de una matriz y devuelven una matriz dinámica de distinto tamaño.

*Las funciones **TOMAR** y **EXCLUIR** permiten reducir el tamaño de una matriz especificando cuántas filas o columnas conservar o eliminar, respectivamente.*

Su sintaxis es idéntica:

=TOMAR(matriz;filas;[columnas])

y

=EXCLUIR(matriz;filas;[columnas])

matriz Matriz de origen.

filas Número de filas que se deben conservar o eliminar. Un número negativo empieza a contar desde el final.

columnas Número de columnas que se deben conservar o eliminar. Un número negativo empieza a contar desde el final.

*En este ejemplo, la celda A8 utiliza **TOMAR** para extraer las últimas cinco filas y las cuatro primeras columnas de la matriz superior. La información extraída podría utilizarse después en otras funciones:*

A8 =TOMAR(A1:F6;-5;4)

	A	B	C	D	E	F
1	Proyecto	Responsable	Fecha de inicio	Fecha de fin	Estado	Prioridad
2	Proyecto Alfa	Alicia Díaz	01/01/2025	31/03/2025	En curso	1
3	Proyecto Beta	Alejandro Martín	15/02/2025	15/05/2025	Planificado	2
4	Proyecto Gamma	Clara Bautista	01/03/2025	30/06/2025	En curso	2
5	Proyecto Delta	David López	01/04/2025	31/07/2025	No iniciado	3
6	Proyecto Épsilon	Elisa García	15/05/2025	15/08/2025	Planificado	3
7						
8	Proyecto Alfa	Alicia Díaz	01/01/2025	31/03/2025		
9	Proyecto Beta	Alejandro Martín	15/02/2025	15/05/2025		
10	Proyecto Gamma	Clara Bautista	01/03/2025	30/06/2025		
11	Proyecto Delta	David López	01/04/2025	31/07/2025		
12	Proyecto Épsilon	Elisa García	15/05/2025	15/08/2025		

*Las funciones **ELEGIRFILAS** y **ELEGIRCOLS** permiten extraer filas o columnas concretas de la matriz de origen.*

Su sintaxis es muy parecida:

=ELEGIRFILAS(matriz;row_num1;[row_num2];...)

y

=ELEGIRCOLS(matriz;col_num1;[col_num2];...)

matriz	La tabla que se debe utilizar como origen.
row_num	Número(s) de las filas que se deben extraer según la posición en la matriz.
col_num	Número(s) de las columnas que se deben extraer según la posición en la matriz.

*En este ejemplo, se ha utilizado la función **ELEGIRFILAS** en la celda A9 para obtener las filas 4 y 5 de la matriz superior. Tenga en cuenta que el número de las filas corresponde a la **posición en la tabla de origen**, que no coincide necesariamente con el número de fila del libro:*

A9 =ELEGIRFILAS(A2:F7;4;5)

	A	B	C	D	E	F
1						
2	Proyecto	Responsable	Fecha de inicio	Fecha de fin	Estado	Prioridad
3	Proyecto Alfa	Alicia Díaz	01/01/2025	31/03/2025	En curso	1
4	Proyecto Beta	Alejandro Martín	15/02/2025	15/05/2025	Planificado	2
5	Proyecto Gamma	Clara Bautista	01/03/2025	30/06/2025	En curso	2
6	Proyecto Delta	David López	01/04/2025	31/07/2025	No iniciado	3
7	Proyecto Épsilon	Elisa García	15/05/2025	15/08/2025	Planificado	3
8						
9	Proyecto Gamma	Clara Bautista	01/03/2025	30/06/2025	En curso	2
10	Proyecto Delta	David López	01/04/2025	31/07/2025	No iniciado	3

*Por último, la función **EXPANDIR** crea una matriz dinámica más grande que la de origen, o la ajusta a las dimensiones indicadas.*

Su sintaxis es:

=EXPANDIR(matriz;filas;[columnas];[pad_with])

matriz	La tabla que se debe utilizar como origen.
filas	Número de filas del resultado final (en blanco si no se añaden filas).
columnas	Número de columnas del resultado final (en blanco si no se añaden columnas).
pad_with	Valor con el que completar las nuevas celdas (por defecto, **#N/A**).

En este ejemplo, se ha utilizado la función EXPANDIR en la celda A4 para generar una matriz dinámica a partir de la matriz superior, añadiendo dos filas más que se han completado con el valor 0:

A4 | =EXPANDIR(A1:E2;4;;0)

	A	B	C	D	E
1	A	B	C	D	E
2	a	b	c	d	e
3					
4	A	B	C	D	E
5	a	b	c	d	e
6	0	0	0	0	0
7	0	0	0	0	0

Mostrar las fórmulas en lugar de los resultados

- Active la pestaña **Fórmulas** y haga clic en la herramienta **Mostrar fórmulas** del grupo **Auditoría de fórmulas** o use el método abreviado Ctrl ` (acento grave).
- Para ocultar las fórmulas y ver de nuevo los resultados, haga clic en la herramienta o use el mismo método abreviado.

Localizar y resolver los errores en una fórmula

Excel puede comprobar un número determinado de errores en las fórmulas, como pueden ser valores de error (p. ej. "#¿NOMBRE?", "#¡VALOR!"...), números almacenados en forma de texto, etc. Cuando se detecta un problema, Excel muestra un triángulo en la esquina superior izquierda de la celda que alberga la fórmula.

- Acceda al cuadro de diálogo **Opciones de Excel** (pestaña **Archivo - Opciones**); active la categoría **Fórmulas** y, si es necesario, modifique la lista de errores que Excel debe detectar activando o desactivando las opciones de la sección **Reglas de verificación de Excel**.

Mostrar los errores

Cuando en una celda el resultado de una fórmula muestra un valor de error como puede ser #¿NOMBRE?, #N/A, #¡DIV0!, etc., es posible localizar todas las celdas que intervienen en la fórmula.

- Active la celda que contiene el error.
- Active la pestaña **Fórmulas** y abra la lista de la herramienta **Comprobación de errores** del grupo **Auditoría de fórmulas**.
- Haga clic en la opción **Rastrear error**.

D15 =SOMA(D2:D14)

	A	B	C	D
1	CÓDIGO VENTA	CATEGORÍA	PRODUCTOS	IMPORTE
2	12345	Dulces	Chocolate negro	1.234,00
3	12346	Dulces	Chocolate negro	2.345,00
4	12347	Tés	Té de China	4.321,00
5	12348	Tés	Té de Ceilán	324,00
6	12349	Tés	Té de Cachemira	564,00
7	12350	Gourmet	Foie gras	3.421,00
8	12351	Gourmet	Caviar persa	1.192,00
9	12352	Gourmet	Caviar ruso	2.300,00
10	12353	Gourmet	Caviar persa	1.234,00
11	12354	Dulces	Calissons d'Aix	765,00
12	12355	Tés	Té de Cachemira	1.176,00
13	12356	Gourmet	Caviar ruso	1.263,00
14	12357	Dulces	Calissons d'Aix	2.312,00
15				#¿NOMBRE?

Aparecen en pantalla una serie de flechas de auditoría. Las flechas rojas unen la celda que ha producido el error con aquellas que hacen referencia a ella, mientras que las flechas azules designan los antecedentes de la celda que ha provocado el error.

Para borrar las flechas de auditoría, haga clic en la herramienta **Quitar flechas** del grupo **Auditoría de fórmulas** de la pestaña **Fórmulas**.

Analizar los errores de una fórmula

- Active la celda que contiene el error, identificable gracias al triángulo (verde por defecto) que aparece en la esquina superior izquierda de la celda.
- Haga clic en el botón ⚠, situado a la izquierda de la celda activa.

Aparece una lista de opciones. En la primera de ellas se indica el tipo de error localizado por Excel.

CÓDIGO VENTA	CATEGORÍA	PRODUCTOS	IMPORTE
12345	Dulces	Chocolate negro	1.234,00
12346	Dulces	Chocolate negro	2.345,00
12347	Tés	Té de China	4.321,00
12348	Tés	Té de Ceilán	324,00
12349	Tés	Té de Cachemira	564,00
12350	Gourmet	Foie gras	3.421,00
12351	Gourmet	Caviar persa	1.192,00
12352	Gourmet	Caviar ruso	2.300,00
12353	Gourmet	Caviar persa	1.234,00
12354	Dulces	Calissons d'Aix	765,00
12355	Tés	Té de Cachemira	1.176,00
12356	Gourmet	Caviar ruso	1.263,00
12357	Dulces	Calissons d'Aix	2.312,00
			#¿NOMBRE?

Haga clic en la opción que prefiera:

Omitir error Desactiva la localización del error: el triángulo de color y el botón desaparecen.

Modificar en la barra de fórmulas Coloca el cursor en la barra de fórmulas para que pueda modificar la fórmula.

Opciones de comprobación de errores Muestra el cuadro de diálogo **Opciones de Excel** y permite activar o desactivar las **Reglas de verificación de Excel**.

Mostrar pasos de cálculo Abre el cuadro de diálogo **Evaluar fórmula.**

Dependiendo del tipo de error puede haber disponibles otras opciones.

Si no le interesa ninguna de las opciones propuestas, active otra celda para ocultarlas o pulse esc.

Si en la celda no aparece ningún indicador de error (triángulo de color y botón), haga clic en la pestaña **Archivo** y luego en el botón **Opciones**; active la categoría **Fórmulas** y la opción **Habilitar comprobación de errores en segundo plano**, en la zona **Comprobación de errores.** Haga clic en **Aceptar** para confirmar.

Analizar los errores de todas las fórmulas

- Active la hoja en la que desea comprobar los errores.
- Active la pestaña **Fórmulas** y haga clic en la herramienta **Comprobación de errores**  del grupo **Auditoría de fórmulas.**

*Excel selecciona la primera celda con un error y muestra los detalles de la fórmula y del error en el cuadro de diálogo **Comprobación de errores**.*

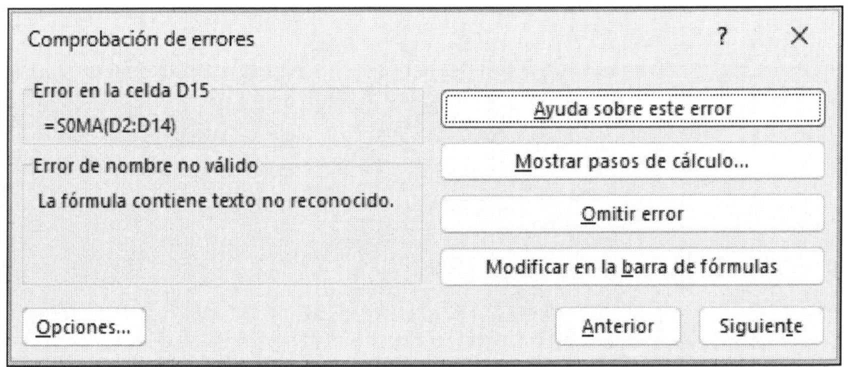

- Puede optar por obtener **Ayuda sobre este error**, **Mostrar pasos de cálculo**, **Omitir error** o **Modificar en la barra de fórmulas**, según el caso.

*Los botones del cuadro de diálogo **Comprobación de errores** pueden ser diferentes en función del tipo de error.*

- Según la elección efectuada, es posible que en el cuadro de diálogo **Comprobación de errores** aparezca el botón **Continuar**, que permite seguir verificando las celdas siguientes.
- Si desea pasar directamente al error siguiente o anterior sin tratar el error seleccionado, haga clic en los botones **Anterior** o **Siguiente**.

Para volver a activar la localización de errores en las celdas en que ha optado por **Omitir error**, acceda al cuadro de diálogo **Opciones de Excel** (pestaña **Archivo - Opciones**), acceda a la categoría **Fórmulas**, y una vez en el apartado **Comprobación de errores**, pulse en el botón **Restablecer errores omitidos.**

Evaluar fórmulas

Esta técnica permite ver el resultado de las diferentes partes de una fórmula anidada.

- Seleccione la celda que desea evaluar.
- Active la pestaña **Fórmulas** y haga clic en la herramienta **Evaluar fórmula** del grupo **Auditoría de fórmulas.**

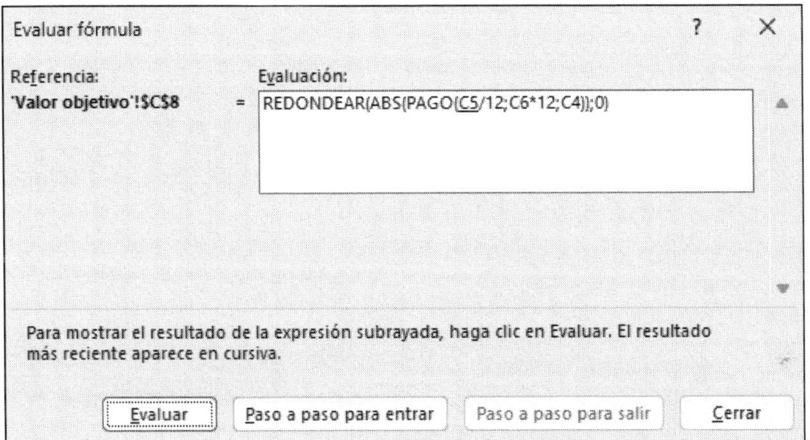

- Haga clic en el botón **Evaluar** para ver el resultado de la expresión subrayada del cuadro **Evaluación.** El resultado aparece en cursiva.
- Haga clic de nuevo en el botón **Evaluar** para ver el resultado de la parte siguiente y así sucesivamente.
- Cuando haya evaluado toda la fórmula, haga clic en el botón **Cerrar** para finalizar la evaluación o en el botón **Reiniciar** (que sustituye al botón **Evaluar**) para revisar la evaluación.

Si la fórmula evaluada contiene una referencia a otra fórmula, el botón **Paso a paso para entrar** permite ver los detalles de la fórmula (cuando está subrayada) en un nuevo cuadro de la zona **Evaluación.** El botón **Paso a paso para salir** permite volver a la fórmula inicial.

Usar la ventana Inspección

*La **Ventana Inspección** permite observar simultáneamente el contenido de las celdas y los detalles de las fórmulas.*

- Seleccione las celdas que desea inspeccionar.
- Active la pestaña **Fórmulas** y haga clic en el botón **Ventana Inspección** del grupo **Auditoría de fórmulas**.

  *Si la **Ventana Inspección** aparece sobre la hoja de cálculo, puede anclar la ventana haciendo doble clic en su barra de título. Para desanclarla, arrastre su barra de título al centro de la ventana.*
- Para inspeccionar las celdas, agréguelas a la **Ventana Inspección**:
  - Seleccione la celda o celdas. Para seleccionar todas las celdas con fórmulas de una hoja, active la pestaña **Inicio** y haga clic en la lista del botón **Buscar y seleccionar** del grupo **Edición**, escoja la opción **Fórmulas** y haga clic en **Aceptar**.
  - Haga clic en el botón **Agregar inspección**. Compruebe la selección en el cuadro de diálogo de igual nombre y haga clic en el botón **Agregar**.

  *Podrá seleccionar otra celda (o rango de celdas) y añadirla a la lista de inspecciones siempre que la **Ventana Inspección** permanezca activa.*

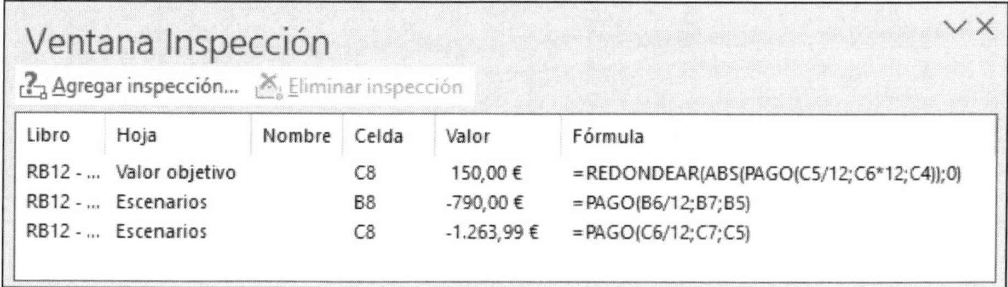

- Para modificar el ancho de las columnas, haga clic y arrastre a la altura de la intersección de los títulos de columna.
- Para ir rápidamente hasta una celda de una fila de la **Ventana Inspección,** haga doble clic en la fila.
- Cuando termine de utilizar la **Ventana Inspección**, haga clic de nuevo en el botón **Ventana Inspección** de la pestaña **Fórmulas** para cerrarla o haga clic en el botón .

Rastrear las relaciones entre las fórmulas y las celdas

Mostrar los precedentes

Se trata de localizar las celdas que intervienen en una fórmula con ayuda de las flechas de auditoría.

- Seleccione la celda que contiene la fórmula.
- Active la pestaña **Fórmulas** y haga clic en la herramienta **Rastrear precedentes** del grupo **Auditoría de fórmulas.**

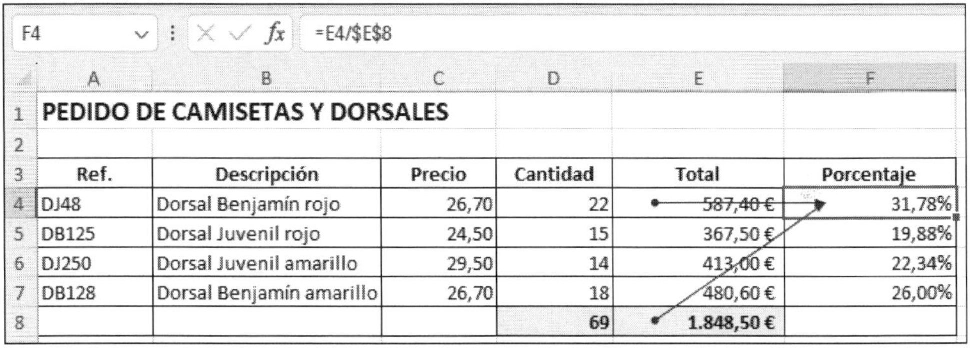

F4 =E4/$E$8

	A	B	C	D	E	F
1	PEDIDO DE CAMISETAS Y DORSALES					
2						
3	Ref.	Descripción	Precio	Cantidad	Total	Porcentaje
4	DJ48	Dorsal Benjamín rojo	26,70	22	587,40 €	31,78%
5	DB125	Dorsal Juvenil rojo	24,50	15	367,50 €	19,88%
6	DJ250	Dorsal Juvenil amarillo	29,50	14	413,00 €	22,34%
7	DB128	Dorsal Benjamín amarillo	26,70	18	480,60 €	26,00%
8				69	1.848,50 €	

*En el ejemplo de arriba las flechas (azules) señalan los precedentes de la celda **F4**: las celdas **E4** y **E8** se usan en la fórmula de la celda **F4**.*

- Para ocultar las flechas de precedentes, abra la lista de la herramienta **Quitar flechas** y haga clic en la opción **Quitar un nivel de precedentes.**

Mostrar los dependientes

Se trata de localizar las celdas que contienen una fórmula y que hacen referencia a la celda seleccionada utilizando las flechas de auditoría.

- Active la celda correspondiente.
- Active la pestaña **Fórmulas** y haga clic en la herramienta **Rastrear dependientes** del grupo **Auditoría de fórmulas.**

*La celda **E8** interviene en la fórmula de las celdas **F4** a **F8**.*

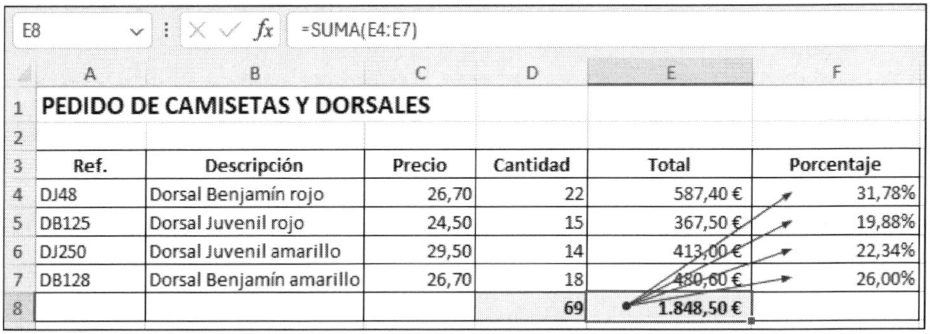

E8 =SUMA(E4:E7)

	A	B	C	D	E	F
1	**PEDIDO DE CAMISETAS Y DORSALES**					
2						
3	**Ref.**	**Descripción**	**Precio**	**Cantidad**	**Total**	**Porcentaje**
4	DJ48	Dorsal Benjamín rojo	26,70	22	587,40 €	31,78%
5	DB125	Dorsal Juvenil rojo	24,50	15	367,50 €	19,88%
6	DJ250	Dorsal Juvenil amarillo	29,50	14	413,00 €	22,34%
7	DB128	Dorsal Benjamín amarillo	26,70	18	480,60 €	26,00%
8				**69**	**1.848,50 €**	

- Para ocultar las flechas de dependientes, abra la lista de la herramienta **Quitar flechas** y haga clic en la opción **Quitar un nivel de dependientes.**

- Para borrar todas las flechas de auditoría, haga clic en la herramienta **Quitar flechas** del grupo **Auditoría de fórmulas** de la pestaña **Fórmulas.**

Formatos personalizados y condicionales

Crear un formato personalizado

- Seleccione las celdas a las que desea aplicar el formato.
- En la pestaña **Inicio**, abra la lista **Formato de número** del grupo **Número** y luego haga clic en la opción **Más formatos de número** o bien haga clic en el iniciador de scuadro de diálogo del grupo **Número** o pulse Ctrl **F** y active, si es preciso, la pestaña **Número**.
- En la lista **Categoría** seleccione la opción **Personalizada** e introduzca el formato personalizado en el cuadro de texto **Tipo**, respetando los principios siguientes:
  - Un formato personalizado puede estar compuesto de cuatro secciones, separadas por punto y coma. Estas secciones definen, por orden, el formato de los números positivos, el de los números negativos, el de los valores nulos y el formato de texto.

    Por ejemplo: ***0,00" kg";[rojo]-0,00" kg";0****. Este ejemplo muestra los valores positivos con dos decimales seguidos del texto kg, los valores negativos aparecen en rojo precedidos del signo - y seguidos del texto kg, los valores nulos se mostrarán sin decimales y sin el texto kg; no se define ningún formato específico para los valores de tipo texto.*
  - Cabe la posibilidad de definir únicamente una sección. En esos casos la sección es usada por todos los números, sea cual sea su valor.

    Por ejemplo: ***#.##0" sin IVA"****. En este ejemplo, sea cual sea el valor introducido (positivo, negativo o nulo), aparecerá un punto entre los millares y las centenas y el valor irá seguido del texto «sin IVA».*
  - Para crear un formato personalizado, pueden usarse las sintaxis siguientes:

    Para agregar texto a un formato personalizado: el texto agregado al formato debe teclearse obligatoriamente entre comillas. Tenga cuidado de no dejar espacios delante de las comillas, de lo contrario Excel interpretaría el espacio como una solicitud de dividir entre 1000.

    En los formatos numéricos personalizados:

    #.##: muestra un espacio entre los millares y las centenas

    0: muestra los valores sin decimales

    0,00: muestra dos decimales

    Por ejemplo: ***#.##0,00"sin IVA"***: si se introduce *2415* aparece *2.415,00 sin IVA*

Para personalizar un formato de fecha:

Para los días, use los códigos: d (1) - dd (01) - ddd (sáb) - dddd (sábado)

Para los meses, use los códigos: m (1) - mm (01) - mmm (ene) - mmmm (enero) Para los años, use los códigos: a o aa (11) - aaa o aaaa (2011)

Use el carácter que prefiera como separador

Por ejemplo: ***"El"ddd dd de mmm "de "aaaa***: al introducir *24/04/11* aparece *El dom 24 de abr de 2011.*

Si los elementos introducidos contienen texto: use el carácter @ para indicar el texto introducido. Por ejemplo: ***"Región: "@***: al introducir *Sur* aparece *Región: Sur*

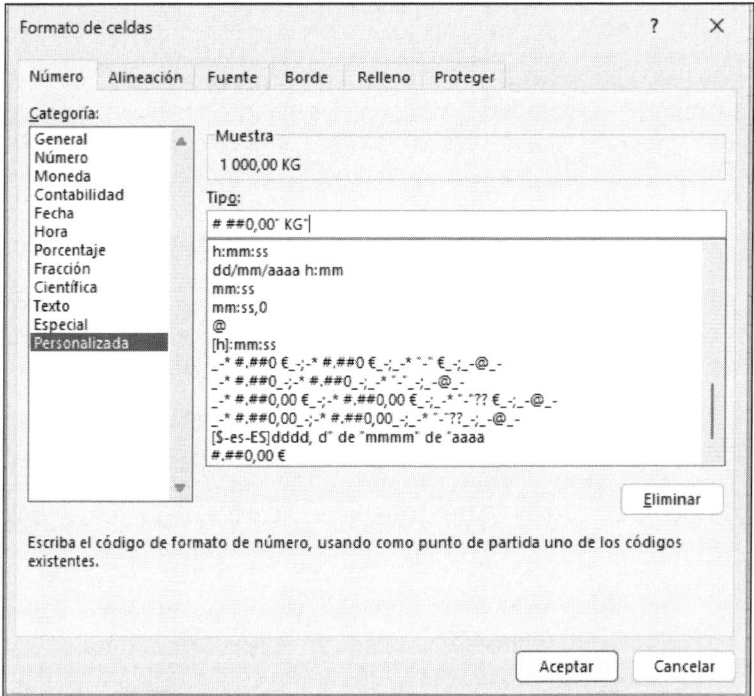

Recordemos que la tecla # se obtiene por lo general con la combinación de teclas AltGr ***3****.*

Confirme pulsando **Aceptar**.

Para personalizar la vista de los datos, también puede usar la función TEXTO (véase Cálculos - Efectuar cálculos con datos de tipo fecha).

Para ocultar el contenido de las celdas, cree el formato personalizado ;;; (tres punto y coma).

Aplicar un formato condicional definido previamente

Un formato condicional modifica el aspecto de las celdas que contienen valores numéricos, fechas u horas, mostrando barras de datos, colores o iconos que varían según el valor contenido en la celda.

*La herramienta **Análisis rápido** integrada en Excel permite aplicar una plantilla de formato condicional con un solo clic.*

- Seleccione las celdas a las que desea aplicar el formato condicional.
- Haga clic en el botón **Análisis rápido** que aparece en la esquina inferior izquierda de la selección (o Ctrl **Q**).

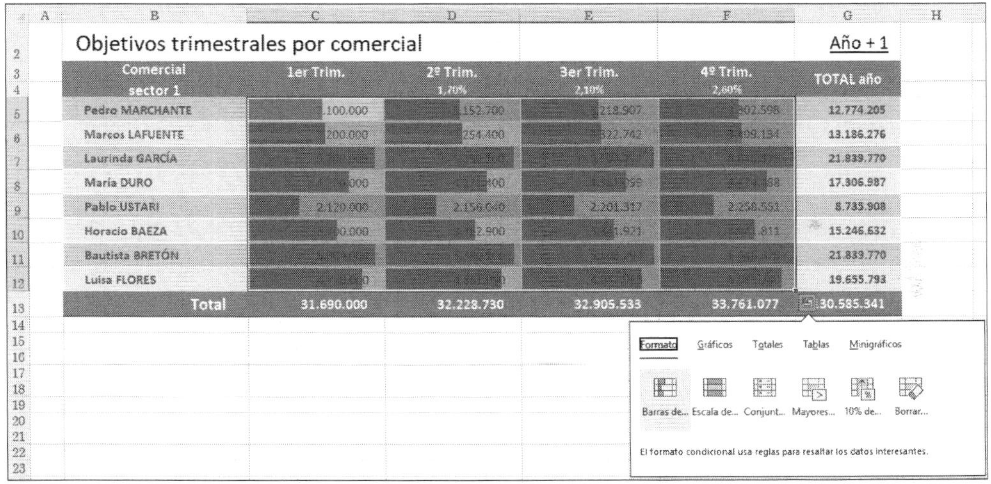

*La galería **Análisis rápido** se compone de diferentes pestañas: **Formato**, **Gráficos**, **Totales**, **Tablas** y **Minigráficos**, a partir de las cuales puede aplicar formato a los datos. La pestaña activa aparece con el nombre en negrita y subrayada.*

- Active la pestaña **Formato**, si no lo está todavía, y coloque el cursor sobre uno de los cinco modelos propuestos para obtener una vista previa en tiempo real:

  Barras de datos: permiten comparar los valores de diferentes celdas con el fin de resaltar rápidamente los valores más elevados y los menos elevados. La longitud de la barra de datos representa el valor en una celda. Cuanto más larga es la barra, mayor es el valor.

  *En el ejemplo anterior, se ha aplicado el formato condicional **Barra de datos** a las celdas C5 a F12, lo que permite resaltar las diferencias entre importes.*

  Escala de colores: permite visualizar la distribución y las variaciones de los valores. Puede aplicarse una escala de dos colores (la tonalidad del color representa los valores más altos y más bajos) o de tres colores (la tonalidad del color representa los valores altos, intermedios y bajos). Este parámetro puede modificarse en la pestaña **Inicio**, grupo **Estilos**, haciendo clic en el botón **Formato condicional - Escalas de color** - opción **Más reglas.**

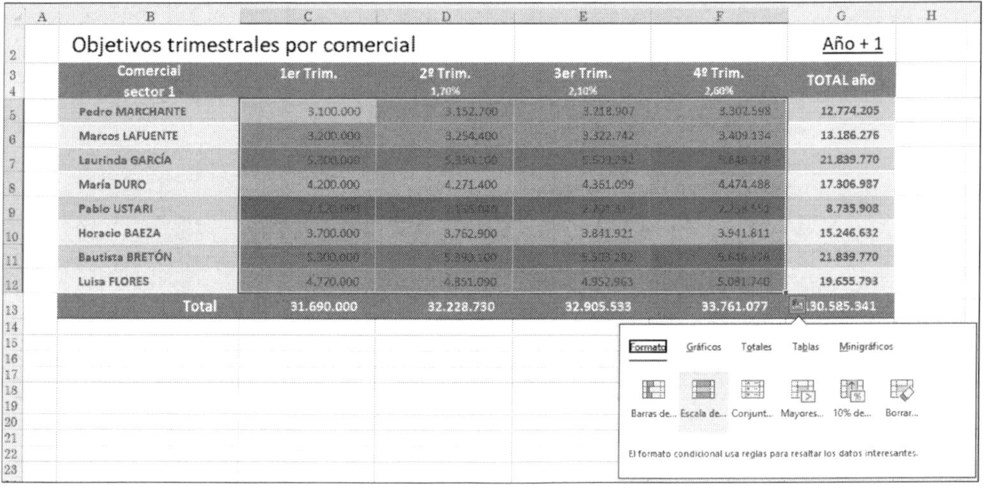

*En este caso, se ha aplicado un formato condicional de **Escala de colores** con tres colores a las celdas C5 a F12. Los valores inferiores a un determinado valor se representan por diferentes tonos de un color, los valores comprendidos entre dos valores se representan mediante matices de otro color, mientras que los valores superiores se representan por una escala de un segundo color.*

Formatos personalizados y condicionales

Conjunto de iconos: permiten anotar y clasificar datos en tres a cinco categorías, separadas por un valor máximo. Cada icono representa un rango de valores. Por ejemplo, en el conjunto llamado **3 flechas (de color)**, la flecha verde orientada hacia arriba representa los valores más altos; la flecha amarilla horizontal, los valores intermedios, y la flecha roja orientada hacia abajo, los valores más bajos. La elección del conjunto de iconos puede modificarse con el botón **Formato condicional** - **Conjuntos de iconos** (pestaña **Inicio** - grupo **Estilos**).

*En este caso, se ha aplicado el formato condicional **Conjuntos de iconos - 3 flechas (de color)** a las celdas C5 a F12. Observe que el color de las flechas varía en función de si la cantidad de la celda es inferior a un determinado valor, está comprendida entre dos valores o es superior a otro valor.*

Mayores que: permite resaltar mediante un código de color los valores superiores a un determinado importe. Este importe, así como el color aplicado, puede modificarse con el botón **Formato condicional** - **Resaltar reglas de celdas** - **Es mayor que** (pestaña **Inicio** - grupo **Estilos**).

En este caso, los valores más importantes aparecen en rojo:

Objetivos trimestrales por comercial — Año + 1

Comercial sector 1	1er Trim.	2º Trim. 1,70%	3er Trim. 2,10%	4º Trim. 2,60%	TOTAL año
Pedro MARCHANTE	3.100.000	3.152.700	3.218.907	3.302.598	12.774.205
Marcos LAFUENTE	3.200.000	3.254.400	3.322.742	3.409.134	13.186.276
Laurinda GARCÍA	5.300.000	5.390.100	5.503.292	5.646.378	21.839.770
María DURO	4.200.000	4.271.400	4.361.099	4.474.488	17.306.987
Pablo USTARI	2.120.000	2.156.040	2.201.317	2.258.551	8.735.908
Horacio BAEZA	3.700.000	3.762.900	3.841.921	3.941.811	15.246.632
Bautista BRETÓN	5.300.000	5.390.100	5.503.292	5.646.378	21.839.770
Luisa FLORES	4.770.000	4.851.090	4.952.963	5.081.740	19.655.793
Total	31.690.000	32.228.730	32.905.533	33.761.077	130.585.341

Formato · Gráficos · Totales · Tablas · Minigráficos

Barras de... · Escala de... · Conjunt... · Mayores... · 10% de... · Borrar...

El formato condicional usa reglas para resaltar los datos interesantes.

10% de valores: resalta los n valores más elevados. El porcentaje (10 por defecto), así como el formato que se debe aplicar, pueden modificarse con el botón **Formato condicional - Reglas para valores superiores e inferiores - 10% de valores superiores** (pestaña **Inicio** - grupo **Estilos**).

En este caso, se ha aplicado a los valores más elevados un relleno rojo claro, con texto rojo oscuro:

Objetivos trimestrales por comercial — Año + 1

Comercial sector 1	1er Trim.	2º Trim. 1,70%	3er Trim. 2,10%	4º Trim. 2,60%	TOTAL año
Pedro MARCHANTE	3.100.000	3.152.700	3.218.907	3.302.598	12.774.205
Marcos LAFUENTE	3.200.000	3.254.400	3.322.742	3.409.134	13.186.276
Laurinda GARCÍA	5.300.000	5.390.100	5.503.292	5.646.378	21.839.770
María DURO	4.200.000	4.271.400	4.361.099	4.474.488	17.306.987
Pablo USTARI	2.120.000	2.156.040	2.201.317	2.258.551	8.735.908
Horacio BAEZA	3.700.000	3.762.900	3.841.921	3.941.811	15.246.632
Bautista BRETÓN	5.300.000	5.390.100	5.503.292	5.646.378	21.839.770
Luisa FLORES	4.770.000	4.851.090	4.952.963	5.081.740	19.655.793
Total	31.690.000	32.228.730	32.905.533	33.761.077	130.585.341

Formato · Gráficos · Totales · Tablas · Minigráficos

Barras de... · Escala de... · Conjunt... · Mayores... · 10% de... · Borrar...

El formato condicional usa reglas para resaltar los datos interesantes.

- Para cancelar el formato condicional de las celdas seleccionadas, use la opción **Borrar formato** de la galería **Análisis rápido** o bien la opción **Borrar reglas de las celdas seleccionadas** del botón **Formato condicional** - **Borrar reglas** (pestaña **Inicio** - grupo **Estilos**).

Se pueden aplicar diversos formatos condicionales al mismo rango de celdas.

Al modificar un dato, el formato condicional aplicado a la celda se actualiza inmediatamente.

Para aplicar un formato condicional con opciones y colores suplementarios, puede seleccionar los datos y, en la pestaña **Inicio**, abrir la lista del botón **Formato condicional** del grupo **Estilos** y hacer clic en **Barras de datos**, **Escalas de color** o **Conjuntos de iconos**.

Crear una regla de formato condicional

La operación consiste en crear una serie de condiciones propias para aplicar uno de los formatos condicionales predefinidos o para aplicar un formato personalizado por el usuario.

- Seleccione las celdas a las que desea aplicar el formato condicional.
- Active la pestaña **Inicio** y abra la lista asociada a la herramienta **Formato condicional** del grupo **Estilos**.
- Haga clic en la opción **Nueva regla**.

*Se abre el cuadro de diálogo **Nueva regla de formato**. También puede accederse a este cuadro activando la opción **Más reglas** situada en los menús de las opciones **Barras de datos**, **Escalas de color** y **Conjuntos de iconos**.*

Crear un formato condicional de tipo Barras de datos

- En el cuadro de diálogo **Nueva regla de formato**, compruebe que está activa la opción **Aplicar formato a todas las celdas según sus valores** del cuadro **Seleccionar un tipo de regla**.
- Abra la lista **Estilo de formato** y seleccione, si es preciso, la opción **Barra de datos**.
- Lleve a cabo una de las siguientes operaciones:
  - Para formatear los valores inferiores y superiores, seleccione las opciones **Valor más bajo** y **Valor más alto** en las listas **Tipo** de las zonas **Barra más corta** y **Barra más larga**.

*En ese caso no podrá especificar un **Valor**.*

- Para formatear valores numéricos, fechas u horas, seleccione la opción **Número** en las listas **Tipo** de las zonas **Barra más corta** y **Barra más larga** e introduzca un **Valor** en cada uno de los cuadros.
- Para formatear porcentajes, seleccione la opción **Porcentual** en las listas **Tipo** de las zonas **Barra más corta** y **Barra más larga**, e introduzca un **Valor** en cada uno de los cuadros.

Los valores válidos están comprendidos entre 0 y 100. No escriba el signo de porcentaje.

- Para formatear percentiles, seleccione la opción **Percentil** en las listas **Tipo** de las zonas **Barra más corta** y **Barra más larga** e introduzca un **Valor** en cada uno de los cuadros.

Los percentiles permiten visualizar un grupo de valores elevados (como el percentil 80) en una parte de la barra de datos y los valores bajos (como el percentil 20) en otra, ya que representan los valores extremos que podrían sesgar la visualización de los datos. No se puede usar un percentil si el rango de celdas contiene más de 8.191 puntos de datos.

- Para formatear el resultado de una fórmula, seleccione la opción **Fórmula** en las listas **Tipo** de las zonas **Barra más corta** y **Barra más larga** e introduzca un **Valor** en cada cuadro.

La fórmula debe devolver un valor numérico, de fecha o de hora. Inicie la fórmula con el signo igual (=). Si las fórmulas no son válidas, no se aplica ningún formato al resultado.

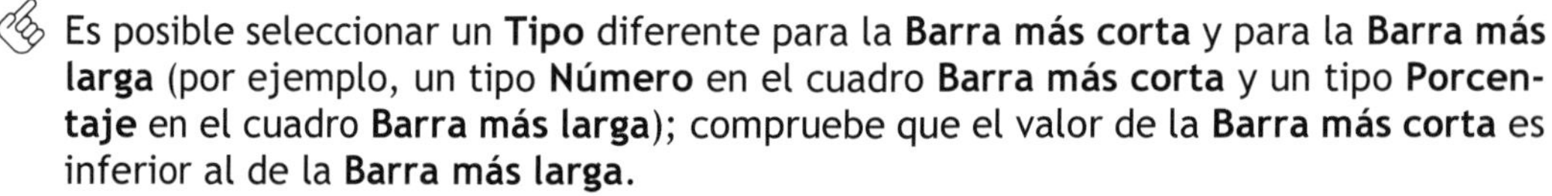

Es posible seleccionar un **Tipo** diferente para la **Barra más corta** y para la **Barra más larga** (por ejemplo, un tipo **Número** en el cuadro **Barra más corta** y un tipo **Porcentaje** en el cuadro **Barra más larga**); compruebe que el valor de la **Barra más corta** es inferior al de la **Barra más larga**.

Para definir la apariencia de la barra, elija los parámetros que desee en los campos **Relleno**, **Color**, **Borde** y su **Color**.

*Esta barra se aplicará a las celdas cuyo valor represente del 25 al 75 % del total de valores. Según los parámetros elegidos, se mostrará un modelo de barra en el cuadro **Vista previa**.*

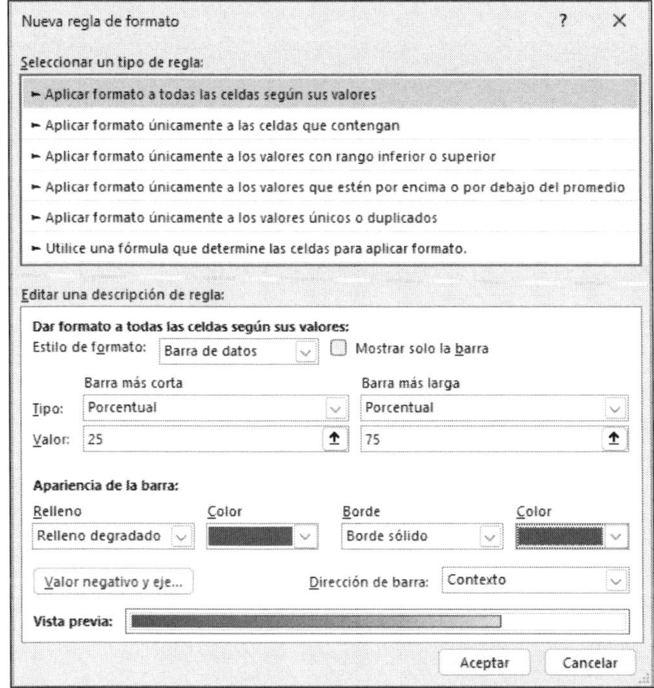

- Para cambiar la **Dirección de barra**, abra la lista correspondiente y haga clic en la opción **Contexto** (valor por defecto), **De izquierda a derecha** o **De derecha a izquierda**.
- Para establecer la apariencia de la barra cuando el valor es negativo, haga clic en el botón **Valor negativo y eje** y defina en el cuadro de diálogo **Valor negativo y configuración del eje** las opciones de relleno y los colores de esta barra. Defina también, si es preciso, los parámetros de ubicación, así como el color del eje.

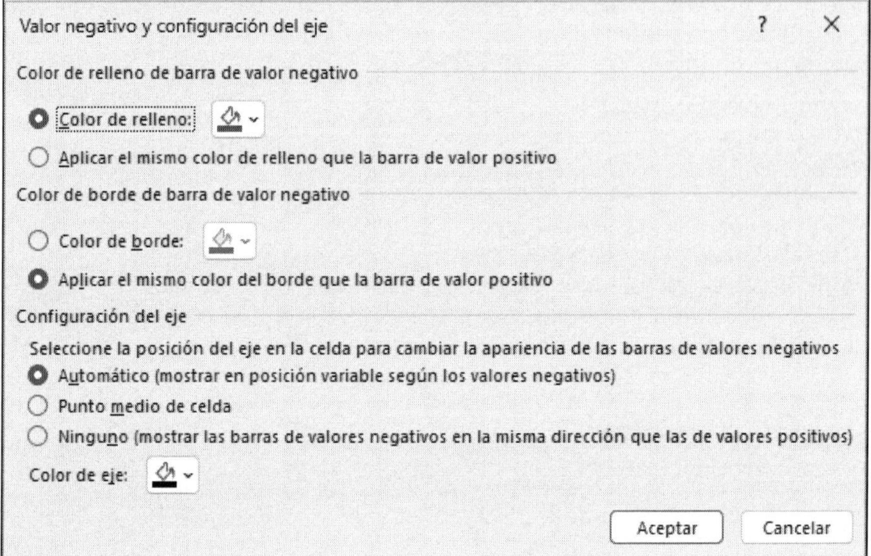

Confirme con **Aceptar**.

- Para mostrar solo la barra de datos y no el valor de la celda, marque la opción **Mostrar solo la barra.**
- Haga clic en el botón **Aceptar**.

Crear un formato condicional de tipo Escalas de color

- En el cuadro de diálogo **Nueva regla de formato**, compruebe que la opción **Aplicar formato a todas las celdas según sus valores** del apartado **Seleccionar un tipo de regla** esté activa.
- Abra la lista **Estilo de formato** y seleccione, si es necesario, la opción **Escala de dos colores** o la opción **Escala de tres colores.**
- Realice las mismas acciones que en el apartado anterior:
  - Abra la lista **Tipo** de la zona **Mínima** y elija la opción **Valor más bajo**, **Número**, **Porcentual**, **Fórmula** o **Percentil.**
  - En la zona **Valor**, introduzca el número, el porcentaje (sin el símbolo), el percentil o cree la fórmula de cálculo que indique la condición para mostrar los valores mínimos.
  - Abra la lista **Color** y elija el que prefiera.

- Haga lo mismo en la zona **Máxima** y, para una escala de tres colores, en la zona **Punto medio.**

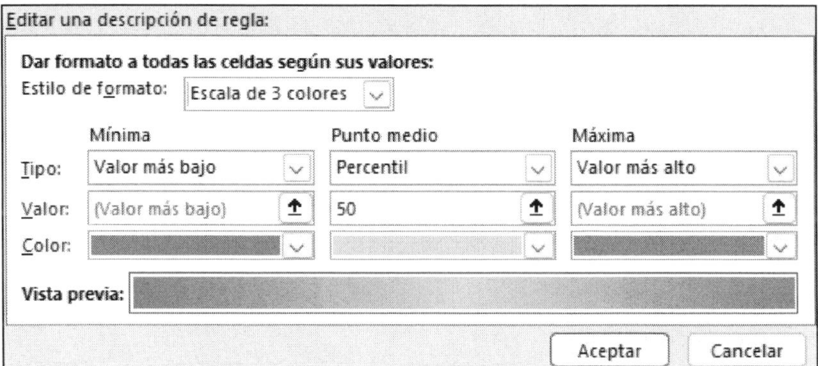

- Haga clic en el botón **Aceptar**.

Crear un formato condicional de tipo Conjunto de iconos

- En el cuadro de diálogo **Nueva regla de formato**, compruebe que la opción **Aplicar formato a todas las celdas según sus valores** del apartado **Seleccionar un tipo de regla** esté activa.
- Abra la lista **Estilo de formato** y seleccione la opción **Conjunto de iconos**.
- Abra la lista **Estilo de icono** y elija aquel que más le convenga.
- Haga clic en el botón **Invertir criterio de ordenación de icono** si desea que el primer icono represente los valores más bajos y el último, los valores más altos.
- Marque la opción **Mostrar icono únicamente** si desea que se muestren solo los iconos, y no el valor de las celdas.
- Puede modificar el símbolo de cada icono asociado al **Estilo de icono** seleccionado. Para ello, haga clic en la flecha negra que aparece al lado del icono que desea modificar y luego haga clic en el símbolo.
- Para cada icono elegido, seleccione un operador de comparación: > >= < <=...
  - Abra las listas **Tipo** de cada cuadro y seleccione la opción **Número**, **Porcentual**, **Fórmula** o **Percentil**.
  - En los cuadros **Valor**, introduzca el número, el porcentaje, el percentil o cree la fórmula de cálculo.

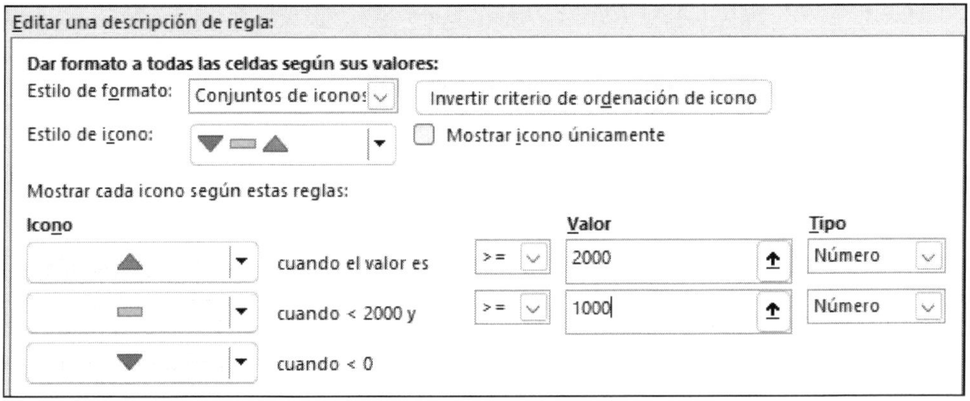

Editar una descripción de regla:

Dar formato a todas las celdas según sus valores:

Estilo de formato: Conjuntos de iconos | Invertir criterio de ordenación de icono

Estilo de icono: | Mostrar icono únicamente

Mostrar cada icono según estas reglas:

Icono			Valor	Tipo
	cuando el valor es	>=	2000	Número
	cuando < 2000 y	>=	1000	Número
	cuando < 0			

El icono  aparecerá en las celdas cuyo valor sea superior o igual a 2000; el icono aparecerá para los valores comprendidos entre 1000 y 2000, y el icono aparecerá para los valores inferiores a 1000.

Existen tres tamaños de iconos. El tamaño que se muestra depende del tamaño de la fuente usada en las celdas.

- Haga clic en **Aceptar**.

Formatear las celdas en función de su contenido

El formato que se aplicará al dato dependerá de su valor (por ejemplo, los valores negativos en rojo y negrita) (véase también Aplicar un formato condicional definido previamente).

Aplicar un formato predefinido

- Seleccione las celdas a las que desea aplicar el formato condicional.
- En la pestaña **Inicio**, haga clic en el botón **Formato condicional** del grupo **Estilos** y seleccione una de las opciones propuestas en el submenú **Reglas para resaltar celdas** o en el submenú **Reglas para valores superiores e inferiores**.

En función de la opción seleccionada, el cuadro de diálogo que aparece permite introducir o modificar los datos representativos de la regla que desea aplicar. Aquí puede modificar el primer cuadro para aplicar un formato a los n primeros valores.

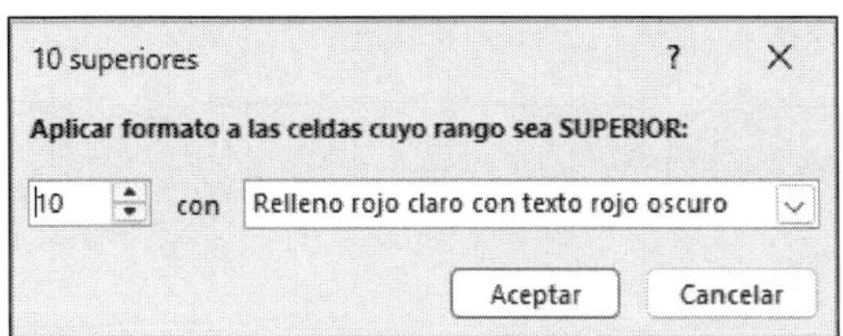

- Modifique o introduzca los datos correspondientes a la regla que desea aplicar.
- A continuación, abra la lista desplegable para seleccionar el formato.
- Haga clic en **Aceptar**.

Personalizar el formato

- Seleccione las celdas a las que desea aplicar el formato condicional.
- En la pestaña **Inicio**, haga clic en el botón **Formato condicional** del grupo **Estilos** y a continuación en la opción **Nueva regla**.
- En el cuadro **Seleccionar un tipo de regla**, seleccione el tipo de regla que desea crear, a saber, una de las reglas que empiezan con el título **Aplicar formato...** o la regla **Utilice una fórmula que determine las celdas para aplicar formato**.
- En el cuadro **Editar una descripción de regla**, especifique las condiciones de aplicación de la regla mediante las listas y los cuadros de texto disponibles.

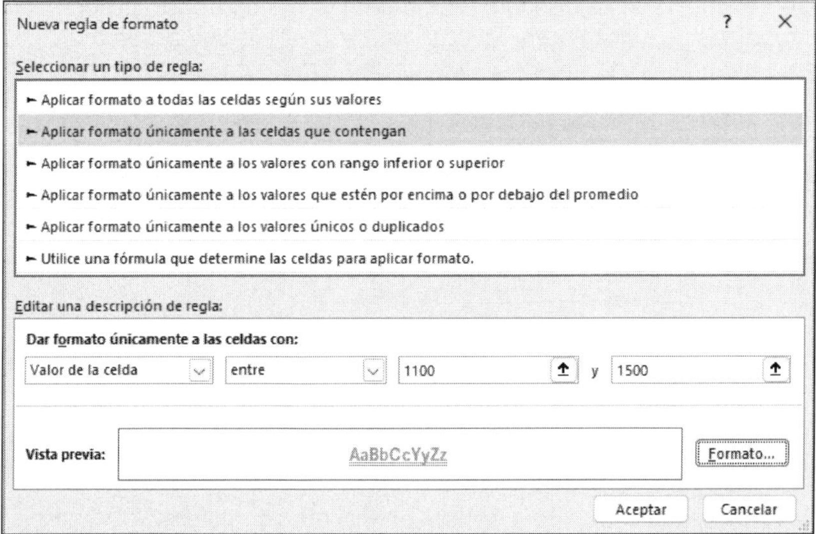

- Haga clic en el botón **Formato**: se abre el cuadro de diálogo **Formato de celdas**. Active las diferentes pestañas para personalizar el formato de las celdas propio de la condición y haga clic en los dos botones **Aceptar**.

Eliminar las reglas de formato condicional

Esta técnica muestra cómo eliminar los formatos condicionales (vinculados a reglas) aplicados a una hoja o a un rango de celdas.

- Active la hoja de cálculo que contiene los formatos condicionales que deben borrarse o seleccione las celdas a las que se aplican estos formatos.
- En la pestaña **Inicio**, haga clic en el botón **Formato condicional** del grupo **Estilos**, coloque el cursor sobre la opción **Borrar reglas** y, según lo que le convenga, haga clic en la opción **Borrar reglas de las celdas seleccionadas** o **Borrar reglas de toda la hoja**.

Para devolver el aspecto original a las celdas seleccionadas, también puede utilizar la opción **Borrar formato** de la galería **Análisis rápido** (véase Aplicar un formato condicional definido previamente).

Formatos personalizados y condicionales

Administrar las reglas de formato condicional

- Seleccione las celdas cuyos formatos condicionales desea modificar.
- En la pestaña **Inicio**, haga clic en el botón **Formato condicional** del grupo **Estilos** y a continuación en la opción **Administrar reglas.**

  El cuadro de diálogo ***Administrador de reglas de formato condicionales*** *muestra las diferentes reglas aplicadas a la selección (en este caso, tres reglas).*

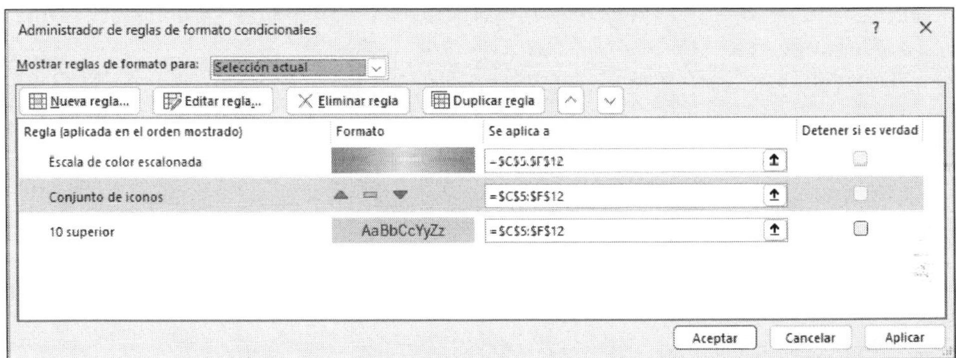

- Abra la lista **Mostrar reglas de formato para** y escoja una de las opciones: **Selección actual**, **Esta hoja** u **Hoja x.**
- Para seleccionar una regla, haga clic en su fila correspondiente.
- Para modificar una regla, selecciónela y haga clic en el botón **Editar regla** y lleve a cabo los cambios en el cuadro de diálogo **Editar la regla de formato**, que es similar al cuadro de diálogo **Nueva regla.**
- Para eliminar una regla, selecciónela y haga clic en el botón **Eliminar regla.**
- Para modificar las celdas a las que se aplica la regla, selecciónela y use el botón del cuadro **Se aplica a** para modificar la selección. Esta operación puede efectuarse con celdas situadas en otra hoja de cálculo del libro activo.

  Para modificar la prioridad de las reglas, seleccione una de ellas y haga clic en los botones .

  Las reglas situadas en la parte alta de la lista tienen prioridad sobre las situadas más abajo. Por defecto, las nuevas reglas se agregan siempre a la parte superior de la lista y tienen, por tanto, un nivel de prioridad mayor.
- Active la casilla **Detener si es verdad** para que Excel no compruebe las reglas siguientes si la regla actual se ha verificado.

La casilla de verificación ***Detener si es verdad*** *permite también garantizar la compatibilidad con versiones anteriores de Microsoft Excel que no soporten varias reglas de formato condicional. Por ejemplo, si dispone de tres reglas para un rango de celdas, las versiones de Excel anteriores a Excel 2007 aplican la última regla por orden de prioridad. Si desea que se apliquen la primera o la segunda, active la casilla de verificación* ***Detener si es verdad*** *para esa regla.*

- Haga clic en **Aceptar** para guardar los cambios y cerrar el cuadro de diálogo **Administrador de reglas de formato condicionales** o en el botón **Cerrar** para no guardarlos.

Crear un estilo de celda

Crear un estilo resulta muy útil para guardar presentaciones que posteriormente van a aplicarse a otras celdas.

- Active la celda cuya presentación desea automatizar.
- En la pestaña **Inicio**, haga clic en el botón **Estilos de celda** del grupo **Estilos** y active la opción **Nuevo estilo de celda**.
- Introduzca el **Nombre del estilo** en el cuadro de diálogo **Estilo**.

  *El apartado **El estilo incluye (según el ejemplo)** presenta la descripción del estilo.*
- Desmarque los posibles formatos que no deban incluirse en el estilo.

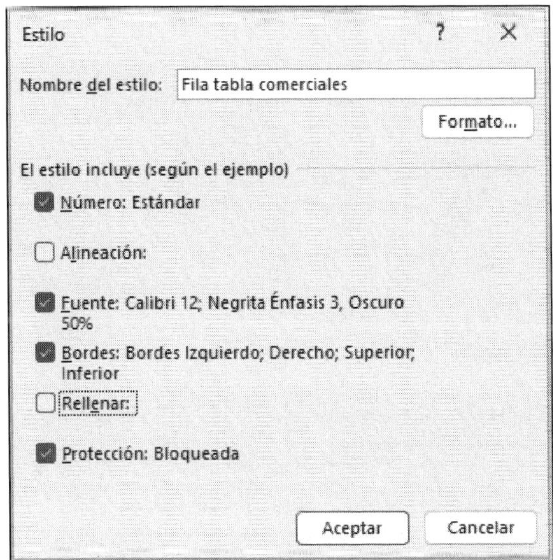

- Si es preciso, modifique los formatos que sea necesario utilizando el botón **Formato**.
- Confirme pulsando **Aceptar**.

  Observe que el estilo creado de esta forma no se ha aplicado a la celda activa, aunque es posible hacerlo (véase Aplicar un estilo de celda). Los estilos se definen únicamente para el libro activo.

Los estilos creados aparecen en la lista **Estilos de celda**, categoría **Personalizada**.

Administrar los estilos de celda existentes

- En la pestaña **Inicio**, haga clic en el botón **Estilos de celda** del grupo **Estilos.**
- Para modificar un estilo de celda, haga clic con el botón derecho del ratón sobre el estilo que desea modificar y haga clic en la opción **Modificar**. Haga clic en el botón **Formato** del cuadro de diálogo **Estilo** que se abre, introduzca las modificaciones en el cuadro de diálogo **Formato de celdas** y haga clic en **Aceptar**.

  Inmediatamente se modifican todas las celdas formateadas con ese estilo.
- Para eliminar un estilo de celda, haga clic con el botón derecho del ratón en el estilo que desea eliminar y haga clic en la opción **Eliminar**.

  La eliminación se produce de forma inmediata: las celdas a las que se aplicaba el estilo pierden su formato y recuperan uno estándar. Cuidado, las eliminaciones de estilos no pueden deshacerse.
- Para insertar la lista de estilos de celda en la barra de herramientas de acceso rápido, haga clic con el botón derecho del ratón sobre uno de los estilos y haga clic en la opción **Agregar galería a la barra de herramientas de acceso rápido**.
- Para integrar los estilos de celda de otro libro (este debe estar abierto), haga clic en la opción **Combinar estilos**. Haga doble clic en el libro que contiene los estilos que desea utilizar. Haga clic en el botón **Sí** si quiere que se combinen los estilos que llevan el mismo nombre, o en **No** si desea conservar los estilos del libro activo intactos.

Personalizar los colores del tema

Los colores del tema contienen dos colores de texto, dos colores de fondo de celda, seis colores de énfasis y dos colores de hipervínculo.

Modificar el conjunto de colores asociado al tema

- Active la pestaña **Diseño de página** y haga clic en el botón **Colores** del grupo **Temas.**
- Arrastre el ratón (sin hacer clic) sobre los diferentes conjuntos de colores para ver directamente el efecto producido en la hoja de cálculo.

  Los cuatro colores de texto y de fondo son los que aparecen en el botón ***Colores*** *; los ocho colores restantes aparecen a la izquierda del nombre de la paleta de colores, al abrir la lista.*
- Cuando haya escogido la paleta de colores del tema, haga clic sobre su nombre.

Crear una paleta de colores

- Haga clic en el botón **Colores** del grupo **Temas** (pestaña **Diseño de página**) y luego en la opción **Personalizar colores** que aparece al final de la lista.

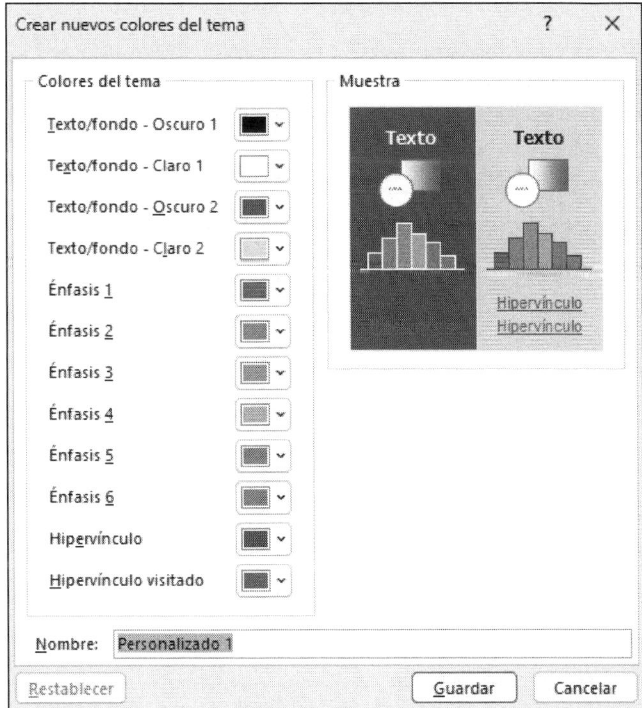

- En la lista **Colores del tema**, haga clic en el botón correspondiente al elemento de color del tema que desea cambiar y seleccione el color deseado.

  *El cuadro **Muestra** se va modificando en función de los cambios efectuados.*

- Cuando haya modificado todos los elementos de color, vaya al cuadro **Nombre** e introduzca un nombre apropiado para los nuevos colores del tema.

  *Si desea volver a los colores de origen de cada elemento, haga clic en **Restablecer**.*

- Haga clic en el botón **Guardar**.

Las paletas de colores creadas aparecen en la categoría **Personalizados** de la lista asociada al botón **Colores**.

Personalizar las fuentes del tema

Las fuentes de tema contienen una fuente de título y una fuente de cuerpo de texto.

Modificar el conjunto de fuentes asociado al tema

- Active la pestaña **Diseño de página** y haga clic en el botón **Fuentes** del grupo **Temas.**
- Deslice el ratón sobre las diferentes fuentes (sin hacer clic) para ver el efecto producido en la hoja de cálculo.
- Cuando haya elegido la fuente, haga clic sobre su nombre.

Crear un conjunto de fuentes

Puede modificar dos fuentes para crear su propio conjunto de fuentes de tema.

- Haga clic en el botón **Fuentes** del grupo **Temas** (pestaña **Diseño de página**) y luego sobre la opción **Personalizar fuentes**, situada al final de la lista.
- Seleccione las fuentes que desea usar en los cuadros **Fuente de encabezado** y **Fuente de cuerpo**.

Podrá obtener una vista previa de las fuentes seleccionadas en el cuadro ***Muestra****.*

- Introduzca un nombre apropiado para el nuevo conjunto de fuentes en el cuadro **Nombre.**
- Haga clic en el botón **Guardar**.

Los conjuntos de fuentes creados aparecen en la categoría **Personalizados** de la lista asociada al botón **Fuentes** .

Seleccionar los efectos del tema

Los efectos de tema son conjuntos de filas y efectos de relleno. Aunque no pueda crear su propio conjunto de efectos de tema, sí puede modificar el asociado al tema activo.

- Active la pestaña **Diseño de página** y haga clic en el botón **Efectos** del grupo **Temas.**

  Verá las líneas y los efectos de relleno usados en cada conjunto de efectos de tema para los objetos gráficos.

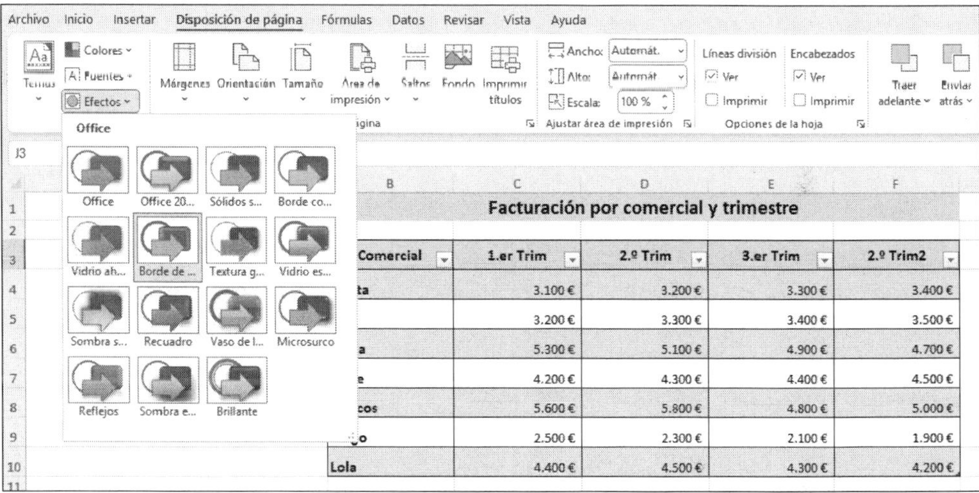

- Haga clic sobre el efecto que desea aplicar.

Guardar un tema

Los cambios introducidos en los colores, fuentes o efectos de fila y de relleno de un tema pueden guardarse como tema personalizado que podrá aplicarse más adelante a otros libros.

- Lleve a cabo los cambios en el tema activo (personalice los colores, las fuentes y los efectos).
- Active la pestaña **Diseño de página** y haga clic en el botón **Temas** del grupo **Temas.**
- Haga clic en la opción **Guardar tema actual.**
- Introduzca un nombre en el cuadro **Nombre de archivo.**

La carpeta donde se guardan los temas personalizados aparece activada. Se trata de la carpeta: C:\Usuarios\Nombre de usuario\AppData\Roaming\Microsoft\Plantillas\Document Themes.

- Haga clic en **Guardar**.

Los temas personalizados creados aparecen en la lista asociada al botón **Temas**, bajo la categoría **Personalizados.**

El tipo de archivo de un tema es **Tema de Office** (***thms**).

Ordenar los datos de acuerdo con un color de celda, de fuente o un conjunto de iconos

Si ha aplicado un color de celda o de fuente a un rango de celdas o a una columna, la tabla puede ordenarse en función de esos colores. También se puede ordenar en función de un conjunto de iconos creado por un formato condicional.

- Seleccione, si es preciso, las celdas que desea ordenar.
- Haga clic en el botón **Ordenar y filtrar** de la pestaña **Inicio**, grupo **Edición**, y luego en la opción **Orden personalizado**.

  *Se abre el cuadro de diálogo **Ordenar**.*
- Active la opción **Mis datos tienen encabezados** si la primera fila de la selección contiene títulos de columna y no debe ordenarse.
- Abra la lista **Ordenar por** y seleccione la columna que contiene el color o los iconos que servirán como criterio de ordenación.
- En la lista **Ordenar según**, active una de las opciones siguientes:

  Color de celda: para ordenar por color de celda.

  Color de fuente: para ordenar por color de fuente.

  Icono de formato condicional: para ordenar por conjunto de iconos.
- Abra la primera lista desplegable del cuadro **Criterio de ordenación** y seleccione, según el tipo de orden, el color de celda, el color de fuente o el icono de celda a partir de los cuales deben ordenarse los datos.
- Abra la segunda lista desplegable del cuadro **Criterio de ordenación** y seleccione la opción **En la parte superior** para ver las filas correspondientes al color o al icono elegido arriba o la opción **En la parte inferior** en caso contrario.

  *En este ejemplo, las filas de la columna **IMPORTE** que contengan un icono en forma de triángulo invertido aparecerán las primeras.*

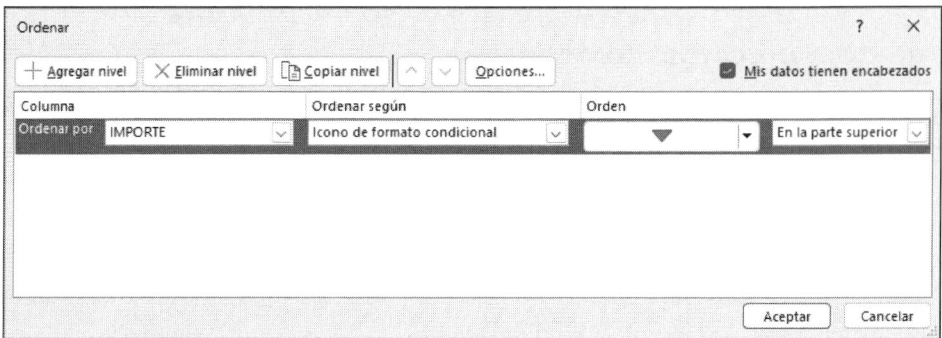

- Haga clic en **Aceptar** para iniciar la ordenación.

También encontrará este criterio de ordenación a partir de las listas desplegables de una tabla de datos (véase Tablas de datos - Crear una tabla de datos o Filtrar datos - Activar/desactivar el filtro automático).

Ordenar los datos de una tabla de acuerdo con varios criterios

En Excel es posible combinar hasta 64 criterios de orden.

- Seleccione, si es preciso, las celdas que desea ordenar.
- Haga clic en el botón **Ordenar y filtrar** de la pestaña **Inicio**, grupo **Edición**, y luego en la opción **Orden personalizado.**
- Active la opción **Mis datos tienen encabezados** si la primera fila de la selección contiene títulos de columna y estos no deben ordenarse.

Ordenar según varios criterios relativos a los valores

Las tablas pueden ordenarse de acuerdo con los valores de varias columnas (por ejemplo, una tabla con notas puede ordenarse por nombre del alumno, su apellido, su fecha de nacimiento, sus notas, etc.).

- En el cuadro de diálogo **Ordenar**, especifique el primer criterio de orden:
  - Abra la lista **Ordenar por** y seleccione la primera columna que debe servir de criterio de orden.
  - Abra, si es preciso, la lista **Ordenar según** y active la opción **Valores de celda.**

- Abra la lista **Criterio de ordenación** y seleccione el tipo de orden:

  creciente, con la opción **A a Z** si la columna contiene texto, la opción **De menor a mayor** si la columna contiene valores numéricos y la opción **De más antiguos a más recientes** si la columna contiene fechas.

  decreciente, con la opción **Z a A** si la columna contiene texto, la opción **De mayor a menor** si la columna contiene valores numéricos y la opción **De más recientes a más antiguos** si contiene fechas.

- Haga clic en el botón **Agregar nivel** para ver una segunda fila de criterios.
- Especifique el segundo criterio de orden:
  - Abra la lista **Luego por** y seleccione la segunda columna que debe servir de criterio de orden.
  - Compruebe que la lista **Ordenar según** muestra la opción **Valores de celda**.
  - Especifique el **Criterio de ordenación**.
- Realice las dos últimas operaciones si desea crear otros criterios.

  En este ejemplo, la tabla se ordenará en función de las categorías, por producto, después por fecha de venta y finalmente por importe.

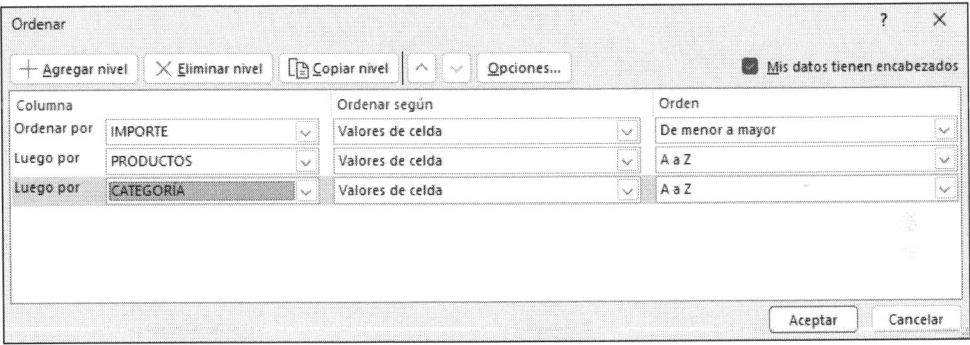

- Haga clic en **Aceptar** para iniciar la ordenación.

Ordenar según varios criterios de color o de icono

Las tablas pueden ordenarse en función de varios colores de celda, de fuente y de conjuntos de iconos de una misma columna.

- En el cuadro de diálogo **Ordenar**, especifique el primer criterio de orden.
- Haga clic en el botón **Agregar nivel** para ver una segunda fila de criterios.

- Especifique el segundo criterio de orden:
  - Abra la lista **Luego por** y seleccione la misma columna que la utilizada para el primer criterio.
  - Abra la lista **Ordenar según** y seleccione el elemento a partir del cual debe establecerse el orden.
  - Especifique el **Criterio de ordenación**.
- Realice las dos últimas operaciones si desea agregar otros criterios.

  *En este ejemplo la tabla se ordenará en función de dos colores de relleno de las celdas de la columna **PRODUCTOS**.*

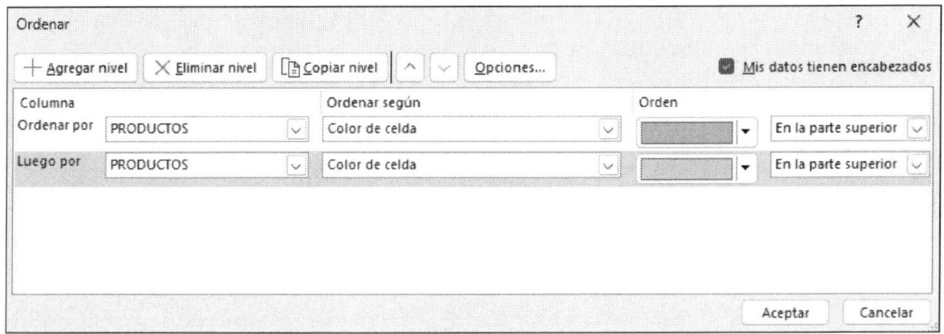

- Haga clic en el botón **Aceptar** para iniciar la ordenación.

Puede combinar varios criterios basados en el contenido de las celdas o sus formatos (color de relleno, de fuente y/o conjunto de iconos.).

Administrar los criterios de orden

- Acceda al cuadro de diálogo **Ordenar**: haga clic en el botón **Ordenar y filtrar** de la pestaña **Inicio** - grupo **Edición** y escoja la opción **Orden personalizado.**
- Para seleccionar un criterio, haga clic al principio de su fila correspondiente (título **Ordenar por** o **Luego por**).
- Para modificar el orden de los criterios, seleccione la fila correspondiente al criterio y haga clic en el botón para que «suba» en la lista o en el botón para que «baje».
- Para eliminar un criterio, seleccione su fila correspondiente y haga clic en el botón **Eliminar nivel**.
- Para copiar un criterio, selecciónelo y haga clic en el botón **Copiar nivel**.

El botón **Opciones** del cuadro de diálogo **Ordenar** permite activar la opción **Distinguir mayúsculas de minúsculas** para diferenciar ambas opciones, y modificar la **Orientación** para ordenar filas en vez de columnas.

Usar las funciones de ordenación

*Desde 2021, las funciones ORDENAR y ORDENARPOR permiten obtener una lista de dato ordenada: en el caso de **ORDENAR**, con respecto a una columna; en el caso de **ORDENARPOR**, con respecto a una o varias columnas.*

Ambas funciones, **ORDENAR** y **ORDENARPOR**, devuelven matrices dinámicas; para más información sobre este tipo de funciones, consulte el apartado Usar las nuevas funciones de tablas dinámicas del capítulo Cálculos.

Su sintaxis es:

=ORDENAR(matriz;[ordenar_índice];[criterio_ordenación];[por_col_o_fila])

=ORDENARPOR(matriz;por_matriz1;[orden1]; [por_matriz2;orden2]; [por_matriz3;orden3]; ...)

*Ejemplo de uso de la función **ORDENAR**:*

E2 =ORDENAR(A2:C11;2;-1;FALSO)

	A	B	C	D	E	F	G
1	Producto	Categoría	Facturación 2024		Producto	Categoría	Facturación 2024
2	Manzanas	Clima templado	6450		Plátanos	Tropicales	5650
3	Peras	Clima templado	6500		Kiwis	Tropicales	5790
4	Naranjas	Mediterráneas	6550		Mangos	Tropicales	5930
5	Uvas	Clima templado	5580		Aguacates	Tropicales	6000
6	Plátanos	Tropicales	5650		Naranjas	Mediterráneas	6550
7	Limones	Mediterráneas	5720		Limones	Mediterráneas	5720
8	Kiwis	Tropicales	5790		Mandarinas	Mediterráneas	5860
9	Mandarinas	Mediterráneas	5860		Manzanas	Clima templado	6450
10	Mangos	Tropicales	5930		Peras	Clima templado	6500
11	Aguacates	Tropicales	6000		Uvas	Clima templado	5580

A2:C11 es el rango que se debe ordenar; **2** es el número de orden de la columna Categoría sobre la que se aplica la ordenación; **-1** indica que la ordenación es descendente; **FALSO** indica que la ordenación debe realizarse por fila completa (una fila corresponde a un registro completo, es decir, a una línea Producto en nuestro ejemplo).

Si la ordenación debe hacerse en orden ascendente e incluir las filas completas, los dos últimos argumentos son opcionales y la función puede escribirse como: **=ORDENAR(A2:C11;2)**.

*Ejemplo de uso de la función **ORDENARPOR**:*

E2 =ORDENARPOR(A2:C11;B2:B11;1;C2:C11;-1)

	A	B	C	D	E	F	G
1	Producto	Categoría	Facturación 2024		Producto	Categoría	Facturación 2024
2	Manzanas	Clima templado	6450		Peras	Clima templado	6500
3	Peras	Clima templado	6500		Manzanas	Clima templado	6450
4	Naranjas	Mediterráneas	6550		Uvas	Clima templado	5580
5	Uvas	Clima templado	5580		Naranjas	Mediterráneas	6550
6	Plátanos	Tropicales	5650		Mandarinas	Mediterráneas	5860
7	Limones	Mediterráneas	5720		Limones	Mediterráneas	5720
8	Kiwis	Tropicales	5790		Aguacates	Tropicales	6000
9	Mandarinas	Mediterráneas	5860		Mangos	Tropicales	5930
10	Mangos	Tropicales	5930		Kiwis	Tropicales	5790
11	Aguacates	Tropicales	6000		Plátanos	Tropicales	5650

La tabla obtenida se ordena en orden alfabético ascendente por categorías y luego en orden descendente en función de la facturación.

A2:C11 es el rango que se debe ordenar; **B2:B11** es el rango **Categoría** sobre el que se aplica la ordenación principal; **1** indica que la ordenación es ascendente; **C2:C11** es el rango **Facturación 2024** sobre el que se aplica la ordenación secundaria; **-1** indica que la ordenación es descendente.

Utilizar un esquema

Los esquemas permiten ver o imprimir solo los resultados principales de una tabla obviando los pormenores de los datos.

Crear un esquema automáticamente

Si ha sintetizado la tabla con ayuda de fórmulas (suma, promedio, etc.), podrá crear esquemas automáticos.

- Seleccione la tabla que corresponda o haga clic en una celda cualquiera de la tabla.
- Active la pestaña **Datos**, abra la lista del botón **Agrupar** del grupo **Esquema** y seleccione la opción **Autoesquema**.

En este ejemplo, las filas se han dividido automáticamente en 3 niveles: el nivel 3 contiene el detalle de los datos; el 2, los cálculos intermedios; y el 1, la síntesis general.

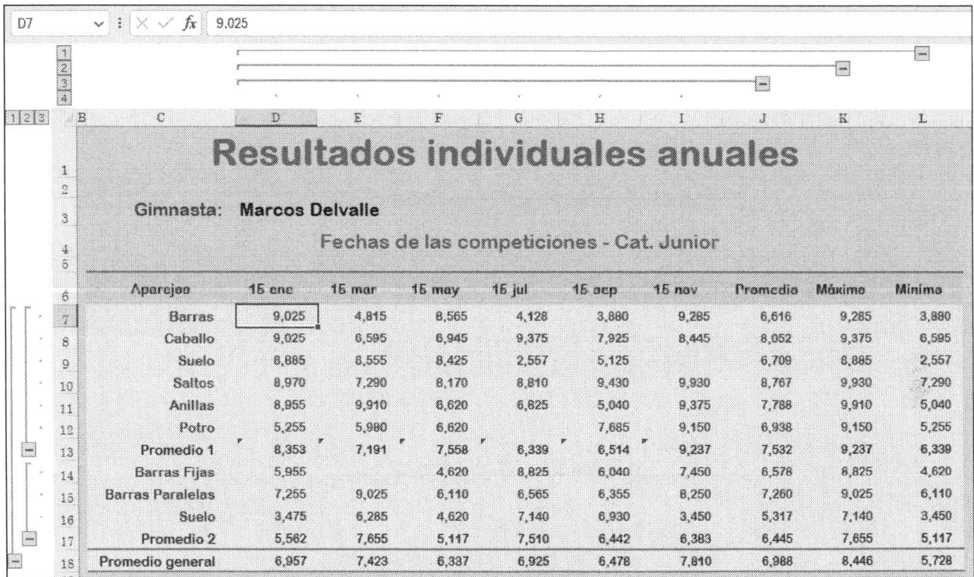

Resultados individuales anuales

Gimnasta: Marcos Delvalle

Fechas de las competiciones - Cat. Junior

Aparejos	15 ene	15 mar	15 may	15 jul	15 sep	15 nov	Promedio	Máximo	Mínimo
Barras	9,025	4,815	8,565	4,128	3,880	9,285	6,616	9,285	3,880
Caballo	9,025	6,595	6,945	9,375	7,925	8,445	8,052	9,375	6,595
Suelo	8,885	8,555	8,425	2,557	5,125		6,709	8,885	2,557
Saltos	8,970	7,290	8,170	8,810	9,430	9,930	8,767	9,930	7,290
Anillas	8,955	9,910	6,620	6,825	5,040	9,375	7,788	9,910	5,040
Potro	5,255	5,980	6,620		7,685	9,150	6,938	9,150	5,255
Promedio 1	8,353	7,191	7,558	6,339	6,514	9,237	7,532	9,237	6,339
Barras Fijas	5,955		4,620	8,825	6,040	7,450	6,578	8,825	4,620
Barras Paralelas	7,255	9,025	6,110	6,565	6,355	8,250	7,260	9,025	6,110
Suelo	3,475	6,285	4,620	7,140	6,930	3,450	5,317	7,140	3,450
Promedio 2	5,562	7,655	5,117	7,510	6,442	6,383	6,445	7,655	5,117
Promedio general	6,957	7,423	6,337	6,925	6,478	7,810	6,988	8,446	5,728

Si no visualiza los símbolos del esquema ⊟ y ⊞, haga clic en la pestaña **Archivo** y luego en el botón **Opciones**. En la categoría **Avanzadas**, desplace las opciones hasta llegar al grupo **Mostrar opciones para esta hoja** y active la opción **Mostrar símbolos de esquema si se aplica un esquema**.

Crear un esquema manualmente

Se trata de agrupar las filas o las columnas de la tabla según uno o varios niveles.

- Seleccione las filas (columnas) contiguas que deberán formar parte del mismo nivel de esquema (sin incluir la posible fila de resumen asociada a la selección, en caso de que esta exista).
- Active la pestaña **Datos** y haga clic en la herramienta **Agrupar** del grupo **Esquema**.
- Active la opción **Filas** o **Columnas** según el tipo de agrupación que quiera hacer y confirme mediante **Aceptar**.

- Para insertar o retirar una columna (fila) en el grupo del nivel anterior, seleccione la columna (o la fila) y haga clic de nuevo en el botón **Agrupar** o en **Desagrupar** del grupo **Esquema**, según el caso.
- Active la opción **Filas** o **Columnas** según el caso, y confirme mediante **Aceptar**.

Usar un esquema

- Para ocultar las columnas o las filas subordinadas, haga clic en el botón ⊟ correspondiente.
- Para ocultar todos los grupos del mismo nivel, haga clic en el botón numerado correspondiente al nivel.

  En este ejemplo no están a la vista las columnas pertenecientes al nivel 3. Los botones ⊟ se transforman en ⊞.

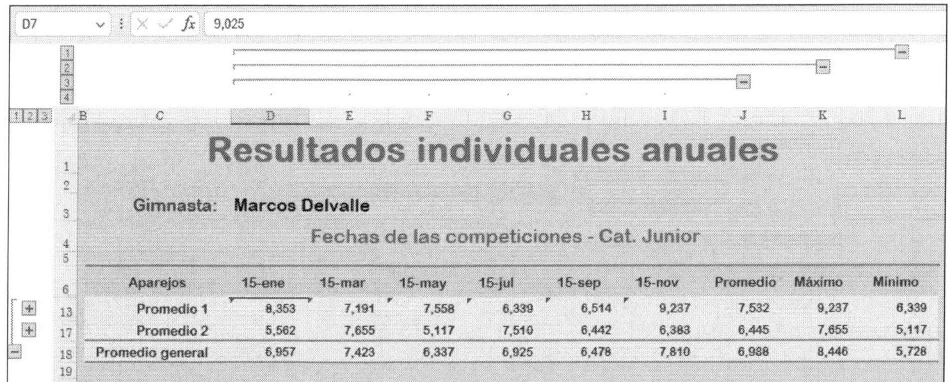

- Para volver a ver las columnas o filas subordinadas, haga clic en cada botón ⊞ o en el botón correspondiente al nivel siguiente.

Eliminar un esquema

- Active la hoja que contiene el esquema.
- Active la pestaña **Datos**, abra la lista asociada al botón **Desagrupar** del grupo **Esquema** y active la opción **Borrar esquema**.

Si elimina el esquema cuando los datos detallados están ocultos, es posible que las filas o columnas de datos detallados permanezcan ocultas. En ese caso, para volver a ver los datos, seleccione las filas o columnas visibles, muestre el menú contextual de la selección y active la opción **Mostrar**.

Activar/desactivar el filtro automático

El filtro automático permite filtrar los datos de una tabla para ver solo las filas correspondientes a los criterios especificados.

Si el rango de celdas se ha convertido en tabla de datos (véase Tablas de datos - Crear una tabla de datos), la función ***filtro automático*** *ya se encuentra activada y los botones de las listas desplegables aparecen en los encabezados de columnas.*

- Active una de las celdas del rango de celdas correspondiente.
- Haga clic en el botón **Ordenar y filtrar** de la pestaña **Inicio**, grupo **Edición**, y luego en la opción **Filtro**.

  En cada celda de encabezado de columna aparecen unas flechas de lista desplegable: esto indica que el filtro se ha activado, pero aún no se ha aplicado.

Lista de afiliados

Apellido	Nombre	Dirección	Ciudad	H/M	Edad	Categoría	Fecha competición	Importe cotización	Pagado	Tipo pago
ALBÁN	Florentino	calle Molino, 3	MADRID	H	17	JUNIOR	03/02/2025	115	NO	
ALBERT	Silvia	calle Mérida, 21	VALENCIA	M	17	JUNIOR	01/02/2025	115	SÍ	CHQ
ALTO	Maribel	calle Sevilla, 101	ALICANTE	M	20	JUNIOR	04/02/2025	115	SÍ	TC
BARBOT	Cristina	Paseo Islas, 8	BARCELONA	M	16	JUNIOR	31/01/2025	115	SÍ	MTA
BENITO	Luis	Pasaje Reina Cristina	BARCELONA	M	19	JUNIOR	04/02/2025	115	SÍ	MTA
BERLANGA	Ignacio	Avenida Jaime I	MADRID	H	18	JUNIOR	03/02/2025	115	SÍ	CHQ
BERTRÁN	Laura	Avenida Goya, 69	VALENCIA	H	16	JUNIOR	04/02/2025	115	SÍ	TC
BLANCO	Horacio	calle Bunyol, 1	VALENCIA	H	20	JUNIOR	01/02/2025	115	SÍ	TC
CÁNOVAS	Paula	Paseo Valenciano	MADRID	H	15	JUNIOR	31/01/2025	115	NO	
CARBONELL	Pedro	calle Pérez Galdós, 1	VALENCIA	M	16	JUNIOR	02/02/2025	115	NO	

- Cree los filtros deseados (véase más adelante Filtrar datos a partir de un contenido o de un formato).

  Puede crear tres tipos de filtros: por valores de lista, por formato o por criterios. Una vez filtrados los datos, puede copiarlos, modificarlos, formatearlos, representarlos en forma de gráfico e imprimirlos sin reorganizarlos ni desplazarlos.
- Para desactivar el filtro automático, haga clic de nuevo en el botón **Ordenar y filtrar** de la pestaña **Inicio**, grupo **Edición**, y luego en la opción **Filtro**.

  La desactivación del filtro automático provoca la anulación de otros posibles filtros existentes y, por tanto, hace visibles todos los datos.

Filtrar datos a partir de un contenido o de un formato

Gracias al filtro automático, es posible filtrar los datos en función del contenido de las celdas, de su color de relleno, de su color de fuente o de su formato condicional por conjuntos de iconos.

Filtrar a partir de los valores de la columna

- Active el filtro automático.
- Abra la lista desplegable asociada a la columna que contiene los valores en función de los cuales desea filtrar.

*Se abre el menú **Filtro automático**, en el que puede verse una lista con los valores comprendidos en la columna activa (hasta 10.000 valores). Las casillas de verificación correspondientes a los valores están activas de forma predeterminada: podrá ver todos los valores de la columna. En el menú encontrará también las opciones de ordenación.*

*Puede cambiar el tamaño del menú **Filtro automático** arrastrando la esquina inferior derecha.*

- Para ocultar determinados valores, desactive las casillas de verificación correspondientes a los valores que desea ocultar.

  Para ver valores, resulta más rápido desactivar la opción ***(Seleccionar todo)*** *y activar los valores en cuestión.*

- Para buscar un valor preciso, introdúzcalo en el cuadro **Buscar**.

  Si ese valor existe en la columna, también se seleccionará. En caso contrario, aparecerá el mensaje ***No hay coincidencias*** *en lugar de la lista de valores.*

- Para mostrar de nuevo la lista completa de valores, haga clic en la cruz situada a la derecha del cuadro de búsqueda.
- Para filtrar las celdas que no están vacías, active la opción **(Seleccionar todo)** y desactive **(Vacías)**, situada en la parte inferior de la lista de valores. A la inversa, para filtrar las celdas vacías, desactive la opción **(Seleccionar todo)** y active **(Vacías)**.

*La opción **(Vacías)** no aparece si la columna no contiene celdas vacías.*

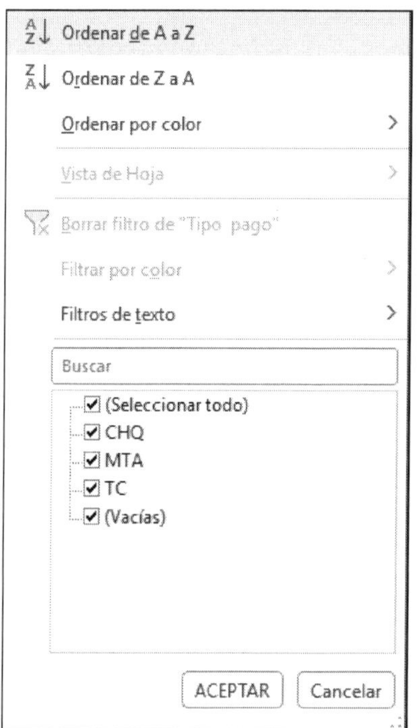

- Haga clic en **ACEPTAR**.

  Solo son visibles las filas correspondientes a los valores seleccionados. Al filtrar una columna, la flecha correspondiente a la lista desplegable aparece de la forma siguiente: . Si señala este botón se abrirá una etiqueta informativa en la que se describe el filtro aplicado.

  Puede personalizar los criterios de filtro o usar filtros específicos para datos de tipo número, fecha, etc.

Filtrar a partir de un color de celda, de fuente o un conjunto de iconos

Si ha aplicado a la tabla un color de relleno en las celdas o un color de fuente, o incluso un formato condicional en forma de conjunto de iconos, puede filtrar los datos en función de uno de esos colores o de un conjunto de iconos.

- Active el filtro automático y abra la lista desplegable asociada a la columna.

- Active la opción **Filtrar por color.**

Esta opción solo está disponible si la columna contiene colores o conjuntos de iconos.

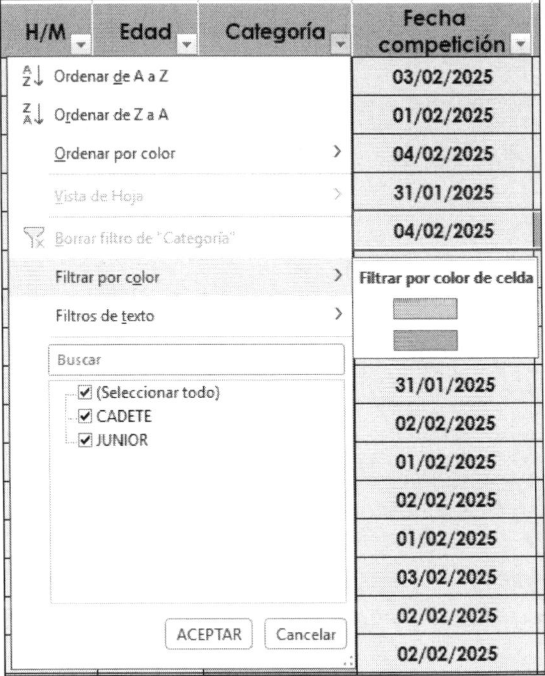

*En función del formato aplicado a la columna, aparecen las opciones **Filtrar por color de celda**, **Filtrar por color de fuente** o **Filtrar por icono de celda**.*

- De acuerdo con el tipo de formato, haga clic en un color de celda, un color de fuente o un icono de celda.

No es posible combinar estos tres tipos de filtro.

Filtrar a partir del contenido y el formato de la celda activa

Puede filtrar rápidamente los datos en función del valor que contiene una celda específica o de su formato.

- Active el filtro automático.
- Haga clic con el botón secundario del ratón en la celda que contenga el valor, el color de relleno, el color de fuente o el icono a partir de los cuales se filtrarán las celdas.

- Active la opción **Filtrar** y haga clic en una de las opciones siguientes:

  Filtrar por valor de celda seleccionada para filtrar a partir del contenido texto, número, fecha u hora de la celda.

  Filtrar por color de celda seleccionada para, como indica la opción, filtrar a partir del color de celda.

  Filtrar por color de fuente de la celda seleccionada para filtrar a partir del color de fuente de la celda seleccionada.

  Filtrar por icono de celda seleccionada para filtrar a partir del icono que muestra la celda seleccionada.

Obtener valores únicos

*La función **ÚNICOS**, introducida en 2021, permite devolver en un nuevo rango los valores que aparecen al menos una vez en un rango de datos seleccionado. Esto permite crear una nueva lista sin duplicados. Esta función no modifica los datos originales.*

La función ÚNICOS devuelve una matriz dinámica. Para más información sobre este tipo de funciones, consulte el apartado Usar las nuevas funciones de tablas dinámicas del capítulo Cálculos.

- La sintaxis más sencilla de esta función es:

  =ÚNICOS(rango_de_datos)

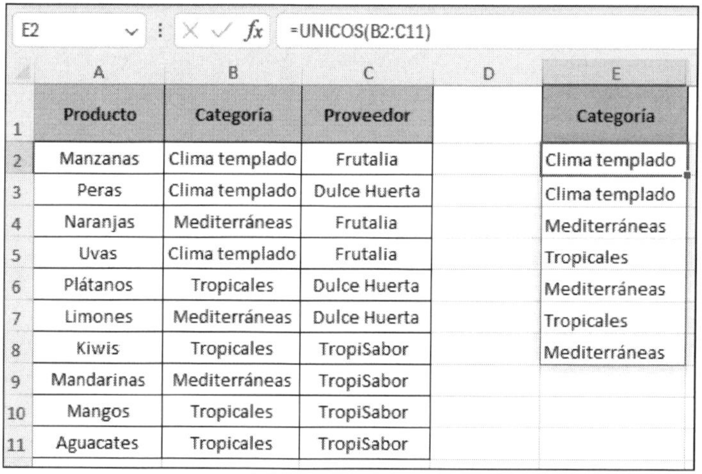

E2 =UNICOS(B2:C11)

	A	B	C	D	E
1	Producto	Categoría	Proveedor		Categoría
2	Manzanas	Clima templado	Frutalia		Clima templado
3	Peras	Clima templado	Dulce Huerta		Clima templado
4	Naranjas	Mediterráneas	Frutalia		Mediterráneas
5	Uvas	Clima templado	Frutalia		Tropicales
6	Plátanos	Tropicales	Dulce Huerta		Mediterráneas
7	Limones	Mediterráneas	Dulce Huerta		Tropicales
8	Kiwis	Tropicales	TropiSabor		Mediterráneas
9	Mandarinas	Mediterráneas	TropiSabor		
10	Mangos	Tropicales	TropiSabor		
11	Aguacates	Tropicales	TropiSabor		

La lista de categorías se ha obtenido con la fórmula =UNICOS(B2:B11): la tabla de origen solo contiene tres categorías que se repiten.

Si el rango de datos no contiene una sola columna sino varias, esta función devuelve las combinaciones únicas de los elementos de varias columnas. En el ejemplo que se muestra a continuación, hay cinco combinaciones únicas de categorías y proveedores.

F2 =UNICOS(B2:C11)

	A	B	C	D	E	F
1	Producto	Categoría	Proveedor		Categoría	Proveedor
2	Manzanas	Clima templado	Frutalia		Clima templado	Frutalia
3	Peras	Clima templado	Dulce Huerta		Clima templado	Dulce Huerta
4	Naranjas	Mediterráneas	Frutalia		Mediterráneas	Frutalia
5	Uvas	Clima templado	Frutalia		Tropicales	Dulce Huerta
6	Plátanos	Tropicales	Dulce Huerta		Mediterráneas	Dulce Huerta
7	Limones	Mediterráneas	Dulce Huerta		Tropicales	TropiSabor
8	Kiwis	Tropicales	TropiSabor		Mediterráneas	TropiSabor
9	Mandarinas	Mediterráneas	TropiSabor			
10	Mangos	Tropicales	TropiSabor			
11	Aguacates	Tropicales	TropiSabor			

Filtrar a partir de un criterio personalizado

La operación consiste en filtrar los datos de acuerdo con valores contenidos en la columna. En función del tipo de datos de la columna, Excel propone tres tipos de filtro: filtros numéricos (para datos de tipo numérico), filtros cronológicos (para datos de tipo fecha) o filtros textuales (para datos alfanuméricos).

- Active el filtro automático y abra la lista desplegable asociada a la columna que contiene los datos en función de los cuales desea aplicar el filtro.
- De acuerdo con el tipo de datos de la columna, haga clic en la opción **Filtros de número**, **Filtros de fecha** o **Filtros de texto**.
- Haga clic en la opción **Filtro personalizado** o en cualquier otra que abra un cuadro de diálogo (por ejemplo: **Es igual a**, **No es igual a**, **Mayor que**, **Antes**, etc.).

  *Cualquiera que sea la opción escogida, se abrirá el cuadro de diálogo **Autofiltro personalizado**. Si ha seleccionado una opción diferente de **Filtro personalizado**, la primera lista del cuadro de diálogo mostrará el término correspondiente a la opción escogida (p. ej.: **no es igual a** o **es anterior a**).*
- Seleccione el operador de comparación en la primera lista.

- Active el cuadro siguiente e introduzca o seleccione el valor de comparación. Puede usar caracteres genéricos como **?** para reemplazar un solo carácter o ***** para reemplazar una serie de caracteres.

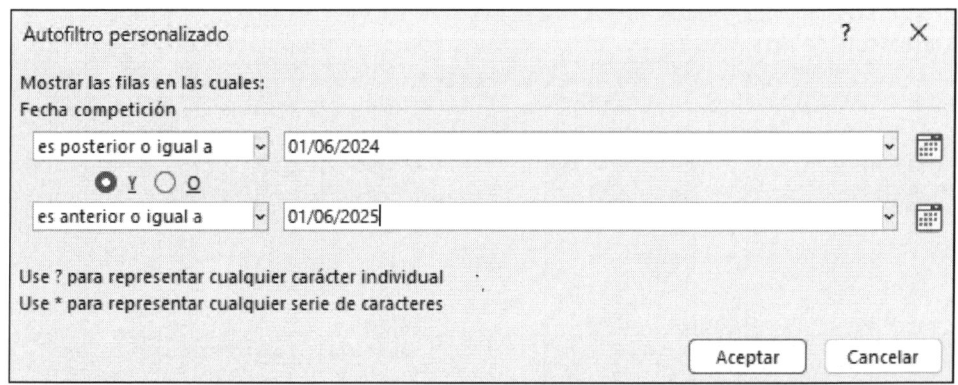

Para los filtros de fecha puede hacer clic en el ***Selector de fecha*** *y seleccionar una fecha en el calendario desplegable.*

Las opciones ***Y*** *y* ***O*** *permiten definir varios criterios de filtro (véase Filtrar a partir de varios criterios).*

- Haga clic en **Aceptar**.

Usar filtros específicos para los tipos de datos

Filtrar a partir de un intervalo de datos (filtro por número o por fecha)

- Active el filtro automático y abra la lista desplegable asociada a la columna.
- Active la opción **Filtros de fecha** o **Filtros de número** y haga clic en la opción **Entre**.
- En el cuadro de diálogo **Autofiltro personalizado** que aparece, especifique el valor inferior del intervalo con respecto al operador de comparación (**es posterior o igual a** o **mayor o igual a**).
- Compruebe que está activa la opción **Y**.
- Especifique el valor superior del intervalo con respecto al segundo operador de comparación (**es menor o igual a** o **es inferior o igual a**).
- Haga clic en el botón **Aceptar**.

Filtrar a partir de los valores máximos o mínimos (filtro numérico)

- Active el filtro automático y abra la lista desplegable asociada a la columna.
- Active la opción **Filtros de número** y luego la opción **Diez mejores**.
- Indique qué valores desea obtener, los máximos (**superiores**) o los mínimos (**inferiores**).
- Especifique el número de filas que desea ver, correspondientes a su criterio.
- En la última lista del cuadro de diálogo, seleccione la opción **Elementos** para filtrar las filas correspondientes al criterio establecido o la opción **Por ciento** para filtrar un número de filas correspondiente al porcentaje del número total de valores de la lista.

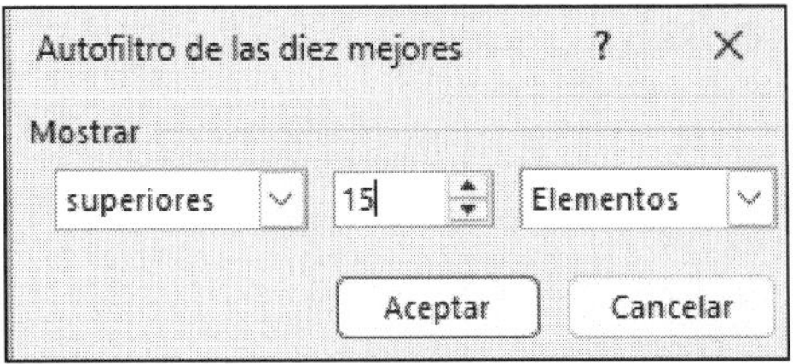

- Haga clic en **Aceptar**.

Filtrar a partir de la media de los valores (filtro numérico)

- Active el filtro automático y abra la lista desplegable asociada a la columna.
- Active la opción **Filtros de número** y luego una de las opciones siguientes:

Superior al promedio Para filtrar los datos correspondientes a los valores que excedan el promedio.

Inferior al promedio Para filtrar los datos correspondientes a los valores que están por debajo del promedio.

Los números superiores e inferiores al promedio son función del rango de celdas o de la columna de la tabla de origen, y no del posible subconjunto de datos filtrados.

Usar un filtro dinámico (filtro por fecha)

Los filtros dinámicos ofrecen la posibilidad de cambiar los criterios al volver a aplicar el filtro.

- Active el filtro automático y abra la lista desplegable asociada a la columna.
- Active la opción **Filtros de fecha** y haga clic en una de las opciones correspondientes a una fecha definida previamente (**Mañana**, **Hoy**, **Ayer**, **Próxima semana**, etc.).

*La opción **Todas las fechas en el periodo** permite filtrar por periodos (por ejemplo, **Enero** o **Trimestre 3**).*

*La opción **Este año** devuelve fechas futuras del año en curso, mientras que la opción **Hasta la fecha** solo devuelve las fechas hasta la fecha señalada como fecha límite (incluida).*

Filtrar a partir de varios criterios

Dos criterios para una misma columna

- Active el filtro automático y abra la lista desplegable asociada a la columna.
- De acuerdo con el tipo de datos de la columna, haga clic en la opción **Filtros de número**, **Filtros de fecha** o **Filtros de texto**.
- Haga clic en la opción **Filtro personalizado.**
- Concrete el primer criterio de filtro en la primera lista: especifique el operador y el valor de comparación.
- Especifique cómo deben concatenarse los dos criterios:
  - Mediante **Y** lógico: para que Excel filtre los datos que respondan simultáneamente a todos los criterios.
  - Mediante **O** lógico: para que Excel filtre los datos que respondan a uno u otro de los criterios.
- Especifique el segundo criterio de filtro en la segunda lista: especifique el operador y el valor de comparación.

  En este ejemplo solo se muestran las filas con una fecha de inscripción comprendida entre el 01/06/2024 y el 01/06/2025.

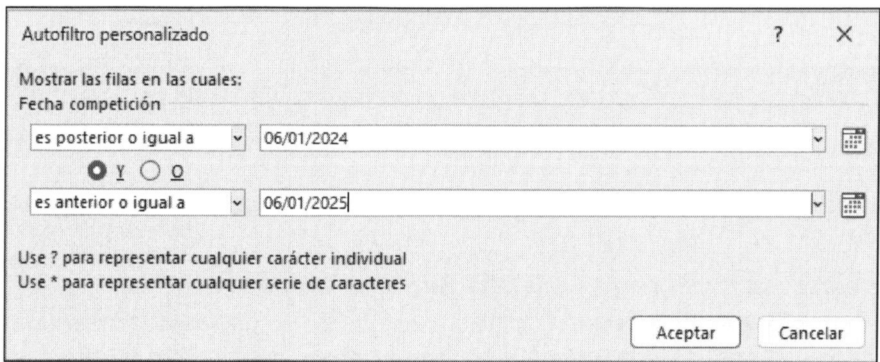

- Haga clic en **Aceptar**.

No es posible establecer un criterio de contenido y un criterio de formato en una misma columna.

Varios criterios en columnas diferentes

- Active el filtro automático.
- Defina cada criterio en su columna respectiva.

Los filtros son acumulativos, es decir, cada filtro complementario se basa en el filtro activo, lo que reduce aún más el subconjunto de datos.

Es posible establecer un criterio de contenido y un criterio de formato en columnas diferentes.

Borrar un filtro o todos los filtros

La operación consiste, simplemente, en volver a ver todos los datos.

- Para desactivar el filtro de una columna, abra la lista desplegable asociada a la columna y active la opción **Borrar filtro** de "nombre de la columna".
- Para desactivar todos los filtros, haga clic en el botón **Ordenar y filtrar** del grupo **Edición** (pestaña **Inicio**) y haga clic en la opción **Borrar** o en el botón **Borrar** de la pestaña **Datos** - grupo **Ordenar y filtrar**.

*También se puede desactivar el filtrado automático (pestaña **Inicio** - botón **Ordenar y filtrar** - **Filtro** o pestaña **Datos** - grupo **Ordenar** y filtrar - **Filtrar**) para volver a mostrar todos los datos de la tabla.*

Filtrar datos con un filtro complejo

Los filtros complejos necesitan la creación previa de una zona de criterios en la que usted mismo introducirá los criterios de filtro. A continuación podrá filtrar los datos directamente en la lista, pero también copiarlos en otras ubicaciones.

Crear una zona de criterios

- Encima o al lado de los datos que se van a filtrar deberá haber varias filas y columnas vacías.
- En la primera de esas filas vacías, introduzca o copie el nombre de los encabezados de columnas que servirán para definir los criterios.
- En las filas de debajo introduzca los criterios que deben respetarse, sin olvidar las siguientes consignas:

  - Para vincular criterios con **O** lógico, introdúzcalos en varias filas.

  - Para vincular criterios con **Y** lógico, introdúzcalos en varias columnas.

  - Para vincular criterios con **Y** y **O** lógicos, introdúzcalos en varias filas y columnas.

  Ejemplos:

Demandas	Zonas de criterios		
Junior Miembros de la categoría **Junior** o **Senior**	Categoría		
	Junior		
	Senior		
Miembros de la categoría **Junior** Y que se inscribieron antes del 1 de enero de 2025	Categoría	Fecha de inscripción	
	Junior	<1/1/2025	
Miembros de la categoría **Senior** Y con edades comprendidas entre 30 Y 40 años	Categoría	Edad	Edad
	Senior	>=30	<=40

Filtrar datos a partir de una zona de criterios

- Haga clic en la celda de la tabla que contiene los datos que se han de filtrar.
- Active la pestaña **Datos** y haga clic en el botón **Avanzadas** del grupo **Ordenar y filtrar**.

  *Se abre el cuadro de diálogo **Filtro avanzado**. En él aparece seleccionada la opción **Filtrar la lista sin moverla a otro lugar**.*

- Especifique, si es preciso, las referencias de las celdas que contienen los datos en el cuadro **Rango de la lista**.
- Haga clic en el cuadro **Rango de criterios** y en el botón para seleccionar el cuadro de criterios creado previamente. A continuación, haga clic en el botón para agrandar de nuevo el cuadro de diálogo.

Apellido	Nombre	Dirección	Ciudad	H/M	Edad	Categoría	Fecha competición	Importe cotización	Pagado	Tipo pago
ALBÁN	Florentino	calle Molino, 3	MADRID	H	17	JUNIOR	03/02/2025	115	NO	
ALBERT	Silvia	calle Mérida, 21	VALENCIA	M	17	JUNIOR	01/02/2025	115	SÍ	CHQ
ALTO	Maribel	calle Sevilla, 101	ALICANTE	M	20	JUNIOR	04/02/2025	115	SÍ	TC
BARBOT	Cristina	Paseo Islas, 8	BARCELONA	M	16	JUNIOR	31/01/2025	115	SÍ	MTA
BENITO	Luis	Pasaje Reina Cristina	BARCELONA	M	19	JUNIOR	04/02/2025	115	SÍ	MTA
BERLANGA	Ignacio	Avenida Jaime I	MADRID	H	18	JUNIOR	03/02/2025	115	SÍ	CHQ
BERTRAN	Laura	Avenida [illegible]	VALENCIA	H	16	JUNIOR	04/02/2025	115	SÍ	TC
BLANCO	Horacio	calle Bunyol, 1	VALENCIA	H	20	JUNIOR	01/02/2025	115	SÍ	TC
CÁNOVAS	Paula	Paseo Valenciano	MADRID	H	15	JUNIOR	31/01/2025	115	NO	
CARBONELL	Pedro	calle Pérez Galdós, 1	VALENCIA	M	16	JUNIOR	02/02/2025	115	NO	
DE MIGUEL	Elena	Pasaje Menor	ALICANTE	M	12	JUNIOR	01/02/2025	115	NO	

Categoría	Fecha competición	Fecha competición
JUNIOR	>01/06/2024	<31/05/2025
CADETE	>01/06/2024	<31/05/2025

- Marque la opción **solo registros únicos** para filtrar las fichas retirando las repeticiones.
- Haga clic en **Aceptar**.

  Solo se mostrarán las filas que respondan a los criterios establecidos.
- Para ver de nuevo todas las filas, borre el filtro: haga clic en el botón **Borrar** del grupo **Ordenar y filtrar** de la pestaña **Datos**.

Copiar los datos que respondan a un filtro complejo

- Prepare una ubicación vacía cerca de la tabla de origen.
- Cree, si es preciso, una zona de criterios.

  Le recomendamos que construya los criterios internamente en una hoja nueva y que nombre el rango de datos para filtrar (ver capítulo Rangos con nombre - Asignar un nombre a un rango de celdas) para introducir el nombre directamente en el cuadro de diálogo ***Filtro avanzado*** *y evitar tener que cambiar de una hoja a otra para realizar las selecciones.*
- Haga clic en una de las celdas de la tabla que contiene los datos que desea copiar.
- Haga clic en el botón **Avanzadas** del grupo **Ordenar y filtrar** de la pestaña **Datos**.
- Active la opción **Copiar a otro lugar**.
- Especifique, si es preciso, las referencias de la tabla (**Rangos**) y el rango de criterios (**Rango de criterios**).

- Entre en el cuadro **Copiar a** y haga clic en el botón para seleccionar la celda superior izquierda de la zona en la que desea copiar las filas. A continuación haga clic en el botón para agrandar de nuevo el cuadro de diálogo.
- Haga clic en **Aceptar**.

Filtrar una tabla de datos por medio de segmentaciones

El concepto de segmento es muy habitual en marketing: la segmentación de mercado consiste en dividir el conjunto del mercado en subgrupos de consumidores que comparten características comunes. En Excel, también es posible segmentar una tabla de datos y, posteriormente, utilizar los segmentos para filtrar la tabla, lo que facilita su análisis.

Antes de 2010, los filtros por segmentos solo se aplicaban a las tablas dinámicas, pero desde entonces este tipo de filtro también puede aplicarse a las tablas de datos.

- Cree una tabla de datos (véase Tablas de datos - Crear una tabla de datos) y haga clic en una de sus celdas.

  *Inmediatamente se activa la pestaña contextual **Diseño de tabla**.*
- Haga clic en la herramienta **Insertar segmentación de datos** del grupo **Herramientas** de la pestaña **Diseño de tabla**.
- Marque el campo o los campos de la tabla de datos para los que desea crear un filtro de segmentación.

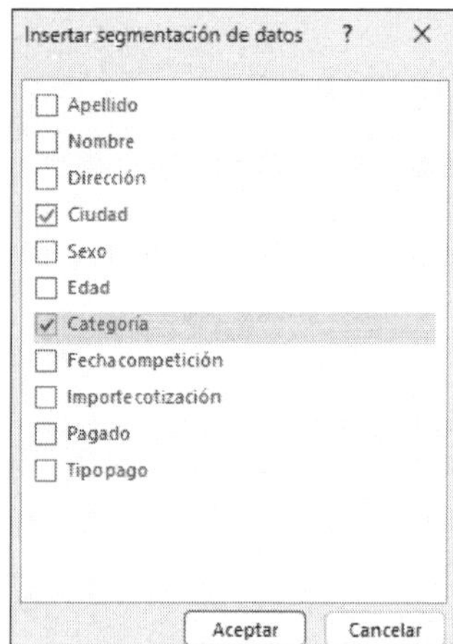

Haga clic en **Aceptar**.

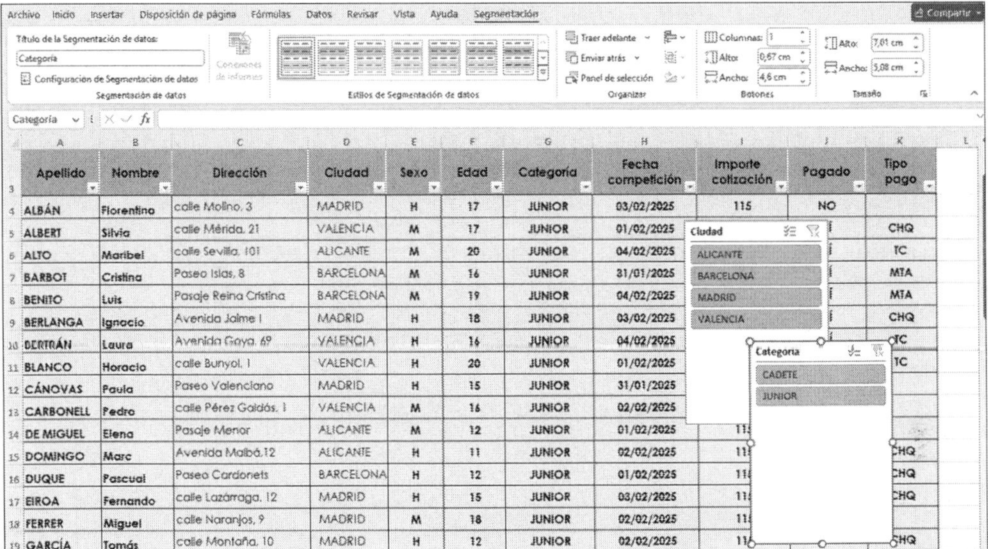

En este ejemplo, se superponen dos filtros de segmentación. Puede mover estos paneles arrastrando su barra de título, así como cambiar su tamaño arrastrando uno de sus ángulos.

Observe asimismo la aparición de una nueva pestaña contextual ***Segmentación****, que se muestra cuando uno de los filtros de segmentación (paneles) está activado.*

Para filtrar los datos de la tabla, haga clic en uno de los botones del filtro de segmentación.

Para añadir segmentos al filtro, mantenga pulsada la tecla Ctrl, o haga clic en la herramienta **Selección múltiple**, en la parte superior del panel, y haga clic en los botones de los filtros que desea aplicar.

Las modificaciones se aprecian automáticamente en la hoja de cálculo.

Para cancelar un filtro, haga clic en la herramienta **Borrar** o haga clic con el botón derecho en el panel correspondiente y escoja la opción **Borrar filtro de «nombre del campo»**.

Preste atención: las modificaciones que efectúe en la tabla una vez creado el filtro de segmentación no se tendrán en cuenta para la segmentación, es conveniente borrar y volver a hacer clic en el elemento deseado del segmento.

Por defecto, el estilo del filtro de segmentación retoma el estilo de la tabla a la que se refiere.

- Para modificar el formato de un filtro de segmentación, haga clic en el filtro en cuestión, seleccione el filtro que quiera en el grupo **Estilos de Segmentación de datos** de la pestaña contextual **Segmentación**.
- Para cambiar la configuración de la segmentación activa, haga clic en la herramienta **Configuración de Segmentación de datos** del grupo **Segmentación de datos** (pestaña contextual **Segmentación**).

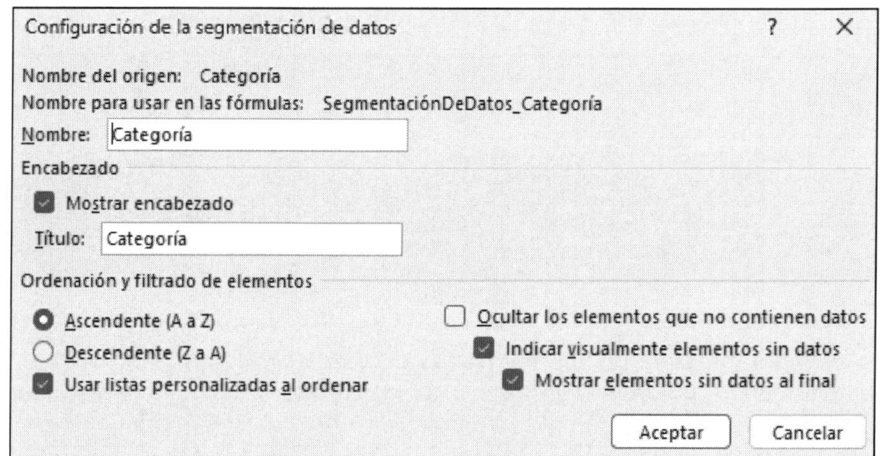

- Efectúe los cambios y confirme pulsando el botón **Aceptar**.
- Para eliminar un filtro de segmentación, haga clic en su barra de título y pulse Supr.

*También puede hacer clic con el botón derecho en el panel y a continuación escoger la opción **Quitar «nombre del filtro»**.*

Usar la función FILTRAR

*Desde la versión 2021, la función **FILTRAR** permite filtrar un rango de datos según uno o varios criterios y devolver varios resultados en otro rango.*

Esta función devuelve un tabla dinámica. Para más información sobre este tipo de función, consulte el apartado Usar las nuevas funciones de tablas dinámicas del capítulo Cálculos.

- Su sintaxis es:

=FILTRAR(matriz;incluir;[si_vacío])

matriz Corresponde a la lista de datos a filtrar.

incluir Rango que define el criterio, compuesto por el rango de celdas (donde se encuentra el criterio) acompañado de un comparador (=, >, <, <=, >=, <>) y del valor del criterio.

[si_vacío] Valor a devolver si el filtro no encuentra ningún resultado.

E5 =FILTRAR(A2:C11;B2:B11=F1;"No encontrado")

	A	B	C	D	E	F	G
1	Producto	Categoría	Facturación 2024		CRITERIO	Mediterráneas	
2	Manzanas	Clima templado	6450				
3	Peras	Clima templado	6500				
4	Naranjas	Mediterráneas	6550		Producto	Categoría	Facturación 2024
5	Uvas	Clima templado	5580		Naranjas	Mediterráneas	6550
6	Plátanos	Tropicales	5650		Limones	Mediterráneas	5720
7	Limones	Mediterráneas	5720		Mandarinas	Mediterráneas	5860
8	Kiwis	Tropicales	5790				
9	Mandarinas	Mediterráneas	5860				
10	Mangos	Tropicales	5930				
11	Aguacates	Tropicales	6000				

*En el ejemplo anterior, el objetivo es obtener la información de los productos de la categoría **Cítricos**. En nuestro ejemplo, **matriz** corresponde al rango **A2:C11**. El **criterio** se introduce en **F1** y se indica en la parte incluir de la fórmula de la siguiente manera: **B2:B11=F1**, siendo **B2:B11** la columna categoría. Por último, la fórmula termina con el texto que se debe mostrar si no se encuentra el criterio, lo que no ocurre en este caso.*

E5 =FILTRAR(A2:C11;B2:B11=F1;"No encontrado")

	A	B	C	D	E	F	G
1	Producto	Categoría	Facturación 2024		CRITERIO	Mediterránes	
2	Manzanas	Clima templado	6450				
3	Peras	Clima templado	6500				
4	Naranjas	Mediterráneas	6550		Producto	Categoría	Facturación 2024
5	Uvas	Clima templado	5580		No encontrado		
6	Plátanos	Tropicales	5650				
7	Limones	Mediterráneas	5720				
8	Kiwis	Tropicales	5790				
9	Mandarinas	Mediterráneas	5860				
10	Mangos	Tropicales	5930				
11	Aguacates	Tropicales	6000				

Si el criterio está mal escrito, por ejemplo ***Mediterránes*** *en lugar de* ***MediterráneAs****, la función devuelve el texto "****No encontrado****".*

Notas importantes: los encabezados de columna no deben incluirse en los distintos rangos de la función, ya que si se incluyeran se considerarían como datos a recuperar.

Los datos se actualizan automáticamente si se añaden, eliminan o modifican elementos en la lista de datos original.

E5 =FILTRAR(A2:C11;C2:C11>=F1;"No encontrado")

	A	B	C	D	E	F	G
1	Producto	Categoría	Facturación 2024		Facturación	6000	
2	Manzanas	Clima templado	6450				
3	Peras	Clima templado	6500				
4	Naranjas	Mediterráneas	6550		Producto	Categoría	Facturación 2024
5	Uvas	Clima templado	5580		Manzanas	Clima templado	6450
6	Plátanos	Tropicales	5650		Peras	Clima templado	6500
7	Limones	Mediterráneas	5720		Naranjas	Mediterráneas	6550
8	Kiwis	Tropicales	5790		Aguacates	Tropicales	6000
9	Mandarinas	Mediterráneas	5860				
10	Mangos	Tropicales	5930				
11	Aguacates	Tropicales	6000				

En otro ejemplo, la función ***FILTRAR*** *devuelve los productos cuyo* ***Facturación*** *es mayor o igual a 6000.*

- **Si desea filtrar por varios criterios**, puede separar los criterios con el operador de multiplicación (*****) si todos los criterios deben cumplirse (Y), o con el operador de suma (+) si se cumple uno u otro de los criterios (O). Por ejemplo, para mostrar los productos de la categoría **Mediterráneas** cuyo **Facturación 2024** es superior a **5800**:

  =FILTRAR(A2:C11;(B2:B11="Mediterráneas")*(C2:C11>5800);"No encontrado")

  *En esta fórmula, los criterios (****Mediterráneas*** *y 5800) se han introducido directamente y los valores de texto se escriben entre comillas.*

  Para mostrar los productos de la categoría **Mediterráneas** o **Tropicales**, puede utilizar la siguiente fórmula:

  =FILTRAR(A2:C11;**(B2:B11="Mediterráneas")+(B2:B11="Tropicales")**;"No encontrado")

  Para excluir elementos, puede usar el operador de resta (-). Por ejemplo, para mostrar los productos de la categoría **Mediterráneas** excluyendo el producto **Limones**:

  =FILTRAR(A2:C11;**(B2:B11="Mediterráneas")-(A2:A11="Limones")**;"No encontrado")

 Esta función puede usarse como alternativa al uso de un **rango de criterios**.

Efectuar estadísticas de los datos filtrados mediante una zona de criterios

Estos cálculos estadísticos harán referencia a las filas cuyos valores respondan a los criterios definidos en la zona de criterios.

- Cree la zona de criterios adecuada e introduzca los criterios (véase Filtrar datos con un filtro complejo).
- Seleccione la celda en la que desea que se muestre el resultado y use las funciones siguientes:

=BDCONTAR (BDD;nombre_de_campo;criterios)	cuenta el número de celdas.
=BDSUMA(BDD;nombre_de_campo; criterios)	suma los valores del campo.
=BDPROMEDIO (BDD;nombre_de_campo;criterios)	devuelve el promedio de los valores del campo.
=BDMAX (BDD; nombre_de_campo; criterios)	extrae el valor máximo del campo.
=BDMIN (BDD; nombre_de_campo; criterios)	extrae el valor mínimo del campo.

En las cuales reemplazará:

- **BDD** por la referencia de las celdas que corresponda a la lista de datos sobre la que se realiza el cálculo (incluidas las etiquetas de columna).
- **Nombre_de_campo** por la referencia de la celda que contiene la etiqueta de la columna sobre la que debe hacerse el cálculo; si utiliza la función **BDCONTAR**, debe especificar el valor **0** para este argumento con el fin de que el cálculo se efectúe correctamente.
- **criterios** por las referencias de las celdas que correspondan a la zona de criterios.

Cuando modifique un elemento de la zona de criterios, las estadísticas se actualizarán automáticamente.

Puede encontrar la lista de todas las funciones de base de datos en la categoría **Base de datos** del asistente para funciones (herramienta *fx* en la barra de fórmulas).

Administrar las plantillas de gráfico

Crear una plantilla de gráfico permite volver a usar un tipo de gráfico previamente personalizado.

Guardar un gráfico como plantilla

- Haga clic con el botón derecho en el gráfico correspondiente y active la opción **Guardar como plantilla** del menú contextual.
- Introduzca el nombre de la plantilla de gráfico en el cuadro **Nombre de archivo**.

  Las plantillas de gráfico llevan la extensión .crtx y se guardan de forma predeterminada en la carpeta C:\Usuarios\Nombre del usuario\App Data\Microsoft\Plantillas\Charts.
- Haga clic en el botón **Guardar**.

Aplicar una plantilla de gráfico

- Para crear un nuevo gráfico a partir de una plantilla, active la pestaña **Insertar**, haga clic en el botón **Gráficos recomendados** o en el iniciador de cuadro de diálogo del grupo **Gráficos** y luego en la ficha **Todos los gráficos**. Haga clic en la opción **Plantillas** para acceder a las plantillas de gráfico personalizadas.
- Para modificar un gráfico existente y atribuirle la plantilla, active la pestaña **Diseño de gráfico** y haga clic en el botón **Cambiar tipo de gráfico** del grupo **Tipo**.

  En el cuadro de diálogo **Cambiar tipo de gráfico** que aparece, haga clic en la carpeta **Plantillas** situada en la parte izquierda.

  En la parte derecha del cuadro de diálogo aparece la lista de plantillas existentes.

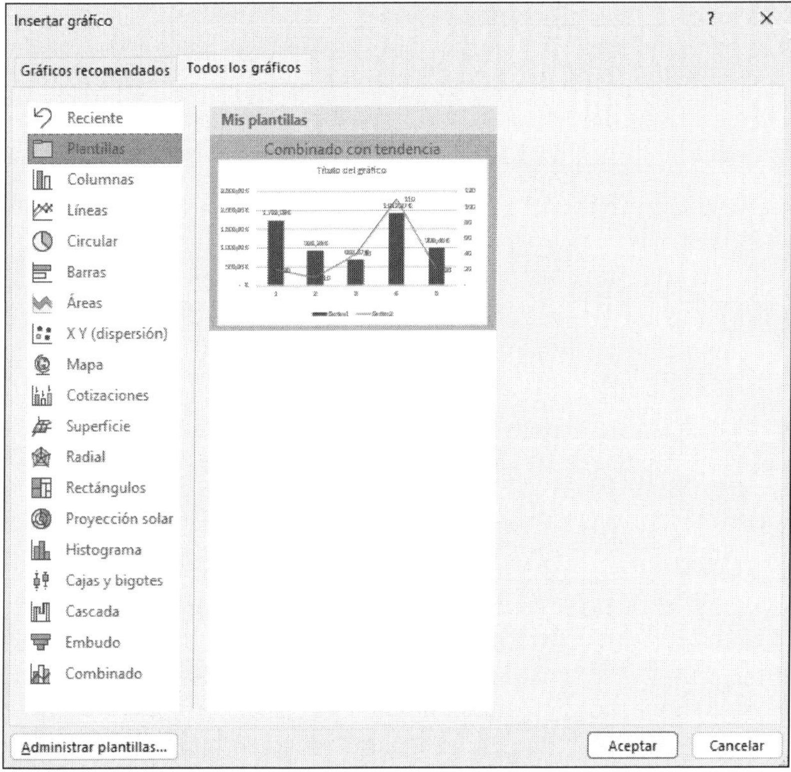

- Para aplicar un zoom a una plantilla, coloque el cursor sobre su miniatura, sin hacer clic.
- Haga doble clic en el nombre de la plantilla que desea usar.

Eliminar una plantilla de gráfico

- Entre en el cuadro de diálogo **Cambiar tipo de gráfico** o **Insertar un gráfico** de la pestaña **Insertar** - grupo **Gráficos**.
- Haga clic en la opción **Plantillas** y, después, en el botón **Administrar plantillas.**

  Se abre una ventana del Explorador de archivos con la carpeta de almacenamiento de plantillas activa.
- Haga clic en la plantilla que desea eliminar y pulse Supr o bien use el botón **Eliminar** de la pestaña **Inicio** o la opción **Eliminar** del menú contextual.
- Cierre la ventana del explorador de archivos para volver al cuadro de diálogo de origen.

Haga clic en **Aceptar**.

Modificar las opciones del eje de las abscisas

El eje de las abscisas también se denomina eje de las X o eje de las categorías.

Esta operación permite modificar la posición de las graduaciones, los rótulos, la intersección entre el eje vertical y el horizontal, etc.

Si es preciso, active el gráfico y haga doble clic en el eje de las abscisas.

El panel de Office ***Dar formato a eje*** *se muestra a la derecha de la ventana.*

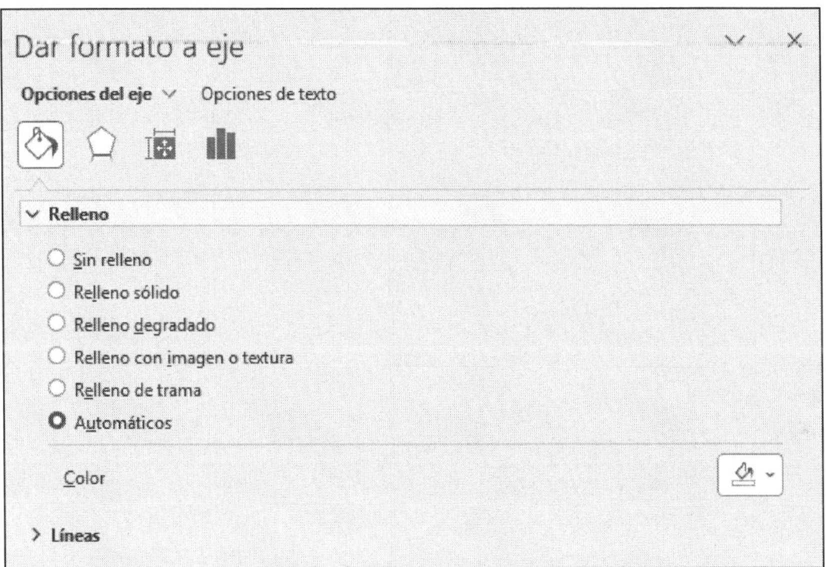

Las opciones del panel de Office ***Dar formato al eje*** *se organizan en dos temas:* ***Opciones del eje*** *y* ***Opciones de texto****. A su vez, las opciones de los temas se clasifican por categorías, las cuales están representadas por iconos.*

Opciones de eje:

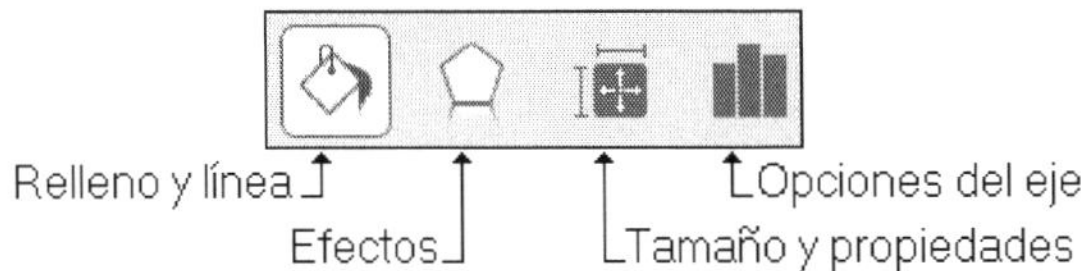

Opciones de texto:

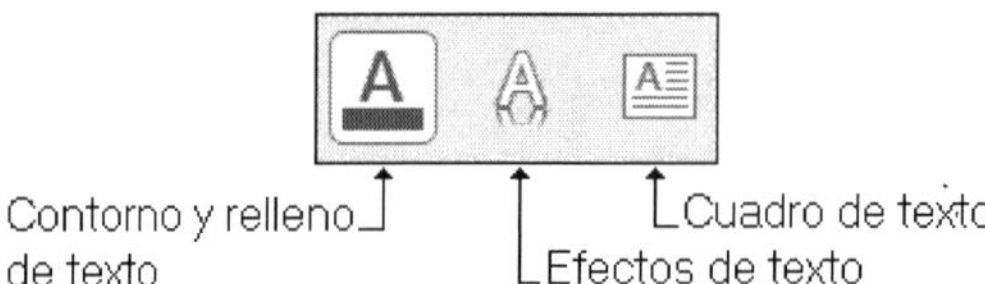

El icono correspondiente a la categoría activa aparece de color (verde por defecto).

Muestre la categoría **Dar formato al eje** (tema **Opciones del eje**).

*Las opciones del tema **Dar formato al eje** - categoría **Opciones del eje** están agrupadas, a su vez, en cuatro listas: **Opciones del eje**, **Marcas de graduación**, **Etiquetas** y **Número**.*

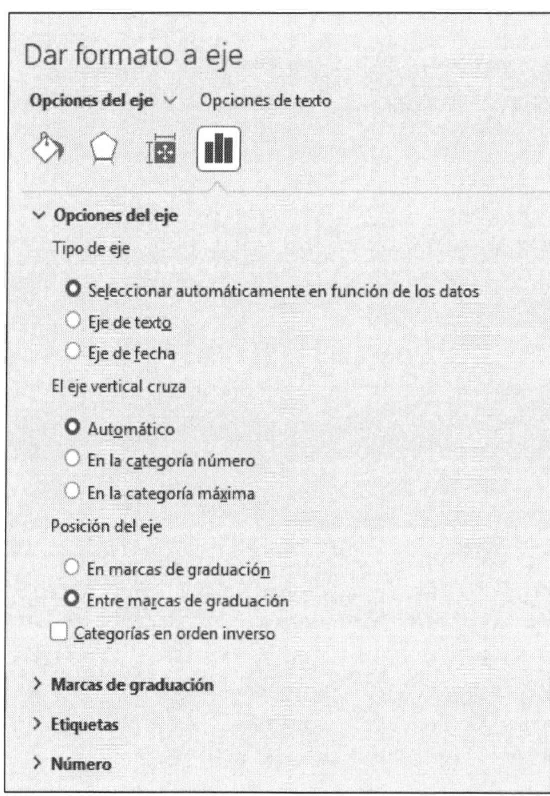

- Para abrir una lista, haga clic en la pequeña flecha blanca situada al lado de su nombre.
- Para ocultar una lista, haga clic en el símbolo [v] situado al lado de su nombre.

  *En nuestro ejemplo, la lista **Opciones del eje** está abierta, mientras que las listas **Marcas de graduación**, **Etiquetas** y **Número** están cerradas.*

Opciones del eje

- Para definir el **Tipo de eje**, deje activada la opción **Seleccionar automáticamente en función de los datos** si desea que el tipo de eje utilizado corresponda lo máximo posible a los datos, o active la opción:
  - **Eje de texto** para espaciar de forma regular los puntos de datos y el texto sobre el eje de texto.
  - **Eje de fecha** para presentar las fechas por orden cronológico en intervalos definidos o en una base de unidades (número de días, número de meses, etc.), incluso aunque las fechas de la hoja de cálculo no estén en orden o no empleen la misma unidad de tiempo.
- Si desea modificar el punto de cruce del eje de las ordenadas y el eje de las abscisas, en la zona **El eje vertical cruza** active la opción:
  - **En la categoría número** e introduzca en el campo asociado el número que desee.
  - **En la categoría máxima** para que el eje de las ordenadas (eje Y) corte el eje de las abscisas (eje X) tras la última categoría del eje X.

  *La opción **Automáticamente** está activada por defecto.*
- Defina la **Posición del eje** activando la opción **En marcas de graduación** o **Entre marcas de graduación**, según prefiera.
- Para invertir el orden de las etiquetas de las categorías, marque la opción **Categorías en orden inverso**.

Marcas de graduación

- Si es preciso, muestre la lista **Marcas de graduación** haciendo clic en el símbolo  situado al lado de su nombre.

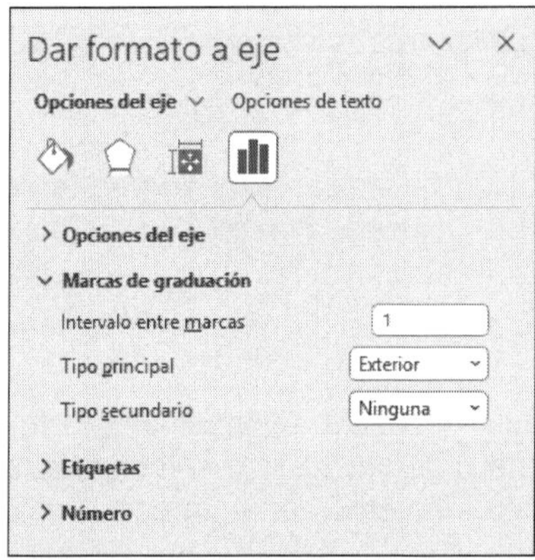

- Especifique en la zona **Intervalo entre marcas** el número de categorías de datos que se deben mostrar entre las marcas de graduación del eje.
- Para mostrar u ocultar las marcas de la graduación principal, abra la lista **Tipo principal** y escoja su posición (**Ninguna**, **Interior**, **Exterior**, **Cruz**).
- Para mostrar u ocultar las marcas de graduación secundarias, abra la lista **Tipo secundario** y escoja su posición (**Ninguna**, **Interior**, **Exterior**, **Cruz**).

Etiquetas

- Si es preciso, muestre la lista **Etiquetas** haciendo clic en el símbolo [>] situado al lado de su nombre.

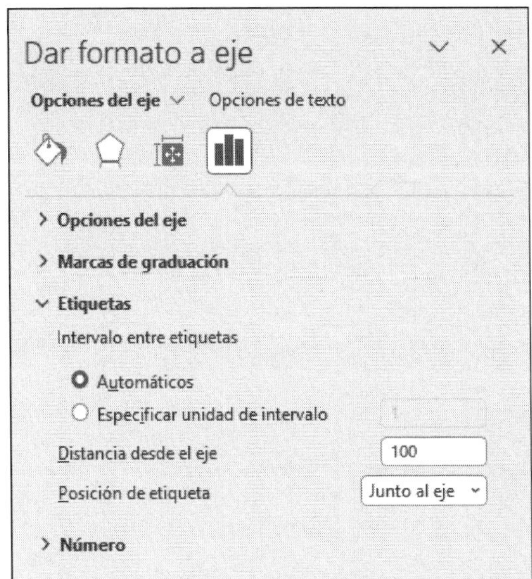

- Si desea precisar el intervalo entre las etiquetas de las marcas de graduación en el cuadro **Intervalo entre etiquetas**, active la opción **Especificar unidad de intervalo** e introduzca el número correspondiente al intervalo que desee; por ejemplo, escriba **2** para mostrar una etiqueta de cada dos.
- Si desea colocar las etiquetas a una distancia más o menos próxima a los ejes, haga clic en el cuadro **Distancia desde el eje** e introduzca un número bajo para acercar la etiqueta al eje o bien un número alto para separarla.
- Para mostrar u ocultar el texto de las etiquetas de graduación, abra la lista **Posición de etiqueta** y escoja su posición (**Junto al eje**, **Alto**, **Bajo**).

Número

- Si es preciso, muestre la lista **Número** haciendo clic en el símbolo [>] situado al lado de su nombre.

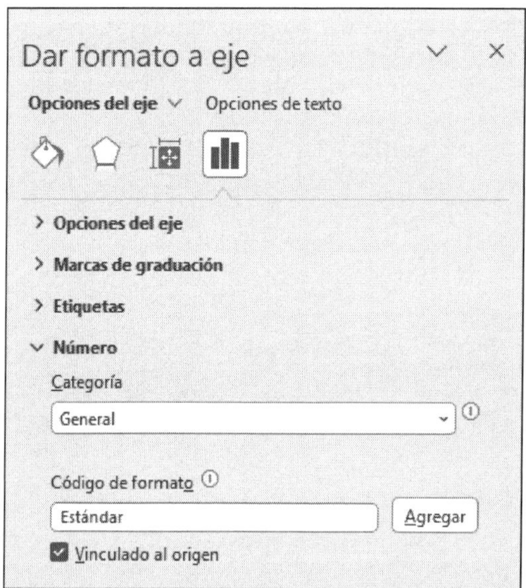

- Abra la lista **Categoría** y escoja la opción **General**, **Número**, **Moneda**, **Contabilidad**, **Fecha**, **Hora**, **Porcentaje**, **Fracción**, **Científico**, **Texto**, **Especial** o **Personalizado.**
- Determine las posibles opciones completando los parámetros que aparecen (estos varían según la categoría elegida).
- Si desea conservar los formatos de los números tal y como están en la hoja de cálculo, marque la opción **Vinculado al origen**.

Para establecer hasta qué punto se superponen o se separan las series, seleccione una serie de datos para que aparezca el panel de Office **Formato de serie de datos** y definir los parámetros que prefiera en la lista **Opciones de serie**.

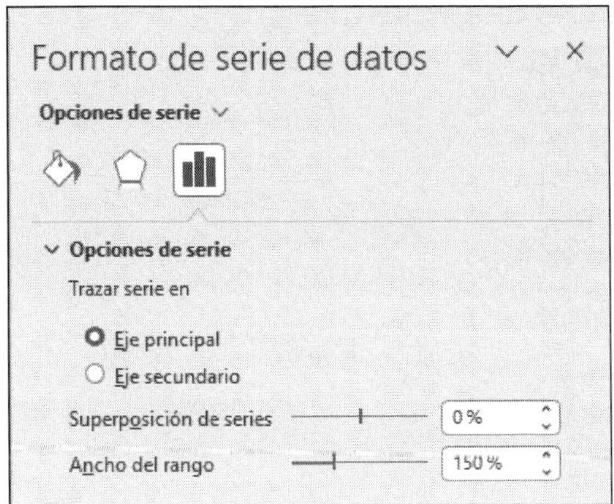

Modificar las opciones del eje de las ordenadas

El eje de las ordenadas también se denomina eje vertical, eje de las Y o eje de valores. Esta técnica permite modificar la escala del gráfico, la posición de las graduaciones, los rótulos, la intersección entre el eje horizontal y el vertical, etc.

Si es preciso active el gráfico correspondiente y haga doble clic en el eje de las ordenadas.

El panel ***Dar formato al eje*** *se muestra a la derecha de la ventana. Este panel es casi idéntico al que hemos estudiado en el apartado anterior (véase Modificar las opciones del eje de las abscisas).*

Opciones del eje

- Si es preciso, abra la lista **Opciones del eje**.

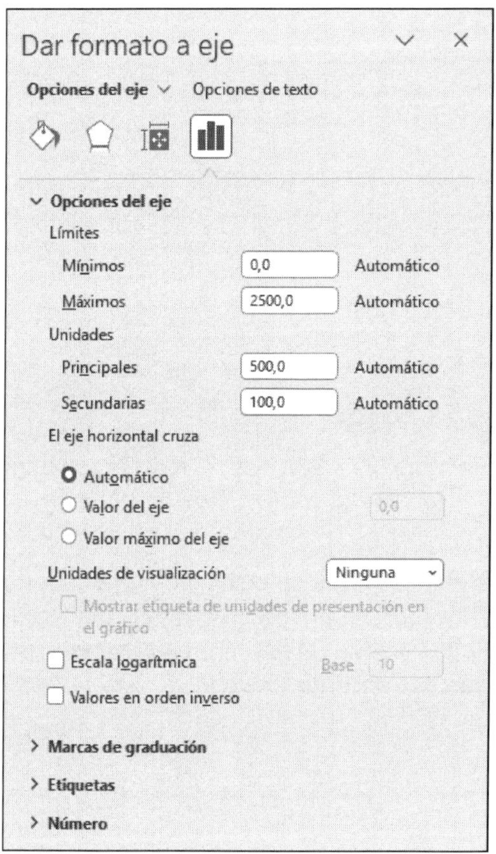

- Para definir un valor de escala particular, cambie los valores de las opciones **Mínimo** o **Máximo** de la zona **Límites**.

  *En ese caso, la indicación **Automático** se transforma en el botón **Restablecer**, que le permitirá volver al valor predeterminado.*
- Para definir el intervalo de las marcas de graduación y de las cuadrículas del gráfico, modifique los valores de las opciones **Mayor** o **Menor** de la zona **Unidades**.

- Si desea modificar el punto de intersección del eje de las ordenadas y el eje de las abscisas, en la zona **El eje horizontal cruza** active la opción:
  - **Valor del eje** e introduzca en el campo asociado el número que desee.
  - **Valor máximo del eje** para establecer que el eje de las abscisas (eje X) debe cruzar el eje de las ordenadas (eje Y) en el nivel del valor más elevado. En ese caso, las etiquetas de las categorías se colocarán en el lado opuesto en el gráfico.

  *La opción **Automáticamente** está activada por defecto.*
- Para cambiar si es preciso las **Unidades de visualización**, abra la lista correspondiente y haga clic en la opción que prefiera:

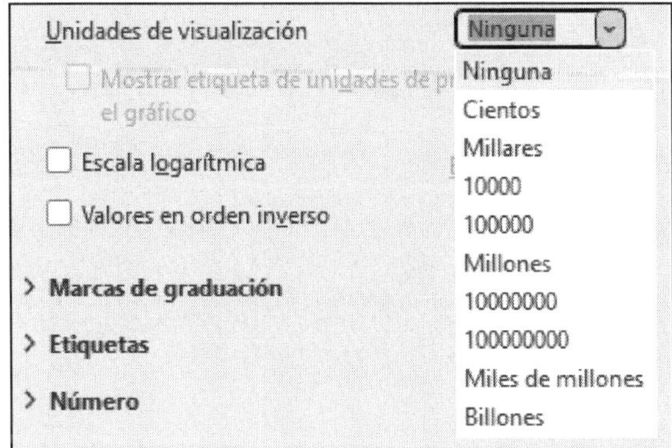

*Por defecto, está seleccionada la opción **Ninguno**.*

- Si ha elegido una de las unidades de visualización (por ejemplo, para reemplazar valores altos por otros más pequeños), puede marcar la opción **Mostrar etiqueta de unidades de presentación en el gráfico** para añadir una etiqueta que indique la unidad utilizada.
- Cuando los valores representados en el gráfico cubren un rango muy grande, tiene la posibilidad de reemplazar el eje de los valores por una escala logarítmica. Para ello, marque la opción **Escala logarítmica** y cambie, si es preciso, la **Base** asociada.

  Observe que es imposible utilizar una escala de este tipo para los valores negativos o nulos.
- Para invertir el orden de los valores, marque la opción **Valores en orden inverso**.

Tenga presente que, si cambia el orden de los valores en el eje de las ordenadas, de modo que vayan de abajo arriba, las etiquetas de las categorías en el eje de las abscisas aparecerán en la parte superior del gráfico, y no debajo. De igual modo, si cambia el orden de las categorías partiendo de la izquierda hacia la derecha, las etiquetas de los valores aparecerán a la derecha, y no a la izquierda del gráfico.

Marcas de graduación

- Si es preciso, muestre la lista **Marcas de graduación** haciendo clic en la pequeña flecha blanca situada al lado de su nombre.
- Para mostrar u ocultar las graduaciones principales, abra la lista **Tipo principal** y escoja su posición (**Ninguna**, **Interior**, **Exterior**, **Cruz**).
- Para mostrar u ocultar las graduaciones secundarias, abra la lista **Tipo secundario** y escoja su posición (**Ninguna**, **Interior**, **Exterior**, **Cruz**).

Etiquetas

- Si es preciso, muestre la lista **Etiquetas** haciendo clic en la pequeña flecha blanca situada al lado de su nombre.
- Para mostrar u ocultar el texto de las etiquetas de graduación, abra la lista **Posición de etiqueta** y escoja su posición (**Junto al eje**, **Alto**, **Bajo**, **Ninguna**).

Número

- Si es preciso, muestre la lista **Número** haciendo clic en la pequeña flecha situada al lado de su nombre.
- Abra la lista desplegable **Categoría** y escoja la opción **General**, **Número**, **Moneda**, **Contabilidad**, **Fecha**, **Hora**, **Porcentaje**, **Fracción**, **Científico**, **Texto**, **Especial** o **Personalizado.**
- Especifique las posibles opciones completando los parámetros que aparecen y que varían dependiendo de la categoría seleccionada.
- Si desea conservar los formatos de los números tal y como están en la hoja de cálculo, marque la opción **Vinculado al origen**.

Los gráficos de tipo líneas muestran los valores únicamente en el eje de las ordenadas (vertical), mientras que los gráficos de dispersión (XY) y en burbujas muestran sus valores en el eje de las abscisas y en el eje de las ordenadas. En caso de que la escala del eje horizontal del gráfico de tipo líneas no pueda modificarse en la misma medida que la escala del eje vertical utilizado en el gráfico de dispersión, puede resultar apropiado emplear un gráfico de dispersión (XY) antes que un gráfico de líneas si debe cambiarse la escala de este eje o mostrarlo en forma de escala logarítmica.

Añadir un eje vertical secundario

*Esta técnica permite representar en un mismo gráfico datos completamente diferentes, a partir de su escala o su unidad. En este ejemplo, la primera serie (**Precipitaciones**) se representa con barras asociadas al eje vertical principal, mientras que la segunda (valores de la serie **Temperaturas**) está representada por una curva asociada al eje vertical secundario:*

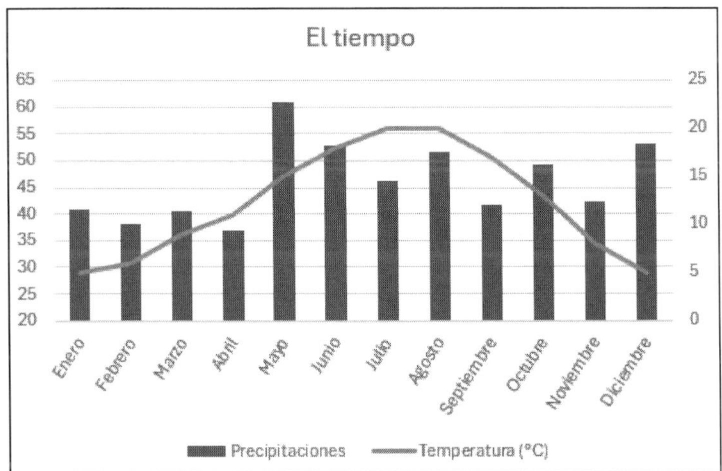

El principio consiste en convertir un gráfico en gráfico combinado.

- Haga clic en cualquier parte del gráfico que desea convertir en gráfico combinado.
- Active la ficha **Diseño de gráfico** y haga clic en el botón **Cambiar tipo de gráfico** del grupo **Tipo**.
- Active la pestaña **Todos los gráficos**.
- Active la categoría **Cuadro combinado** en el panel izquierdo de la ventana.

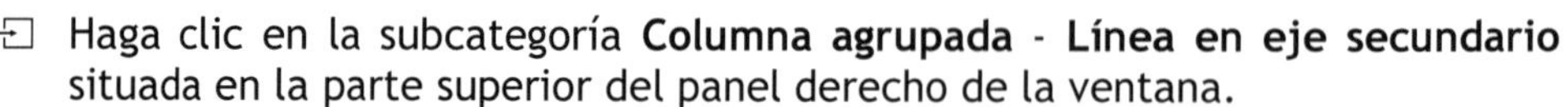

- Haga clic en la subcategoría **Columna agrupada - Línea en eje secundario** , situada en la parte superior del panel derecho de la ventana.

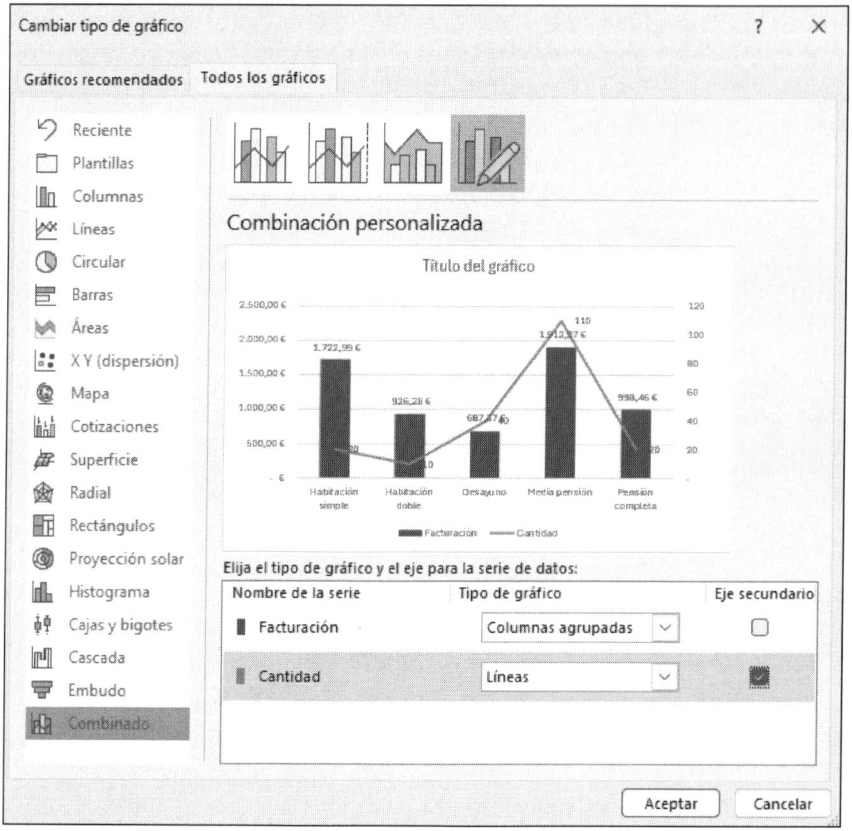

- En el cuadro **Elija el tipo de gráfico y el eje para la serie de datos**, marque la opción **Eje secundario** de cada serie de datos que desee trazar en el eje secundario.
- A continuación, escoja la opción **Líneas** en cada una de las listas **Tipo de gráfico** correspondientes.
- Compruebe que el **Tipo de gráfico** de las demás series sea **Columnas agrupadas**.
- Haga clic en **Aceptar** para confirmar.

Para añadir un título a cada eje vertical y así hacerlo más legible, puede activar el gráfico correspondiente, hacer clic en la herramienta **Elementos de gráfico**, colocar el cursor (sin hacer clic) sobre la categoría **Títulos de los ejes** y, a continuación, hacer clic en la pequeña flecha que aparece junto a ella.
Después seleccione la o las opciones que desee. Finalmente, haga clic en el gráfico sobre cada título de eje añadido antes de escribir el texto de ese título.

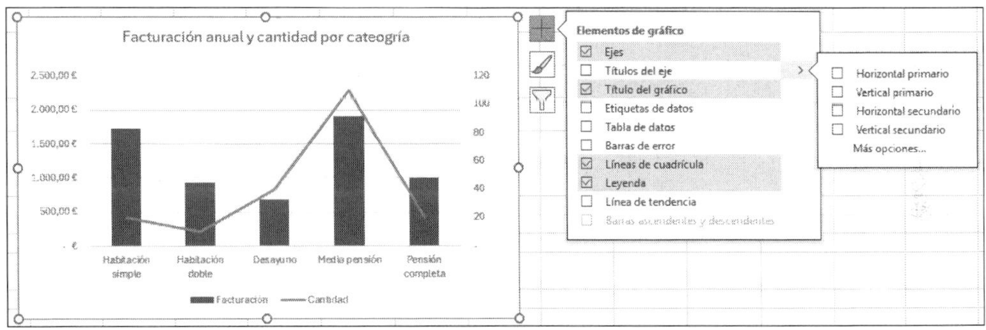

Para modificar los parámetros del eje vertical secundario, puede hacer clic en la serie del gráfico, luego en la herramienta **Elementos de gráfico** (pestaña **Formato**, grupo **Selección actual**) a fin de abrir el panel de Office **Formato de la serie de datos**. Efectúe los cambios usando las diferentes opciones distribuidas en las categorías **Relleno y línea**, **Efectos** y **Opciones de serie** (véase Modificar las opciones del eje de las ordenadas).

Modificar las etiquetas de datos

Se trata de modificar la vista de los valores correspondientes a los datos de cada serie.

- En el gráfico, muestre, si es preciso, las etiquetas de datos de las series deseadas.
- Active el gráfico y haga clic en la herramienta **Elementos de gráfico**.
- Coloque el cursor (sin hacer clic) sobre la opción **Etiquetas de datos** para mostrar las opciones suplementarias y haga clic en **Más opciones** para que se muestre el panel de Office **Formato de etiquetas de datos**.

- Active la categoría **Opciones de etiqueta** del panel de Office y luego la subcategoría **Opciones de etiqueta**.

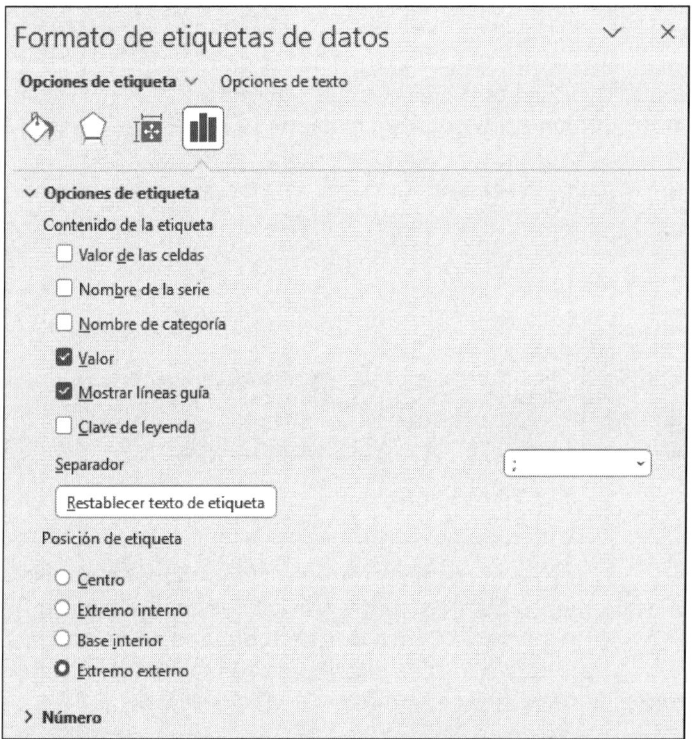

Las opciones de etiquetas pueden ser ligeramente distintas según el tipo de gráfico utilizado.

- Especifique lo que deben mostrar las etiquetas dentro de la zona **Contenido de la etiqueta**.
- Para mostrar también la clave de la leyenda en la etiqueta, marque la opción **Clave de leyenda**.
- Seleccione la disposición de las etiquetas en relación con la representación de las series (barras, líneas, etc.) en la zona **Posición de etiqueta**.

Para eliminar la visualización de todas las etiquetas, desmarque la opción **Etiquetas de datos** asociada a la herramienta **Elementos de gráfico** [+]. Para eliminar la visualización de una etiqueta en particular, haga clic en la zona correspondiente del gráfico para seleccionarla y pulse la tecla [Supr].

Cambiar la forma de una etiqueta de datos

- Para cambiar el conjunto de las etiquetas de una serie, seleccione dicha serie en el gráfico. Para modificar una etiqueta en particular, selecciónela.
- Haga clic con el botón derecho en la selección y active la opción **Cambiar formas de etiquetas de datos** o **Cambiar forma de etiqueta de datos**, según el caso.

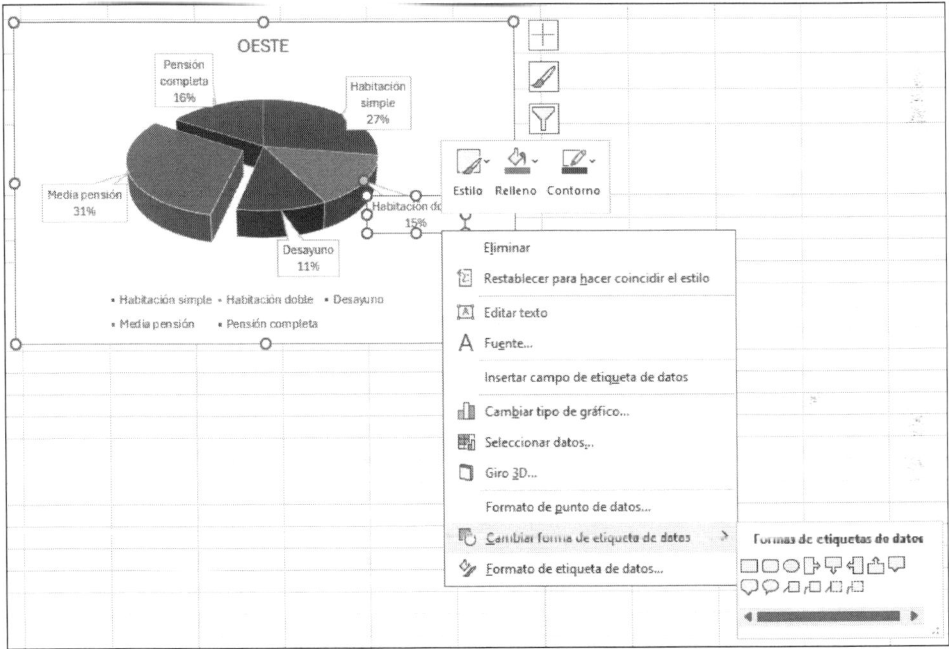

- A continuación, seleccione la forma que prefiera.

Restaurar el texto de una etiqueta

Si ha personalizado el contenido de una etiqueta de datos, tenga en cuenta que esta ya no está vinculada a los datos de la hoja de cálculo. Pero es posible restaurar el vínculo y restablecer al mismo tiempo el texto original de las etiquetas.

- Para restaurar el vínculo entre todas las etiquetas de una serie de datos y las celdas correspondientes de la hoja de cálculo, haga clic una vez en el gráfico en una de las etiquetas de datos de la serie correspondiente: se seleccionan todas las etiquetas. Para restaurar el vínculo de una etiqueta en particular, haga clic una segunda vez en la etiqueta deseada.
- Haga clic en la herramienta **Elementos de gráfico** [+], coloque el cursor sobre la opción **Etiquetas de datos**, a continuación sobre la flecha asociada a dicha opción, y escoja **Más opciones**.
- Haga clic en el botón **Restablecer texto de etiqueta** de la lista **Opciones de etiqueta** (categoría **Opciones de etiqueta**).

Para mostrar el panel **Formato de etiquetas de datos**, también puede hacer clic con el botón derecho en la etiqueta de datos y escoger la opción **Cambiar formas de etiquetas de datos** o **Cambiar forma de etiqueta de datos**, según qué haya seleccionado, o hacer doble clic en la etiqueta.

Agregar una línea de tendencia a un gráfico

La línea de tendencia, asociada (obligatoriamente) a una serie de datos, permite ilustrar las tendencias de los datos existentes o las previsiones de datos futuros. Esta herramienta sirve para hacer un análisis de regresión que puede usarse para efectuar previsiones.

Según el tipo de análisis que busque, podrá, por ejemplo, extender una línea de tendencia en un gráfico más allá de los datos existentes con el fin de prever valores futuros. Pero también puede crear una media móvil que permita suavizar las fluctuaciones de los datos para, de este modo, ilustrar la tendencia con más precisión.

Observe que es imposible añadir una línea de tendencia a un gráfico 3D, apilado, radial, circular, de superficie o de anillos.

- Seleccione la serie a la que desea añadir una línea de tendencia.

- Haga clic en la herramienta **Elementos de gráfico** [+], coloque el cursor sobre la opción **Línea de tendencia** y haga clic en la pequeña flecha asociada.

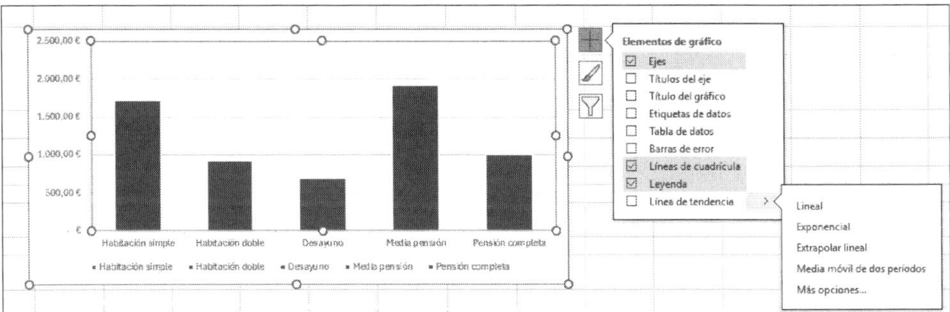

- Escoja una de las líneas de tendencia preestablecidas o haga clic en la opción **Más opciones** para definir su configuración, seleccione la serie correspondiente y haga clic en **Aceptar**.

  Si ha seleccionado ***Más opciones*** *aparece a la derecha de la pantalla el panel de Office* ***Formato de línea de tendencia****.*

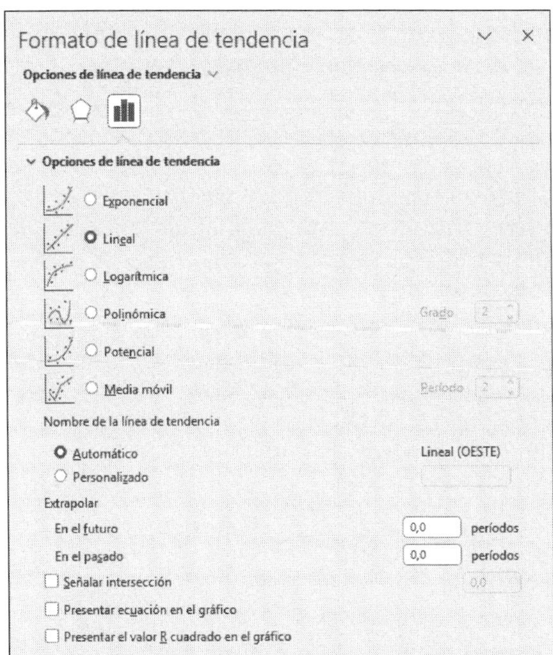

*Para mostrar este panel, también puede hacer clic con el botón derecho en la serie de datos que corresponda y escoger la opción **Agregar línea de tendencia**.*

Microsoft Excel propone seis tipos de líneas de tendencia o de regresión. La elección de una o de otra línea de tendencia dependerá del tipo de datos de que se disponga.

Escoja el tipo de tendencia o regresión activando la opción:

- **Exponencial** para obtener una línea curva a partir de valores que aumentan o disminuyen de forma constante. Los valores nulos o negativos no pueden utilizarse en una línea de tendencia exponencial. Escoja este tipo de línea si usa una ecuación del tipo $y = ce^{bx}$ (donde *c* y *b* son constantes, y *e*, la base del logaritmo neperiano) para calcular los mínimos cuadrados.
- **Lineal** para obtener una línea recta ponderada a partir de conjuntos de datos lineales simples, como sucede cuando la unión de los puntos de sus datos se asemeja a una recta. Este tipo de línea se utiliza en una ecuación del tipo $y = ax + b$ (donde *a* es la pendiente y *b* la ordenada en el origen) para calcular los mínimos cuadrados para una línea.
- **Logarítmica** para obtener una línea lo más exacta posible en caso de que la frecuencia de cambio de los datos varíe rápidamente y luego se estabilice. Pueden usarse valores positivos y negativos en una línea de tendencia logarítmica. Escoja este tipo de línea si utiliza una ecuación de tipo $y = c\ln x + b$ (donde *c* y *b* son constantes y *ln*, la función del logaritmo neperiano) para calcular los mínimos cuadrados.
- **Polinómica** para representar generalmente fluctuaciones (tales como pérdidas y ganancias, por ejemplo) en un gran número de datos. El orden de esta línea puede determinarse por el número de fluctuaciones en los datos o el número de curvas de línea. Escoja este tipo de líneas si utiliza una ecuación del tipo $y = b + c_1x + c_2x^2 + c_3x^3 + \ldots + c_6x^6$ (donde *b* y $c_1 \ldots c_6$ son constantes) para calcular los mínimos cuadrados. Tras activar la opción **Polinómica**, defina la potencia más elevada para la variable independiente en el cuadro **Orden**.
- **Potencial** si, por ejemplo, el conjunto de los datos compara medidas que aumentan con una velocidad específica (como la aceleración de un dragster por segundo). Los valores nulos o negativos no pueden utilizarse en una línea de tendencia potencial. Escoja este tipo de línea si usa una ecuación del tipo $y = cx^b$ (donde *c* y *b* son constantes) para calcular los mínimos cuadrados.

- **Media móvil**: este tipo de línea de tendencia iguala las fluctuaciones de los datos con el fin de resaltar una pauta o una tendencia. Utiliza un número específico de puntos de datos (definido por el valor de la opción **Período**), calcula una media y luego utiliza este valor como punto de la línea de tendencia. Escoja este tipo de curva si utiliza una ecuación del tipo:

$$Ft = \frac{At + At\text{-}1 + ...At - n\text{+}1}{n}$$

Observe que el número de puntos de este tipo de línea es igual al número total de puntos de la serie menos el número especificado por el ***Período****. Este último corresponde a los periodos que hay que utilizar para calcular la media móvil.*

- Para cambiar el nombre de la línea de tendencia que Excel atribuye automáticamente, active la opción **Personalizado** de la zona **Nombre de la línea de tendencia** e introduzca el nombre que prefiera en el campo correspondiente.
- Para especificar el número de periodos que se deben incluir para una previsión sobre un gráfico 2D (en áreas no apiladas, en barras, en columnas, en líneas, en dispersión (XY) o en burbujas), introduzca en el campo **Adelante** o **Hacia atrás** el valor de los **períodos** que hay que incluir.
- Si utiliza una línea de tendencia exponencial, lineal o polinómica, puede, si lo desea, especificar el punto donde la línea de tendencia corta el eje de las ordenadas (vertical) sobre un gráfico 2D (en áreas no apiladas, en barras, en columnas, en líneas, en dispersión (XY) o en burbujas). Para ello, marque la opción **Señalar intersección** e introduzca en el campo asociado el valor que indica el punto donde la línea de tendencia cruza el eje de las ordenadas (vertical).
- Para mostrar la ecuación de la línea de tendencia sobre un gráfico 2D (en áreas no apiladas, en barras, en columnas, en líneas, en dispersión (XY) o en burbujas), marque la opción **Presentar ecuación en el gráfico**.
- Recordemos, si es necesario, que una línea de tendencia está más ajustada cuando su coeficiente de determinación (R^2) es igual o próximo a 1. Tenga en cuenta que Excel calcula automáticamente el valor de la raíz cuadrada de la línea de tendencia que habrá aplicado a sus datos. Para mostrar el coeficiente de determinación de una línea de tendencia sobre un gráfico 2D (en áreas no apiladas, en barras, en columnas, en líneas, en dispersión (XY) o en burbujas), marque la opción **Presentar el valor R cuadrado en el gráfico**.

- Para cambiar/verificar el formato de la línea de tendencia, utilice los parámetros que se ofrecen en las diferentes categorías de opciones del panel de Office (**Relleno y línea, Estilo de línea, Efectos**).

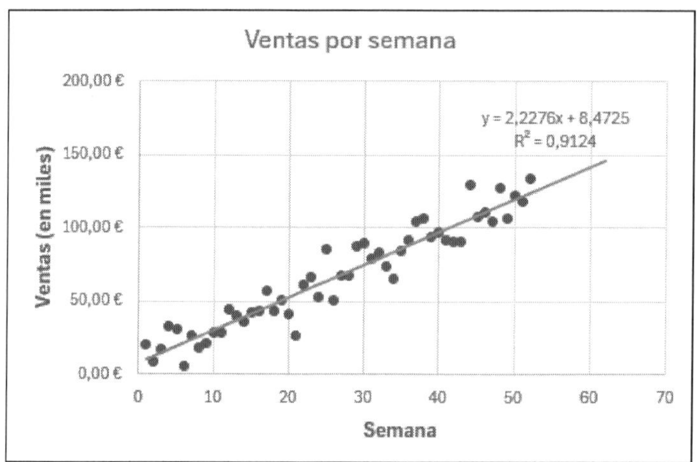

- Para eliminar una línea de tendencia, selecciónela haciendo clic en ella y pulse la tecla Supr.

Modificar la orientación del texto en un elemento

- Haga doble clic en el elemento del gráfico que contiene el texto que desee modificar, a fin de que aparezca el panel de Office.
- Active la categoría **Tamaño y propiedades** y abra la lista de la opción **Dirección del texto.**

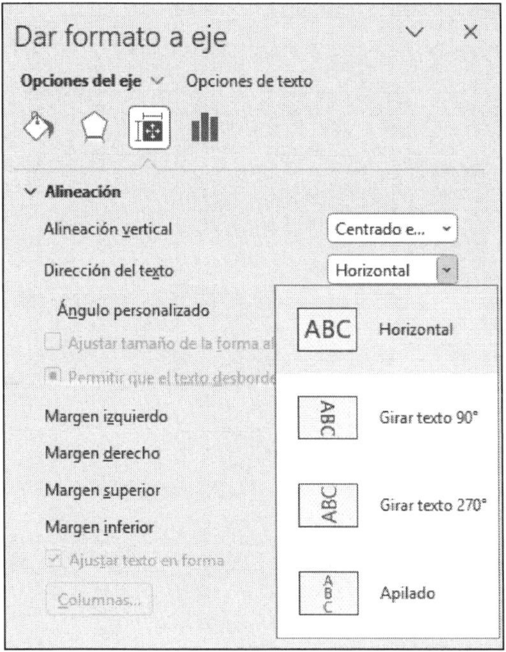

Seleccione la opción **Girar texto 90°**, la opción **Girar texto 270°** o la opción **Apilado** para ver los caracteres unos debajo de otros,

o

conserve la opción **Horizontal** en la lista **Dirección del texto** y especifique un grado de inclinación en el cuadro **Ángulo personalizado**.

En este ejemplo, los rótulos del eje horizontal se han orientado a -56°.

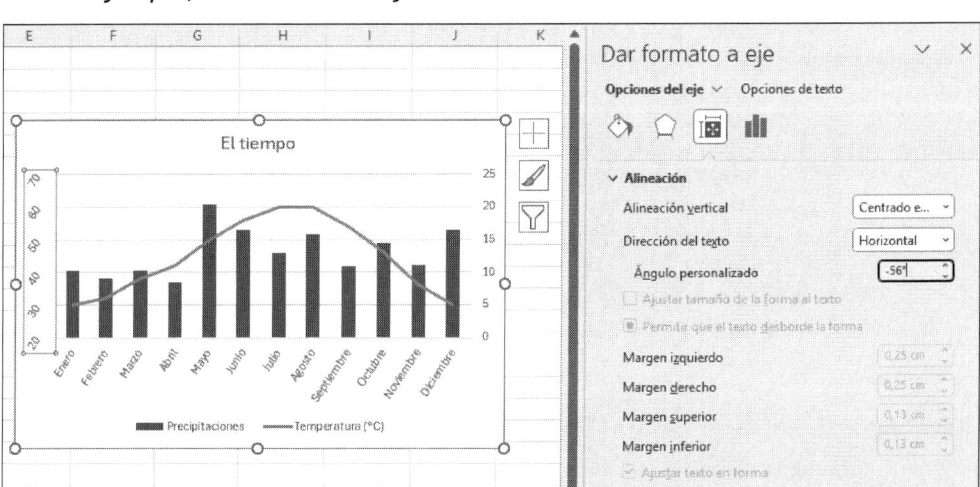

Modificar el formato 3D de un elemento

Estas opciones permiten formatear el elemento de gráfico seleccionado con un efecto en tres dimensiones.

- Seleccione el elemento del gráfico en cuestión.
- Active la pestaña **Formato** y haga clic en el botón **Aplicar formato a la selección** del grupo **Selección actual**.
- Active la categoría **Efectos** del panel de Office y abra la lista **Formato 3D.**

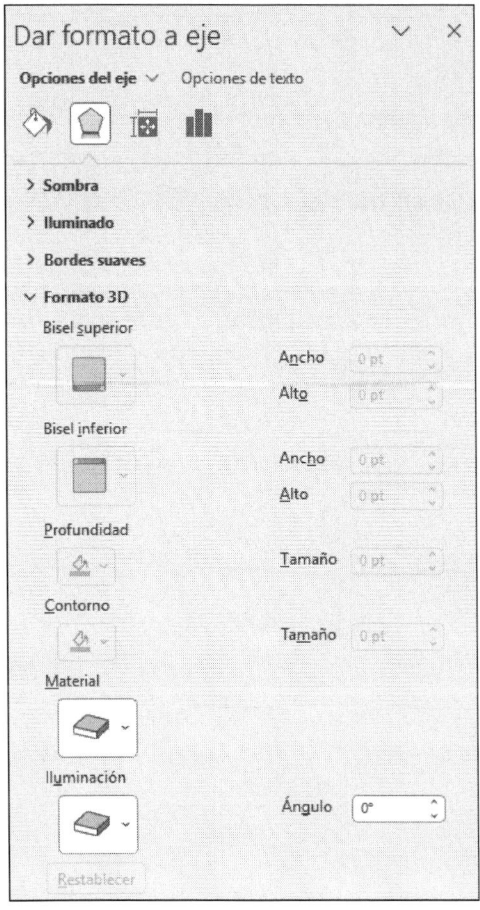

Algunas opciones de formato 3D no están disponibles con ciertos gráficos.

- Para obtener un efecto en 3D en el borde superior de un elemento, abra la lista **Bisel superior** o **Bisel inferior**, según el caso, y seleccione la opción deseada. A continuación defina el **Ancho** y el **Alto** del borde.

  Los efectos de bisel dan relieve al contorno gracias a la incorporación de sombras y luces en torno al elemento.

- Seleccione seguidamente, si es posible, el **Contorno** y la **Profundidad** del efecto 3D.
- Para modificar el aspecto del elemento cambiando su iluminación especular, abra las listas **Material** e **Iluminación**, seleccione el modelo que desee y defina, si es preciso, el **Ángulo** (en grados) de reflexión de la luz.

*La iluminación especular hace que los objetos aparezcan más o menos brillantes. El uso de un efecto de la lista **Material** permite hacer los elementos más mates, plásticos, metálicos o traslúcidos.*

El botón **Restablecer** anula el formato 3D aplicado al elemento.

Modificar la orientación o la perspectiva de un gráfico en 3D

Haga doble clic en el área del gráfico.

*También puede seleccionar el área del gráfico o el área de trazado, activar la pestaña **Formato** y hacer clic en el botón **Aplicar formato a la selección** del grupo **Selección actual**.*

Active la categoría **Efectos** del panel de Office y abra la lista **Giro 3D**.

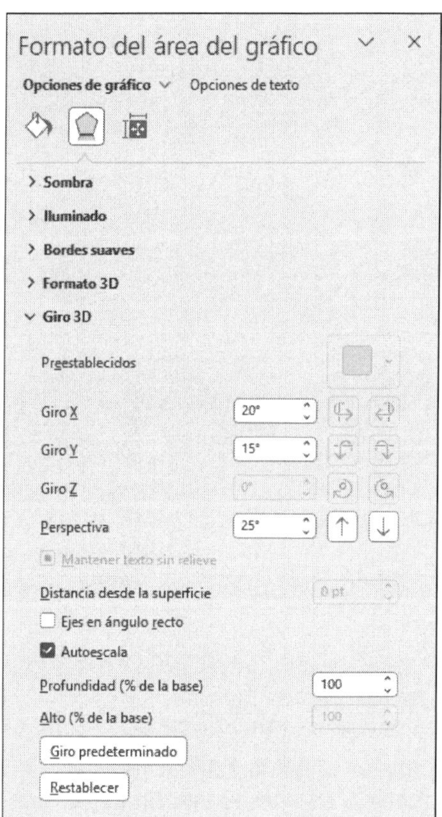

- Para modificar la orientación (el giro) y la posición de la cámara (vista) usada para visualizar los elementos, especifique los valores en los cuadros:

  Giro X para modificar la orientación del eje horizontal.

  Giro Y para modificar la orientación del eje vertical.

  Giro Z para modificar la posición de las formas por encima o por debajo de otras formas.

- Para modificar la profundidad del efecto 3D, teclee un valor en el cuadro **Perspectiva**.

  El valor mínimo (0) es como tener una cámara en paralelo, y el valor máximo (120) produce una perspectiva más exagerada, similar a la generada por una cámara con gran angular.

- Active la opción **Mantener texto sin relieve** para evitar que, al girar la forma, rote también el texto situado dentro de ella.

  Cuando esta opción está seleccionada, el texto permanece siempre encima de la forma. Si no lo está, el texto insertado en la forma sigue el movimiento de rotación de la forma.

- Para mover la forma hacia delante o hacia atrás en un espacio 3D, introduzca un valor en el cuadro **Distancia desde la superficie**.

El botón **Restablecer** cancela los efectos de giro 3D y de perspectiva aplicados al elemento.

Modificar un gráfico sectorial

También es posible hacer rotar gráficos sectoriales e incluso separar una o varias de sus partes.

- Seleccione la serie del gráfico o uno de sus datos.
- Active la pestaña **Formato** y haga clic en el botón **Aplicar formato a la selección** del grupo **Selección actual**.

  También puede hacer doble clic directamente en la selección.

  *Si ha seleccionado el conjunto de la serie gráfica, el título del panel de Office es **Formato de serie de datos**; si la selección concierne solo a un dato, el panel de Office se llama **Formato de punto de datos**.*

- Para hacer que el gráfico sectorial rote, desde las opciones de series, arrastre el cursor del cuadro **Ángulo del primer sector** o introduzca un grado de rotación en el cuadro de texto situado debajo del cursor.

- Para separar las partes del gráfico, arrastre el cursor del cuadro **Explosión de gráfico circular** si se trata de un solo dato o introduzca un porcentaje en el cuadro de texto.

  En este ejemplo, solo se ha separado una parte.

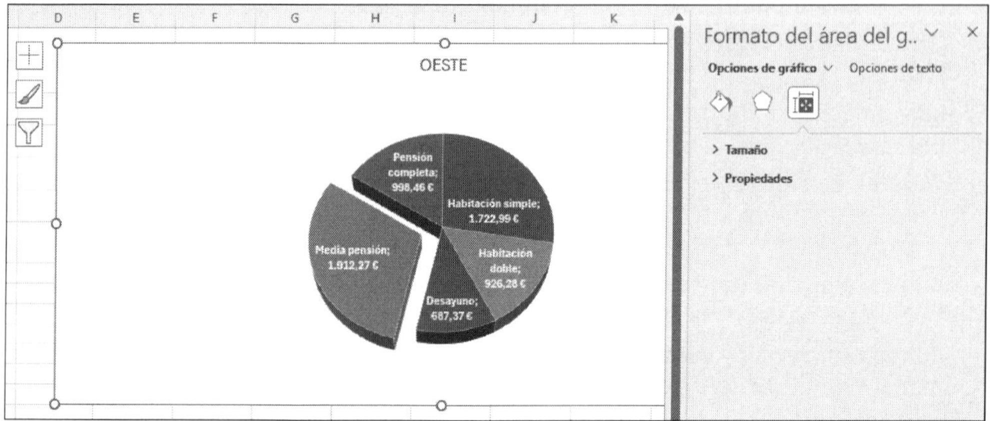

Para destacar una de las partes del gráfico, es posible separarla de las demás: haga clic dos veces en la parte en cuestión para seleccionarla y haga clic y arrastre hacia la parte exterior del gráfico.

Usar un subgráfico circular o un subgráfico de barras

Los gráficos sectoriales son prácticos para mostrar puntos de datos en forma de porcentaje, pero cuando estos puntos representan un porcentaje muy pequeño, puede resultar difícil distinguirlos. En ese caso, es posible utilizar un subtipo de gráfico: subgráfico circular o subgráfico de barras.

Este subtipo de gráfico circular separa los sectores más pequeños del gráfico principal y los muestra en un gráfico circular o en un gráfico de barras apiladas suplementario.

- Para cambiar el tipo de gráfico, selecciónelo y haga clic en el botón **Cambiar tipo de gráfico** de la pestaña **Diseño de gráfico**, grupo **Tipo**.
- Active, si es preciso, la categoría **Circular** en el panel izquierdo, y luego haga clic en el modelo **Gráfico circular con subgráfico circular** o **Gráfico circular con subgráfico de barras** según el tipo que desee, y confirme mediante **Aceptar**.

- Para modificar este tipo de gráfico, seleccione la serie completa o uno de los datos del gráfico.

  *Si ha seleccionado el conjunto de la serie del gráfico, el título del cuadro de diálogo es **Formato de serie de datos**; si la selección solo concierne a un dato, el panel se llama **Formato de punto de datos**.*

- En la lista **Opciones de serie**, abra la lista desplegable **Dividir serie por** y escoja el criterio en función del cual Excel debe separar los datos (**Posición**, **Valor**, **Valor del porcentaje**, **Personalizado**).

  *Según la opción elegida, se solicita información suplementaria. Para la opción **Valor del porcentaje**, se le pide que complete el valor del porcentaje de referencia en el campo **Valores en segundo trazado**.*

- Complete la información asociada al criterio de separación de datos.

  Si la modificación solo concierne a un dato (panel de Office **Formato de punto de datos**), abra la lista desplegable **El punto pertenece a** y elija su posición: **Segundo trazado** (gráfico secundario) o **Primer trazado** (gráfico principal).

- Para separar las partes del gráfico, arrastre el cursor de la zona **Sección circular** o la zona **Sección de puntos** si se trata de un solo dato, o bien introduzca un porcentaje en el cuadro de edición situado al lado de este cursor.

- Varíe, si es preciso, la distancia que separa los dos gráficos arrastrando el cursor de la zona **Ancho del intervalo** o introduciendo la anchura del intervalo en porcentaje del tamaño del gráfico secundario.

- Modifique, si es preciso, el **Tamaño del segundo trazado** arrastrando el cursor de la zona correspondiente o bien introduciendo el tamaño en porcentaje del tamaño del gráfico principal.

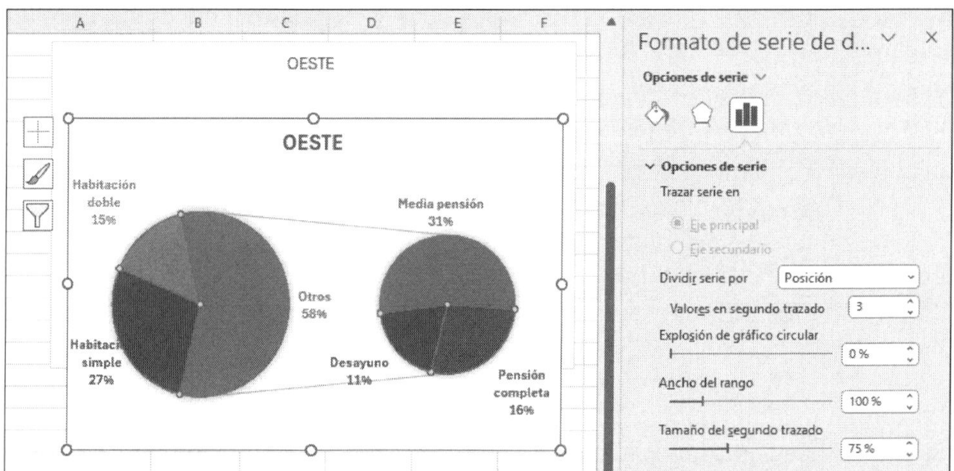

Los dos gráficos se sitúan siempre uno al lado de otro horizontalmente. El gráfico de la izquierda corresponde al gráfico principal, y el de la derecha, al gráfico secundario.

El gráfico secundario presenta los sectores que responden a los criterios definidos, y el total de estos sectores se presenta globalmente en el gráfico principal. Las líneas de conexión permiten visualizar mejor la asociación entre los dos gráficos.

Crear un gráfico en media luna

Se trata de integrar en el gráfico sectorial la columna Total, que ocupará la mitad del gráfico sectorial; luego bastará con ocultarla para obtener un gráfico en media luna.

- Seleccione los datos que hay que presentar sin los títulos y cree un gráfico circular según el procedimiento habitual (pestaña **Insertar**).
- Haga clic en el botón **Seleccionar datos** de la pestaña **Diseño de gráfico** y luego en el botón **Editar** del cuadro **Etiquetas del eje horizontal**.
- Seleccione las celdas que contienen las etiquetas, excepto la del total, y luego haga clic en **Aceptar** para validar la selección de las etiquetas de datos, y nuevamente en **Aceptar** para confirmar el cuadro de diálogo **Seleccionar origen de datos**.
- Haga clic en los datos del gráfico para mostrar el panel de Office **Formato de serie de datos** o **Formato de punto de datos**. Si es preciso, active la categoría **Opciones de serie** .

*También puede hacer clic en el botón **Aplicar formato a la selección** de la pestaña **Formato**.*

- Aplique una rotación de **270°** en el **Ángulo del primer sector**.

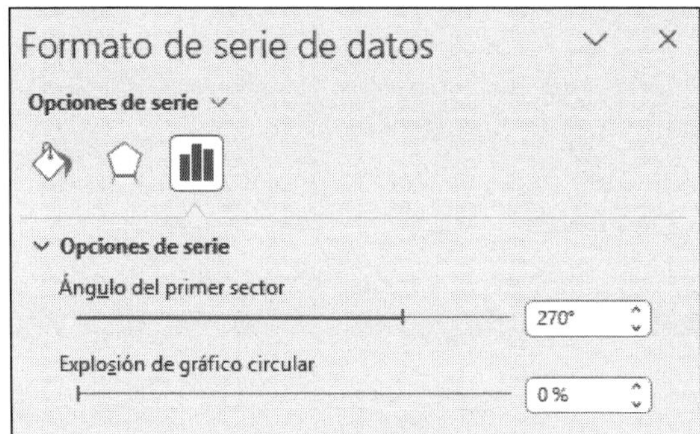

- Para ocultar la parte inferior del gráfico, selecciónelo y active la opción **Sin relleno** del panel de Office **Formato de punto de datos** - **Opciones de serie** - categoría **Relleno y línea** - lista **Relleno**:

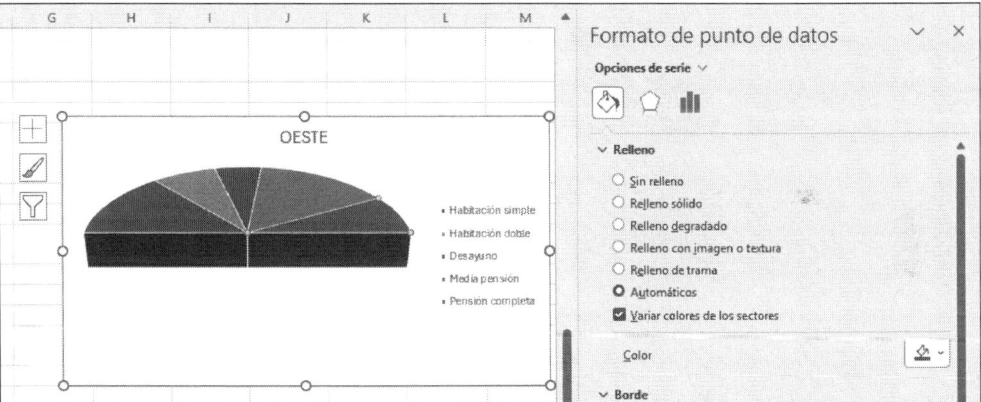

*También puede utilizar la opción **Sin relleno** de la herramienta **Relleno de forma** (pestaña **Formato**, grupo **Estilos de forma**).*

- Complete la presentación del gráfico en media luna añadiéndole un efecto 3D, etiquetas de datos (evite los porcentajes, ya que no resultarían coherentes en la medida en que la mitad del gráfico está oculto), etc.

Unir los puntos de un gráfico de tipo línea

- Active la pestaña **Diseño de gráfico**.
- Para ver líneas entre los puntos, haga clic en el botón **Agregar elemento de gráfico** y luego en la opción **Líneas** y seleccione:

Líneas de unión	Para ver líneas que parten del valor de la ordenada más alta y acaban en el eje de las abscisas.
Líneas de máximos y mínimos	Para ver filas que unen el valor de la ordenada más alta y el valor de la más baja.

- Para mostrar barras entre los puntos, haga clic en el botón **Agregar elemento de gráfico**, luego en la lista **Barras ascendentes y descendentes** del grupo **Análisis** y active la opción del mismo nombre.

En este ejemplo aparecen líneas de unión y barras ascendentes y descendentes.

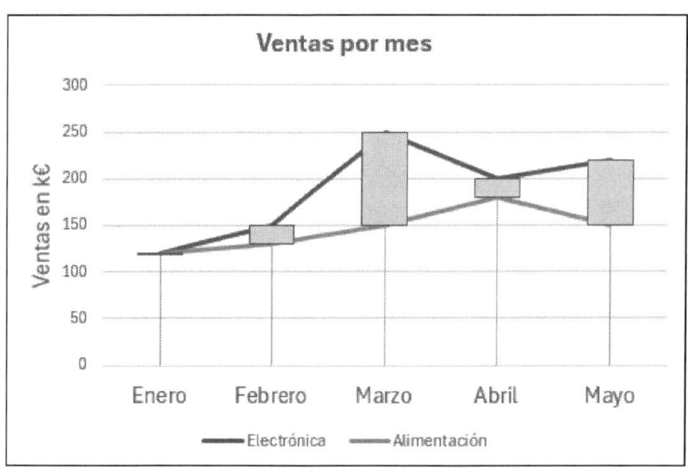

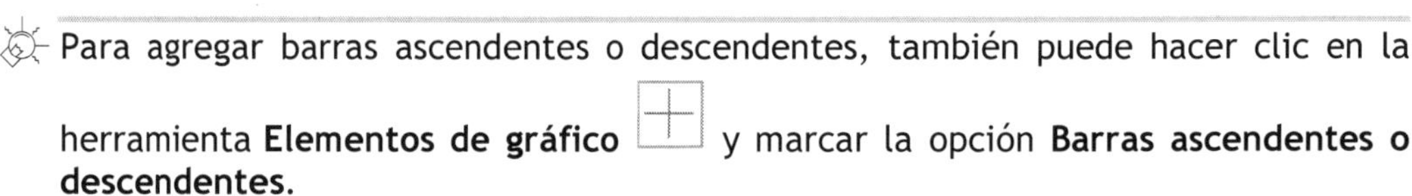

Para agregar barras ascendentes o descendentes, también puede hacer clic en la herramienta **Elementos de gráfico** y marcar la opción **Barras ascendentes o descendentes.**

Tablas de datos y tablas dinámicas

Crear una tabla de datos

*Las **tablas de datos** son conjuntos de filas y columnas que contienen datos conectados en forma de lista (por ejemplo: una lista de clientes, de artículos, etc.). Transformar estas listas en tablas de datos permite administrar, analizar y filtrar los datos con mayor facilidad.*

No debe confundirse este tipo de tabla de datos con las tablas de datos que forman parte de una serie de comandos de análisis de los escenarios.

- Seleccione el rango de celdas que se ha de definir como tabla de datos.
- Haga clic en el botón **Análisis rápido** situado en el ángulo inferior derecho de la selección.
- Active la pestaña **Tablas**.
- Coloque el cursor sobre el icono **Tabla** para obtener una vista previa del resultado en una ventana independiente.

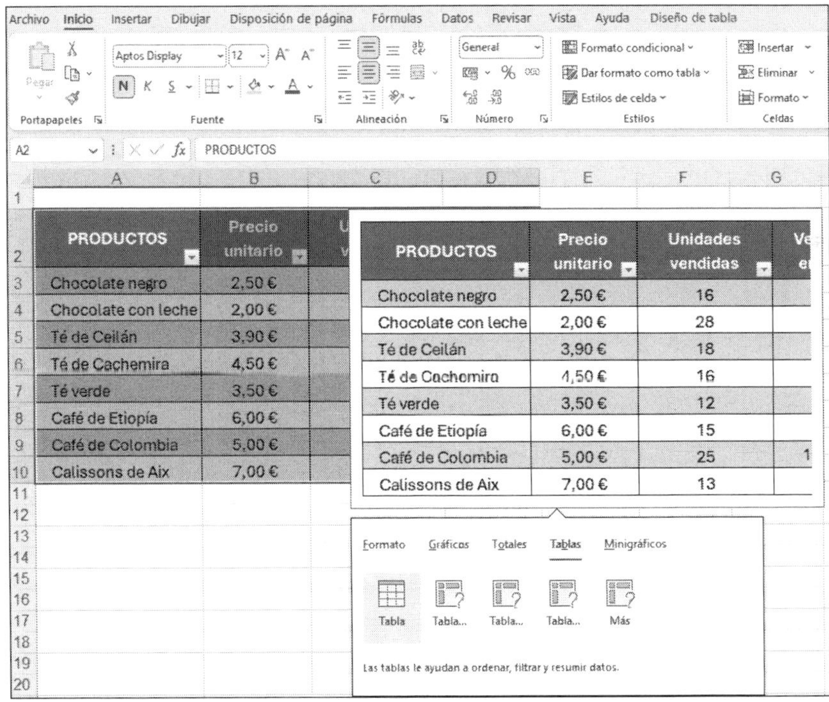

- Haga clic en el icono **Tabla** para crear la tabla de datos.

  Los encabezados de tabla aparecen automáticamente y presentan una serie de flechas de lista desplegable. Aparece también una nueva pestaña contextual llamada ***Diseño de tabla****. Puede usar las herramientas que se proponen en ella para personalizar o modificar la tabla.*

Otra posibilidad para crear una tabla es seleccionar las celdas y aplicarles un estilo de tabla mediante la opción **Dar formato como tabla** del grupo **Estilos** (pestaña **Inicio**). Para crear una tabla de datos, también puede activar la pestaña **Insertar** y hacer clic en el botón **Tabla** del grupo **Tablas.** En ese caso, se le pedirá que indique dónde se encuentran los datos de la tabla y que marque la opción **La tabla tiene encabezados** si el rango de celdas seleccionado contiene los encabezados de las columnas.

Cambiar el tamaño de una tabla de datos

- Haga clic en una de las celdas de la tabla.
- Haga clic en el botón **Cambiar tamaño de la tabla** del grupo **Propiedades**, pestaña **Diseño de tabla**.
- Modifique la selección de las celdas y confirme.

Otra posibilidad es colocar el cursor sobre el indicador de cambio de tamaño (triangulito situado en la esquina inferior derecha de la tabla) y arrastrarlo hasta seleccionar el rango de celdas deseado.

Mostrar u ocultar los encabezados de una tabla

- Haga clic en una de las celdas de la tabla.
- Active, si es preciso, la pestaña **Diseño de tabla**.
- Para ver los encabezados de la tabla, marque la opción **Fila de encabezado** del grupo **Opciones de estilo de tabla** y, para ocultarlos, desactive esa opción.

Cuando se desactivan los encabezados de una tabla, se eliminan de ella los filtros automáticos de encabezado y también los demás filtros que pudieran haberse aplicado.

Agregar una fila o una columna a una tabla de datos

- Para agregar una fila a la tabla, introduzca un dato en una celda situada justo debajo de la tabla.
- Para agregar una columna a la tabla, introduzca un dato en una celda situada inmediatamente a la derecha de la tabla.
- Para agregar filas y columnas, también puede arrastrar el indicador de cambio de tamaño (esquina inferior derecha de la tabla) hacia abajo o hacia la derecha y seleccionar filas y columnas.
- Para agregar una fila vacía en la parte inferior de la tabla, haga clic en la última celda de la tabla y pulse la tecla [Tab].

  Si existe una fila de totales en la tabla, sitúela en la última celda de la fila que precede a la de subtotales.

Para insertar o eliminar filas y columnas en una tabla de datos, use el mismo procedimiento que en las hojas de cálculo (véase el capítulo Filas, columnas y celdas).

Seleccionar filas y columnas en una tabla de datos

- Para seleccionar los datos de una columna perteneciente a una tabla, coloque el cursor sobre el borde superior del encabezado de la columna de la tabla (el puntero del ratón adopta la forma ⬇) y haga clic o active una de las celdas de la columna y pulse [Ctrl] [Espacio].

  Para seleccionar toda la columna de la hoja de cálculos (incluyendo el encabezado), haga doble clic o use dos veces el método abreviado [Ctrl] [Espacio].
- Para seleccionar los datos de una fila de una tabla, coloque el cursor sobre el borde izquierdo de la fila (el puntero del ratón adopta la forma ➡) y haga clic o active una de las celdas de la fila y pulse [Mayús] [Espacio].
- Para seleccionar todos los datos de una tabla, coloque el cursor sobre el borde superior izquierdo de la tabla (el puntero del ratón adopta la forma ↘) y haga clic o active una de las celdas de la columna y pulse [Ctrl] [Mayús] [Espacio] o [Ctrl] **E**.

  Para seleccionar toda la tabla (incluyendo los encabezados), haga doble clic o use dos veces uno de los métodos abreviados.

Crear cálculos con referencias estructuradas

Cuando se crea una tabla de datos, Excel asigna automáticamente un nombre a la tabla y a cada una de sus columnas (si la columna tiene encabezados, Excel utiliza esos nombres). Si después se añade una fórmula en la tabla y se seleccionan celdas, en lugar de mostrarse las referencias explícitas de celda (A1, A2, etc.), aparecen dichos nombres.

*En el ejemplo siguiente, se introduce el signo = en la celda **D3** y se realiza un cálculo; al seleccionar las celdas **B3** y **C3**, Excel muestra automáticamente los nombres de las columnas de la tabla.*

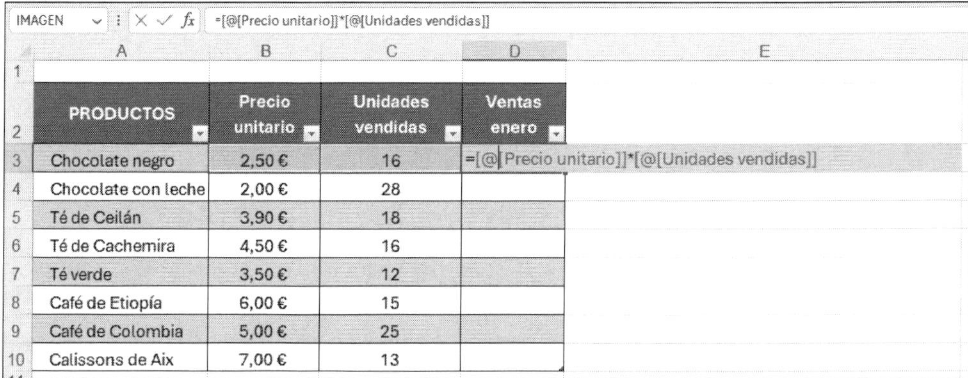

IMAGEN =[@[Precio unitario]]*[@[Unidades vendidas]]

PRODUCTOS	Precio unitario	Unidades vendidas	Ventas enero
Chocolate negro	2,50 €	16	=[@[Precio unitario]]*[@[Unidades vendidas]]
Chocolate con leche	2,00 €	28	
Té de Ceilán	3,90 €	18	
Té de Cachemira	4,50 €	16	
Té verde	3,50 €	12	
Café de Etiopía	6,00 €	15	
Café de Colombia	5,00 €	25	
Calissons de Aix	7,00 €	13	

*Estos nombres se denominan **referencias estructuradas**. Se actualizan automáticamente cuando se realizan cambios en la tabla, incluso si cambia su tamaño (al añadir o eliminar filas o columnas, por ejemplo).*

Pulse ↵ para validar la entrada.

Se inserta automáticamente una columna que aplica el cálculo al resto de filas de la tabla:

D4 =[@[Precio unitario]]*[@[Unidades vendidas]]

	A	B	C	D
1				
2	PRODUCTOS	Precio unitario	Unidades vendidas	Ventas enero
3	Chocolate negro	2,50 €	16	40,00 €
4	Chocolate con leche	2,00 €	28	56,00 €
5	Té de Ceilán	3,90 €	18	70,20 €
6	Té de Cachemira	4,50 €	16	72,00 €
7	Té verde	3,50 €	12	42,00 €
8	Café de Etiopía	6,00 €	15	90,00 €
9	Café de Colombia	5,00 €	25	125,00 €
10	Calissons de Aix	7,00 €	13	91,00 €

Tenga en cuenta que, si se hubiesen introducido referencias de celda explícitas (**=B3*C3/1000**), la columna también se habría insertado en la tabla. No obstante, Microsoft recomienda utilizar referencias estructuradas, ya que la actualización automática de Excel al realizar cambios posteriores (adición de filas o columnas, copias de referencias, referencias indirectas, etc.) es menos propensa a errores y requiere menos trabajo de comprobación por parte de los usuarios.

Modificar el nombre de una tabla de datos

- Haga clic en una de las celdas de la tabla de datos.
- Active, si es necesario, la pestaña contextual **Diseño de tabla**.
- Haga clic en la zona **Nombre de la tabla** del grupo **Propiedades** y escriba el nombre deseado.

  *Los nombres deben ser únicos, tener un máximo de 255 caracteres y no pueden contener espacios. Excel no distingue entre mayúsculas y minúsculas en los nombres de tabla. Si se prevé usar una combinación de tablas de datos, tablas dinámicas y gráficos, conviene emplear identificadores de objeto (por ejemplo: **tbl_ventas**, **td_ventas**, **graf_ventas**).*
- Pulse ⏎ para validar la entrada.

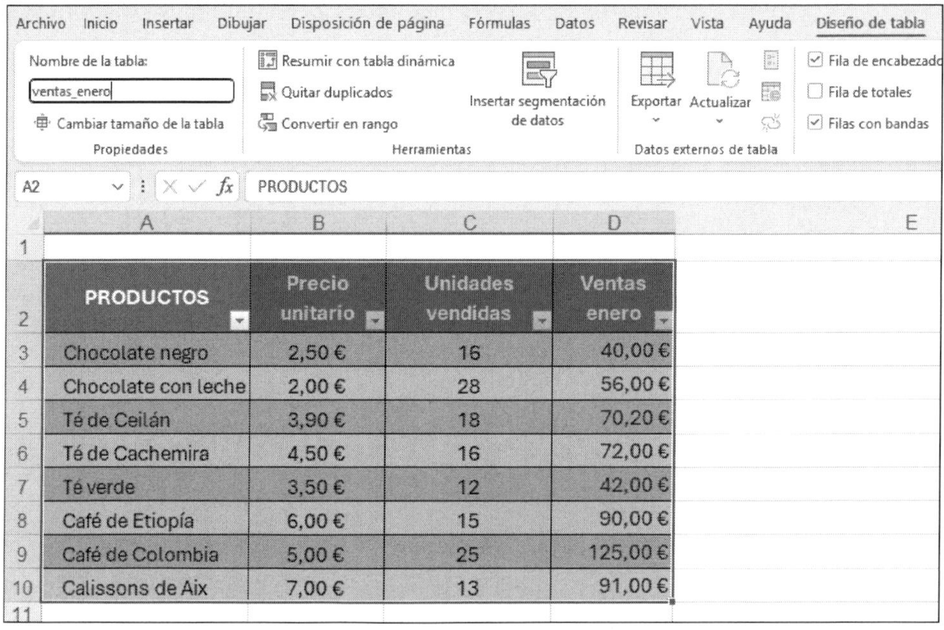

Si existen tablas dinámicas que hagan referencia a la tabla de datos, el nombre se actualizará automáticamente para evitar que aparezcan advertencias sobre referencias no válidas.

Crear una columna calculada con la herramienta Análisis rápido

- Seleccione la tabla de datos.
- Haga clic en el botón **Análisis rápido**, situado en la esquina inferior derecha de la tabla.
- Active la pestaña **Totales**.
- Muestre los cinco iconos de inserción de columnas (naranja y blanco) haciendo clic en la flecha.
- Coloque el cursor sobre (sin hacer clic) el icono del tipo de cálculo que debe efectuarse (**Sumar**, **Promedio**, **Recuento**, **% del total**, **Total**) para obtener una vista previa del resultado en la nueva columna de la tabla.

*En nuestro ejemplo, podemos ver en la columna F el **Promedio** de cada fila de datos.*

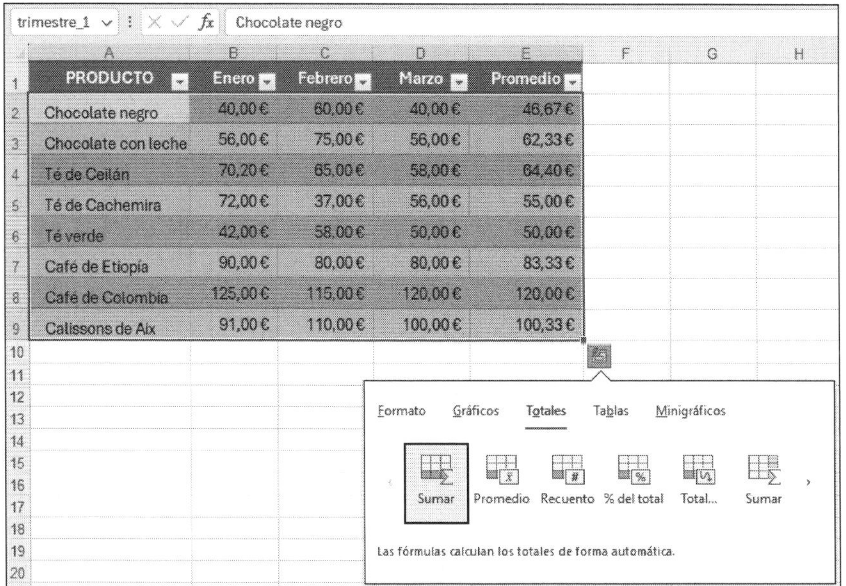

PRODUCTO	Enero	Febrero	Marzo	Promedio
Chocolate negro	40,00 €	60,00 €	40,00 €	46,67 €
Chocolate con leche	56,00 €	75,00 €	56,00 €	62,33 €
Té de Ceilán	70,20 €	65,00 €	58,00 €	64,40 €
Té de Cachemira	72,00 €	37,00 €	56,00 €	55,00 €
Té verde	42,00 €	58,00 €	50,00 €	50,00 €
Café de Etiopía	90,00 €	80,00 €	80,00 €	83,33 €
Café de Colombia	125,00 €	115,00 €	120,00 €	120,00 €
Calissons de Aix	91,00 €	110,00 €	100,00 €	100,33 €

- Haga clic en el icono correspondiente para confirmar su elección.

Para eliminar una columna calculada, proceda como si se tratara de eliminar una columna cualquiera.

Para modificar una columna calculada, basta con modificar una de las fórmulas de cálculo de la columna: las demás celdas se actualizarán automáticamente.

Mostrar una fila de totales en una tabla de datos

Primer método

- Haga clic en una de las celdas de la tabla.
- Acceda, si es necesario, a la pestaña contextual **Diseño de tabla** y active la opción **Fila de totales** en el grupo **Opciones de estilo de tabla**.

  *La fila de totales se inserta en la última fila de la tabla y muestra la palabra **Total** en la celda situada más a la izquierda.*

- Para mostrar el resultado de otro cálculo en otra columna, haga clic en la celda de la columna correspondiente y abra la lista desplegable asociada.

  Excel propone las funciones de cálculo más habituales:

	A	B	C	D	E
1	PRODUCTO	Enero	Febrero	Marzo	Promedio
2	Chocolate negro	40,00 €	60,00 €	40,00 €	46,67 €
3	Chocolate con leche	56,00 €	75,00 €	56,00 €	62,33 €
4	Té de Ceilán	70,20 €	65,00 €	58,00 €	64,40 €
5	Té de Cachemira	72,00 €	37,00 €	56,00 €	55,00 €
6	Té verde	42,00 €	58,00 €	50,00 €	50,00 €
7	Café de Etiopía	90,00 €	80,00 €	80,00 €	83,33 €
8	Café de Colombia	125,00 €	115,00 €	120,00 €	120,00 €
9	Calissons de Aix	91,00 €	110,00 €	100,00 €	100,33 €
10	**Total**			**560,00 €**	

Ninguno
Promedio
Recuento
Contar números
Máx.
Mín.
Suma
Desvest
Var
Más funciones...

  Haga clic en la función que desee utilizar.

  Asimismo, puede escribir directamente la fórmula de su elección en una celda de la fila de totales.

- Para ocultar la fila de totales, desactive la opción **Fila de totales** del grupo **Opciones de estilo de tabla**.

Segundo método

- Para insertar una fila calculada debajo de la tabla de datos seleccionada, haga clic en el botón **Análisis rápido** y, a continuación, acceda a la pestaña **Totales**.

  *Las cinco primeras opciones disponibles (**Suma**, **Promedio**, **Total**, **% del total** y **Resultado acumulado**) permiten añadir una fila de totales.*

- Coloque el cursor sobre la opción correspondiente al cálculo que desee realizar (**Suma**, **Promedio**, **Total**, **% del total** o **Resultado acumulado**) para obtener una vista previa del resultado en la última fila de la tabla.

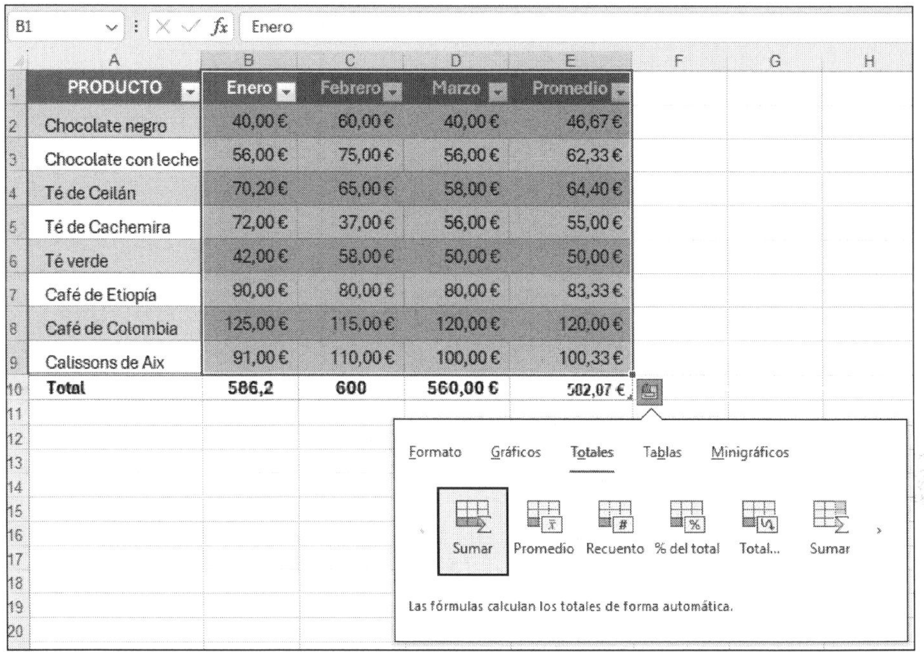

PRODUCTO	Enero	Febrero	Marzo	Promedio
Chocolate negro	40,00 €	60,00 €	40,00 €	46,67 €
Chocolate con leche	56,00 €	75,00 €	56,00 €	62,33 €
Té de Ceilán	70,20 €	65,00 €	58,00 €	64,40 €
Té de Cachemira	72,00 €	37,00 €	56,00 €	55,00 €
Té verde	42,00 €	58,00 €	50,00 €	50,00 €
Café de Etiopía	90,00 €	80,00 €	80,00 €	83,33 €
Café de Colombia	125,00 €	115,00 €	120,00 €	120,00 €
Calissons de Aix	91,00 €	110,00 €	100,00 €	100,33 €
Total	586,2	600	560,00 €	582,07 €

En este ejemplo, se han seleccionado únicamente las celdas B1 a E9. Se ha ignorado deliberadamente la primera columna para que Excel no la tenga en cuenta para realizar el cálculo.

- Haga clic en el cálculo deseado para confirmar su elección.

Aplicar un estilo de tabla a una tabla de datos

- Haga clic en una de las celdas de la tabla.
- Active, si es preciso, la pestaña **Diseño de tabla** y haga clic en la herramienta **Más** de la galería de estilos del grupo **Estilos de tabla**.
- Coloque el cursor (sin hacer clic) uno de los estilos para ver su aplicación en la tabla.

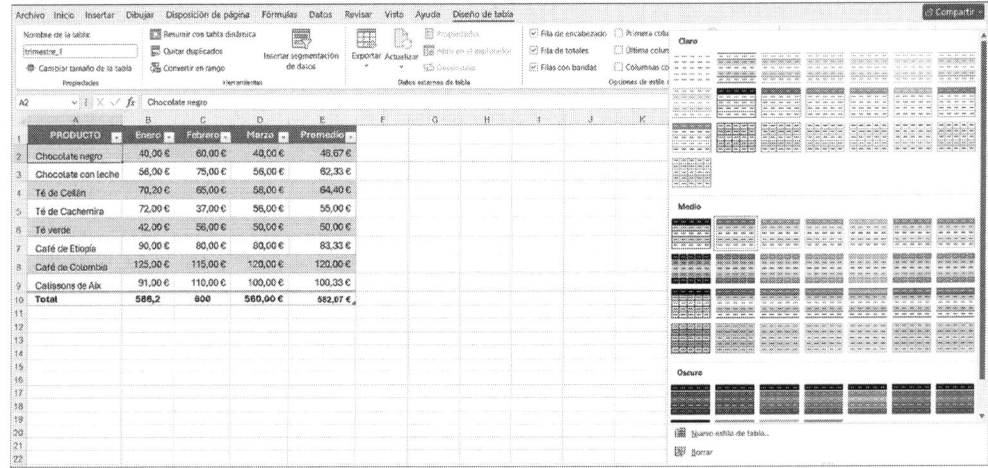

PRODUCTO	Enero	Febrero	Marzo	Promedio
Chocolate negro	40,00 €	60,00 €	40,00 €	46,67 €
Chocolate con leche	56,00 €	75,00 €	56,00 €	62,33 €
Té de Ceilán	70,20 €	65,00 €	58,00 €	64,40 €
Té de Cachemira	72,00 €	37,00 €	56,00 €	55,00 €
Té verde	42,00 €	58,00 €	50,00 €	50,00 €
Café de Etiopía	90,00 €	80,00 €	80,00 €	83,33 €
Café de Colombia	125,00 €	115,00 €	120,00 €	120,00 €
Calissons de Aix	91,00 €	110,00 €	100,00 €	100,33 €
Total	586,2	600	580,00 €	582,07 €

- Haga clic en el estilo de tabla que desea usar.

Convertir una tabla de datos en rango de celdas

Cuando ya no necesite la tabla de datos, puede convertirla en un rango de celdas normal, manteniendo su formato.

- Haga clic en una de las celdas de la tabla de datos.
- Haga clic en el botón **Convertir en rango** del grupo **Herramientas** de la pestaña **Diseño de tabla** o utilice la opción **Tabla - Convertir en rango** del menú contextual de la tabla.
- Confirme la conversión de la tabla en rango de celdas haciendo clic en el botón **Sí**.

Eliminar una tabla y sus datos

- Haga clic en una de las celdas de la tabla de datos y pulse las teclas Ctrl **E** dos veces para seleccionar toda la tabla.
- Pulse la tecla Supr.

  Si no desea trabajar con los datos en una tabla de datos, puede convertirla en un rango de celdas normal conservando su formato (véase Convertir una tabla de datos en rango de celdas).

Elegir una tabla dinámica recomendada

Una tabla dinámica permite resumir, analizar, explorar y presentar datos de síntesis. Excel, además, puede sugerir varias tablas dinámicas que se adaptan particularmente a los datos de la hoja de cálculo, ayudando de este modo al usuario a sintetizarlos y analizarlos.

- Si el rango de celdas en el que se basa la tabla dinámica contiene encabezados de columna o ya está organizado en una tabla de Excel, haga clic en una de las celdas. De lo contrario, seleccione el rango de celdas que desea tratar en la tabla dinámica.
- Asegúrese de que sus datos no contienen filas vacías.
- Active la pestaña **Insertar** y haga clic en el botón **Tablas dinámicas recomendadas** del grupo **Tablas**.

  Excel analiza los datos seleccionados y sugiere algunos tipos de tablas que se adaptan a ellos.

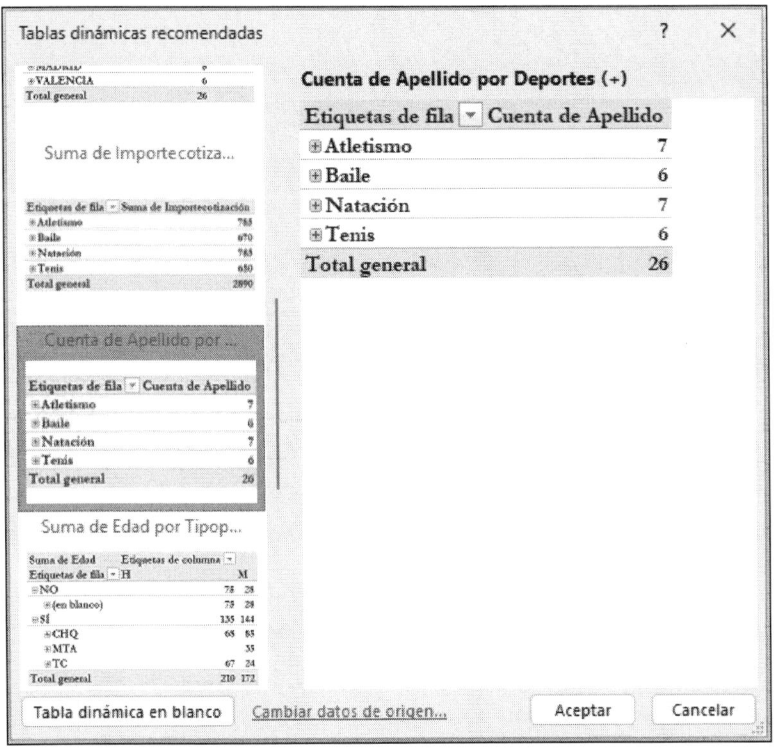

- Haga clic en una de las disposiciones de tablas dinámicas de la parte izquierda de la ventana para obtener una vista previa en la parte derecha.

  *El botón **Tabla dinámica en blanco** situado en la parte inferior izquierda de la ventana permite, como indica su nombre, ignorar las sugerencias de Excel y definir desde cero la tabla dinámica.*

- Si la tabla dinámica propuesta se adapta a lo que necesita, haga clic en el botón **Aceptar.**

  *La nueva hoja de cálculo (denominada **Hojax**) que crea esa tabla dinámica muestra también el panel de **Campos de tabla dinámica**, con el que puede modificar la tabla dinámica.*

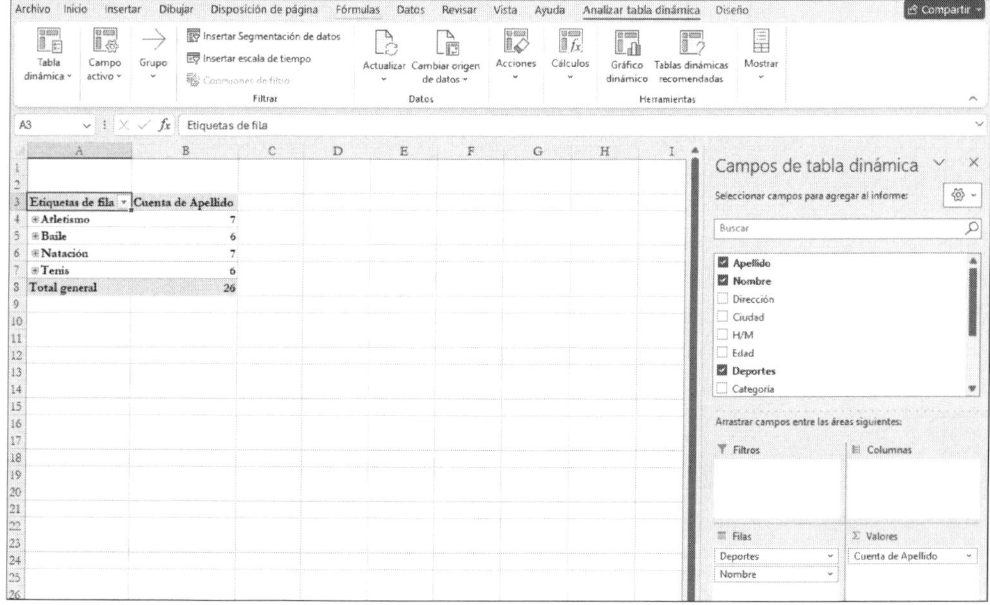

Si desea modificar la tabla dinámica que ha creado automáticamente Excel, siga los mismos procedimientos que se describen en el apartado Administrar los campos de una tabla dinámica, en este capítulo.

Para crear una tabla dinámica a partir de las sugerencias de Excel, también puede seleccionar los datos, hacer clic en el botón **Análisis rápido** , situado en la esquina inferior derecha de la selección, y activar la pestaña **Tablas.**

En ese caso, puede señalar uno de los modelos propuestos para obtener una vista previa del resultado y luego hacer clic en la disposición deseada. El icono **Más** abre la ventana **Tablas dinámicas recomendadas**.

Crear una tabla dinámica

Una tabla dinámica permite resumir, analizar, explorar y presentar datos de síntesis.

Para usar una de las tablas dinámicas recomendadas por Excel, vaya al apartado Elegir una tabla dinámica recomendada, en este capítulo.

- Si el rango de celdas a las que afecta la tabla dinámica contiene encabezados de columnas o ya está organizado en una tabla de datos, haga clic en una de las celdas de la tabla; en caso contrario, seleccione el rango de celdas que se van a tratar en la tabla dinámica.
- Asegúrese de que los datos no contienen filas vacías.
- Active la pestaña **Insertar** y haga clic en el botón **Tabla dinámica** del grupo **Tablas.**

  *Observe que la lista asociada al botón **Tabla dinámica** también ofrece la opción **Desde Datos externos de origen**. Hablaremos de esta opción en el capítulo Importar datos - Importar datos de una base de datos de Access.*

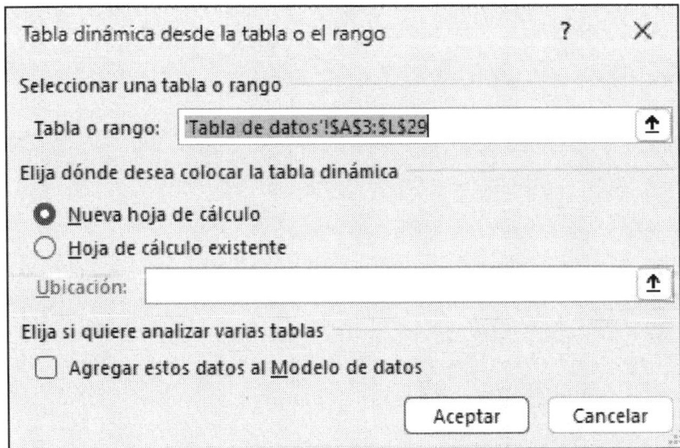

- Asegúrese de que el cuadro **Seleccione una tabla o rango** contenga exactamente los datos que se deben analizar; en caso contrario, utilice el botón para seleccionarlos.

- Elija entre ubicar la tabla dinámica en una nueva hoja o en una de las hojas del libro. Para ello, active la opción **Nueva hoja de cálculo** en el primer caso, o la opción **Hoja de cálculo existente** en el segundo; si ha elegido esta última opción, utilice el botón para activar la primera celda en la que se colocará el informe.
- Haga clic en el botón **Aceptar**.

*Aparecen las pestañas contextuales **Analizar tabla dinámica** y **Diseño**.*

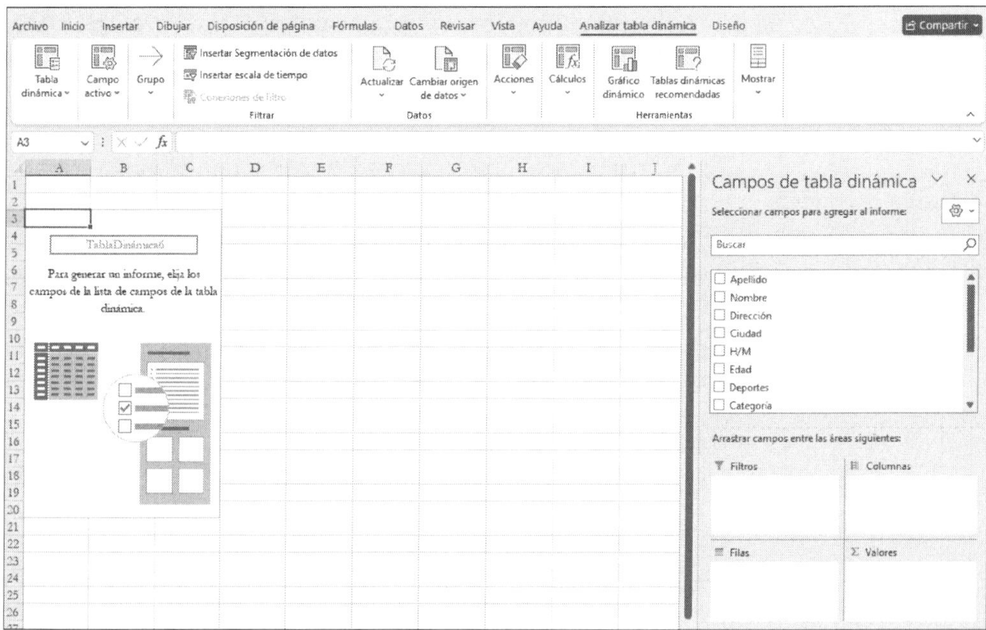

*En la ubicación indicada se inserta un informe vacío de tabla dinámica (aquí en la celda **A3** de una nueva hoja denominada **Hoja4**) y aparece a la derecha el panel **Campos de tabla dinámica**, desde el que puede empezar a agregar campos, crear un diseño y personalizar el informe. Este panel incluye dos secciones: la parte superior, llamada sección de **Campos**, que muestra la lista de campos, y la parte inferior, llamada sección de **Áreas**, que permite reorganizar y recolocar los campos en uno de los cuatro cuadros del informe de tabla dinámica.*

*Puede obtener este mismo resultado usando el botón **Tabla dinámica en blanco**, situado en la esquina inferior izquierda de la ventana **Tablas dinámicas recomendadas** (véase Elegir una tabla dinámica recomendada).*

- Por defecto, las secciones **Campos** y **Áreas** están superpuestas; para cambiar esta disposición, haga clic en el botón **Herramientas** , situado en la parte superior derecha del panel:

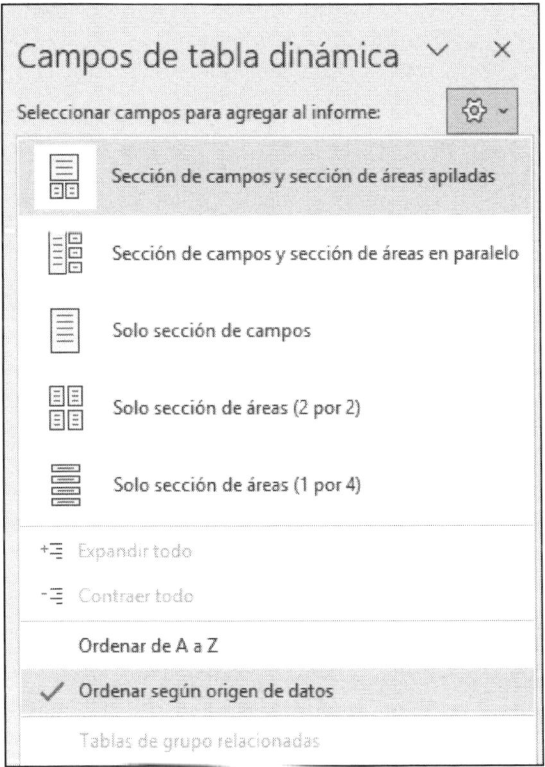

- Haga clic en la disposición que prefiera.

*Observe que si la opción **Diseño de tabla dinámica clásica (permite arrastrar campos en la cuadrícula)** está activada (pestaña **Analizar tabla dinámica** - grupo **Tabla dinámica** - botón **Opciones** - pestaña **Mostrar**), la zona que representa la tabla tendrá este formato:*

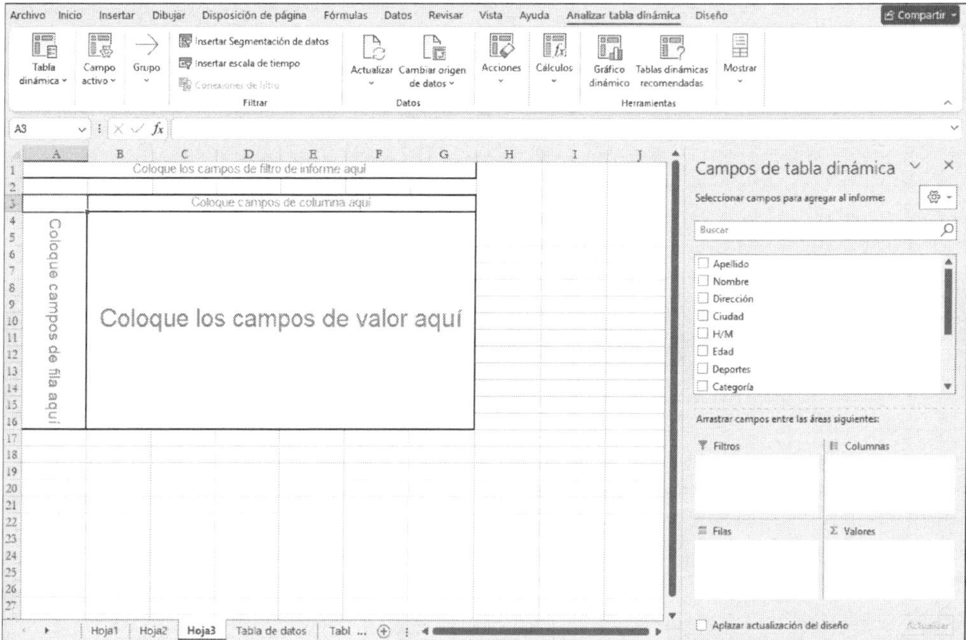

Esta disposición permite insertar los campos en la tabla arrastrándolos hasta la zona adecuada.

- Si hace clic fuera de la zona destinada a la tabla dinámica, desaparece el panel **Campos de tabla dinámica**. Para mostrar de nuevo la lista de campos, haga clic en dicha zona.
- A partir de ahí, el usuario podrá agregar los campos que desee para crear la tabla dinámica (véase Administrar los campos de una tabla dinámica).

- Para dar nombre a una tabla dinámica, haga clic en la zona de texto **Nombre de tabla dinámica** que se encuentra en la lista desplegable del botón **Tabla dinámica** de la pestaña **Analizar tabla dinámica**, escriba el nombre de la tabla y pulse ⏎.

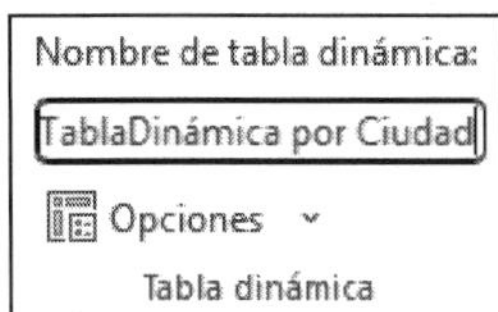

Las modificaciones efectuadas en la lista de campos de la tabla dinámica se integran inmediatamente en el área del informe. Para acelerar el proceso de añadir, mover o eliminar uno de los campos, puede marcar la opción **Aplazar actualización del diseño** (situada en la parte inferior del panel de Office **Campos de tabla dinámica**). No obstante, tenga presente que no podrá utilizar el informe antes de haber desmarcado esta opción.

Crear una tabla dinámica basada en varias tablas

*Esta función permite listar los campos de varias tablas en el panel **Campos de tabla dinámica**, lo que facilita la creación de una única tabla dinámica.*

Para importar varias tablas en una lista de campos de tabla dinámica, puede importarlas simultáneamente desde una base de datos relacional o bien importar las tablas una a una desde una única fuente de datos o desde fuentes de datos diferentes. Excel crea relaciones y utiliza este modelo de datos como base para una tabla dinámica.

En este manual se ha utilizado como ejemplo la importación de varias tablas de una base de datos de Access, con las que se ha creado un modelo de datos de Excel (consulte Importar datos - Importar datos de una base de datos de Access).

- Una vez los datos importados, acceda a la pestaña **Insertar**, haga clic en la lista del botón **Tabla dinámica** y luego elija la opción **Desde Datos externos de origen**.
- Haga clic en el botón **Elegir conexión** del cuadro de diálogo **Tabla dinámica desde un origen externo.**
- Active la pestaña **Tablas** y haga clic en el elemento que desee.

  *Para nuestro ejemplo, hemos seleccionado la opción **Tablas del modelo de datos del libro**. Nuestro modelo de datos contiene **10 Tablas** previamente importadas desde una base de datos de Access.*

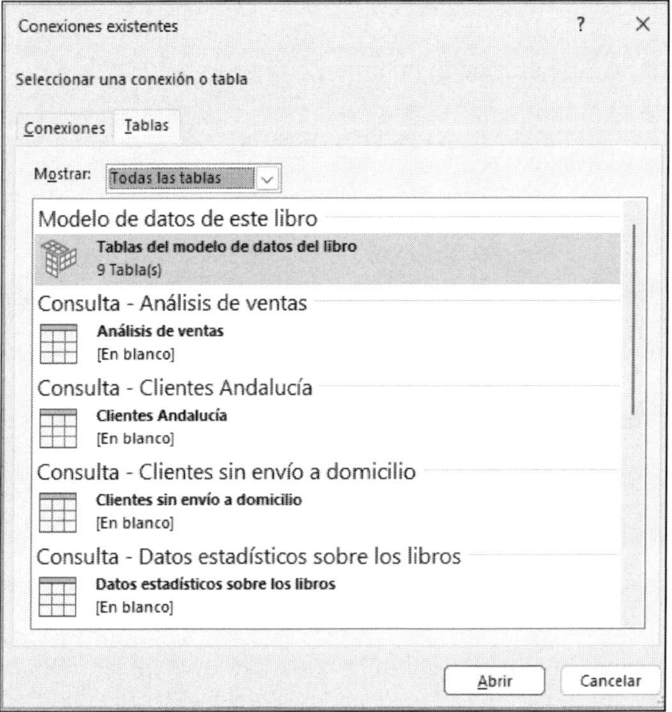

- Haga clic en el botón **Abrir**.
- Elija a continuación entre crear la nueva tabla dinámica en una nueva hoja de cálculo (opción **Nueva hoja de cálculo**) o bien en la hoja activa (opción **Hoja de cálculo existente**) en la **Ubicación** definida.
- Haga clic en el botón **Aceptar**.

  *Observe la presencia de varias tablas en la lista de los campos. Estas tablas (y sus campos) pueden verse en las pestañas **Activo** y **Todos**.*

- Para ver los campos asociados a una tabla, haga clic en el símbolo situado a la izquierda de su nombre. Y para ocultarlos, haga clic en el símbolo .
- Defina la disposición de esta nueva tabla dinámica siguiendo el mismo procedimiento que para una tabla dinámica común; por ejemplo, arrastrando los campos que desee de cualquiera de las tablas a la zona **Valores**, **Filas** o **Columnas** (véase Crear una tabla dinámica).

El botón **Más tablas** situado debajo de los campos del panel **Campos de tabla dinámica** de una tabla dinámica común también permite integrar tablas en una nueva tabla dinámica.

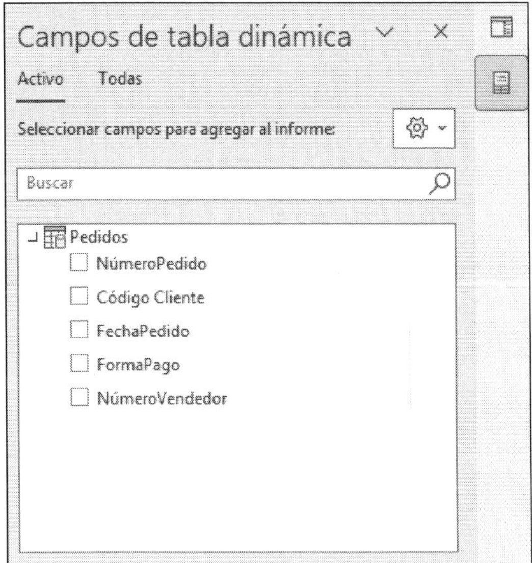

Volver a calcular una tabla dinámica

Cuando se modifica el rango de celdas que sirve de origen a la tabla dinámica, dichos cambios no se reflejan automáticamente en la tabla: es necesario actualizarla.

- Haga clic, si es necesario, en la tabla dinámica.
- Acceda a la pestaña **Analizar tabla dinámica** y, en el grupo **Datos**, abra la lista **Actualizar**.
- Haga clic en la opción **Actualizar** para refrescar la información procedente del origen conectado a la celda activa, o en **Actualizar todo** para actualizar toda la información procedente del origen de datos.

*También puede usar la opción **Actualizar** del menú contextual de la tabla dinámica.*

Administrar los campos de una tabla dinámica

Agregar o eliminar un campo

- Haga clic con el botón secundario en el nombre del campo (sección de **Campos** del panel **Campos de tabla dinámica**) y seleccione la opción correspondiente a la zona en que desea colocar el campo:

Agregar a filtro de informe	Para que los valores de este campo se propongan, en forma de lista, como criterios de filtro de la tabla dinámica.
Agregar a etiquetas de fila	Para que los valores de este campo se conviertan en encabezados de fila de la tabla.
Agregar a etiquetas de columna	Para que los valores de este campo se conviertan en encabezados de columna de la tabla.
Agregar a valores	Para que los valores de este campo se utilicen con objeto de rellenar las diferentes celdas de la tabla dinámica. Por defecto, Excel utiliza la función SUMA para resumir los datos numéricos, y la función CONTAR para los datos de tipo texto. Observe que es posible cambiar esta función de resumen, igual que es posible efectuar un cálculo personalizado con esos datos (véase Modificar la función de resumen o el cálculo personalizado de un campo).

*Esta tabla dinámica permite mostrar la suma de los gastos de inscripción por deporte y por ciudad. Los campos situados en la lista dinámica aparecen en las **Áreas** correspondientes del panel **Campos de tabla dinámica**.*

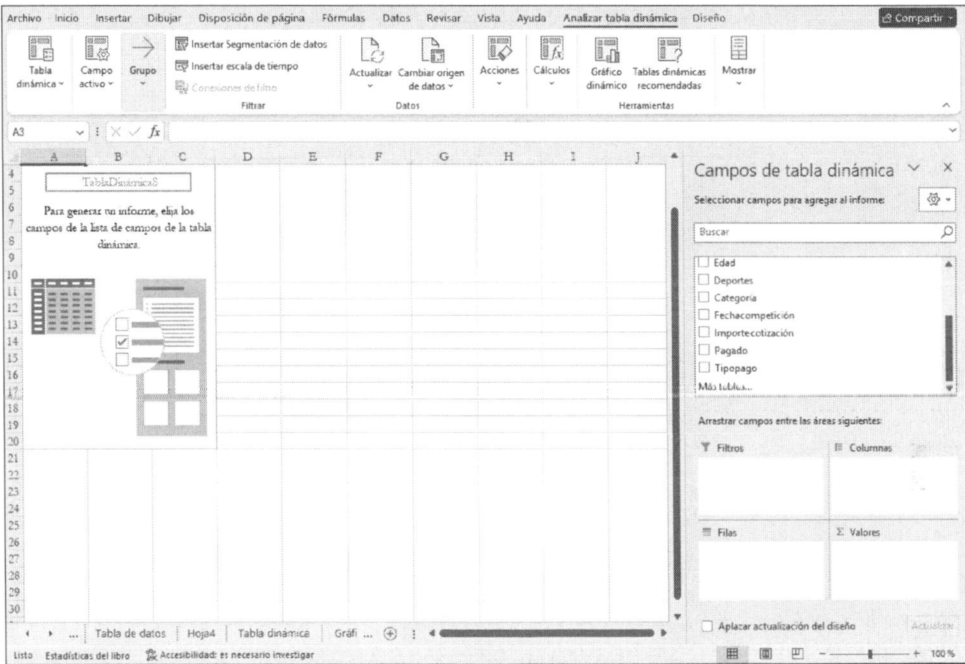

*También es posible arrastrar el campo a la zona correspondiente de la sección de Áreas que aparece por defecto bajo la lista de los campos o, si la disposición clásica de la tabla dinámica está activada (pestaña **Analizar** - **Tabla dinámica** - **Opciones** - ficha **Mostrar**), arrastrar los campos directamente a la zona adecuada de la tabla.*

- Para modificar el estilo de la tabla dinámica, acceda a la pestaña **Diseño** y elija un estilo en el grupo **Estilos de tabla dinámica**. Para cambiar únicamente el estilo de los encabezados de las filas o las columnas, active o desactive el elemento correspondiente en el grupo **Opciones de estilo de tabla dinámica**.
- Para eliminar un campo de tabla dinámica, desactive su casilla de verificación correspondiente en la sección de los **Campos**.
- Para crear varios niveles de filas o de columnas en la tabla dinámica, añada el campo o los campos correspondientes en las zonas que desee, según el procedimiento descrito anteriormente.

*En este ejemplo, hemos añadido el campo **Categoría** al segundo nivel de las **Etiquetas de fila** (ver el área **Filas**); las etiquetas de fila de la tabla ahora van precedidas por un signo + que indica la presencia de un nivel suplementario.*

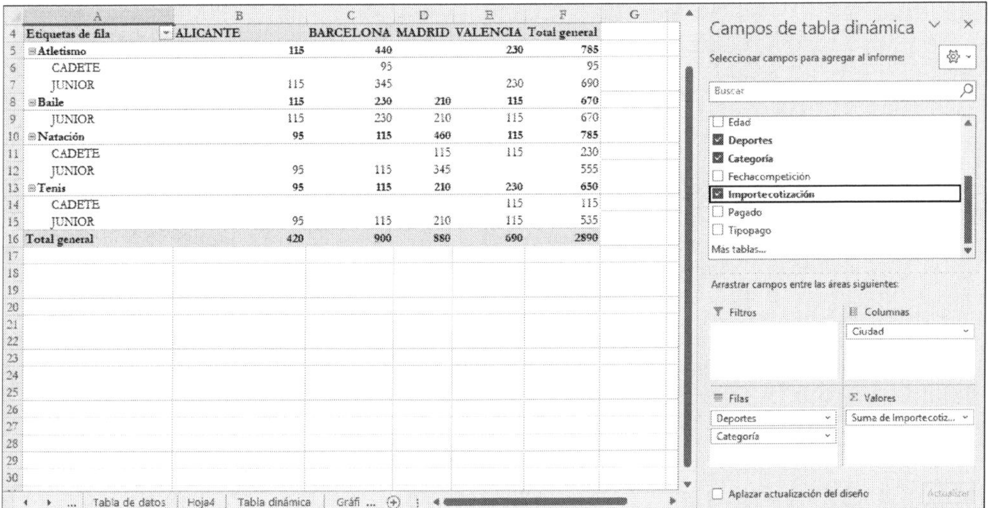

- Para mostrar u ocultar los botones de nivel (signo + o -), puede hacer clic en el botón 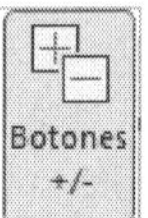 (pestaña **Analizar tabla dinámica** - grupo **Mostrar**).
- Para expandir o contraer la visualización de un nivel, haga clic con el botón derecho en el elemento correspondiente y señale la opción **Expandir o contraer**.

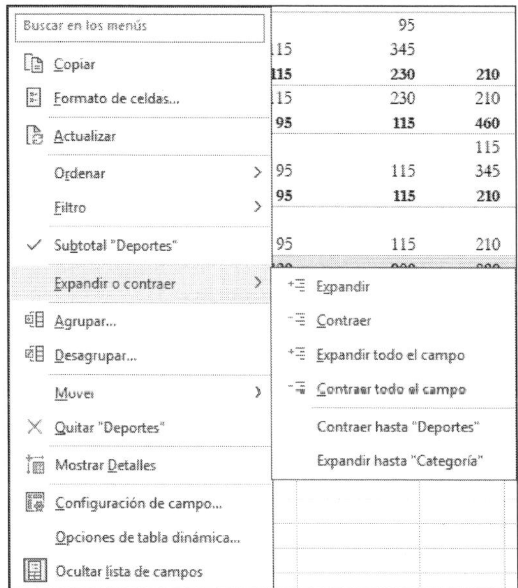

Luego haga clic en la opción:

- **Expandir** o **Contraer** para mostrar la información detallada del elemento activo.
- **Expandir todo el campo** o **Contraer todo el campo** para mostrar u ocultar la información detallada de todos los elementos de un campo.
- **Expandir hasta** o **Contraer hasta** para mostrar u ocultar un nivel de detalle más allá del nivel siguiente.

*También puede activar el campo (de fila o de columna) correspondiente y después, hacer clic en la opción **Expandir campo** o **Contraer campo** de la pestaña **Analizar tabla dinámica** - grupo **Campo activo**.*

Para contraer o expandir una de las etiquetas, también puede hacer clic en el signo + (para expandir) o en el signo - (para contraer), situado al lado de la etiqueta correspondiente.

Reorganizar los campos

Haga clic en el nombre del campo correspondiente en una de las cuatro zonas de la sección de **Áreas** y arrástrelo hasta otra zona; si la zona contiene varios campos, también puede arrastrar los campos dentro de la misma zona para cambiar su orden.

Estos cambios se reflejan automáticamente en la tabla dinámica.

Las diferentes posibilidades de organización se encuentran en el menú que aparece cuando hace clic en el nombre de un campo visible en una de estas zonas:

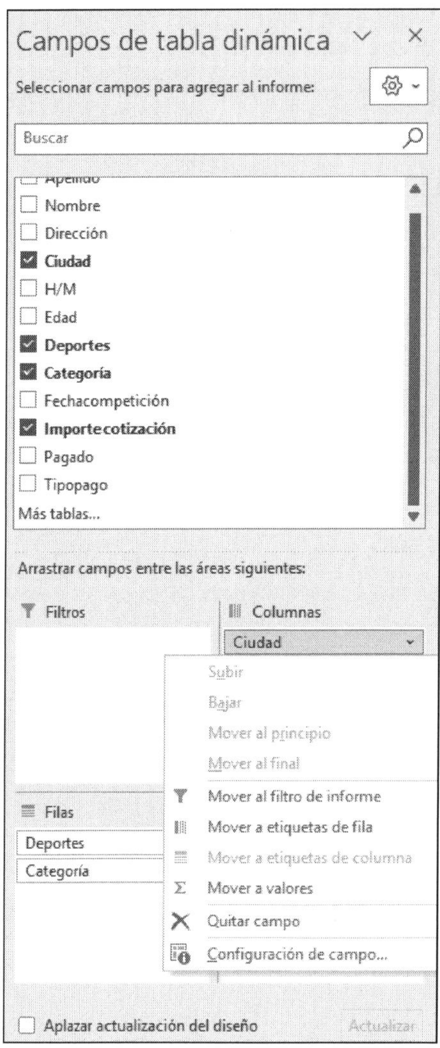

Insertar un campo calculado

Un campo calculado utiliza fórmulas para realizar cálculos basados en otros campos de la tabla dinámica.

- Para añadir un campo calculado a la tabla dinámica, haga clic en la tabla dinámica para que se activen las herramientas específicas, haga clic a continuación en el botón **Campos, elementos y conjuntos** de la pestaña **Analizar tabla dinámica** - grupo **Cálculos**.
- Haga clic en el botón **Campo calculado**.
- En el cuadro de diálogo **Insertar campo calculado**, escriba el **Nombre** del nuevo campo calculado.
- Introduzca la **Fórmula** que elija; para integrar uno de los campos existentes, seleccione el campo correspondiente en la lista **Campos** y luego haga clic en el botón **Insertar campo**. Complete la fórmula según el cálculo que se deba efectuar.

  Como ejemplo de esta función, vamos a calcular el importe de los gastos de inscripción con un incremento del 3 %.

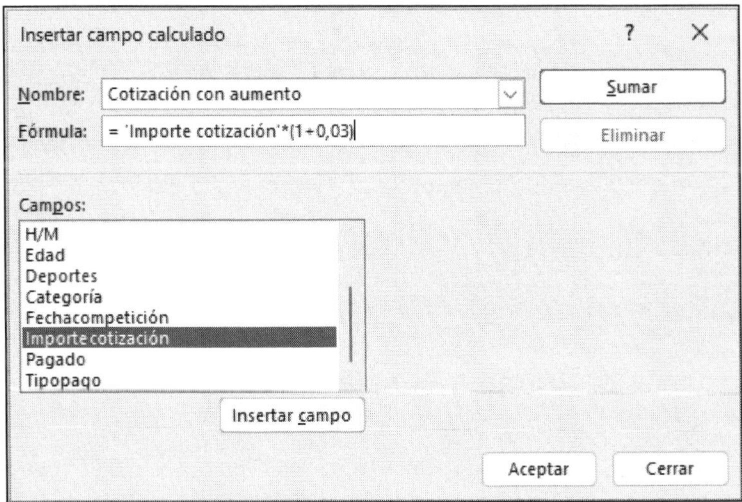

- Haga clic en el botón **Aceptar** para confirmar.

Los valores del campo calculado aparecen en la tabla; el nombre del nuevo campo puede verse en la lista de los campos. Observe también que, por defecto, la función SUMA se ha aplicado automáticamente a este campo.

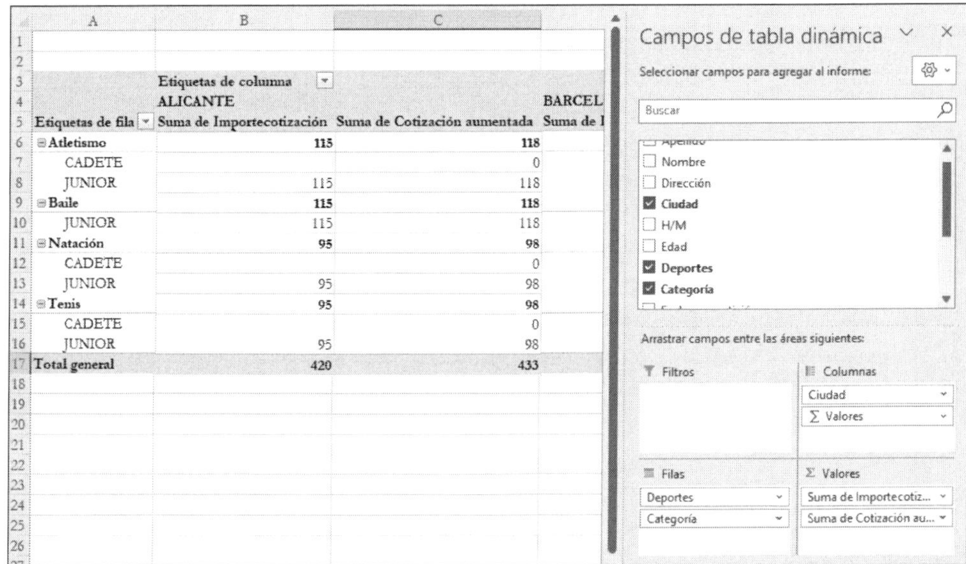

Para eliminar un campo calculado, abra la lista **Nombre** del cuadro de diálogo **Insertar campo calculado** (grupo **Cálculos** - opción **Campos, elementos y conjuntos** - opción **Campo calculado**) para seleccionarlo; luego haga clic en el botón **Eliminar**. También puede hacer clic con el botón derecho en la etiqueta del campo calculado y escoger la opción **Quitar «nombre del campo»** del menú contextual.

Modificar la función de resumen o el cálculo personalizado de un campo

Recordemos que, por defecto, se aplica la función SUMA a los datos numéricos de la zona VALORES y la función CONTAR a los datos de tipo texto.

Para cambiar la función de resumen utilizada o efectuar un cálculo personalizado con objeto de tratar los datos de un campo de la zona **Valores**, haga clic en el nombre del campo correspondiente en esta zona y active la opción **Configuración de campo de valor**.

Se abre el cuadro de diálogo ***Configuración de campo de valor****.*

*También puede acceder a este cuadro de diálogo mediante la pestaña **Analizar tabla dinámica** - grupo **Campo activo** - botón **Configuración de campo**.*

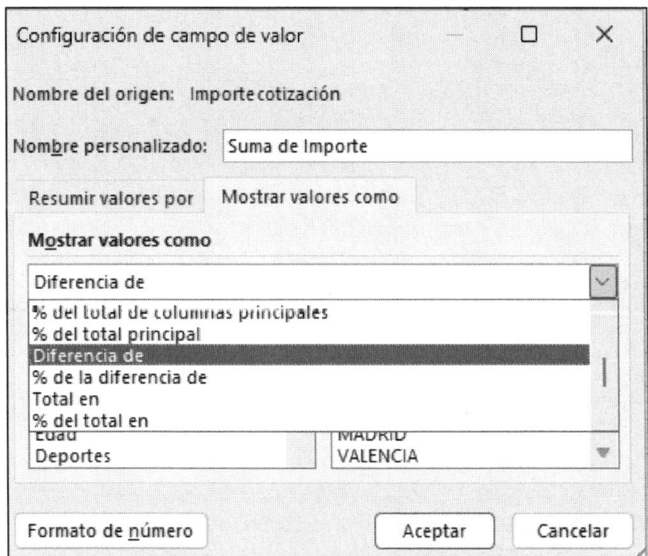

*La zona **Nombre personalizado** contiene el nombre del campo activo, o el nombre del origen si no se ha definido ningún nombre personalizado, precedido del tipo del cálculo efectuado.*

- Para cambiar la función de resumen, active la pestaña **Resumir valores por** y, en el cuadro **Resumir campo de valor por**, haga clic en la función de resumen que desee.
- Para utilizar un cálculo personalizado, active la pestaña **Mostrar valores como** y abra la lista desplegable **Mostrar valores como**.

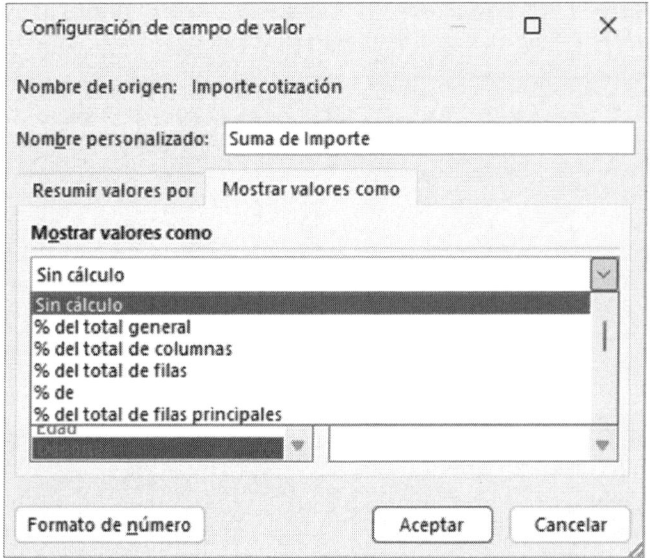

Luego haga clic en el cálculo personalizado que más le convenga:

- **% de**: para mostrar el valor en forma de porcentaje del valor del **Elemento base** en el **Campo base.**
- **Diferencia de % de la diferencia de**: para mostrar el valor, en número o en porcentaje, correspondiente a la diferencia en relación con el valor del **Elemento base** en el **Campo base.**
- **Total en**: para mostrar los valores para elementos sucesivos en el **Campo base** en forma de total acumulado.
- **% del total de filas** o **% del total de columnas**: para mostrar los valores de cada fila (o categoría) o de cada columna (o serie) en porcentaje del total de la fila (o categoría) o de la columna (o serie).
- **% del total en**: para mostrar un valor en porcentaje del total general de todos los datos o puntos de datos del informe.
- **Índice**: para calcular un valor según esta fórmula: *[(valor en la celda) x (Total general)]/[(Total general de la fila) x (Total general de la columna)].*

*La opción **Sin cálculo** desactiva el cálculo personalizado.*

Según el tipo de cálculo solicitado, puede seleccionar a continuación un **Campo base** y un **Elemento base** sabiendo que el **Campo base** debe ser diferente del seleccionado al principio del procedimiento (zona **Valores**).

En este caso, pedimos que se muestre la diferencia en los gastos de inscripción tomando como referencia ALICANTE.

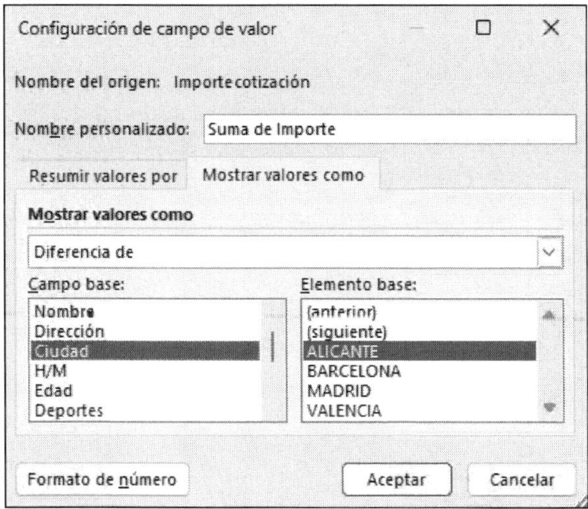

Para cambiar el formato de los resultados del cálculo, haga clic en el botón **Formato de número.**

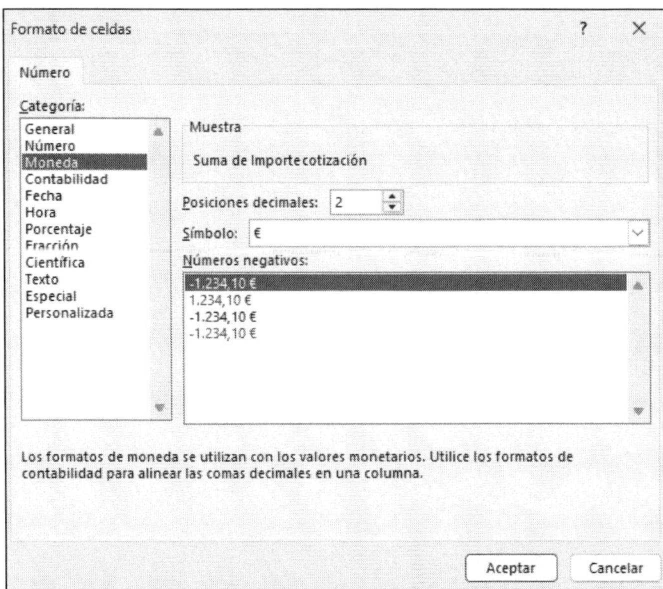

Escoja la **Categoría** de número que hay que asignar al resultado y modifique, si es preciso, las opciones que se le han asociado en el panel derecho del cuadro de diálogo. Confirme mediante el botón **Aceptar**.

- Haga clic en el botón **Aceptar** del cuadro de diálogo **Configuración de campo de valor** para confirmar las modificaciones.

En esta tabla, podemos ver que la columna de cada ciudad muestra con claridad la diferencia (en euros) de los gastos de inscripción en relación con los de ALICANTE (columna vacía, puesto que se trata de nuestro valor de referencia).

	A	B	C	D	E	F
1						
2						
3	Suma de Importe	Etiquetas de columna				
4	Etiquetas de fila	ALICANTE	BARCELONA	MADRID	VALENCIA	Total general
5	**Atletismo**		**325,00 €**	**-115,00 €**	**115,00 €**	
6	CADETE		95,00 €	0,00 €	0,00 €	
7	JUNIOR		230,00 €	-115,00 €	115,00 €	
8	**Baile**		**115,00 €**	**95,00 €**	**0,00 €**	
9	JUNIOR		115,00 €	95,00 €	0,00 €	
10	**Natación**		**20,00 €**	**365,00 €**	**20,00 €**	
11	CADETE		0,00 €	115,00 €	115,00 €	
12	JUNIOR		20,00 €	250,00 €	-95,00 €	
13	**Tenis**		**20,00 €**	**115,00 €**	**135,00 €**	
14	CADETE		0,00 €	0,00 €	115,00 €	
15	JUNIOR		20,00 €	115,00 €	20,00 €	
16	**Total general**		**480,00 €**	**460,00 €**	**270,00 €**	

Si desea utilizar varios métodos de resumen para un campo en particular, puede añadir otra vez el campo en cuestión desde la lista de campos de la tabla dinámica y seguir el mismo procedimiento para asignarle otra función de resumen.

Utilizar los campos de totales y de subtotales

*Para ilustrar este apartado, vamos a utilizar una tabla dinámica simple en la que se calcularán por defecto los gastos de inscripción (campo **Total general**) por Deporte y por Ciudad.*

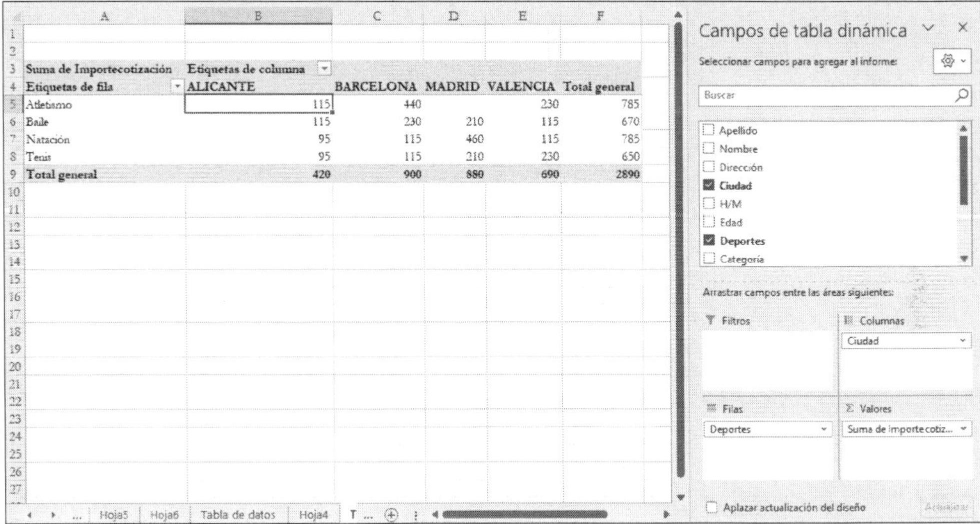

Suma de Importecotización	Etiquetas de columna				
Etiquetas de fila	ALICANTE	BARCELONA	MADRID	VALENCIA	Total general
Atletismo	115	440		230	785
Baile	115	230	210	115	670
Natación	95	115	460	115	785
Tenis	95	115	210	230	650
Total general	420	900	880	690	2890

- Seleccione uno de los elementos del campo de fila o de columna para el que desea añadir subtotales o totales.

  En el grupo **Campo activo**, haga clic en el botón **Configuración de campo** (pestaña **Analizar tabla dinámica**) para mostrar el cuadro de diálogo **Configuración de campo**.

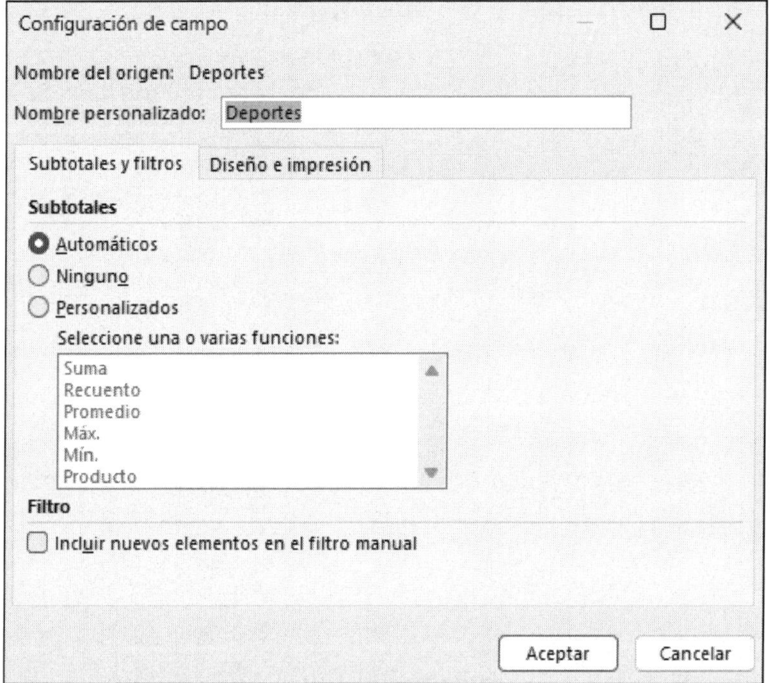

- Para calcular el subtotal de la etiqueta de fila o de columna seleccionada usando la función de resumen por defecto (SUMA para los valores numéricos, CONTAR para los valores de tipo texto), active la opción **Automático** del cuadro **Subtotales**.
- Para calcular los subtotales usando una función diferente, o bien calcular varios tipos de subtotales, active la opción **Personalizado** y escoja la función o las funciones que quiere utilizar, usando la tecla Ctrl para seleccionar varias funciones si es preciso.
- Para cambiar el modo de visualización de los subtotales, active la pestaña **Diseño e impresión**; active, si no lo está, la opción **Mostrar etiquetas de elementos en formato esquemático** y marque la opción **Mostrar subtotales en la parte superior de cada grupo**. Confirme mediante **Aceptar**.

  Para saber más acerca de la presentación y el diseño de una tabla dinámica, véase el apartado Cambiar el diseño o la presentación de una tabla dinámica, un poco más adelante en este capítulo.
- Haga clic en el botón **Aceptar** para confirmar.

*En este caso, hemos añadido los subtotales de tipo **Suma** y **Promedio** por etiqueta de fila.*

	A	B	C	D	E	F
1						
2						
3	**Suma de Importe**	**Etiquetas de columna**				
4	**Etiquetas de fila**	**ALICANTE**	**BARCELONA**	**MADRID**	**VALENCIA**	**Total general**
5	**⊟Atletismo**					
6	CADETE		95			95
7	JUNIOR	115	345		230	690
8	**Suma Atletismo**	**115**	**440**		**230**	**785**
9	**Promedio Atletismo**	**115**	**110**		**115**	**112,1428571**
10	**⊟Baile**					
11	JUNIOR	115	230	210	115	670
12	**Suma Baile**	**115**	**230**	**210**	**115**	**670**
13	**Promedio Baile**	**115**	**115**	**105**	**115**	**111,6666667**
14	**⊟Natación**					
15	CADETE			115	115	230
16	JUNIOR	95	115	345		555
17	**Suma Natación**	**95**	**115**	**460**	**115**	**785**
18	**Promedio Natación**	**95**	**115**	**115**	**115**	**112,1428571**
19	**⊟Tenis**					
20	CADETE				115	115
21	JUNIOR	95	115	210	115	535
22	**Suma Tenis**	**95**	**115**	**210**	**230**	**650**
23	**Promedio Tenis**	**95**	**115**	**105**	**115**	**108,3333333**
24	**Total general**	**420**	**900**	**880**	**690**	**2890**

Para modificar la visualización de los totales generales, también puede hacer clic en el botón **Totales generales** del grupo **Diseño** de la pestaña **Diseño**, y hacer clic en la opción de visualización que prefiera:

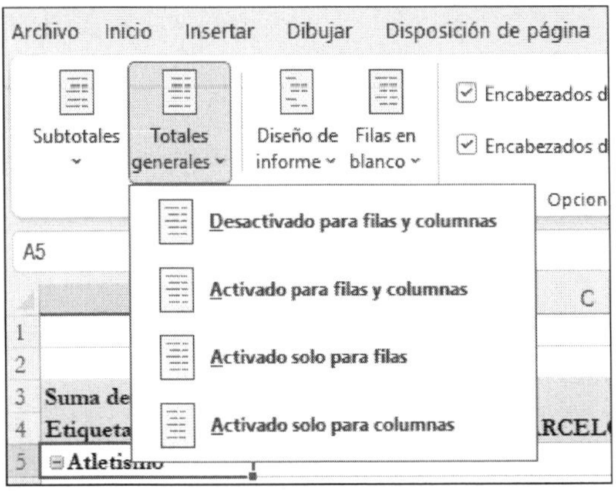

Para modificar la visualización de los subtotales, también puede hacer clic en el botón **Subtotales** del grupo **Diseño** de la pestaña **Herramientas de tabla dinámica - Diseño**, y hacer clic en la opción de visualización que prefiera:

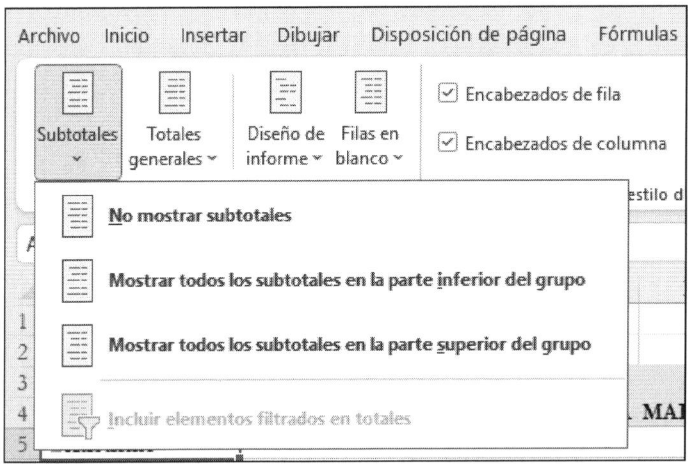

Filtrar una tabla dinámica

Para filtrar los datos de una tabla dinámica a partir de uno o varios campos, puede utilizar un filtro normal, que se puede aplicar desde una lista desplegable, o bien utilizar los filtros de segmentación, que proporcionan una representación visual de los datos filtrados.

El campo utilizado para filtrar forma parte de la tabla

Haga clic en el botón ▾, situado a la derecha de **Etiquetas de fila** o **Etiquetas de columna**.

Se abre un menú y en él se muestra la lista de los valores del campo. Todos los valores están marcados y, por lo tanto, aparecen en la tabla.

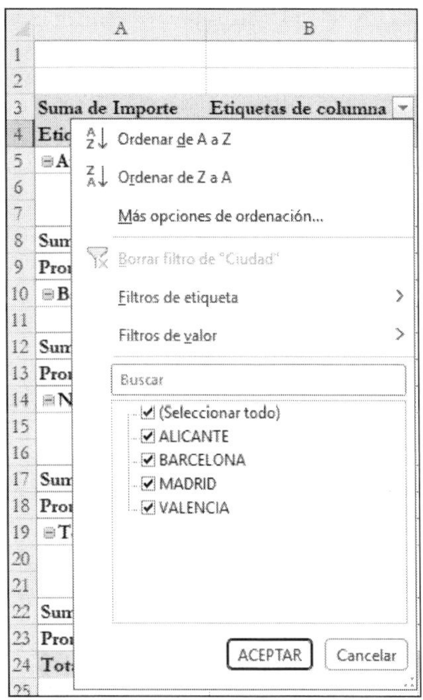

- Para quitar uno o varios valores de la tabla, desmarque la opción correspondiente. Para conservar un solo valor, desmarque la opción (**Seleccionar todo**) y luego marque el valor que desee mostrar.
- Haga clic en **ACEPTAR**.

*En este ejemplo, la columna **ALICANTE** ya no se ve en la tabla. El botón , que aparece a la derecha de **Etiquetas de columna**, indica que se ha aplicado un filtro a este campo. Este símbolo también aparece en la lista de los campos de la tabla dinámica.*

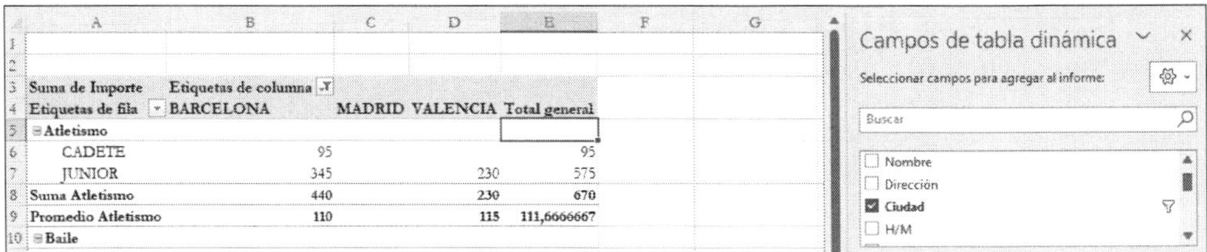

- Para cancelar este filtro, haga clic en el botón [icono] o en el símbolo que aparece en la lista de los campos y luego en la opción **Borrar filtro de «campo»**.
- Para filtrar en función de los valores de la tabla dinámica, haga clic en el botón [icono] y luego en la opción **Filtros de valor**:

Haga clic entonces en la opción que le permita definir el intervalo de valores que se emplearán en el filtro. Por ejemplo, para filtrar los valores comprendidos entre 1.000 y 1.500, haga clic en **Entre**, precise los extremos del intervalo y haga clic en **Aceptar**.

La opción **Filtros de etiqueta** permite, siguiendo el mismo principio, filtrar en función de un intervalo definido sobre los datos de las etiquetas de fila o de columna. Si los datos son fechas, también puede filtrar según un periodo dado; si se trata de texto, puede filtrar los datos que **Comienza por**, **Termina con**...

El campo utilizado para filtrar no forma parte de la tabla

- Arrastre el campo correspondiente desde la lista de campos hasta la zona **Filtro de informe** de la sección de **Filtros**.

  El elemento correspondiente aparece encima de la tabla dinámica (en nuestro ejemplo, hemos utilizado el campo ***Categoría****).*

- Haga clic en el botón asociado a este campo.

  Aparece la lista de valores del campo.

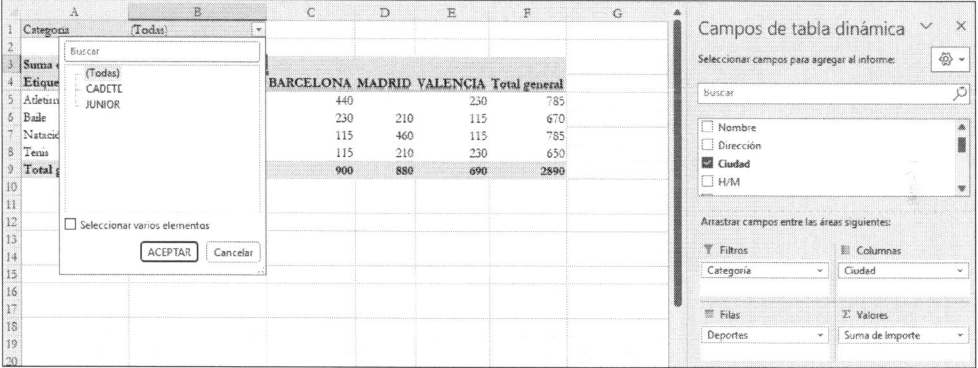

- Marque el valor en función del cual desea aplicar el filtro y desmarque los demás. La opción **Seleccionar varios elementos** hace que aparezcan las casillas de verificación que permiten seleccionar varios valores.
- Haga clic en **ACEPTAR**.

  Se modifica el contenido de la tabla dinámica; aparece el botón en lugar del botón en la lista de campos.

- Para modificar este filtro, haga clic de nuevo en .
- Para quitar este campo de filtro, haga clic en el nombre del campo que se muestra en la zona **Filtros** de informe y luego en la opción **Quitar campo** o desmárquelo en la lista de los campos.

Filtrar una tabla dinámica usando un filtro de segmentación

Para filtrar los datos de una tabla dinámica, puede utilizar segmentos (también llamados slicers) (consulte también el capítulo Filtrar datos - Filtrar una tabla de datos por medio de segmentaciones). Los segmentos se muestran en forma de botones sobre los que se puede hacer clic para mostrar únicamente los elementos seleccionados Los segmentos permiten ver fácilmente el estado actual del filtrado y simplifican el proceso al evitar el uso de menús desplegables. A diferencia del método clásico de filtrado, los segmentos son más accesibles, ya que contienen un conjunto de botones de filtrado y ofrecen una visión más clara de los datos filtrados.

- Para crear una segmentación de datos en una tabla dinámica, haga clic en dicha tabla y luego en el botón **Insertar Segmentación de datos** del grupo **Filtrar** de la pestaña **Analizar tabla dinámica**.

- Marque el campo o los campos de la tabla dinámica a los que desea aplicar un filtro por segmentación.
- Haga clic en **Aceptar** para confirmar.

Se muestra un filtro de segmentación de datos para cada campo seleccionado; cada filtro contiene los valores del campo representados en forma de botones.

En este ejemplo, se superponen dos filtros de segmentación. Puede mover estos paneles arrastrando su barra de título y cambiar su tamaño arrastrando uno de sus ángulos.

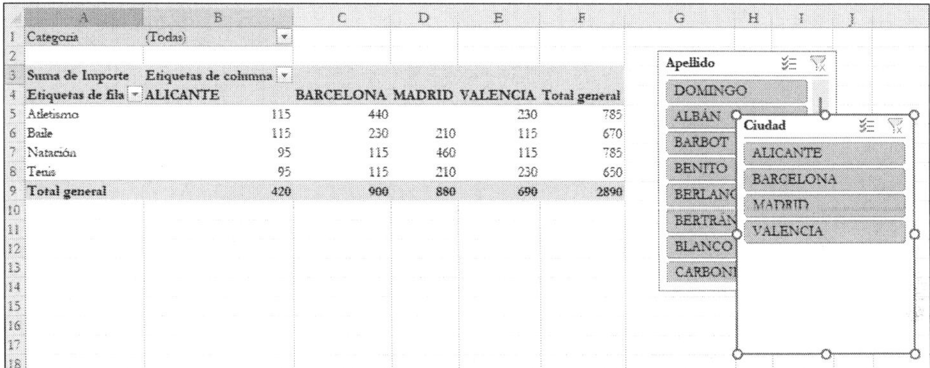

Categoría	(Todas)				
Suma de Importe	Etiquetas de columna				
Etiquetas de fila	ALICANTE	BARCELONA	MADRID	VALENCIA	Total general
Atletismo	115	440		230	785
Baile	115	230	210	115	670
Natación	95	115	460	115	785
Tenis	95	115	210	230	650
Total general	420	900	880	690	2890

- Para filtrar los datos de la tabla dinámica, haga clic en uno de los botones del filtro de segmento. Para añadir varios segmentos al filtro, mantenga pulsada la tecla Ctrl y haga clic en los elementos deseados, o bien active la opción **Selección múltiple** y después haga clic en los botones de los segmentos que quiera aplicar.

  Los cambios se reflejan automáticamente en la tabla dinámica.

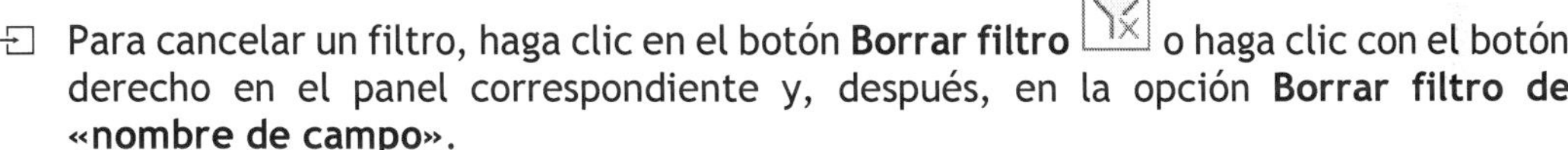

- Para cancelar un filtro, haga clic en el botón **Borrar filtro** o haga clic con el botón derecho en el panel correspondiente y, después, en la opción **Borrar filtro de «nombre de campo»**.

  Por defecto, el estilo del filtro de segmentación retoma el estilo de la tabla dinámica a la que se aplica. Observe no obstante que las modificaciones efectuadas en la tabla dinámica tras la creación del filtro de segmentación no serán tomadas en cuenta por dicho filtro.

- Para cambiar el formato de un filtro de segmentación, haga clic en el filtro en cuestión y seleccione el estilo que prefiera en el grupo **Estilos de Segmentación de datos** de la pestaña **Segmentación**.
- Para compartir un filtro de segmentación con otra tabla dinámica, puede conectarlo a esa tabla. Para ello, haga clic en el filtro de segmentación y luego en el botón **Conexiones de informes** del grupo **Segmentación de datos** de la pestaña **Segmentación**.

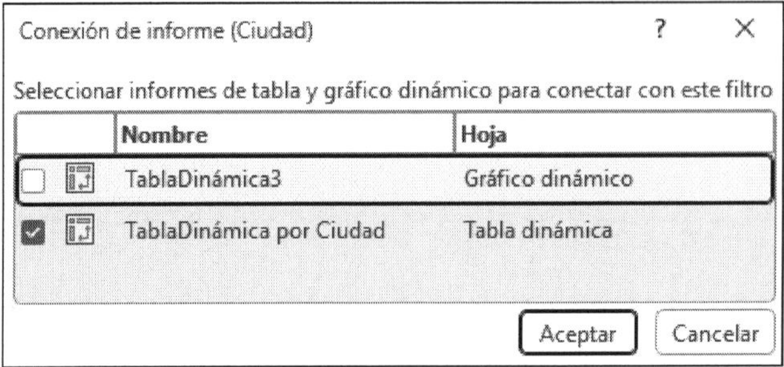

Marque el nombre de las tablas dinámicas en las que desea utilizar el filtro de segmentación y confirme mediante **Aceptar**.

*Para utilizar el filtro de segmentación que acaba de definir como compartido, la tabla dinámica «conectada» deberá utilizar la opción **Conexiones de filtro** (pestaña **Analizar tabla dinámica** - grupo **Filtrar**).*

- Si un filtro de segmentación ya no le resulta útil, en vez de eliminarlo puede «desconectarlo» de la tabla dinámica. Para ello, haga clic en cualquier lugar de la tabla dinámica y luego haga clic en la flecha asociada al botón **Conexiones de filtro** del grupo **Filtrar** de la pestaña **Analizar tabla dinámica**.

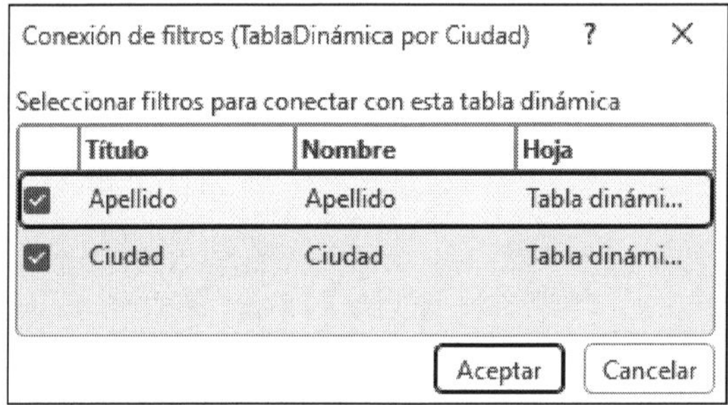

Desmarque el campo o los campos de la tabla dinámica en los que ya no desea utilizar el filtro de segmentación (y al revés, marque los campos para activar de nuevo la conexión al filtro de segmentación correspondiente). Confirme mediante **Aceptar**.

Los filtros de segmentación desconectados permanecen visibles, pero ya no están vinculados a la tabla dinámica.

- Para eliminar un filtro de segmentación, haga clic en su barra de título y luego pulse [Supr].

*También puede hacer clic con el botón derecho en el panel y luego escoger la opción **Quitar «nombre del filtro»**.*

Agrupar los datos de una tabla dinámica

Esta función le permite agrupar valores de uno o varios campos.

*Desde la versión 2016, los datos pertenecientes a los campos de tipo Fecha y hora añadidos en **Columnas** o en **Filas** se agrupan automáticamente por años, trimestres y meses. Puede deshacer este agrupamiento para ver de nuevo las fechas y aplicar el agrupamiento que mejor le convenga.*

*Tomemos el ejemplo de una tabla dinámica presentada por **Deporte** y **Fecha de competición**.*

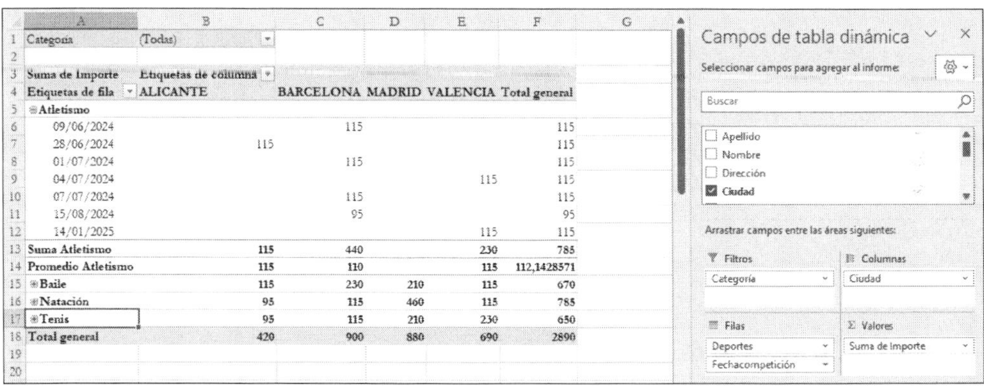

Categoría	(Todas)				
Suma de Importe	Etiquetas de columna				
Etiquetas de fila	ALICANTE	BARCELONA	MADRID	VALENCIA	Total general
Atletismo					
09/06/2024		115			115
28/06/2024	115				115
01/07/2024		115			115
04/07/2024				115	115
07/07/2024		115			115
15/08/2024		95			95
14/01/2025				115	115
Suma Atletismo	115	440		230	785
Promedio Atletismo	115	110		115	112,1428571
Baile	115	230	210	115	670
Natación	95	115	460	115	785
Tenis	95	115	210	230	650
Total general	420	900	880	690	2890

Agrupar por campo

- Para resumir elementos de tipo numérico o de fecha en el informe, haga clic en una de las etiquetas de fila o de columna correspondientes al campo de la tabla dinámica que desea agrupar.

  *En nuestro ejemplo, vamos a agrupar el campo **Fecha de competición** por año.*

- Active si es preciso la pestaña **Analizar tabla dinámica** - grupo **Grupo** y haga clic en el botón **Crear grupo de campo** de la lista desplegable **Grupo**.

  Haga clic en la opción **Agrupar campos**.

  *La opción **Agrupar campos** aparecerá en gris (inaccesible) si el elemento seleccionado no es un número, una fecha o una hora.*

- En el cuadro de diálogo **Agrupar**, modifique si es preciso el primer valor que debe integrarse en la agrupación (número, fecha u hora) en la zona **Comenzar en**, y la última, en la zona **Terminar en**.

  Los valores propuestos por defecto corresponden a los valores mínimo y máximo del campo.

- Para agrupar fechas u horas, haga clic en la unidad o las unidades de tiempo que deben aplicarse a los grupos (para desactivar una de las unidades seleccionadas, haga clic de nuevo en su nombre).

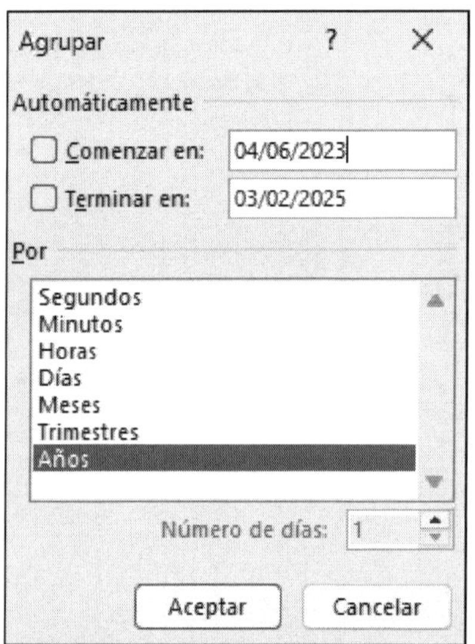

  En nuestro ejemplo, las columnas de la tabla dinámica se agruparán por años entre el 04/06/2024 y el 03/02/2025.

- Haga clic en el botón **Aceptar**.

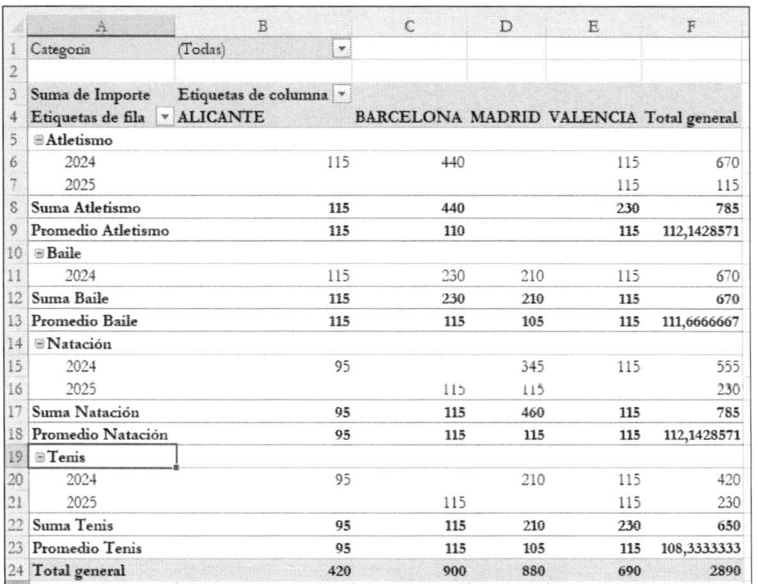

Categoría	(Todas)				
Suma de Importe	Etiquetas de columna				
Etiquetas de fila	ALICANTE	BARCELONA	MADRID	VALENCIA	Total general
Atletismo					
2024	115	440		115	670
2025				115	115
Suma Atletismo	115	440		230	785
Promedio Atletismo	115	110		115	112,1428571
Baile					
2024	115	230	210	115	670
Suma Baile	115	230	210	115	670
Promedio Baile	115	115	105	115	111,6666667
Natación					
2024	95		345	115	555
2025		115	115		230
Suma Natación	95	115	460	115	785
Promedio Natación	95	115	115	115	112,1428571
Tenis					
2024	95		210	115	420
2025		115		115	230
Suma Tenis	95	115	210	230	650
Promedio Tenis	95	115	105	115	108,3333333
Total general	420	900	880	690	2890

Para cancelar el agrupamiento, desagrupe los elementos: haga clic en uno de los valores del grupo y luego en el botón **Desagrupar** y del grupo **Grupo**.

Agrupar por selección

Esta función permite crear un conjunto a partir de elementos seleccionados en el informe a fin de poder mostrar el total de los elementos que lo constituyen o, por el contrario, de mostrar cada valor.

- Seleccione, haciendo clic y arrastrando o bien haciendo clic con la tecla Ctrl pulsada, la etiqueta o las etiquetas de los campos que desea agrupar.

  *Para ilustrar esta función, vamos a crear un primer grupo con **Alicante** y **Barcelona**.*

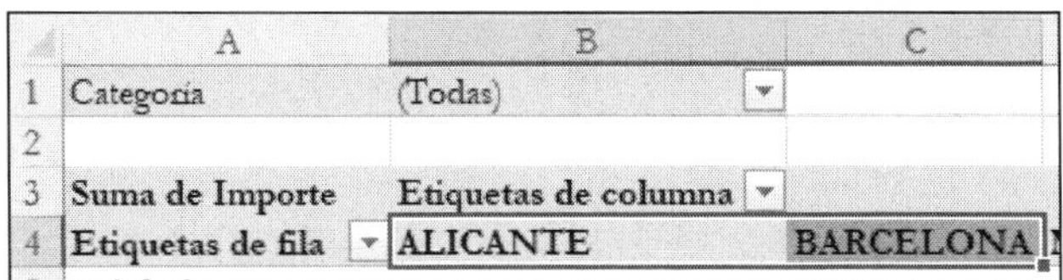

Categoría	(Todas)	
Suma de Importe	Etiquetas de columna	
Etiquetas de fila	ALICANTE	BARCELONA

- Si es necesario, active la pestaña **Analizar tabla dinámica** - grupo **Grupo** y haga clic en el botón **Agrupar** y luego en la opción **Crear grupo de selección**.

*También puede hacer clic con el botón derecho en la selección y escoger la opción **Agrupar** del menú contextual.*

- Repita esta operación con cada grupo que desea formar.

  *En este caso, se han creado dos niveles de agrupamiento: **Grupo1** para las ciudades **Alicante** y **Barcelona**) y **Grupo2** para las ciudades (**Madrid** y **Valencia**).*

	A	B	C	D	E	F	G	H
1	Categoría	(Todas)						
2								
3	**Suma de Importe**	**Etiquetas de columna**						
4		**⊟Grupo1**		**Total Grupo1**	**⊟Grupo2**		**Total Grupo2**	**Total general**
5	**Etiquetas de fila**	**ALICANTE**	**BARCELONA**		MADRID	VALENCIA		
6	**⊟Atletismo**							
7	2024	115	440	555		115	115	670
8	2025					115	115	115
9	**Suma Atletismo**	**115**	**440**	**555**		**230**	**230**	**785**
10	**Promedio Atletismo**	**115**	**110**	**111**		**115**	**115**	**112,1428571**
11	**⊟Baile**							
12	2024	115	230	345	210	115	325	670
13	**Suma Baile**	**115**	**230**	**345**	**210**	**115**	**325**	**670**
14	**Promedio Baile**	**115**	**115**	**115**	**105**	**115**	**108,3333333**	**111,6666667**
15	**⊟Natación**							
16	2024	95		95	345	115	460	555
17	2025		115	115	115		115	230
18	**Suma Natación**	**95**	**115**	**210**	**460**	**115**	**575**	**785**
19	**Promedio Natación**	**95**	**115**	**105**	**115**	**115**	**115**	**112,1428571**
20	**⊟Tenis**							
21	2024	95		95	210	115	325	420
22	2025		115	115		115	115	230
23	**Suma Tenis**	**95**	**115**	**210**	**210**	**230**	**440**	**650**
24	**Promedio Tenis**	**95**	**115**	**105**	**105**	**115**	**110**	**108,3333333**
25	**Total general**	**420**	**900**	**1320**	**880**	**690**	**1570**	**2890**
26								

- Para contraer la vista del grupo, haga clic en el signo - (menos) correspondiente, y para desarrollar el grupo con el fin de mostrar cada valor por separado, haga clic en el signo + (más).

Para cancelar el agrupamiento, desagrupe los elementos: haga clic en el nombre del grupo y en el botón **Desagrupar** de la pestaña **Analizar tabla dinámica** - grupo **Grupo**, o haga clic con el botón derecho en el nombre del grupo y luego escoja la opción **Desagrupar** del menú contextual.

Filtrar las fechas de forma interactiva (filtro de escala de tiempo)

Es posible utilizar una escala de tiempo para mostrar los datos correspondientes a diferentes periodos.

- Haga clic en la tabla dinámica.
- Haga clic en el botón **Insertar escala de tiempo** del grupo **Filtrar** de la pestaña **Analizar tabla dinámica.**
- En el cuadro de diálogo **Introducir escalas de tiempo**, marque el campo o los campos de tipo fecha que quiere utilizar para aplicar el filtro cronológico y confirme pulsando **Aceptar**.

En este ejemplo, hemos aplicado un filtro de escala de tiempo basándonos en el campo ***Fecha de competición****.*

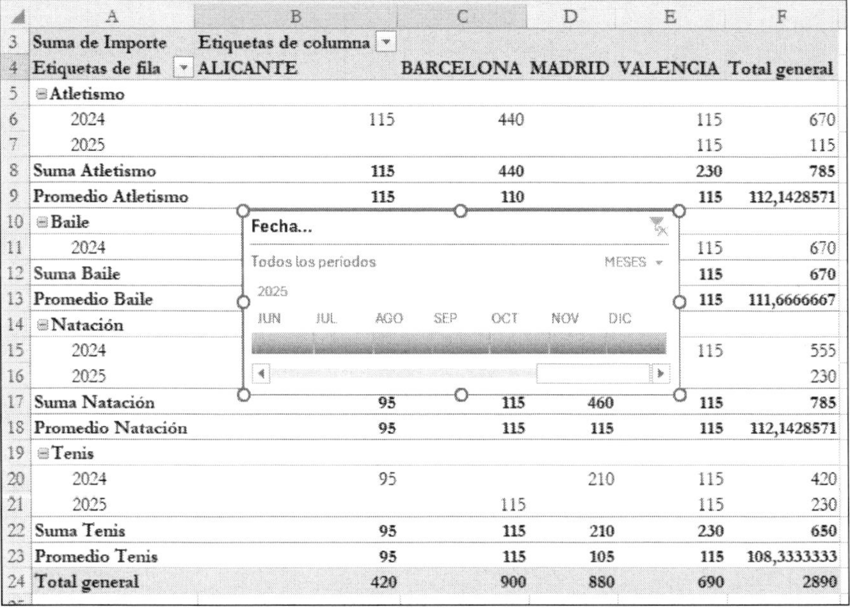

	A	B	C	D	E	F
3	Suma de Importe	Etiquetas de columna				
4	Etiquetas de fila	ALICANTE	BARCELONA	MADRID	VALENCIA	Total general
5	⊟Atletismo					
6	2024	115	440		115	670
7	2025				115	115
8	Suma Atletismo	115	440		230	785
9	Promedio Atletismo	115	110		115	112,1428571
10	⊟Baile					
11	2024				115	670
12	Suma Baile				115	670
13	Promedio Baile				115	111,6666667
14	⊟Natación					
15	2024				115	555
16	2025					230
17	Suma Natación	95	115	460	115	785
18	Promedio Natación	95	115	115	115	112,1428571
19	⊟Tenis					
20	2024	95		210	115	420
21	2025		115		115	230
22	Suma Tenis	95	115	210	230	650
23	Promedio Tenis	95	115	105	115	108,3333333
24	Total general	420	900	880	690	2890

- Para cambiar el período aplicado a este filtro, abra la lista de la periodicidad actual (**MESES** en nuestro ejemplo), y seleccione la opción **AÑOS**, **TRIMESTRES**, **MESES** o **DÍAS**.
- Para moverse por la línea de tiempo, puede utilizar la barra de desplazamiento horizontal situada en la parte inferior de la ventana.

Si la barra de desplazamiento no incluye ningún cursor, puede señalar el extremo de la barra central y arrastrarlo hasta el periodo deseado.

*En este ejemplo, la tabla dinámica muestra únicamente los valores cuya **Fecha de competición** está comprendida entre el 1 y el 30 de septiembre de 2024.*

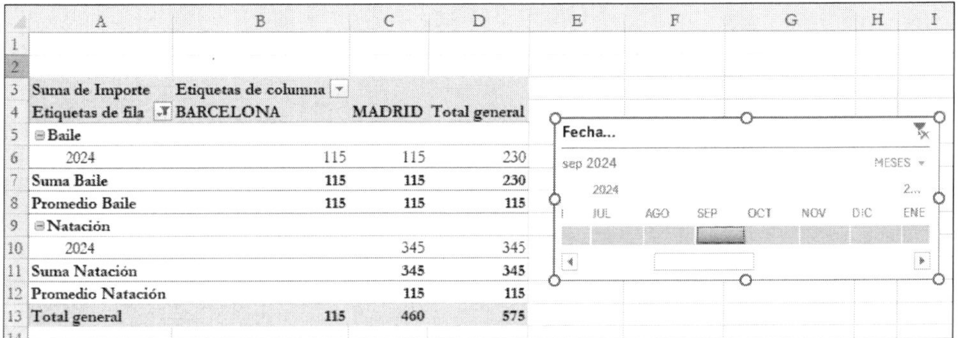

El filtro de línea de tiempo se administra como un filtro de segmentación (véase Filtrar una tabla dinámica - Filtrar una tabla dinámica usando un filtro de segmentación).

Cambiar el diseño o la presentación de una tabla dinámica

Cambiar el formato de la tabla dinámica

Para cambiar el formato de la tabla dinámica, active la pestaña **Diseño** y haga clic en el botón **Diseño de informe** del grupo **Diseño**; active la opción:

- **Mostrar en forma compacta** para mantener los campos de la izquierda en una columna aplicándoles una sangría a fin de mostrar la relación de anidación entre los datos conectados (forma activada por defecto).
- **Mostrar en forma de esquema** para presentar los datos según el estilo habitual de una tabla dinámica.
- **Mostrar en formato tabular** para presentar los datos en un formato de tabla tradicional.

Cambiar el formato de un campo de fila

Para cambiar el formato de un campo de fila, selecciónelo y haga clic en el botón **Configuración de campo** del grupo **Campo activo** de la pestaña **Analizar tabla dinámica.**

También puede hacer doble clic en el campo de fila correspondiente en modo esquema o tabular.

Active la pestaña **Diseño e impresión.**

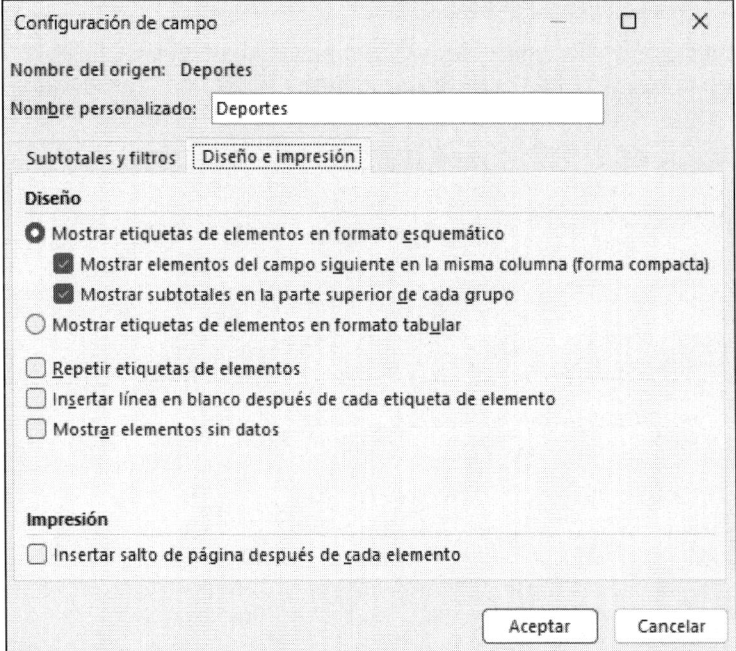

- Para mostrar los elementos del campo de forma jerárquica, active la opción **Mostrar etiquetas de elementos en formato esquemático**. A continuación puede pedir que se muestren (u oculten) las etiquetas del campo siguiente en la misma columna de forma compacta marcando la opción **Mostrar elementos del campo siguiente en la misma columna (forma compacta)**.
- Para mostrar los elementos del campo en formato tabular, active la opción **Mostrar etiquetas de elementos en formato tabular**.
- Para integrar un salto de página a la hora de imprimir, marque la opción **Insertar salto de página después de cada elemento**.
- Haga clic en el botón **Aceptar** para confirmar la **Configuración de campo**.

Cambiar la disposición y el formato de la tabla

- Para cambiar la disposición y el formato de la tabla, haga clic en el botón **Tabla dinámica - Opciones** (de la pestaña **Analizar tabla dinámica**) para mostrar el cuadro de diálogo del mismo nombre.

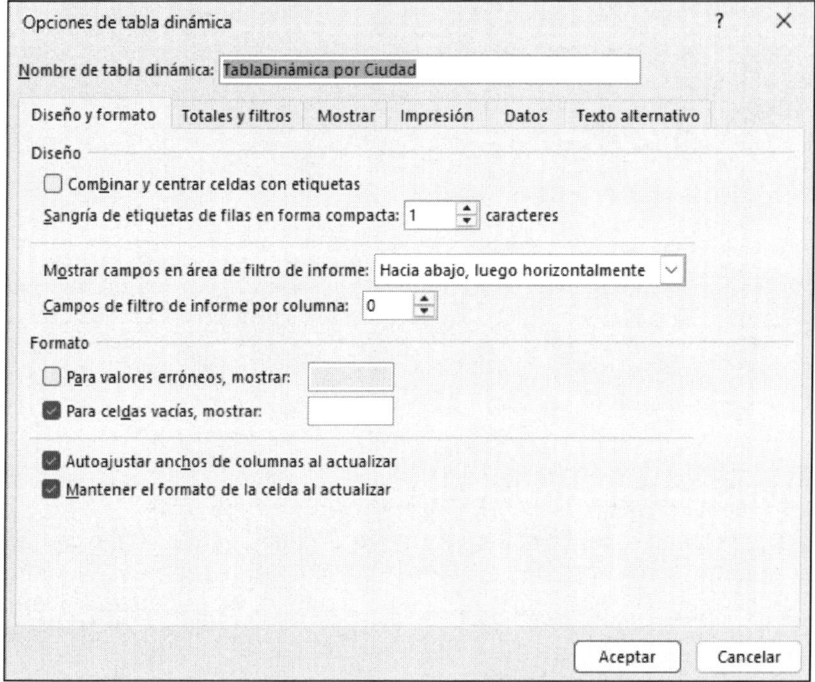

- Active la pestaña **Diseño y formato** y luego defina el **Diseño** de las celdas, así como el **Formato** de los valores de error o de las celdas vacías. Así, por ejemplo, para reemplazar las celdas vacías por ceros, puede marcar la opción **Para celdas vacías, mostrar** y luego teclear **0** en el campo asociado.
- Confirme las modificaciones haciendo clic en **Aceptar**.

Cambiar el estilo de la tabla dinámica

- Muestre las **Opciones de estilo de tabla dinámica** activando la pestaña **Diseño** y marque la opción o las opciones que prefiera:

☑ Encabezados de fila	☐ Filas con bandas
☑ Encabezados de columna	☐ Columnas con bandas

Opciones de estilo de tabla dinámica

  - **Filas con bandas** o **Columnas con bandas** para aplicar alternativamente un color claro y luego un color oscuro a las filas o a las columnas.
  - **Encabezados de fila** o **Encabezados de columna** para incluir los encabezados de fila o de columna en los estilos de las bandas.
- Para insertar una línea en blanco después de cada elemento de la tabla dinámica, haga clic en el botón **Filas en blanco** de la pestaña **Diseño** - grupo **Diseño** y luego en la opción **Insertar línea en blanco después de cada elemento.** En caso contrario, para suprimirla, haga clic de nuevo en el botón **Filas en blanco** y luego en la opción **Quitar línea en blanco después de cada elemento.**
- Para aplicar o modificar el estilo de tabla, selecciónelo en el grupo **Estilos de tabla dinámica** de la pestaña **Diseño.**

Eliminar una tabla dinámica

- Haga clic dentro de la tabla dinámica.
- Active si es preciso la pestaña **Analizar tabla dinámica.**
- Haga clic en el botón **Borrar** del grupo **Acciones** y luego en la opción **Borrar todo.**

Elegir un gráfico dinámico recomendado

Los gráficos dinámicos facilitan una representación gráfica de los datos contenidos en una tabla dinámica o en una hoja de cálculo compleja. El gráfico incorpora controles de filtrado interactivos que permiten analizar rápidamente un subconjunto de datos.

Además, Excel sugiere algunos gráficos dinámicos particularmente adaptados a los datos, lo que resulta de gran ayuda a la hora de sintetizarlos y analizarlos.

- Haga clic en la tabla de datos.
- Active el botón **Gráficos recomendados** de la pestaña **Insertar**.

  *Se abre la ventana **Insertar gráfico**.*
- Si es preciso, active la pestaña **Gráficos recomendados**.

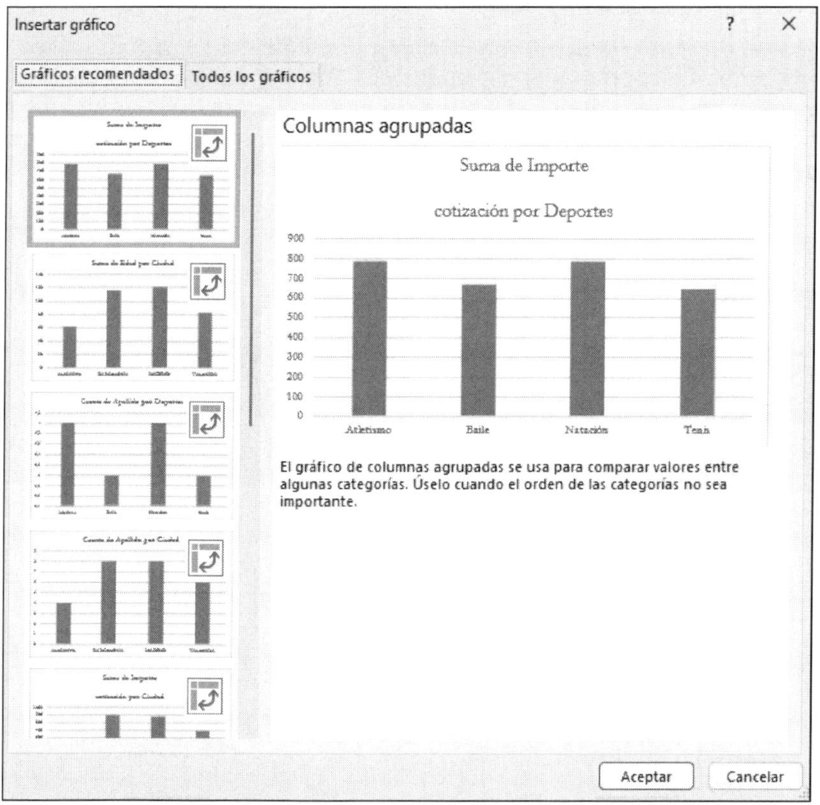

En el panel izquierdo de la ventana, seleccione un gráfico. En Excel Microsoft 365, los gráficos incluyen el icono de gráfico dinámico situado en la parte superior derecha de su miniatura.

En la parte derecha de la ventana ***Insertar gráfico****, se muestra una vista previa del gráfico seleccionado.*

- Si el gráfico presentado cumple sus expectativas, haga clic en el botón **Aceptar** para crearlo.

Si no le convence ninguno de los gráficos que se le presentan, diríjase al apartado Crear un gráfico dinámico.

La nueva hoja de cálculo (con el nombre ***Hojax****) creada para albergar este gráfico dinámico muestra también el panel* ***Campos de gráfico dinámico****, que podrá usar para modificar dicho gráfico dinámico.*

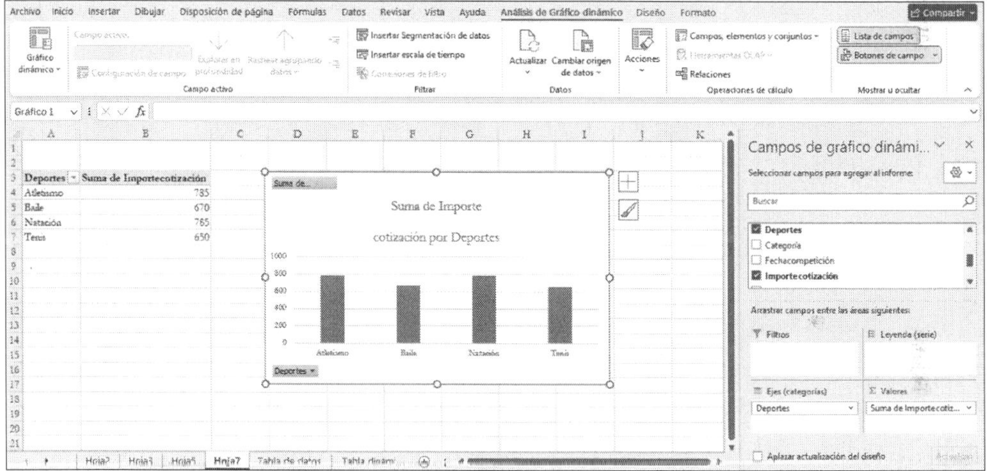

- Para efectuar cambios en la arquitectura del gráfico dinámico usando el panel, proceda como lo haría con una tabla dinámica (véase el capítulo Tablas dinámicas).
- Para cambiar el tipo de gráfico, la disposición y los formatos de un gráfico dinámico, diríjase al capítulo dedicado a los gráficos en Excel.

Para crear un gráfico dinámico a partir de una tabla dinámica que ya existe, haga clic en la tabla dinámica, active la pestaña **Analizar tabla dinámica** y haga clic en el botón **Gráfico dinámico** del grupo **Herramientas** antes de seleccionar el tipo de gráfico que desea obtener.

Crear un gráfico dinámico

Recordemos que los gráficos dinámicos facilitan una representación gráfica de los datos contenidos en una tabla dinámica o en una hoja de cálculo compleja. El gráfico incorpora controles de filtrado interactivos que permiten analizar rápidamente un subconjunto de datos.

Además, Excel puede sugerir algunos gráficos dinámicos particularmente adaptados a los datos (véase Elegir un gráfico dinámico recomendado), aunque, obviamente, también puede crearlo usted mismo.

- Si el rango de celdas que sirven de base para el gráfico dinámico contiene encabezados de columna o ya está organizado en una tabla de datos, haga clic en una de las celdas. De lo contrario, seleccione el rango de celdas que desea tratar en la tabla dinámica.
- Active la pestaña **Insertar** y haga clic en la parte superior del botón **Gráfico dinámico.**

  Se abre un cuadro de diálogo similar al que sirve para crear tablas dinámicas.
- Compruebe que el cuadro **Seleccione una tabla o rango** contiene los datos que desea analizar. Si no es así, use el botón para seleccionarlos.
- Elija la ubicación del gráfico dinámico: en una nueva hoja de cálculo (opción **Nueva hoja de cálculo**) o en una hoja ya creada (opción **Hoja de cálculo existente**). Si ha optado por esta última opción, use el botón para activar la primera celda destinataria del gráfico.
- Haga clic en **Aceptar**.

*Un gráfico dinámico vacío aparece en la ubicación indicada y justo al lado vemos una tabla dinámica, también vacía. Al igual que cuando se crean tablas dinámicas solas, a la derecha de la ventana se abre el panel **Campos de tabla dinámica**. La sección **Leyenda (Serie)** sustituye a la sección **Columna** y la sección **Eje (Categorías)** sustituye a la sección **Filas**.*

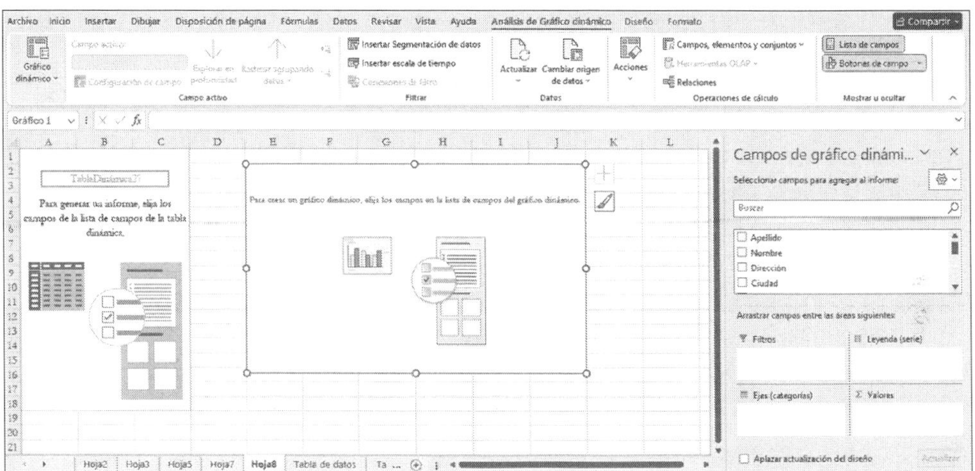

*Aparecen también las pestañas contextuales **Análisis de Gráfico dinámico** - **Diseño** y **Formato**.*

- Construya el gráfico dinámico igual que si se tratase de una tabla dinámica (véase el capítulo Tablas dinámicas).
- Para modificar el tipo de gráfico, la presentación y el formato de un gráfico dinámico, remítase al capítulo sobre gráficos.

Para crear un gráfico dinámico a partir de una tabla dinámica existente, haga clic en la tabla dinámica, active la pestaña **Analizar tabla dinámica** y, en el grupo **Herramientas**, haga clic en el botón **Gráfico dinámico** para seleccionar el tipo de gráfico que necesita.

Eliminar un gráfico dinámico

- Haga clic dentro del gráfico dinámico.
- Active, si es preciso, la pestaña **Análisis de Gráfico dinámico**, haga clic en la lista del botón **Borrar** del grupo **Acciones**, luego en la opción **Borrar todo** para borrar el contenido del gráfico y de la tabla dinámica asociada.

- Para eliminar únicamente el gráfico dinámico, haga clic en uno de sus bordes exteriores con objeto de seleccionar la zona de gráfico y luego pulse la tecla Supr.

Filtrar un gráfico dinámico

Los gráficos dinámicos tienen menos opciones que los gráficos convencionales, pero permiten aplicar filtros.

- Haga clic dentro del gráfico dinámico.
- Abra la lista desplegable asociada a cada campo y marque el elemento o los elementos que es preciso filtrar y luego confirme pulsando **Aceptar**.

  También puede usar los filtros por segmentación.
- Para ello, active si es preciso la pestaña **Análisis de Gráfico dinámico** y haga clic en el botón **Insertar Segmentación de datos** del grupo **Filtrar**.
- Marque el campo o los campos del gráfico dinámico en los que desea aplicar un filtro por segmentación y haga clic en **Aceptar** para confirmar.

  Se muestra un filtro por segmentación para cada campo seleccionado.

  En este ejemplo, se ha añadido un filtro por segmentación.

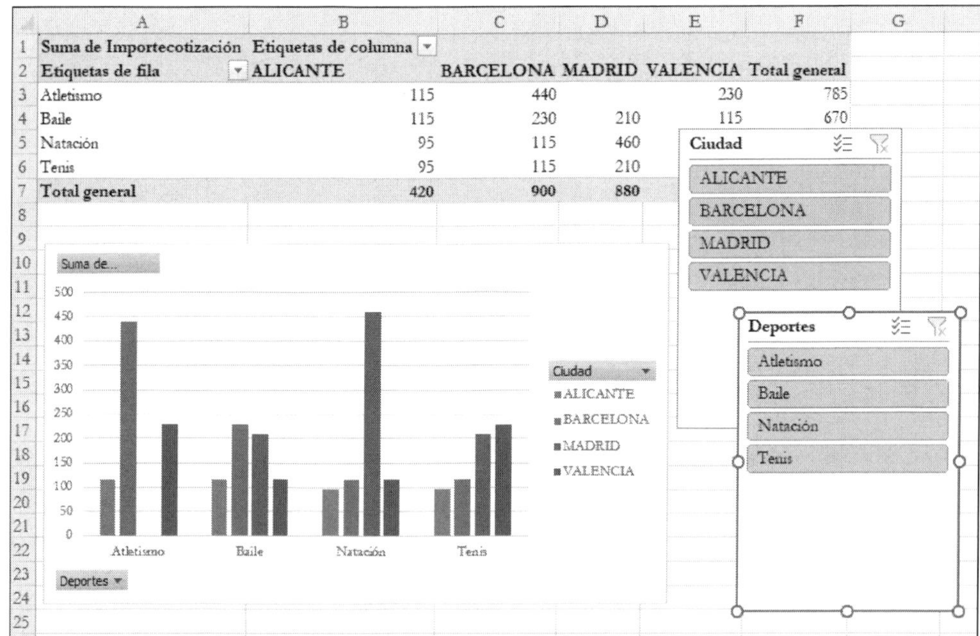

Suma de Importecotización	Etiquetas de columna				
Etiquetas de fila	ALICANTE	BARCELONA	MADRID	VALENCIA	Total general
Atletismo	115	440		230	785
Baile	115	230	210	115	670
Natación	95	115	460		
Tenis	95	115	210		
Total general	420	900	880		

Los filtros del gráfico dinámico se administran del mismo modo que en una tabla dinámica. Para saber más acerca de los filtros normales o por segmentación, vaya el apartado Filtrar una tabla dinámica.

Para aplicar un filtro de escala de tiempo a los datos del gráfico dinámico activo, haga clic en el botón **Insertar escala de tiempo** de la pestaña **Análisis de Gráfico dinámico** (grupo **Filtrar**) y marque, en el cuadro de diálogo **Introducir escalas de tiempo**, el campo o los campos de tipo fecha con los que desea aplicar el filtro cronológico. Confirme haciendo clic en **Aceptar**.

El filtro de escala del tiempo se administra como un filtro de segmentación (véase Filtrar una tabla dinámica - Filtrar una tabla dinámica usando un filtro de segmentación, en el capítulo Tablas dinámicas).

Alcanzar un valor objetivo

Esta técnica permite resolver el problema siguiente: qué valor debe contener una celda para que un determinado resultado alcance determinado valor.

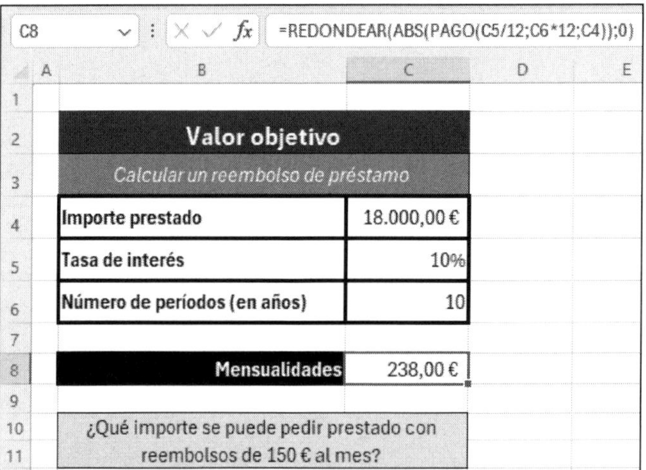

- Active la celda que debe tener un valor concreto y compruebe que contiene una fórmula de cálculo. Si es posible, visualice al mismo tiempo la celda que hay que modificar.
- Active la pestaña **Datos** y haga clic en el botón **Análisis de hipótesis** del grupo **Previsión.**
- Haga clic en la opción **Buscar objetivo**.
- Compruebe que el campo **Definir la celda** hace referencia a la celda (o al nombre de la celda) que contiene la fórmula para la cual desea encontrar una solución.
- Especifique el valor objetivo en el cuadro **Con el valor**.
- Seleccione en el cuadro **Cambiando la celda** la referencia de celda (o el nombre de celda) que desea ajustar para alcanzar el valor objetivo.

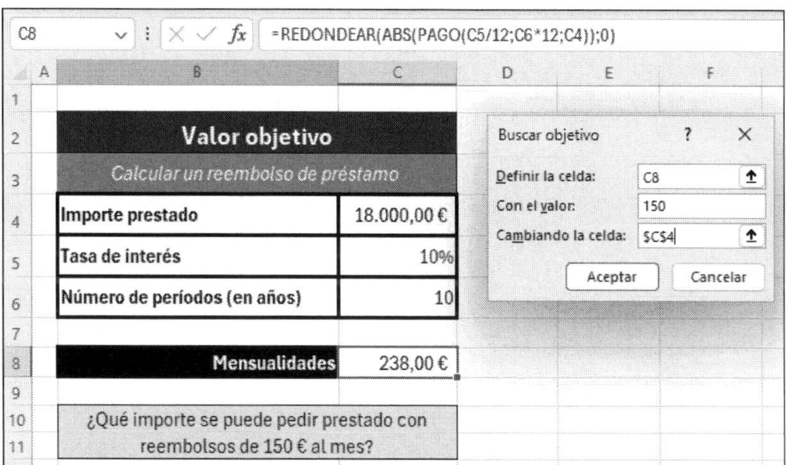

Haciendo un pago de 150 € al mes, ¿cuál será el importe del capital prestado?

- Haga clic en **Aceptar** para iniciar la búsqueda.

Cuando Excel encuentra una solución, se detiene y muestra las conclusiones en la hoja de cálculo.

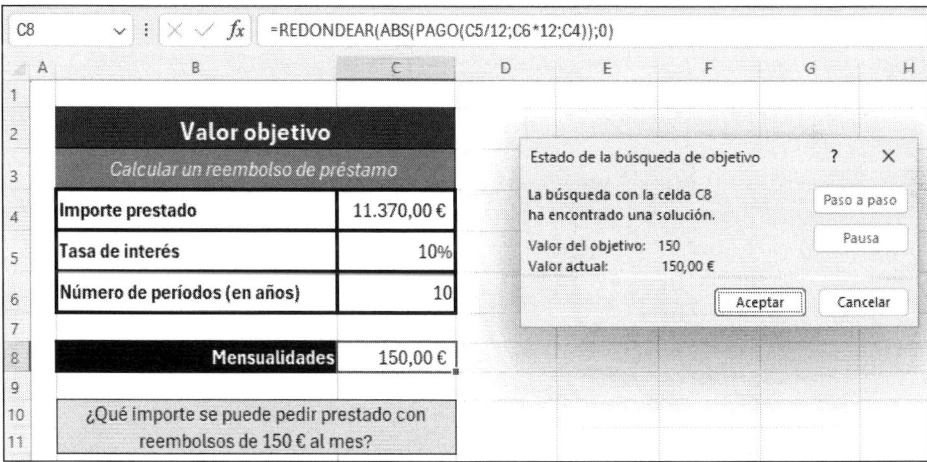

- Si el resultado propuesto le resulta satisfactorio, haga clic en el botón **Aceptar** para conservarlo en la hoja. Si desea volver a los valores de partida, haga clic en **Cancelar**.

Crear escenarios

Un escenario permite resolver un problema considerando varias hipótesis; se trata, por tanto, de una herramienta de análisis de simulación. Tomemos el ejemplo de una tabla sobre un préstamo:

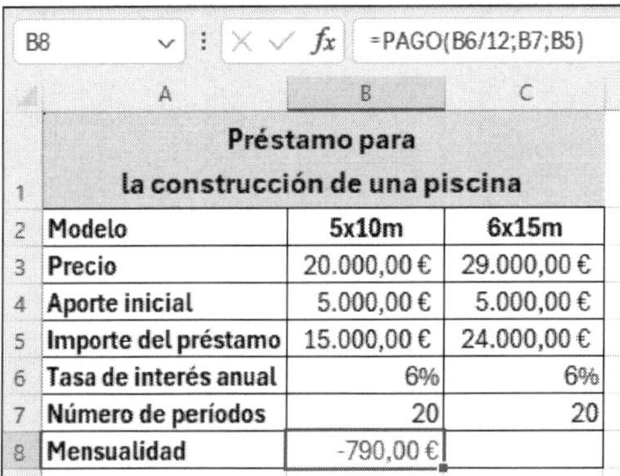

	A	B	C
1	Préstamo para la construcción de una piscina		
2	Modelo	5x10m	6x15m
3	Precio	20.000,00 €	29.000,00 €
4	Aporte inicial	5.000,00 €	5.000,00 €
5	Importe del préstamo	15.000,00 €	24.000,00 €
6	Tasa de interés anual	6%	6%
7	Número de períodos	20	20
8	Mensualidad	-790,00 €	

Buscamos evaluar el importe del reembolso mensual en función de tres variables: importe del préstamo, tasa de interés anual y número de cuotas, incluidos en las celdas C6, C7 y C8 respectivamente.

Crear escenarios

- Active la pestaña **Datos** y haga clic en el botón **Análisis de hipótesis** del grupo **Previsión.**
- Active la opción **Administrador de escenarios.**
- En el cuadro de diálogo **Administrador de escenarios**, haga clic en el botón **Agregar** e introduzca el **Nombre del escenario.**

- En el cuadro **Celdas cambiantes**, especifique las celdas con los datos que desea variar.

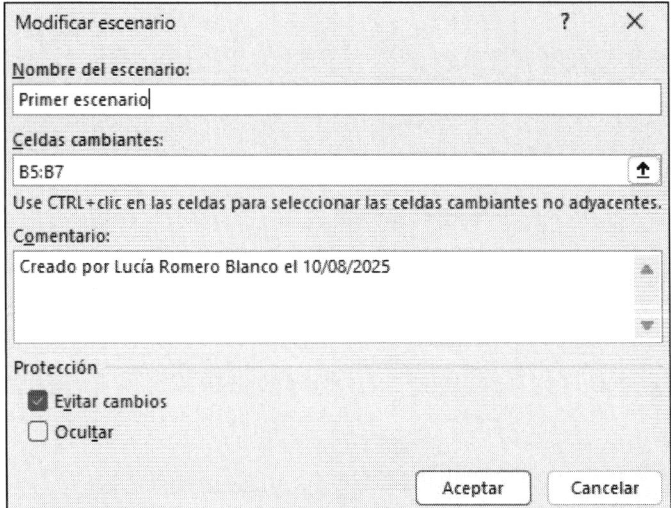

- Haga clic en el botón **Aceptar**, introduzca el valor de cada celda cambiante y confirme.

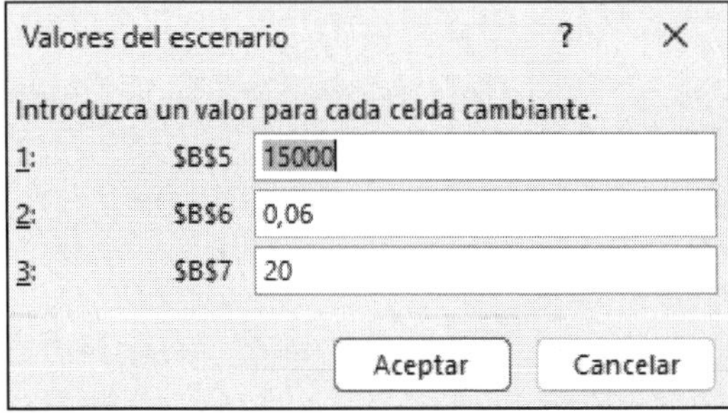

- Cree los demás escenarios siguiendo el mismo procedimiento.

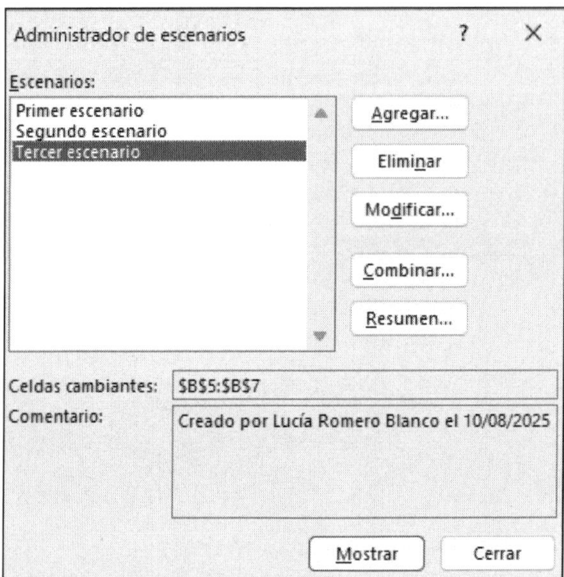

- Haga clic en **Cerrar**.

Iniciar la ejecución de los escenarios

- Active la pestaña **Datos** y haga clic en el botón **Análisis de hipótesis** del grupo **Previsión**.
- Active la opción **Administrador de escenarios**.
- Si solo debe iniciarse un escenario, selecciónelo y haga clic en el botón **Mostrar**. En esos casos, el resultado se muestra en la hoja de cálculo.
- Si deben ejecutarse todos los escenarios, haga clic en el botón **Resumen**. Si es preciso, seleccione en la hoja de resumen las celdas cuyo valor desea ver en cada escenario.

*Si ha hecho clic en el botón **Resumen**, Excel le propone dos tipos de informe.*

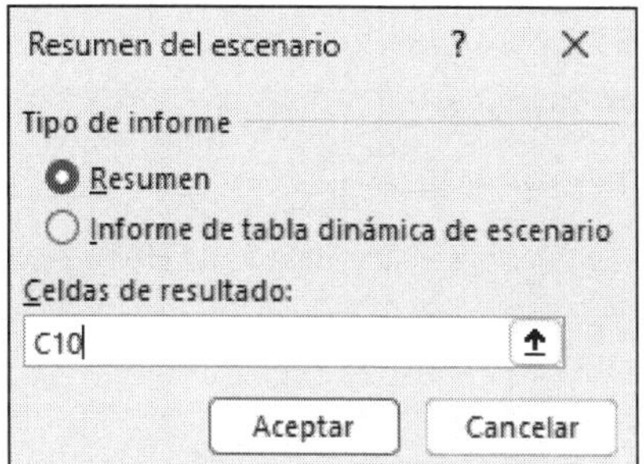

Active el **Tipo de informe** deseado y haga clic en **Aceptar**.

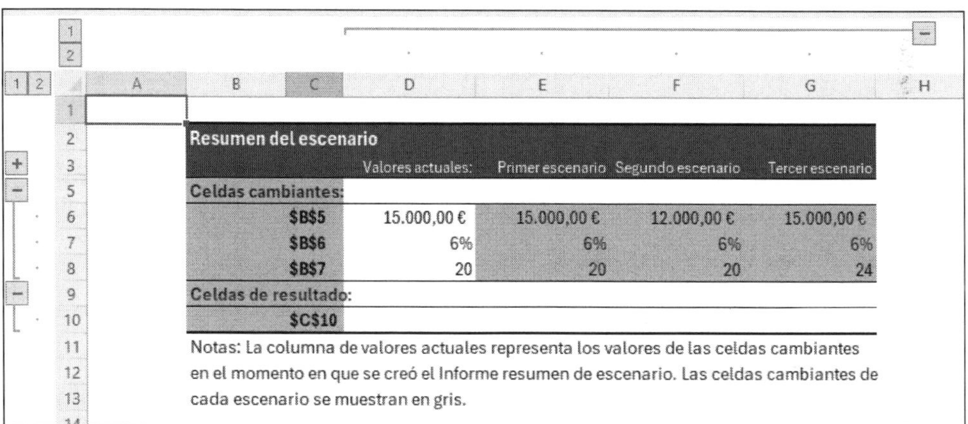

	A	B	C	D	E	F	G	H
1								
2		Resumen del escenario						
3				Valores actuales:	Primer escenario	Segundo escenario	Tercer escenario	
5		Celdas cambiantes:						
6			$B$5	15.000,00 €	15.000,00 €	12.000,00 €	15.000,00 €	
7			$B$6	6%	6%	6%	6%	
8			$B$7	20	20	20	24	
9		Celdas de resultado:						
10			$C$10					
11		Notas: La columna de valores actuales representa los valores de las celdas cambiantes						
12		en el momento en que se creó el Informe resumen de escenario. Las celdas cambiantes de						
13		cada escenario se muestran en gris.						

El resumen aparece en forma de esquema en una nueva hoja de cálculo. De este modo, obtenemos los valores de las distintas mensualidades, en función de los valores de las tres variables definidas.

Descubrir y activar el complemento Solver

El Solver de Excel es una herramienta de análisis de simulación; permite determinar un valor objetivo en función de condiciones diversas aplicadas a otros valores.

Para resolver un problema, deberá definir los parámetros siguientes:

- *El **objetivo que quiere alcanzar**: representa la celda cuyo contenido debe optimizarse o alcanzar determinado valor. Contiene por lo general una fórmula, y su valor depende de una o de varias celdas variables (la definición de esta celda, no obstante, no es obligatoria).*
- *Las **celdas que deben modificarse**: también llamadas variables de decisión, representan las celdas cuyo valor puede ir cambiando el Solver hasta lograr que las restricciones del problema queden satisfechas y que la «celda objetivo» alcance el objetivo definido.*
- *Las **celdas de restricciones** representan una o varias celdas cuyos valores deben alcanzar un nivel dado o bien permanecer dentro de determinados límites. En principio, deben contener fórmulas dependientes de las celdas variables.*

Con la finalidad de resolver un problema, el Solver hace que intervengan varias iteraciones para las que utiliza un conjunto de valores de celdas variables que hacen que se recalcule la hoja de cálculo, y examina las restricciones asociadas, así como el posible valor de la celda que hay que definir.

El Solver muestra, entonces, el valor de la celda variable más próxima a la solución buscada. También es posible crear un informe-resumen que contenga las características del problema, sus valores originales y sus valores finales.

Por defecto, el complemento Solver no está disponible en Excel: es preciso activarlo.

- Haga clic en la pestaña **Archivo** y luego en **Opciones**.
- En la categoría **Complementos**, abra la lista desplegable del campo **Administrar**, haga clic en **Complementos de Excel** y luego en el botón **Ir**.
- En la lista de los **Complementos disponibles**, marque la opción **Solver**.

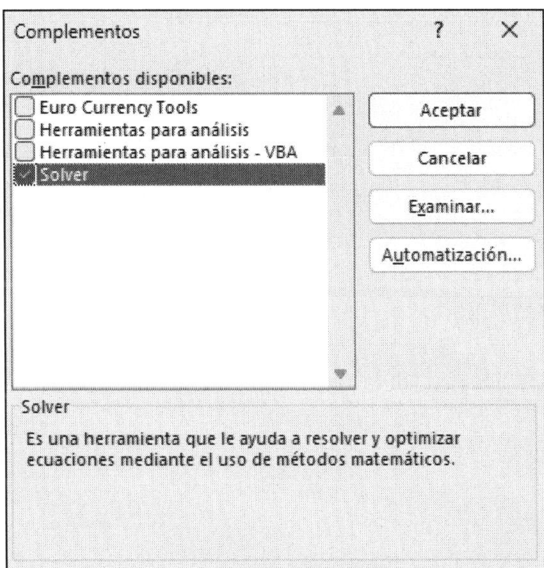

⊡ Haga clic en el botón **Aceptar** para confirmar.

Definir y resolver un problema usando la herramienta Solver

Tomemos el ejemplo siguiente: en el ámbito de un proyecto de préstamo bancario, vamos a buscar la oferta más ventajosa compatible con nuestra capacidad de reembolso, sabiendo que el porcentaje de interés es fijo y que el importe de los reembolsos, constante.

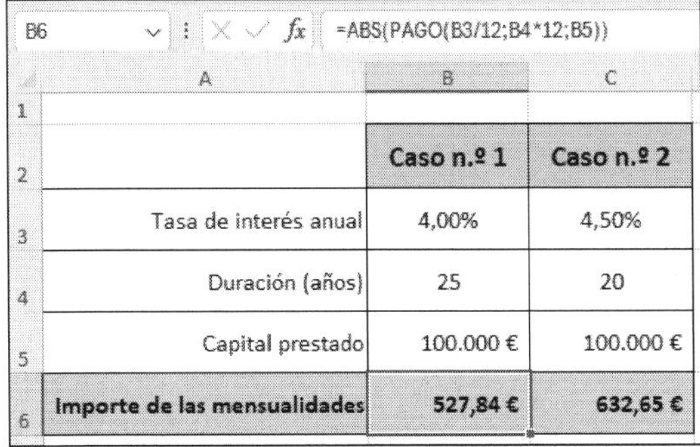

B6 =ABS(PAGO(B3/12;B4*12;B5))

	A	B	C
1			
2		**Caso n.º 1**	**Caso n.º 2**
3	Tasa de interés anual	4,00%	4,50%
4	Duración (años)	25	20
5	Capital prestado	100.000 €	100.000 €
6	**Importe de las mensualidades**	**527,84 €**	**632,65 €**

Las mensualidades se han calculado con las funciones PAGO y ABS.

El problema que se plantea es el siguiente: ¿cuál será la duración (número de mensualidades) para un reembolso de aproximadamente 500 € al mes? El objetivo es disminuir la mensualidad modificando la duración. El límite es una mensualidad de unos 500 €.

- Active la pestaña **Datos** y haga clic en el botón **Solver** del grupo **Análisis**.

  Si este comando no aparece, deberá activarlo (véase Descubrir y activar el complemento Solver).

- Haga clic en el icono asociado al campo **Establecer objetivo**, haga clic en la celda objetivo (que debe contener obligatoriamente una fórmula) y haga clic en el icono para expandir de nuevo el cuadro de diálogo **Parámetros de Solver**.

  *También puede escribir directamente la referencia o el nombre de la celda objetivo en el campo **Establecer objetivo**.*

- A continuación, active la opción:

  - **Máx** para buscar el valor más elevado del objetivo.
  - **Mín** para buscar el valor más pequeño del objetivo.
  - **Valor de** para buscar un valor preciso.

  Para nuestro ejemplo, buscamos una mensualidad de aproximadamente 500 €; por lo tanto, pediremos buscar un valor máximo.

- Haga clic en el icono asociado al campo **Cambiando las celdas de variables**; haga clic en una celda variable de decisión (200 máximo), separe las celdas no adyacentes mediante un punto y coma. Cada una de las celdas debe estar asociada, directamente o no, a la celda objetivo. A continuación, haga clic en el icono para expandir el cuadro de diálogo **Parámetros de Solver**.

- Complete cada una de las restricciones (**Sujeto a las restricciones**) que deben aplicarse siguiendo este procedimiento:

  - Haga clic en el botón **Agregar** para abrir el cuadro de diálogo **Agregar restricción**.
  - Haga clic en el icono asociado al campo **Referencia de celdas** y haga clic en la celda (o rango de celdas) que va a someter a una restricción. A continuación, haga clic en el icono para expandir de nuevo el cuadro de diálogo **Agregar restricción**.

- Usando la lista desplegable situada entre la **Referencia de celda** y la **Restricción**, defina la relación (**<=**, **=**, **>=**, **int**, **bin** o **dif**):
  - **bin** si se trata de una restricción binaria (es decir, que implica dos variables). En ese caso, la palabra **binario** se muestra en **Restricción**.
  - **int** para que el resultado obtenido en la celda a la que se hace referencia (celda variable obligatoriamente) sea un número entero. Ello puede resultar práctico si, por ejemplo, se busca calcular un número de acciones (estas no pueden estar fragmentadas). En ese caso, la palabra **entero** se muestra en **Restricción**.
  - **dif** para que el resultado obtenido en la celda a la que se hace referencia (celda variable obligatoriamente) sea diferente. En este caso, **Todos diferentes** se muestra en el campo **Restricción**.
  - **<=** (menor o igual que), **>=** (mayor o igual) o **=** (igual), para llevar a cabo una comparación con un valor, una fórmula, una referencia o un nombre de celda; introduzca este dato en el cuadro **Restricción**.

En este ejemplo, buscamos el importe mínimo de mensualidad más cercano a 500 €, por eso añadimos esta limitación:

- Para confirmar la restricción que acaba de definir y crear una nueva, haga clic en el botón **Agregar**.
- Cuando estén definidas todas las restricciones, haga clic en el botón **Aceptar** para confirmar los últimos datos definidos y volver al cuadro de diálogo **Parámetros de Solver**.

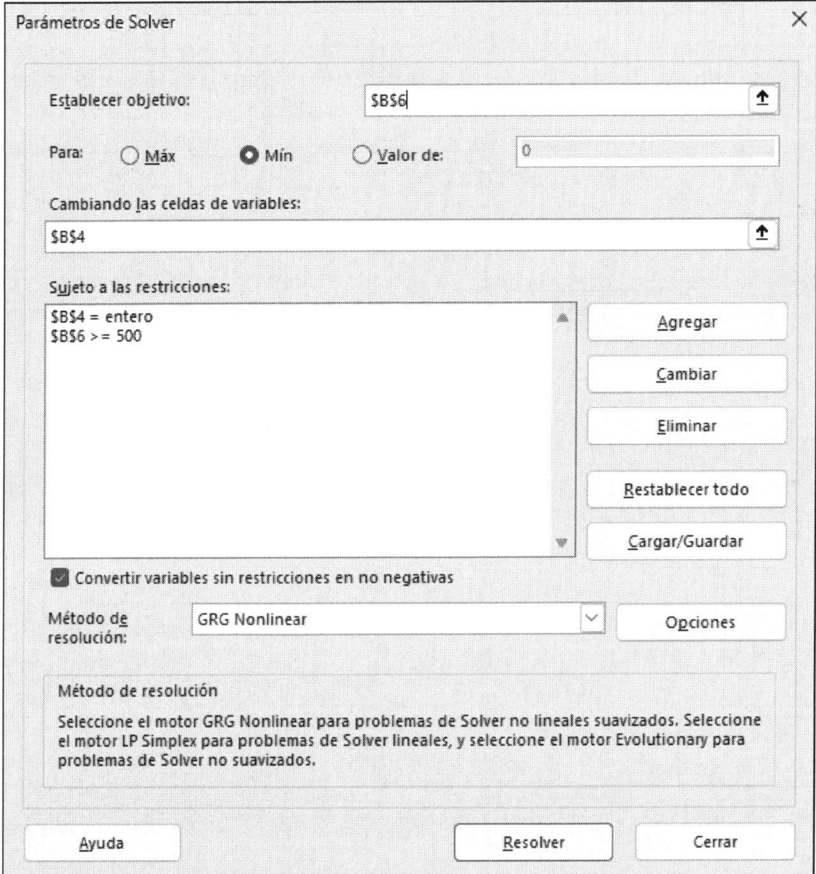

En nuestro ejemplo, y teniendo en cuenta que un banco no presta por fracciones de año ni de mes, hemos añadido la restricción suplementaria según la cual la duración (celda $B$4) debe ser un número entero.

- Según el tipo de problema que debe resolver (no lineal simple, lineal o complejo), puede seleccionar en la lista **Método de resolución** un método de resolución diferente (**GRG Nonlinear**, **Simplex LP** o **Evolutionary**).
- Haga clic en el botón **Solver** (el botón **Cerrar** permite guardar los parámetros del Solver sin ejecutar la resolución del problema).

*La ventana **Resultados de Solver** muestra la posible solución encontrada en función de los parámetros definidos.*

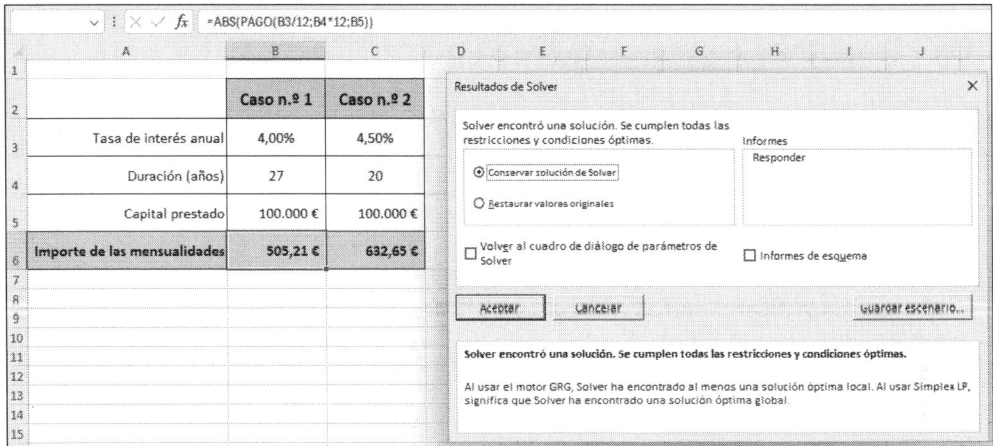

En la parte inferior se muestra un comentario sobre el resultado obtenido.

- Para conservar la solución propuesta o, por el contrario, volver a los valores originales, active la opción **Conservar solución de Solver** o **Restaurar valores originales**, según el caso.

  Para crear un informe basado en este resultado, haga clic en el tipo de informe deseado del cuadro **Informes**, para de seleccionarlo.

  *Tras aceptar la ventana **Resultados de Solver**, el informe se creará en una nueva hoja de cálculo.*

- Para guardar los valores de las celdas variables de decisión como escenario y poder consultarlo más adelante, haga clic en el botón **Guardar escenario**. Escriba el nombre de escenario que desee en el cuadro de texto **Nombre de**.

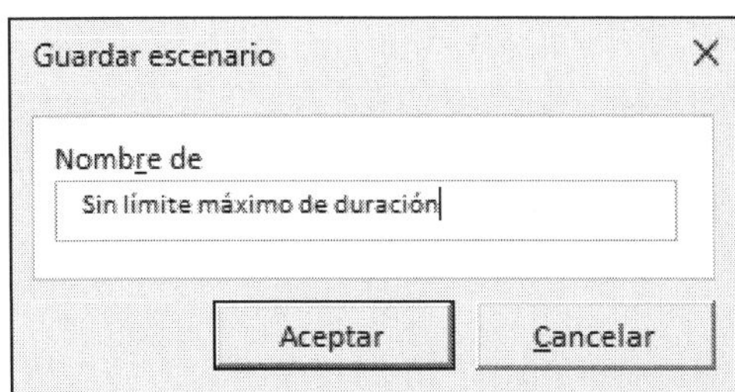

A continuación haga clic en **Aceptar**.

- Haga clic en el botón **Aceptar** de la ventana **Resultados de Solver** para tener en cuenta los cambios efectuados.

  *Si ha elegido conservar un informe del resultado, se integra en el libro una nueva hoja de cálculo llamada **Informe de solución 1**.*

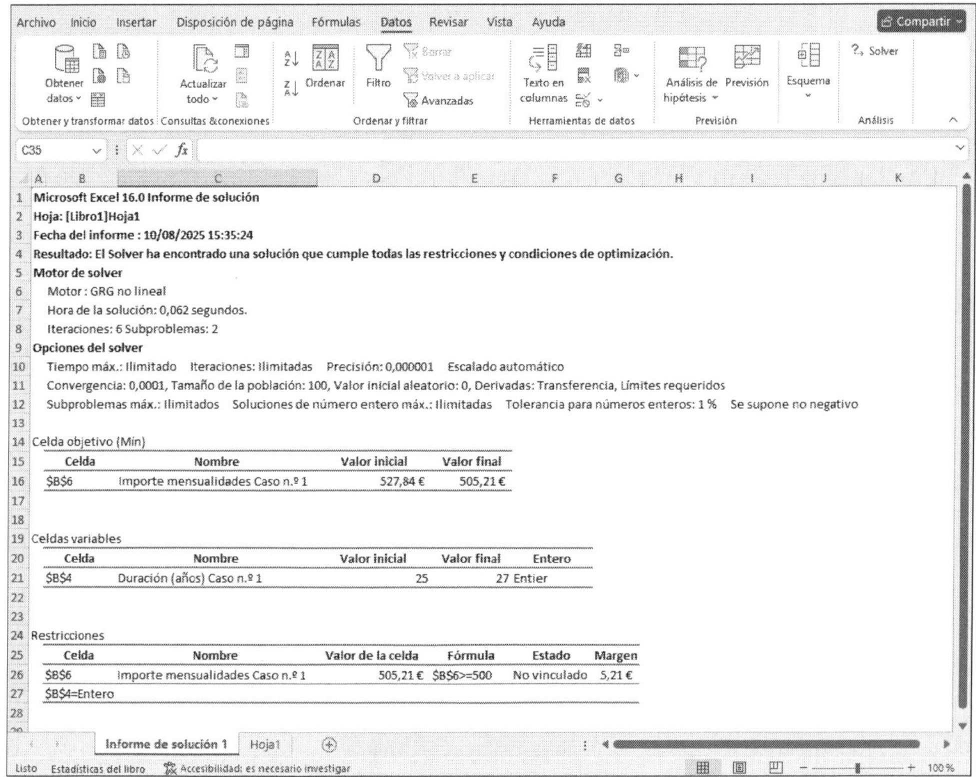

- Para cambiar una de las restricciones, abra de nuevo el cuadro de diálogo **Parámetros de Solver** (pestaña **Datos** - botón **Solver**), haga clic en la restricción correspondiente y luego en el botón **Cambiar**. Efectúe los cambios que desee en el cuadro de diálogo **Cambiar restricción** y confirme mediante **Aceptar**.
- Para eliminar una de las restricciones, haga clic en la restricción correspondiente y luego en el botón **Eliminar**.

Mostrar las soluciones de prueba del Solver

- Active la pestaña **Datos** y haga clic en el botón **Solver** del grupo **Análisis.**
- Defina el problema que hay que resolver (véase Definir y resolver un problema usando la herramienta Solver).
- Haga clic en el botón **Opciones** de la ventana **Parámetros de Solver**.

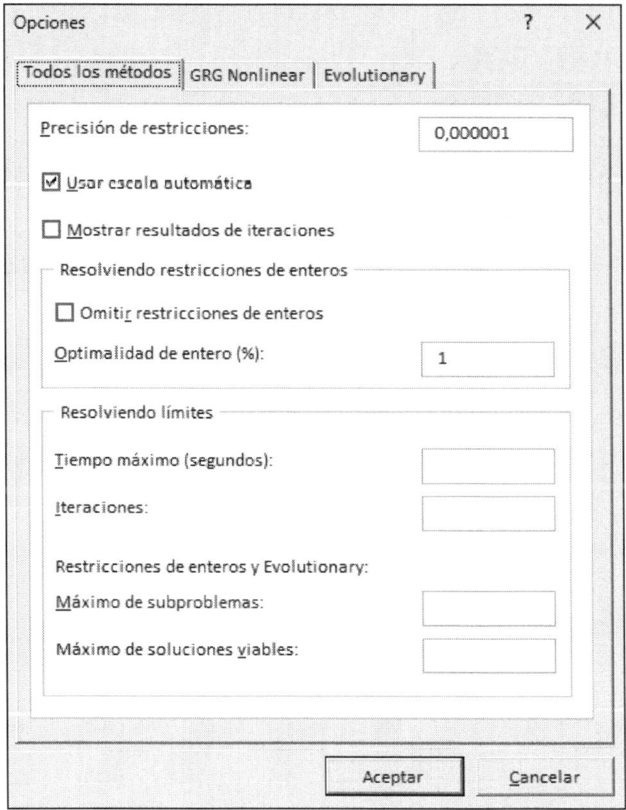

- Marque la opción **Mostrar resultados de iteraciones** para que se muestren los resultados de cada solución de prueba.
- Haga clic en **Aceptar**.

Proteger un libro

Proteger un libro con una contraseña

Puede proteger el acceso a un libro añadiendo una contraseña.

- Abra el libro que desea proteger y, en la pestaña **Archivo**, seleccione la opción **Información.**
- Haga clic en el botón **Proteger libro** y elija la opción **Cifrar con contraseña.**

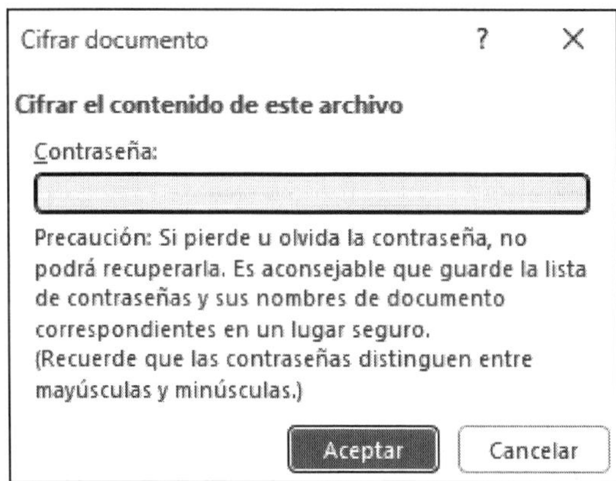

- Escriba una contraseña en el campo correspondiente.

Importante: esta contraseña no se puede recuperar, por lo que es importante no olvidarla. Anótela en un lugar seguro, separado de la información que desea proteger.

Se recomienda utilizar contraseñas ***seguras****, que combinen letras mayúsculas y minúsculas, números y símbolos. Las contraseñas distinguen entre mayúsculas y minúsculas.*

- Haga clic en **Aceptar**.
- Vuelva a escribir la contraseña y haga clic en **Aceptar** para confirmar.
- Para eliminar la contraseña que protege el libro, acceda de nuevo al cuadro de diálogo **Cifrar documento**, borre completamente la contraseña y haga clic en **Aceptar**.

Proteger la lectura o la modificación de un libro con contraseña

También es posible proteger el contenido de un libro.

- Abra el libro que desee proteger y acceda al cuadro de diálogo **Guardar como** (**Archivo - Guardar como - Examinar**).
- Acceda a la lista **Herramientas**, situada en la parte inferior del cuadro de diálogo **Guardar como**, y seleccione **Opciones generales**.
- Para proteger el libro en **modo lectura**, es decir, para solicitar una contraseña al usuario al abrir el libro, escriba la contraseña en el cuadro **Contraseña de apertura**.
- Para proteger el libro en modo escritura, es decir, para solicitar una contraseña al usuario al abrir el libro que permita guardar cambios, escríbala en el cuadro **Contraseña de escritura**.

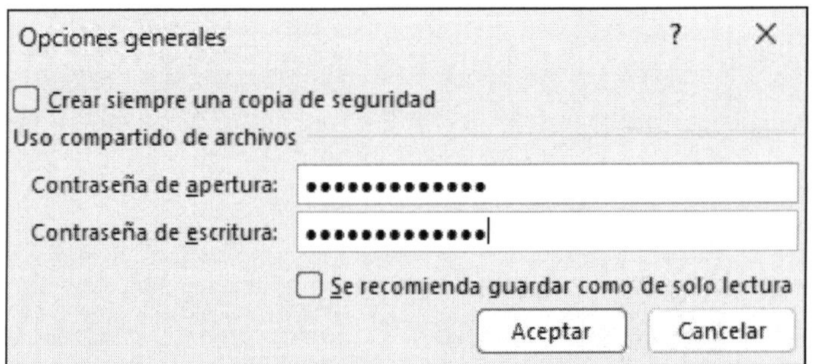

Se recomienda utilizar contraseñas seguras, que combinen letras mayúsculas y minúsculas, números y símbolos. Las contraseñas distinguen entre mayúsculas y minúsculas.

- Para reforzar la protección, active la opción **Solo lectura recomendada**. Así, al abrir el libro, se preguntará a los usuarios si desean abrirlo en modo solo lectura.

  Esta opción puede combinarse con la solicitud de una contraseña de escritura. Si se pide la contraseña, el procedimiento de apertura se ajustará ligeramente: aunque conozca la contraseña, Excel le ofrecerá abrir el libro en modo solo lectura; en tal caso, deberá hacer clic en ***Sí*** *para abrirlo en modo solo lectura o en* ***No*** *para abrirlo con permisos de escritura.*
- Haga clic en **Aceptar**.
- En el mensaje que aparece, vuelva a escribir las contraseñas para confirmarlas y haga clic en **Aceptar**.
- Haga clic en **Guardar**.
- Si es necesario, haga clic en **Sí** para reemplazar el libro existente.

Importante: esta contraseña no se puede recuperar, por lo que es importante no olvidarla. Anótela en un lugar seguro, separado de la información que desea proteger.

Para eliminar una contraseña, seleccione con clic y arrastre el contenido de los cuadros **Contraseña de apertura** o **Contraseña de escritura** y pulse la tecla Supr.

Proteger las hojas de un libro

Se trata de proteger los cambios relativos a la estructura de las hojas de cálculo, así como el tamaño y posición de estas.

- Active la pestaña **Revisar** y haga clic en el botón **Proteger libro** del grupo **Proteger**.
- Para impedir que los usuarios puedan ver las hojas de cálculo ocultas, desplazar, eliminar, ocultar o cambiar el nombre de las hojas de cálculo e insertar nuevas hojas de cálculo, marque la opción **Estructura**.

  *La opción **Ventanas** que aparece en gris no es accesible en esta versión, permitía evitar que los usuarios modificaran el tamaño o la posición de las hojas de cálculo.*
- Para impedir que usuarios no autorizados eliminen la protección del libro, introduzca una contraseña en el cuadro **Contraseña (opcional)**.

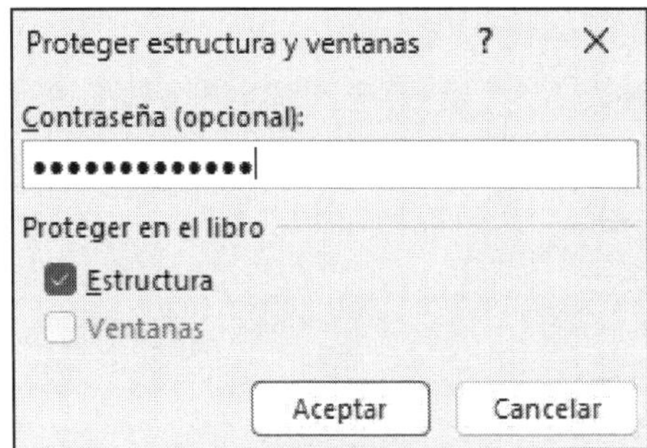

- Haga clic en el botón **Aceptar**.
- Si es preciso, introduzca de nuevo la contraseña para confirmarla y acepte.

Para eliminar la protección del libro, haga clic de nuevo en el botón **Proteger libro** del grupo **Proteger** (pestaña **Revisar**). Si la protección está vinculada a una contraseña, escríbala en el cuadro de diálogo **Desproteger libro** y confirme con **Aceptar**. En caso contrario, desmarque la opción **Estructura** del cuadro de diálogo **Proteger estructura y ventanas** y confirme con **Aceptar**.

Proteger las celdas de una hoja de cálculo

Si desea autorizar la introducción de datos solo en algunas celdas de la hoja de cálculo, deberá cancelar previamente la protección de las celdas (estado activo de forma predeterminada) y luego proteger toda la hoja.

Desbloquear un rango de celdas

- Seleccione las celdas en las que se autorizará la introducción de datos.
- Active la pestaña **Inicio** y haga clic en el botón **Formato** del grupo **Celdas** y en la opción **Formato de celdas** (o Ctrl **1**).
- En el cuadro de diálogo **Formato de celdas** que aparece, active la pestaña **Proteger**.
- Deseleccione la opción **Bloqueada**.
- Haga clic en **Aceptar**.

Activar el estado de protección de la hoja

- Active la pestaña **Revisar** y haga clic en el botón **Proteger hoja** del grupo **Proteger** o haga clic derecho sobre la pestaña de la hoja y después seleccione **Proteger hoja.**
- Compruebe que está marcada la opción **Proteger hoja y contenido de celdas bloqueadas.**
- Marque (o desmarque) las opciones correspondientes a las acciones que los usuarios podrán llevar a cabo en la lista **Permitir a los usuarios de esta hoja de cálculo.**

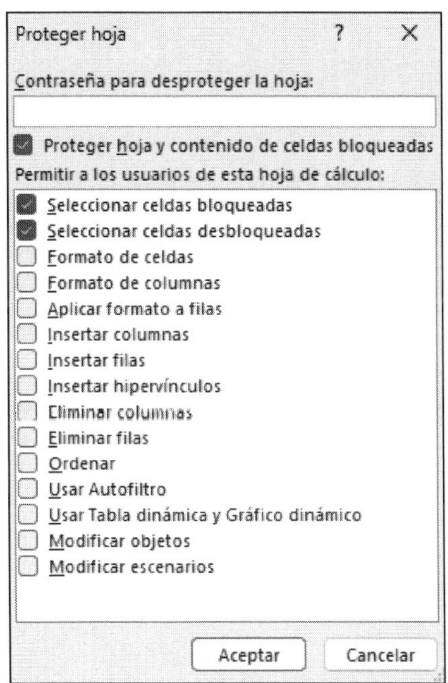

- Para que los usuarios autorizados puedan desactivar la protección de la hoja, introduzca una contraseña en el cuadro **Contraseña para desproteger la hoja**.
- Haga clic en **Aceptar**.
- Si es preciso, introduzca de nuevo la contraseña para confirmarla y haga clic en **Aceptar**.

Si intenta introducir un dato en una celda protegida, aparece el siguiente mensaje de advertencia:

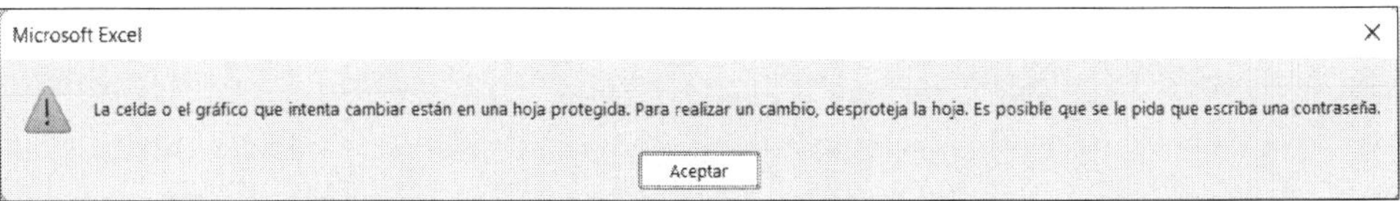

Haga clic en **Aceptar** para cerrar el cuadro de diálogo.

Según los permisos acordados a los usuarios, algunas opciones de las diferentes fichas no estarán disponibles en la hoja protegida (los botones correspondientes aparecen en gris).

Para cancelar la protección de la hoja, haga clic en el botón **Desproteger hoja** del grupo **Proteger** (pestaña **Revisar**). Si es preciso, introduzca la contraseña y confirme.

Permitir a algunos usuarios el acceso a las celdas

Esta técnica permite proteger las celdas de una hoja y autorizar el acceso a diferentes rangos de celdas, ya sea a través de contraseñas diferentes, ya sea seleccionando nombres de usuario (en ese caso su PC deberá formar parte de una red de empresa organizada en dominios).

- Active la pestaña **Revisar** y haga clic en el botón **Permitir editar rangos** del grupo **Proteger**.
- Haga clic en el botón **Nuevo**.

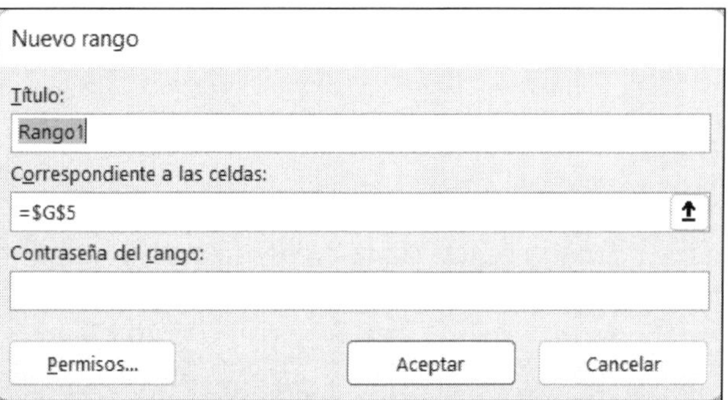

- Si es preciso, modifique el **Título** asociado al rango para el que se van a otorgar los permisos de acceso.
- Haga clic en el botón del cuadro **Correspondiente a las celdas**, seleccione en la hoja el rango de celdas y haga clic en para volver al cuadro de diálogo **Nuevo rango**.

  Puede usar la tecla Ctrl para seleccionar rangos de celdas discontinuos.
- En el cuadro **Contraseña del rango**, escriba la contraseña que los usuarios deberán introducir para modificar el rango, pulse ↵ y, para confirmar, introduzca por segunda vez la contraseña y acepte.

  Si no se define una contraseña, todos los usuarios podrán modificar las celdas.

- Para definir la lista de usuarios a los que se van a conceder derechos de acceso, haga clic en el botón **Permisos** del cuadro de diálogo **Nuevo rango** o, si ha introducido y confirmado una contraseña, haga clic en el botón **Permisos** del cuadro de diálogo **Permitir a usuarios modificar rangos**. En el cuadro de diálogo **Permisos de «Nombre del rango»** que aparece a continuación, haga clic en el botón **Agregar**.
- Introduzca los nombres de los usuarios, los ordenadores o los grupos a los que desea otorgar derechos, separándolos con punto y coma (;).

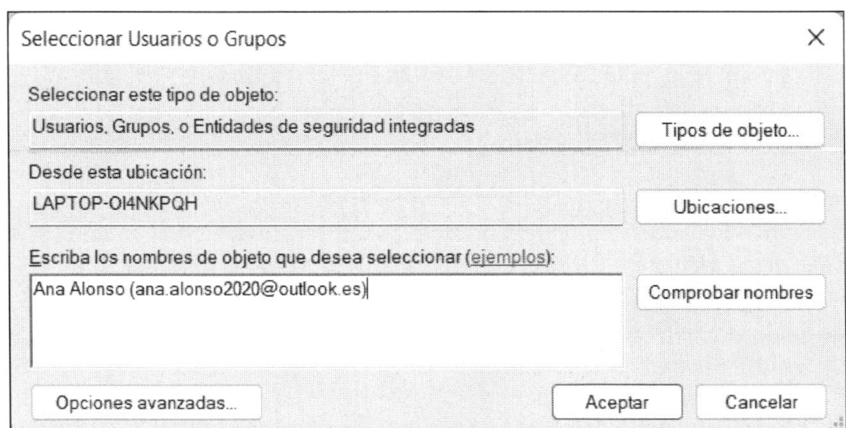

*El vínculo **ejemplos** presenta diferentes posibilidades de sintaxis.*

- Haga clic en el botón **Comprobar nombres** para que las señas introducidas se identifiquen correctamente.
- Cuando haya introducido y comprobado todos los nombres, haga clic dos veces en el botón **Aceptar** para salir de los cuadros de diálogo.
- Si necesita definir otro rango de celdas asociado a otras contraseñas, haga clic una vez más en el botón **Nuevo** del cuadro de diálogo **Permitir a usuarios modicar rangos** y lleve a cabo las operaciones descritas antes.

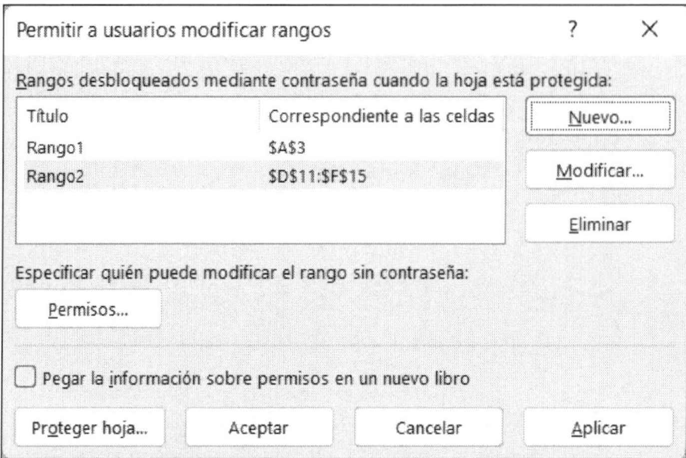

*La opción **Pegar la información sobre permisos en un nuevo libro** permite resumir las autorizaciones en un libro nuevo.*

- Haga clic en el botón **Proteger hoja** y compruebe que está marcada la opción **Proteger hoja y contenido de celdas bloqueadas.** Introduzca una contraseña en el campo **Contraseña que se requerirá para desproteger la hoja** y, si es preciso, marque o desmarque las opciones en la lista **Permitir a los usuarios de esta hoja de cálculo.**
- Haga clic en **Aceptar**.
- Si es preciso, introduzca de nuevo la contraseña de protección de la hoja de cálculo para confirmarla.
- Haga clic en el botón **Aceptar**.

Si intenta escribir en una celda perteneciente a un rango cuya autorización de cambios está protegida mediante una contraseña, Excel le solicitará que introduzca la contraseña.

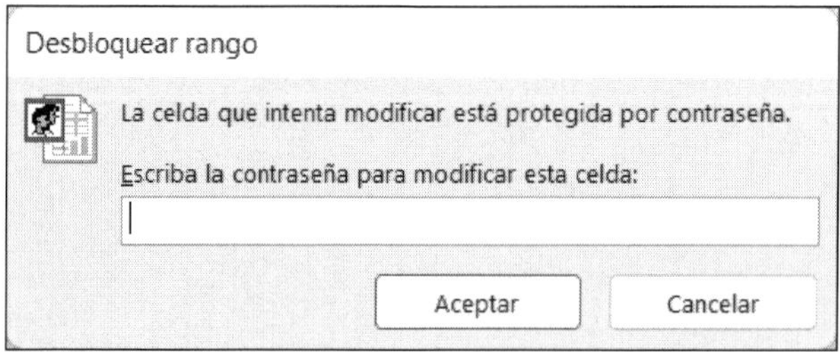

- Introduzca la contraseña y haga clic en **Aceptar**.

Proteger un libro

Crear y utilizar una firma digital

*La **firma digital** es un «sello de identificación electrónico», encriptado y protegido, que asegura que el archivo proviene del firmante y que no se ha modificado tras su firma.*

Para usar una firma digital con garantías, es preciso obtener un certificado digital emitido por una autoridad de certificación o por una entidad oficialmente designada por Microsoft. El nivel de seguridad puede variar de un certificado a otro.

Crear una firma digital

- Si no ha creado ninguna firma digital, active la pestaña **Archivo** y, si es preciso, la opción **Información**.
- En el panel central, haga clic en el botón **Proteger libro** y escoja la opción **Agregar una firma digital**.

  Aparece el siguiente mensaje:

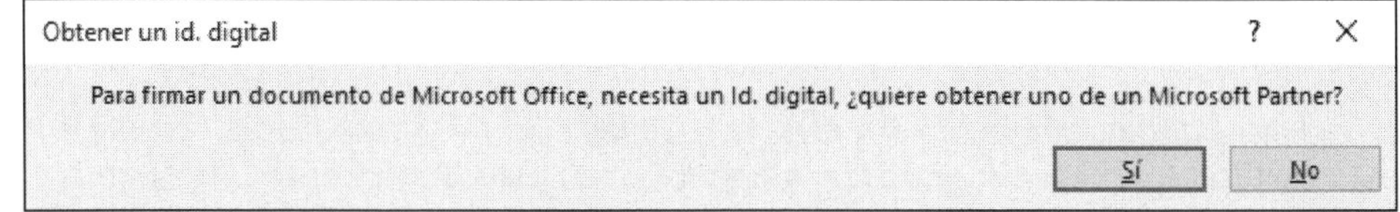

- Si su firma digital debe considerarse «autentificada» por una autoridad de certificación, active **Sí** para obtener una identificación digital de una entidad asociada a Microsoft. Esta opción requiere conexión a Internet.
- Haga clic en el botón **Aceptar**.

Insertar una firma digital

- Haga clic en la pestaña **Archivo** y, si es preciso, en la opción **Información**.
- En el panel central, haga clic en el botón **Proteger libro** y escoja **Agregar una firma digital**.

Se abre el siguiente cuadro de diálogo:

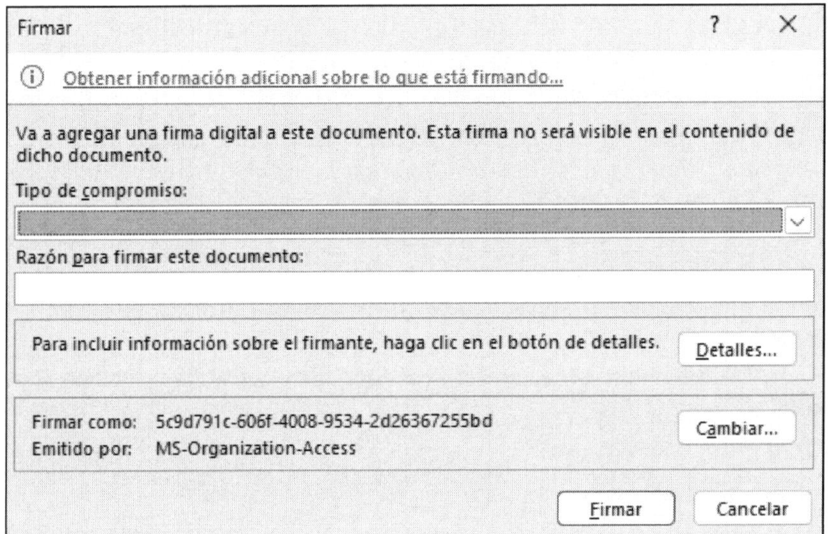

- En la lista **Tipo de compromiso**, elija una de las opciones propuestas: **Creó y aprobó este documento**, **Aprobó este documento**, **Creó este documento** o **Ninguno**.
- En la zona **Razón para firmar este documento**, escriba el motivo de firmar el libro.
- A continuación, haga clic en el botón **Firmar**.
- En el mensaje de confirmación que aparece, haga clic en **Aceptar**.

  *Se ha añadido la opción **Ver firmas** a las opciones de información; el libro está en modo de solo lectura.*

El icono [icono] en la barra de estado indica que el libro está firmado digitalmente.

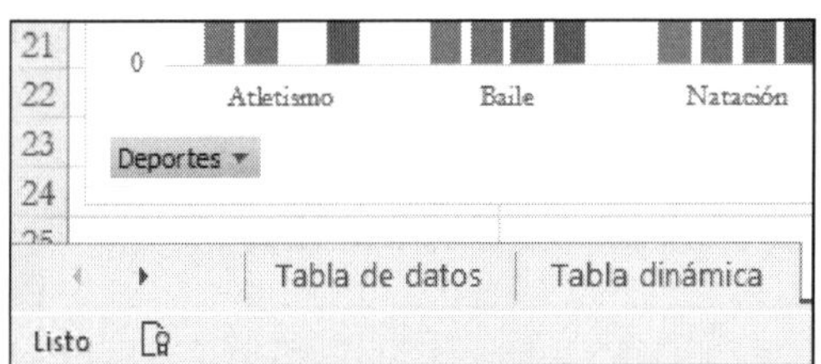

Para que se muestre este icono, debe estar activada la opción **Firmas** en el menú contextual de la barra de estado.

Mostrar la información de una firma digital

- Para mostrar el nombre del firmante, haga clic en el icono de la barra de estado. *El panel **Firmas** se abre y se muestra a la derecha de la pantalla.*

- Para mostrar más información acerca de la firma, abra la lista de esta y escoja la opción **Detalles de la firma**.
- A continuación, haga clic en el botón **Ver** para mostrar la información relativa al certificado.

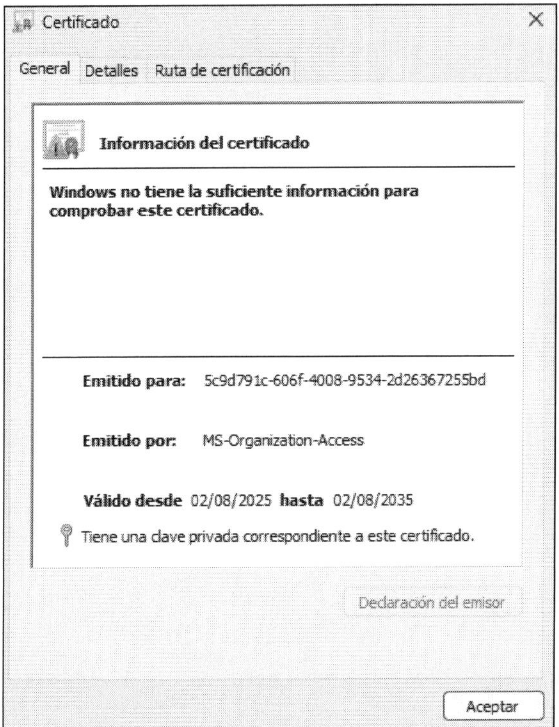

- Para cerrar la ventana, haga clic en el botón **Aceptar** y luego en **Cerrar**.

Revalidar una firma digital

Cuando un libro está firmado, la barra de información indica que dicho libro está marcado como «versión final» y muestra el botón ***Editar de todos modos****.*

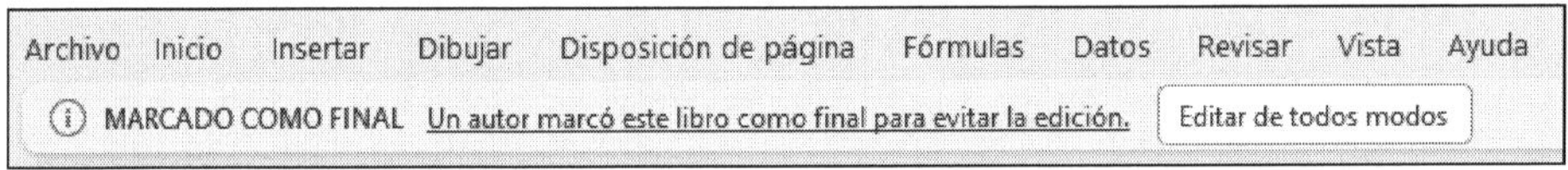

- Haga clic en este botón para editar el libro y, a continuación, en **Sí** y en **Aceptar**.

  La firma se elimina.
- Efectúe las modificaciones que desee.

- Para revalidar la firma, active la pestaña **Archivo** y, si es preciso, haga clic en la opción **Información**. En el panel central, haga clic en el botón **Proteger libro** y escoja la opción **Agregar una firma digital**.

  Haga clic en el botón **Aceptar** del mensaje que aparece.
- Firme de nuevo el libro tal y como hemos visto en los apartados anteriores.

Eliminar una firma digital de un libro

- Haga clic en el icono que aparece en la barra de estado.
- Abra la lista de la firma y escoja la opción **Quitar firma**.
- Haga clic en el botón **Sí** para confirmar.
- Haga clic en el botón **Aceptar**.

Introducción

Excel permite que varios usuarios trabajen de manera simultánea en un mismo libro. Cada uno de ellos puede ver las modificaciones de los demás editores en tiempo real. Para ello, el propietario debe guardar previamente el libro en un espacio de almacenamiento en línea como puede ser OneDrive (personal o profesional) o, si dispone de Microsoft 365, en una biblioteca SharePoint o un equipo Teams.

Otros usuarios podrán consultar o modificar los archivos guardados en el espacio OneDrive a condición de que estos se hayan compartido.

Todos los usuarios del sitio de equipo o del equipo Team podrán acceder a archivos situados en bibliotecas SharePoint o equipos Team. También se pueden compartir archivos con usuarios externos al equipo u organización, siempre y cuando el administrador de Microsoft 365 lo autorice.

Desde la versión 2019 de Excel, los botones **Proteger y compartir el libro** y **Control de cambios** ya no están disponibles en la pestaña **Revisar**. Como presentan numerosas limitaciones, Microsoft ha preferido dar prioridad a la edición. No obstante, si desea seguir usándolos, puede añadir los comandos **Compartir libro (heredado)**, **Proteger uso compartido (heredado)**, **Control de cambios (heredado)** y **Comparar y combinar libros** de la pestaña **Revisar** (consulte el apartado Personalizar la cinta de opciones del capítulo Personalizar).

Compartir y proteger un libro

Enviar un vínculo

- Abra el libro que desee compartir.
- Haga clic en la lista del botón Compartir (que aparece en el extremo derecho de la cinta de opciones) y, después, en la opción **Compartir**.

  *También es posible usar el comando **Archivo - Compartir**.*

*El panel **Compartir** aparecerá en pantalla.*

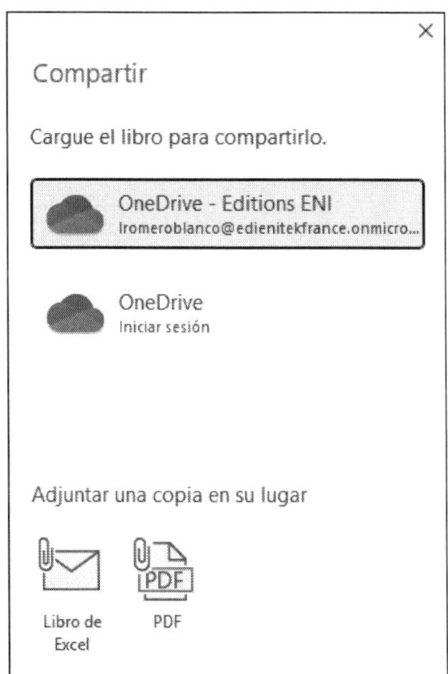

Haga clic en el espacio de almacenamiento en línea en el que se encuentre el archivo.

*Una vez cargado el documento, el panel **Compartir** se actualiza:*

- Introduzca en el primer campo los correos electrónicos de los usuarios con quienes desea compartir el libro bien escribiéndolos manualmente, bien haciendo clic en la zona y seleccionando los contactos a partir de la lista propuesta.

- A continuación, abra la lista **Puede editar** y escoja el permiso que desee conceder a los usuarios. Escoja la opción **Puede editar** si desea permitir que se realicen cambios en el documento o la opción **Puede ver** si solo desea autorizar su consulta.

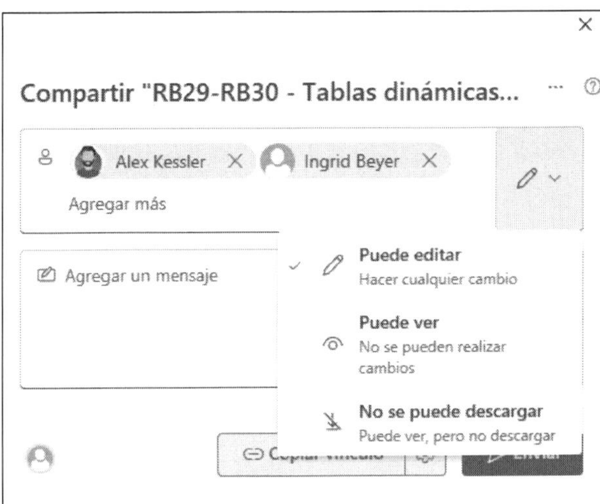

- El icono **Configuración de vínculos** que aparece a la derecha del botón **Copiar vínculo**, permite definir más propiedades para compartir el archivo. Haga clic en él.

*Se abrirá la ventana **Configuración de vínculos**.*

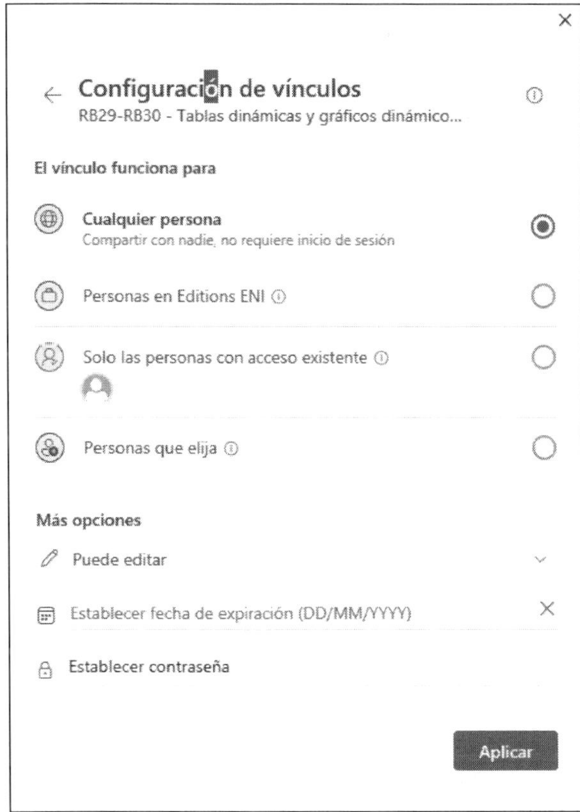

Seleccione una opción del apartado **El vínculo funciona para**:

- **Cualquier persona** da acceso al archivo a cualquiera que tenga el enlace, incluso si la persona con quien lo comparte lo vuelve a compartir.
- **Personas en** da acceso al libro únicamente a las personas de la organización con quienes se ha compartido.
- **Solo las personas con acceso existente** permite volver a compartir el archivo con personas de su organización con quien ya se había compartido el libro.

- En la sección **Más opciones**, abra la primera lista y elija una opción:
  - **Puede editar** permite que los usuarios con acceso modifiquen el libro.
  - **Puede ver** permite que los usuarios vean el libro pero no lo modifiquen.
  - **No se puede descargar** permite ver el contenido del archivo pero no descargarlo.

  Los usuarios con suscripción Premium de Microsoft disponen de dos opciones adicionales:
  - **Establecer fecha de caducidad** define un día en que el enlace dejará de funcionar.
  - **Establecer contraseña** protege el vínculo con una contraseña. Esta opción solo está disponible si el vínculo se escoge previamente la opción **Cualquier persona.**
- Una vez seleccionados todos los criterios necesarios, haga clic en **Aplicar**.
- En el campo **Nombre, grupo o correo electrónico** de la sección **Enviar un enlace**, escriba las direcciones de correo o los nombres de los usuarios o grupos con quienes se desea compartir el libro.

La lista desplegable situada a la derecha permite cambiar los permisos de visualización o edición del archivo.

- Redacte un mensaje en el campo **Agregar mensaje** si lo desea. Este constituirá el cuerpo del mensaje enviado.
- Haga clic en el botón **Enviar**.

  El acceso al libro se enviará desde la dirección de Outlook del usuario.

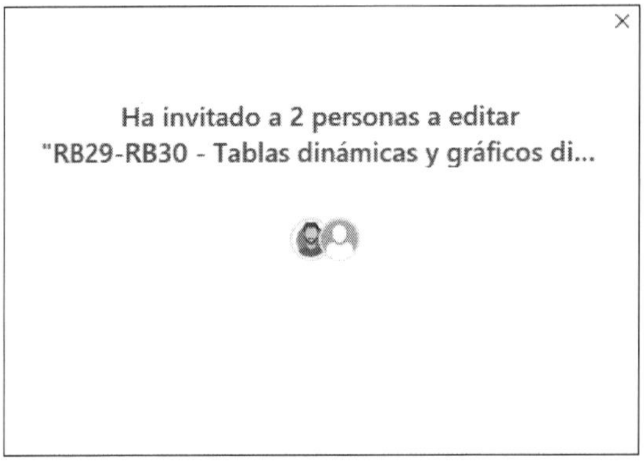

Para consultar quién tiene acceso a un libro, haga clic en la lista del botón **Compartir** y seleccione **Administrar el acceso**. Los contactos con acceso aparecen en la parte inferior de la ventana:

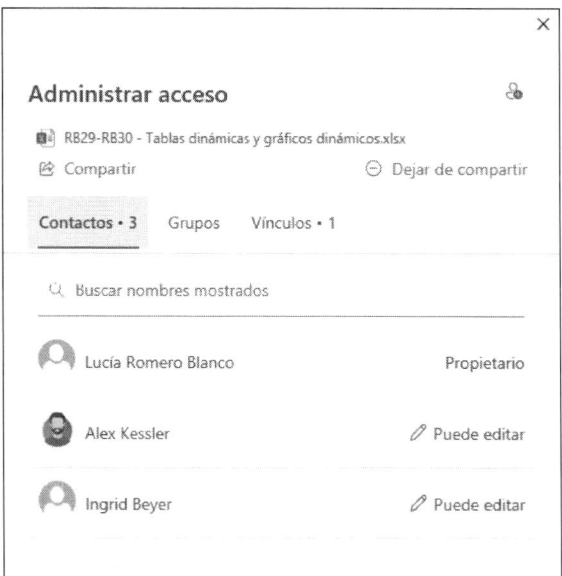

Copiar un vínculo

La opción Copiar vínculo permite obtener el enlace de un libro almacenado en uno de sus espacios de almacenamiento para pegarlo posteriormente en un mensaje, documento o sitio web y dar acceso a otros usuarios.

- Abra el libro que desee compartir.
- Haga clic en la lista del botón Compartir (que aparece en el extremo derecho de la cinta de opciones) y, después, en la opción **Copiar vínculo**.

El vínculo se copiará en el PortaPapeles:

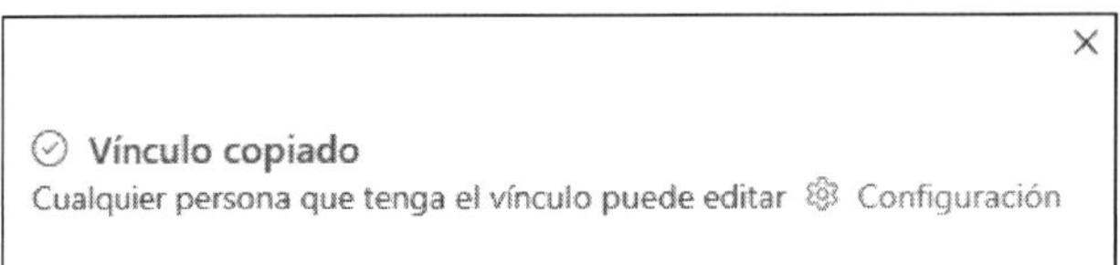

- Si necesita editar los parámetros del vínculo, pulse en el enlace **Configuración** que aparece en la ventana **Vínculo copiado**.

  *La configuración es la misma que en **Enviar un vínculo**, excepto que se propone una opción adicional, **Personas que elija**, que permite indicar las personas con las que se desea compartir el vínculo:*

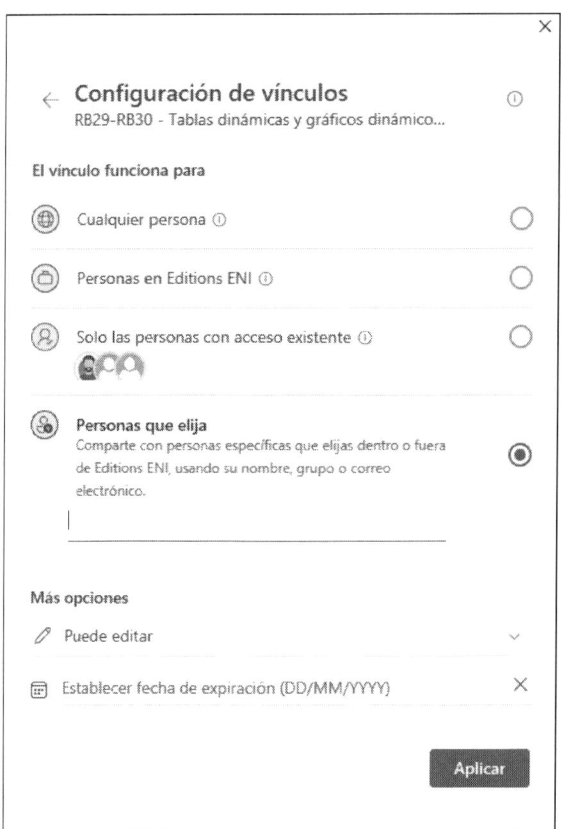

- Una vez seleccionados todos los criterios necesarios, haga clic en **Aplicar**.

- Haga clic en el botón **Copiar**.

  El enlace se guarda en el portapapeles y puede pegarse donde desee para enviarlo a los usuarios correspondientes.

Enviar una copia

*La opción **Enviar una copia**, que aparece en la parte inferior de la ventana **Compartir**, no comparte el acceso a un archivo sino que adjunta una copia en formato Excel o PDF a un correo. Esta opción no es adecuada para coeditar un único archivo, pero permite enviar el libro de otra manera.*

Gestionar el acceso a un libro compartido

En cualquier momento puede añadir o eliminar usuarios, o cambiar los permisos:

- Haga clic en la lista del botón Compartir en la cinta de opciones y, después, en **Administrar el acceso.**

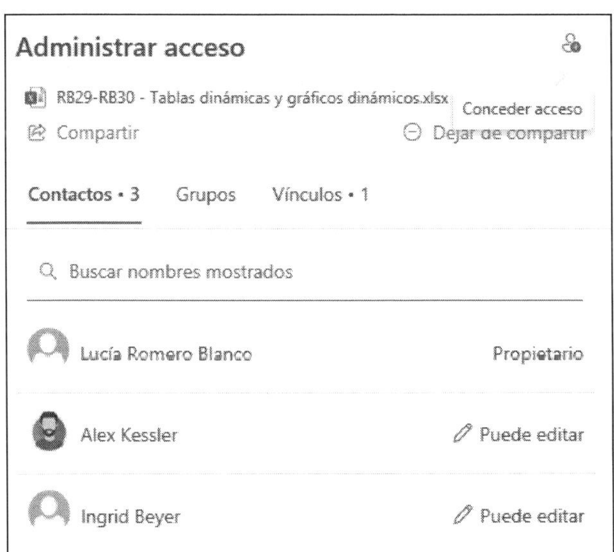

*En la pestaña **Contactos**, se muestran los usuarios con los que se ha compartido el archivo y sus permisos.*

*En la pestaña **Grupos**, se muestran los grupos que tienen acceso.*

*En la pestaña **Vínculos**, se pueden ver los enlaces generados y las personas con las que se han compartido.*

*Las opciones de gestión varían en función de si el enlace de uso compartido se creó con acceso para **todas las personas** o solo para **personas específicas** (véase el apartado Compartir y proteger un libro).*

Administrar un libro compartido con personas específicas

- En la pestaña **Contactos** (o **Grupos**), haga clic en el usuario cuyo acceso desee modificar.
- Aparecerá una lista con sus permisos actuales (**Puede editar** o **Puede ver**). Para cambiarlos, abra la lista desplegable y seleccione una nueva opción:

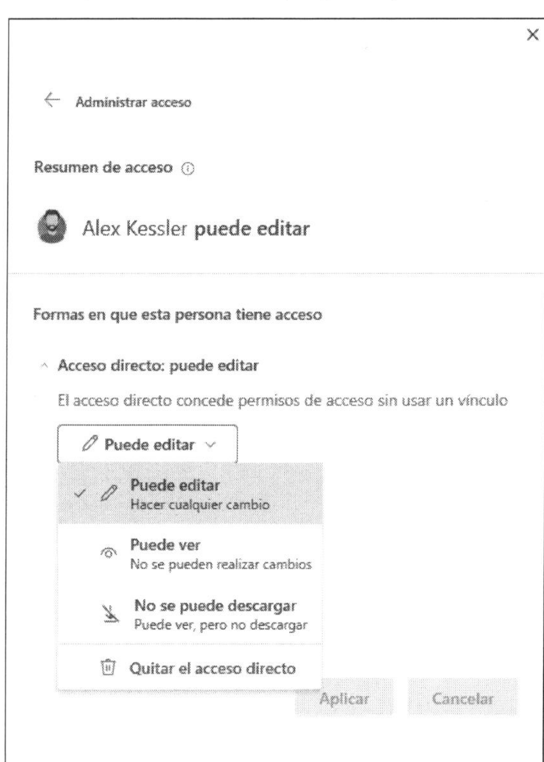

- Seleccione la opción deseada: **Puede editar** para permitirle editar el libro en línea; **Pueda ver** para que pueda verlo pero no editarlo; **No se puede descargar** para permitirle ver el archivo pero no descargarlo; y **Quitar el acceso directo** para revocar completamente el acceso.
- Haga clic en **Aplicar** para confirmar los cambios.

Administrar un libro compartido con todos

- Acceda a la pestaña **Vínculos**.

Si el vínculo de uso compartido se creó con acceso para todos, los permisos (lectura, escritura o descarga) no pueden modificarse; la única forma de cambiarlos es generando un vínculo nuevo.

- Para compartir un vínculo existente con más usuarios, haga clic en **Copiar** y péguelo en el mensaje o medio deseado para enviarlo.
- Si tiene dudas sobre los parámetros de un vínculo, haga clic en **Compartir** y siga la misma configuración: si los permisos coinciden con un vínculo ya existente, Excel reutiliza dicho enlace; si los permisos son distintos, Excel genera uno nuevo.
- Para eliminar un vínculo, haga clic en el icono asociado. Los usuarios dejarán de tener acceso al libro.

Coeditar un libro

Cuando un libro se comparte con otros usuarios que tienen permisos de edición, varios pueden abrirlo y trabajar en él al mismo tiempo. En Excel 2024, la edición simultánea solo es posible desde la aplicación en línea Excel para la Web. En Excel Microsoft 365, se puede coeditar tanto desde la aplicación de escritorio como desde Excel para la Web.

- Tras compartir el libro, acceda a su espacio **OneDrive** desde el navegador y ábralo: se abrirá por defecto en Excel para la Web.

  Con Excel Microsoft 365, es posible trabajar simultáneamente en un libro directamente desde la aplicación de escritorio de Excel, así como a través de la aplicación en línea Excel para la Web.

- Los destinatarios del enlace pueden abrirlo directamente desde el correo recibido:

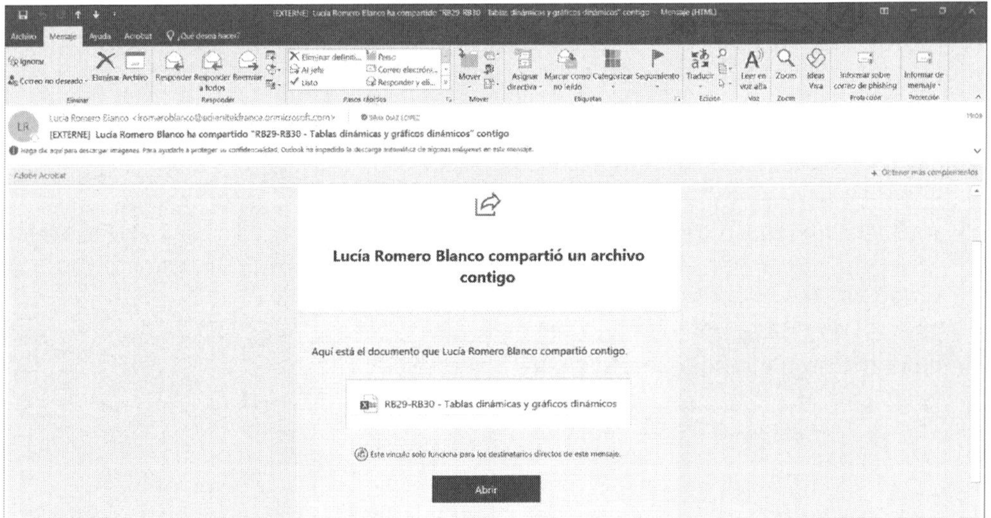

*También se puede acceder a los archivos compartidos en OneDrive desde la sección **Compartido** del propio OneDrive.*

*Los documentos almacenados en una biblioteca **SharePoint** o en un equipo de **Teams** están disponibles para todos los miembros de dicho sitio o equipo.*

Cuando se accede desde un enlace, el libro se abre en Excel para la Web en el navegador.

Compartir y coeditar

*En Excel Microsoft 365, a la izquierda del botón **Compartir** aparecen iconos que representan a los usuarios que están editando en ese momento.*

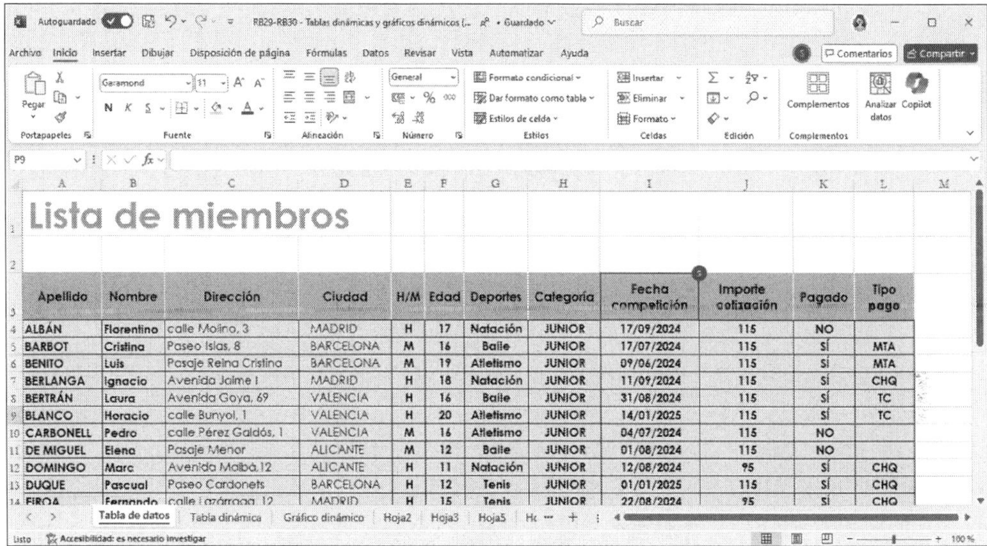

Lista de miembros

Apellido	Nombre	Dirección	Ciudad	H/M	Edad	Deportes	Categoría	Fecha competición	Importe cotización	Pagado	Tipo pago
ALBÁN	Florentino	calle Molino, 3	MADRID	H	17	Natación	JUNIOR	17/09/2024	115	NO	
BARBOT	Cristina	Paseo Islas, 8	BARCELONA	M	16	Baile	JUNIOR	17/07/2024	115	SÍ	MTA
BENITO	Luis	Pasaje Reina Cristina	BARCELONA	M	19	Atletismo	JUNIOR	09/06/2024	115	SÍ	MTA
BERLANGA	Ignacio	Avenida Jaime I	MADRID	H	18	Natación	JUNIOR	11/09/2024	115	SÍ	CHQ
BERTRÁN	Laura	Avenida Goya, 69	VALENCIA	H	16	Baile	JUNIOR	31/08/2024	115	SÍ	TC
BLANCO	Horacio	calle Bunyol, 1	VALENCIA	H	20	Atletismo	JUNIOR	14/01/2025	115	SÍ	TC
CARBONELL	Pedro	calle Pérez Galdós, 1	VALENCIA	M	16	Atletismo	JUNIOR	04/07/2024	115	NO	
DE MIGUEL	Elena	Pasaje Menor	ALICANTE	M	12	Baile	JUNIOR	01/08/2024	115	NO	
DOMINGO	Marc	Avenida Maibà,12	ALICANTE	H	11	Natación	JUNIOR	12/08/2024	95	SÍ	CHQ
DUQUE	Pascual	Paseo Cardonets	BARCELONA	H	12	Tenis	JUNIOR	01/01/2025	115	SÍ	CHQ
EIROA	Fernando	calle Lazárraga, 12	MADRID	H	15	Tenis	JUNIOR	22/08/2024	95	SÍ	CHQ

En este ejemplo, dos personas están trabajando en el libro. Cada celda en la que alguien está activo aparece resaltada con sus iniciales.

- Para ver el nombre del usuario y desplazarse a su celda activa, haga clic en el icono correspondiente.

*En este ejemplo, Silvia Díaz López está modificando la celda **I3**.*

- Haga clic en **Ir a la ubicación** para acceder a la celda que está siendo modificada por el coeditor.

  Sus cambios y los de los demás se guardan automáticamente y se muestran en tiempo real.

- Para salir de la aplicación en línea, basta con cerrar la ventana del navegador.

Si se prefiere evitar distracciones por la actividad de otros usuarios que estén editando al mismo tiempo, es posible activar la **vista personalizada** (véase más adelante).

Crear una vista personalizada

Esta herramienta, creada para mejorar el trabajo colaborativo, permite guardar parámetros de vista específicos: parámetros de ventana, líneas y columnas ocultas, selección de celdas, parámetros de filtrado, parámetros de impresión, etc.

Puede memorizar una o varias visualizaciones que tendrá la posibilidad de aplicar para encontrar con rapidez una disposición específica de una hoja cuando trabajen varios usuarios en un libro. Solo se puede aplicar una vista por hoja.

- Para crear una vista personalizada, haga clic en el botón **Vistas personalizadas** del grupo **Vistas de libro** de la pestaña **Vista**.
- En la ventana que aparece, haga clic en **Agregar**.
- Escriba el **Nombre** que desee darle a esta vista.

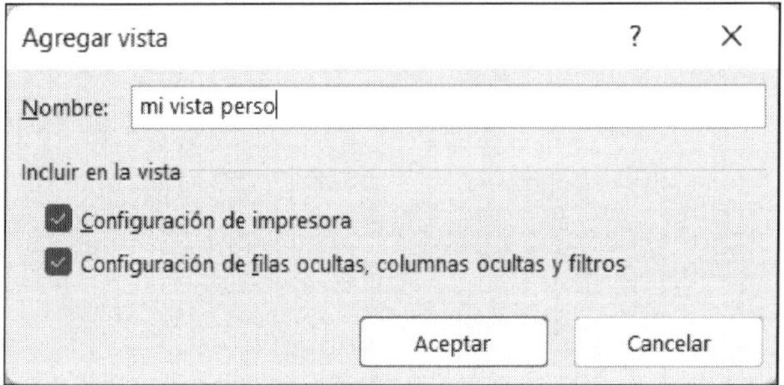

- Indique los elementos que quiere conservar en la vista.
- Confirme haciendo clic en **Aceptar**.
- Para aplicar o eliminar una vista personalizada, use **Vista - Vistas de libro - Vistas personalizadas** y luego haga clic en **Mostrar** en la ventana **Vistas personalizadas** para aplicarla o **Eliminar** para borrarla.

Configurar Excel para usar macros

*Para crear macros con el grabador de macros, puede usar los comandos de la pestaña **Programador** que, de forma predeterminada, no está visible en la cinta de opciones.*

Mostrar la pestaña Programador

- Haga clic en la pestaña **Archivo** y luego en **Opciones**.
- Active la categoría **Personalizar cinta de opciones** y luego la casilla de verificación **Programador** de la lista **Personalizar la cinta de opciones - Pestañas principales**.
- Haga clic en **Aceptar**.

*También puede usar la opción **Personalizar la cinta de opciones** del menú contextual de la cinta (clic derecho).*

Definir el nivel de seguridad de las macros

Para guardar las macros, se aconseja definir temporalmente el nivel de seguridad de manera que se activen todas las macros. Para ejecutar una macro, deberá llevar a cabo esa operación antes incluso de abrir el libro que contiene las macros que se van a ejecutar.

- Active la pestaña **Programador** y haga clic en el botón **Seguridad de macros** del grupo **Código**.
- En la categoría **Configuración de macros**, haga clic en la opción **Habilitar todas las macros de VBA (no recomendado; se puede ejecutar un código potencialmente peligroso)**.

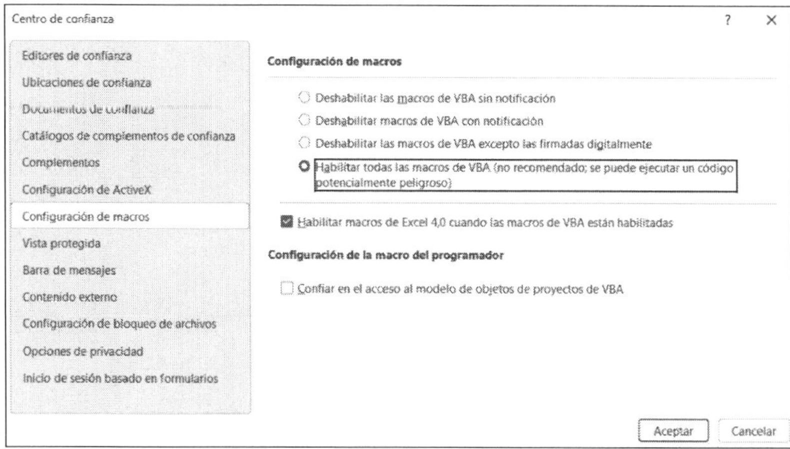

- Haga clic en **Aceptar**.

Cuando haya terminado de usar las macros, recomendamos encarecidamente que recupere la configuración que desactiva todas las macros, es decir, que acceda al cuadro de diálogo **Centro de confianza** y active la opción **Deshabilitar macros de VBA de con notificación**.

Grabar una macro

Los comandos macro permiten automatizar una serie de comandos y funciones realizadas con frecuencia. Precisamente, una manera de automatizar esas tareas repetitivas es grabar una macro. Microsoft Excel usa para ello el lenguaje de programación Visual Basic para Aplicaciones (VBA).

- Empiece por especificar si desea grabar la macro con referencias relativas o no: active la pestaña **Programador** y haga clic en el botón **Usar referencias relativas** del grupo **Código** para activarlo.

  Si el botón está activado, Excel graba los desplazamientos en una macro con respecto a la posición inicial: cuando la macro se ejecuta, actuará sobre las celdas en función de la celda activa en el momento de la ejecución; de lo contrario, trabajará con referencias absolutas: sea cual sea la posición inicial en el momento de ejecutar la macro, actuará sobre las celdas grabadas en la macro.

- Active la pestaña **Programador** y haga clic en el botón **Grabar macro** del grupo **Código** o haga clic en el botón , situado a la izquierda de la barra de estado.
- Introduzca el nombre que desea atribuir a la macro en el cuadro **Nombre de la macro.**

  No está permitido usar espacios y el primer carácter del nombre debe ser una letra. Los demás caracteres pueden ser letras, números o líneas de subrayado. Evite los nombres similares a las referencias de celda.

- Para asignar un método abreviado (que permitirá ejecutar la macro) usando la tecla Ctrl, introduzca la letra deseada en la zona **Tecla de método abreviado.**
- Abra la lista **Guardar macro en** para seleccionar el libro en el que esta se guardará:

Libro nuevo	Para almacenar la macro en un nuevo libro.
Este libro	Para almacenar la macro en el libro activo.

Libro de macros personal Para hacer que la macro esté disponible cada vez que usa Excel. En ese caso, la macro se guarda en un libro de macros personales, llamado PERSONAL.XLSB, que se carga cada vez que se inicia Excel, pero que permanece oculto.
En Microsoft Windows 10, este libro se guarda en C:\Users\nombre de usuario\AppData\Roaming\Microsoft\Excel\XLSTART.

- Para incluir una descripción de la macro, teclee el texto deseado en el cuadro **Descripción.**

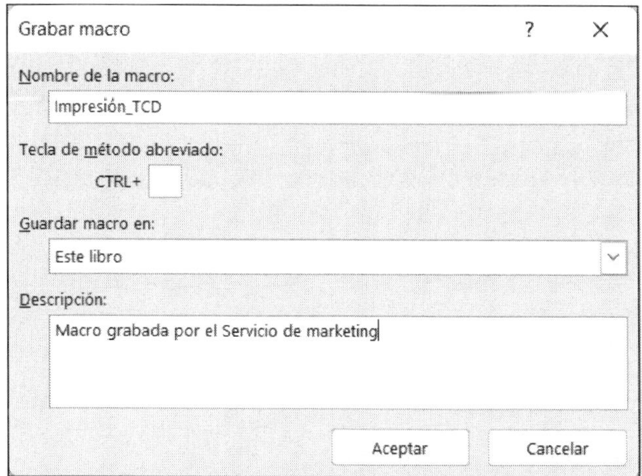

- Haga clic en **Aceptar** para empezar la grabación.
- Efectúe las operaciones que desea automatizar.

  Puede usar la grabadora de macros para guardar las modificaciones efectuadas en el formato de los gráficos y otros objetos.
- Cuando haya terminado todas las operaciones, haga clic en el botón **Detener grabación** del grupo **Código** de la pestaña **Programador** o haga clic en el botón, situado a la izquierda en la barra de estado.

Ejecutar una macro

- Si la macro se ha creado en un libro diferente al libro de macros personales, ábralo.
- Active la pestaña **Programador** y haga clic en el botón **Macros** del grupo **Código** o pulse Alt F8.

- Indique dónde se encuentra la macro que desea ejecutar usando la lista **Macros en.**
- Haga doble clic en la macro.

Si ha atribuido un método abreviado a la macro en el momento de su creación, también puede teclear el método abreviado.

Asignar una macro a un objeto gráfico

Gracias a esta técnica es posible ejecutar la macro haciendo clic sobre un objeto gráfico.

- Haga un clic derecho en el objeto gráfico al que desea asignar una macro existente y elija la opción **Asignar macro.**
- En el cuadro de diálogo que aparece, seleccione la macro en el cuadro **Nombre de la macro.**

*En este ejemplo, un clic en el objeto gráfico (**impresora**) permitirá abrir la macro llamada **Impresión_TD.***

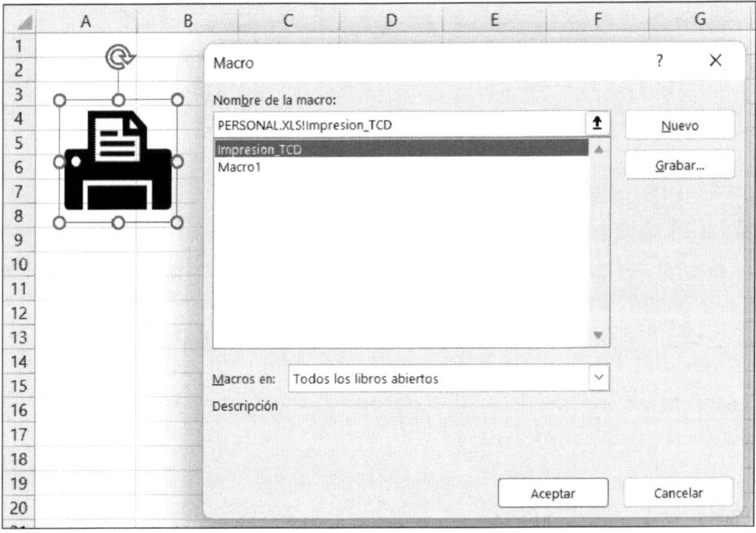

- Haga clic en **Aceptar.**

Para seleccionar el objeto gráfico sin activar la macro, mantenga pulsada la tecla Ctrl al tiempo que hace clic en el objeto correspondiente.

Modificar una macro

- Active la pestaña **Programador** y haga clic en el botón **Macros** del grupo **Código** o pulse Alt F8.
- Abra, si es preciso, la lista **Macros en** para seleccionar el libro que contiene la macro que hay que modificar.
- Seleccione la macro y haga clic en el botón **Modificar**.

Los códigos de instrucción de la macro aparecen en una ventana de ***Microsoft Visual Basic para Aplicaciones****. El código de apertura de una macro es siempre* ***Sub*** *seguido del nombre de la macro, mientras que el código de cierre es* ***End Sub****.*

Aunque no conozca el lenguaje de programación Visual Basic, podrá efectuar algunas modificaciones simples dentro de la macro.

- Para modificar referencias de celdas, proceda como es habitual: vaya al lugar deseado e introduzca las referencias, use las teclas Supr, ⟵...
- Para seleccionar instrucciones, use la técnica de hacer clic y arrastrar.
- Para copiar o mover instrucciones, use los comandos **Edición** - **Copiar** o **Edición** - **Cortar** y **Edición** - **Pegar**.
- Cuando haya terminado las modificaciones, cierre la ventana **Microsoft Visual Basic para Aplicaciones** haciendo clic en su botón de cierre (✕).

Eliminar una macro

- Active la pestaña **Programador** y haga clic en el botón **Macros** del grupo **Código** o pulse Alt F8.
- Abra, si es preciso, la lista **Macros en** para seleccionar el libro que contiene la macro que desea eliminar.
- Seleccione la macro y haga clic en el botón **Eliminar**.
- Haga clic en el botón **Sí** para confirmar la eliminación de la macro.

Guardar un libro con macros

Si desea volver a usar más adelante las macros en el libro, deberá guardarlo en un formato especifico que soporte las macros, con extensión .xlsm.

- Active el libro.
- Haga clic en la pestaña **Archivo**, luego en la opción **Guardar como** y en la opción **Examinar** del panel central.
- En el cuadro de diálogo **Guardar como** que aparece, modifique la carpeta de almacenamiento y el nombre del archivo, si es preciso.
- Abra la lista **Tipo** y haga clic en la opción **Libro de Excel habilitado para macros (*.xlsm)**.
- Haga clic en **Guardar**.

Habilitar las macros del libro activo

Al abrir un archivo que contiene macros (archivo de tipo .xlsm), aparece debajo de la barra de fórmulas un mensaje de ***Advertencia de seguridad*** *si las macros no se han habilitado.*

- En ese caso, para activar las macros, haga clic en el botón **Habilitar contenido** o active la pestaña **Archivo** y haga clic en la opción **Información**.

  Haga clic en el botón **Habilitar contenido** de la **Advertencia de seguridad** y haga clic en la opción **Habilitar todo el contenido** para que esté siempre activo el contenido de este libro, o bien en la opción **Opciones avanzadas** para activar las macros únicamente para esta sesión (en ese caso, active a continuación la opción **Habilitar contenido para esta sesión** y confirme mediante **Aceptar**).

Mover la barra de herramientas de acceso rápido

- Haga clic en la herramienta **Personalizar barra de herramientas de acceso rápido** , situada a la derecha de la barra de herramientas de acceso rápido, y haga clic en la opción **Mostrar debajo de la cinta de opciones.**

Para colocar de nuevo la barra de herramientas de acceso rápido encima de la cinta de opciones, haga clic en la herramienta **Personalizar barra de herramientas de acceso rápido** y active la opción **Mostrar encima de la cinta de opciones.**

Personalizar la barra de herramientas de acceso rápido

- Haga clic en la herramienta **Personalizar barra de herramientas de acceso rápido** , y luego en la opción **Más comandos.**

  *Se abre el cuadro de diálogo **Opciones de Excel** y se activa la categoría **Barra de herramientas de acceso rápido.***

- Elija si la personalización afecta a todos los libros de Excel o solamente al libro activo; para ello, abra la lista **Personalizar barra de herramientas de acceso rápido** y active la opción **Para todos los documentos (predeterminado)** o la opción **Para Nombre del libro activo.**
- Efectúe sus cambios (véase los apartados siguientes) y, cuando todas las modificaciones estén hechas, haga clic en el botón **Aceptar** del cuadro de diálogo **Opciones de Excel.**

Agregar un comando a la barra de herramientas de acceso rápido

- Abra la lista **Comandos disponibles en** y haga clic en la categoría de comandos que contenga el que quiera ejecutar.
- En la lista de comandos de la categoría seleccionada, haga clic en el comando que quiera añadir.
- Haga clic en el botón **Agregar.**

*En este ejemplo, hemos añadido la herramienta **Más colores de relleno...**, de la categoría **Todos los comandos**, a la barra de herramientas de **acceso rápido**.*

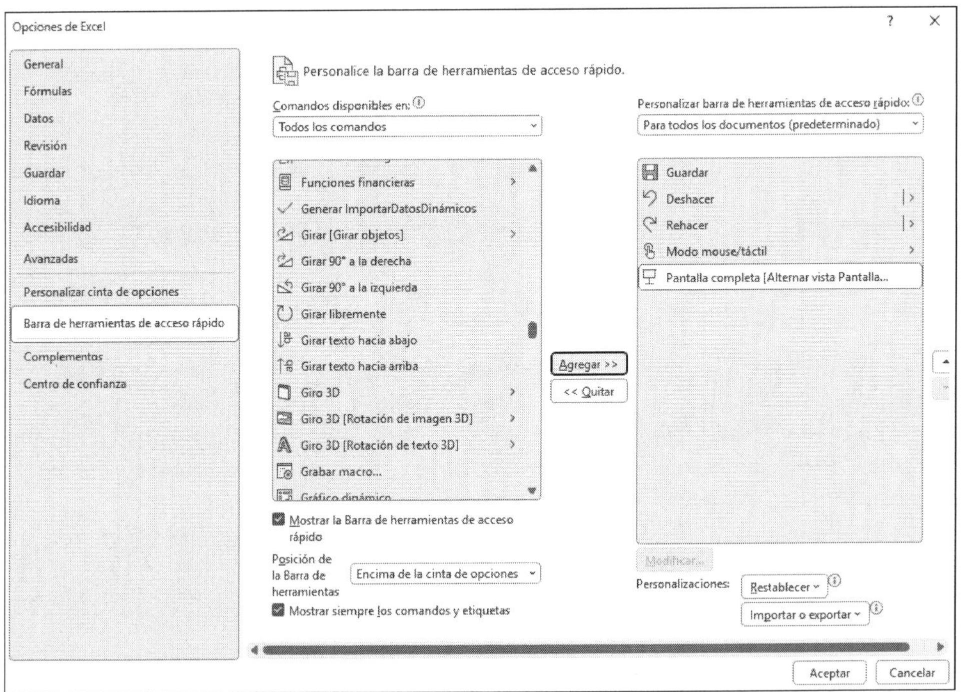

Si la herramienta que debe añadirse a la barra está disponible en la cinta de opciones, también puede hacer clic con el botón derecho en ese comando y luego escoger **Agregar a la barra de herramientas de acceso rápido** en el menú contextual.

Eliminar un comando de la barra de herramientas de acceso rápido

- En la lista de los comandos de la barra de herramientas de **acceso rápido**, situada a la derecha del cuadro de diálogo **Opciones de Excel**, haga clic en el comando que quiera quitar.
- Haga clic en el botón **Quitar**.

También puede hacer clic con el botón derecho en el comando que desea quitar de la barra de herramientas y hacer clic en la opción **Eliminar de la barra de herramientas de acceso rápido**.

Cambiar el orden de los comandos de la barra de herramientas de acceso rápido

- En la lista de comandos de la barra de herramientas de **acceso rápido**, situada a la derecha del cuadro de diálogo **Opciones de Excel**, haga clic en el comando que quiera mover.
- Haga clic en el botón ▲ o en el botón ▼, en función del desplazamiento que desee.

Para restablecer la barra de herramientas de **acceso rápido**, haga clic en el botón **Restablecer** del cuadro de diálogo **Opciones de Excel** y luego en la opción **Restablecer únicamente la barra de herramientas de acceso rápido**. Confirme haciendo clic en el botón **Sí** del mensaje que se muestra.

Mostrar u ocultar los mensajes emergentes

Por defecto, cuando coloca el cursor sobre un comando de la cinta de opciones, se muestra un texto descriptivo del comando en cuestión en un mensaje emergente. Es posible establecer que no se muestren estos mensajes o incluso que solo se muestre el nombre del comando, sin su descripción.

A continuación puede ver la descripción del comando ***Ajustar texto*** *en un mensaje emergente.*

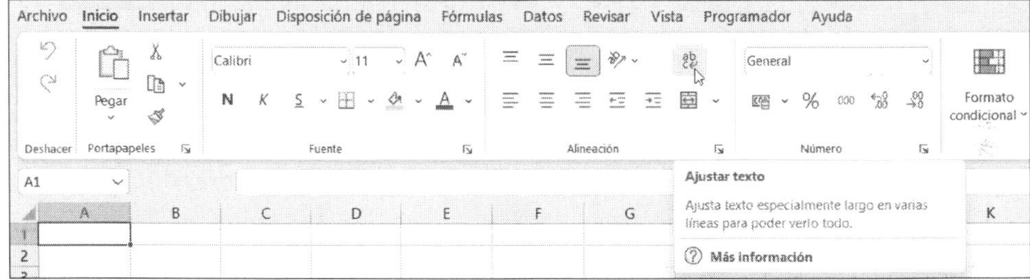

- Haga clic en la pestaña **Archivo** y luego en **Opciones**.
- En la parte izquierda del cuadro de diálogo, seleccione la categoría **General**.

- Abra la lista **Estilo de información en pantalla** del apartado **Opciones de interfaz de usuario** y haga clic en una de las opciones siguientes:

  Mostrar descripciones de características en información en pantalla: esta opción activa las «mensajes emergentes»: se muestra en la ventana del mensaje emergente el nombre del comando en cuestión, seguido de un texto descriptivo. Si existe un método abreviado de teclado para el comando, dicho método aparece entre paréntesis a la derecha del nombre del comando.

  No mostrar descripciones de características en información en pantalla: esta opción desactiva los «mensajes emergentes»: solo se muestran en la ventana de la etiqueta el nombre del comando señalado y el método abreviado de teclado si existe.

  No mostrar información en pantalla: esta opción desactiva los mensajes emergentes. Cuando se coloca el cursor sobre el comando, no aparece ninguna información.

- Haga clic en el botón **Aceptar**.

Si ha elegido activar los mensajes emergentes con la descripción de características, cuando coloque el cursor sobre determinados comandos visualizará el vínculo **Más información** para obtener ayuda. En ese caso, basta con que haga clic en ese vínculo para que se abra el apartado de ayuda que corresponda al comando señalado.

Personalizar la barra de estado

Los indicadores que aparecen en la barra de estado pueden mostrarse o no.

- Haga clic con el botón derecho del ratón en la barra de estado.

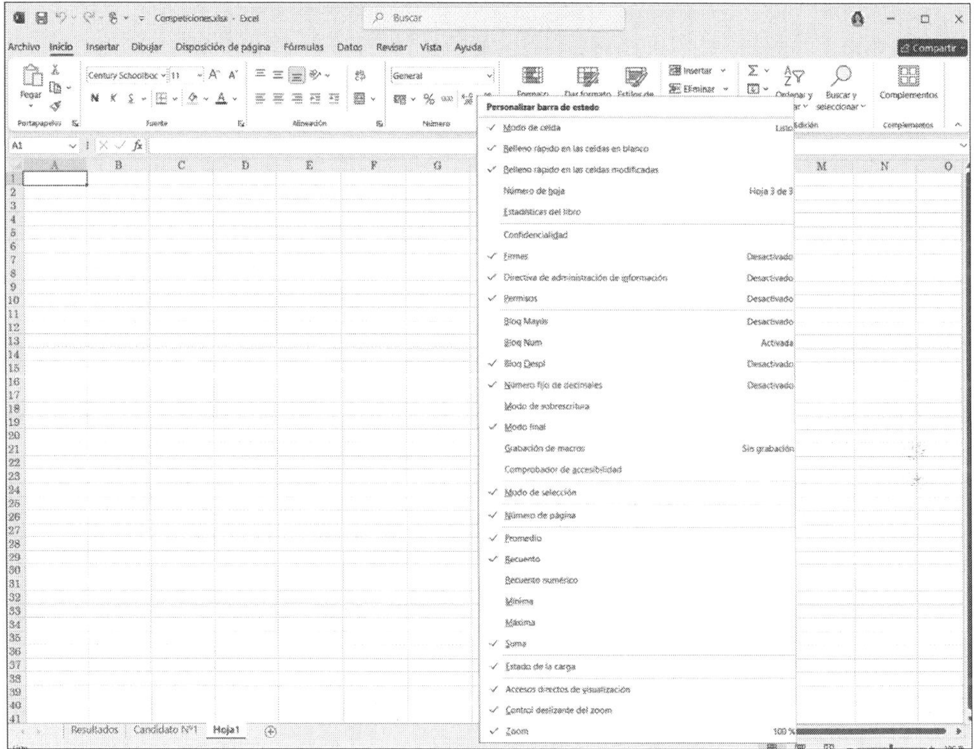

Las opciones marcadas corresponden a los indicadores que pueden aparecer en función de las operaciones que lleve a cabo.

- Haga clic en las opciones que desee para mostrar u ocultar los indicadores correspondientes.
- Cuando haya terminado, haga clic fuera de la barra de estado para confirmar.

Personalizar la cinta de opciones

- Haga clic en la pestaña **Archivo** y luego en **Opciones**.
- Seleccione la categoría **Personalizar cinta de opciones**, situada en el panel izquierdo.

  *También puede hacer clic con el botón derecho en un lugar cualquiera de la cinta y selectionar la opción **Personalizar la cinta de opciones**.*

*Las pestañas precedidas por una marca en la columna **Personalizar la cinta de opciones** son las que se muestran de forma predeterminada en la cinta de opciones.*

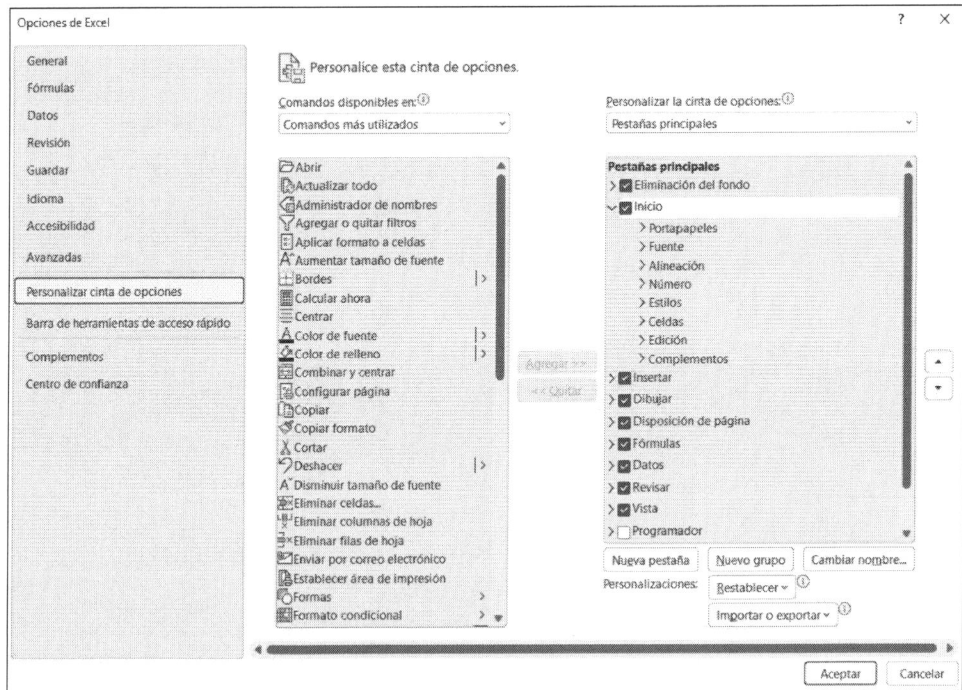

- Haga clic en la flecha asociada al nombre de una pestaña para mostrar la lista de grupos que contiene.

Crear una nueva pestaña/un grupo

- Haga clic en el botón **Nueva pestaña.**

  *Observe que se ha integrado un **Nuevo grupo (personalizada)** automáticamente a la **Nueva pestaña (personalizada)**.*

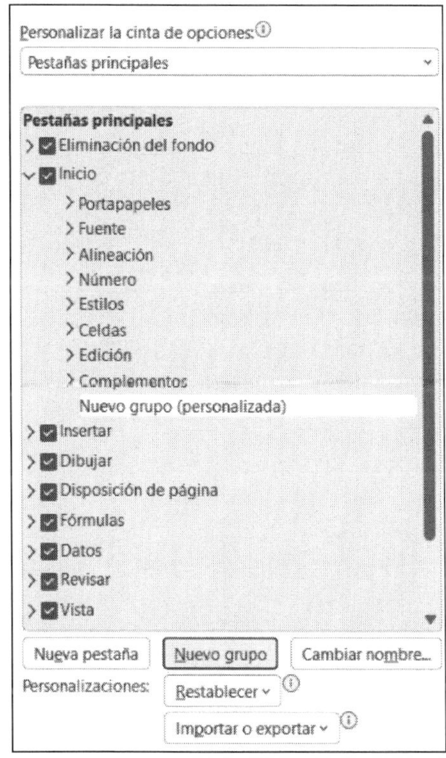

- Para añadir un nuevo grupo personalizado a una pestaña, haga clic en el nombre de la pestaña en la que desea agregar el nuevo grupo y a continuación haga clic en el botón **Nuevo grupo**.

Cambiar el nombre a una pestaña o un grupo

- Haga clic en la pestaña o en el grupo cuyo nombre quiere cambiar, situado en la columna **Personalizar la cinta de opciones**, para seleccionarlo.
- Haga clic en el botón **Cambiar nombre** e introduzca el nuevo nombre.
- Si se trata de un grupo, también podrá asociarle un **Símbolo** haciendo clic en el icono que desee.
- Haga clic en el botón **Aceptar** para confirmar.

Añadir comandos a un grupo personalizado

Puede añadir un comando a un grupo personalizado que se encuentre en una pestaña (personalizada o predeterminada); en cambio, es imposible añadir un comando a un grupo de los proporcionados por defecto.

- En la lista **Personalizar la cinta de opciones**, haga clic en el grupo en el que desea añadir un comando.
- En la lista **Comandos disponibles en**, haga clic en el comando deseado y, después, en el botón **Agregar**.
- Repita esta última operación con cada comando que quiera insertar.

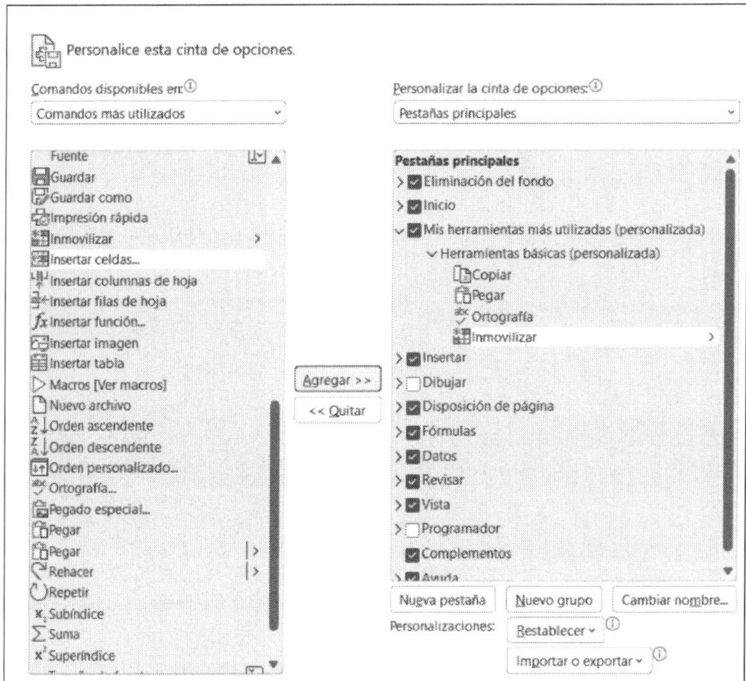

Eliminar una pestaña, un grupo personalizado o un comando

- En la columna **Personalizar la cinta de opciones**, haga clic en el elemento correspondiente para seleccionarlo y luego haga clic en el botón **Quitar**.

Para cambiar el nombre o quitar una pestaña o un grupo personalizado, también puede hacer clic con el botón derecho en el elemento correspondiente y escoger la opción **Cambiar nombre** o **Quitar** del menú contextual.

Exportar e importar una cinta de opciones personalizada

Exportar los elementos personalizados de la cinta de opciones y de la barra de herramientas de acceso rápido en un archivo permite importarlos a otro ordenador.

Exportar los elementos personalizados de la cinta de opciones y de la barra de herramientas de acceso rápido

- Para exportar una cinta de opciones personalizada, abra la ventana **Opciones de Excel** (pestaña **Archivo - Opciones** - categoría **Personalizar cinta de opciones**).
- Haga clic en la lista **Importar o exportar**, situada en la parte inferior derecha de la ventana.
- Haga clic en la opción **Exportar todas las personalizaciones.**
- Cambie si es preciso el **Nombre de archivo**, así como su ubicación de almacenamiento.

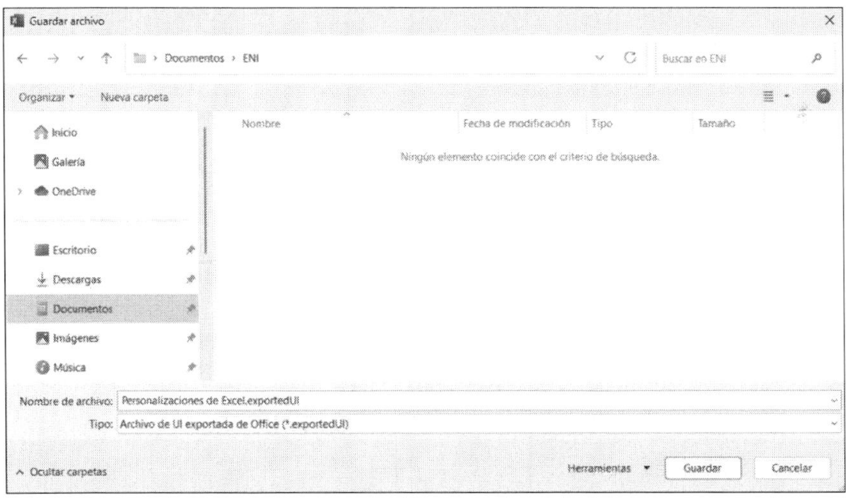

Observe que el archivo lleva por defecto la extensión ***.exportedUI****.*

- Haga clic en el botón **Guardar**.

- Haga clic en el botón **Aceptar** de la ventana **Opciones de Excel**.

Importar los elementos personalizados de la cinta de opciones y de la barra de herramientas de acceso rápido

Observe que la importación de un archivo de personalización de la cinta de opciones tiene por efecto suprimir las personalizaciones actuales de la cinta de opciones y de la barra de herramientas de acceso rápido. Antes de importar los nuevos objetos personalizados, le aconsejamos que exporte los objetos personalizados actuales como medida de seguridad, con el fin de poder importarlos de nuevo si es necesario.

- Abra la ventana **Opciones de Excel** (pestaña **Archivo - Opciones** - categoría **Personalizar cinta de opciones**).
- Haga clic en el botón **Importar o exportar**, situado en la parte inferior derecha de la ventana.
- Haga clic en la opción **Importar archivo de personalización**.
- Busque y seleccione el archivo con la personalización (extensión .exportedUI).
- Haga clic en el botón **Abrir**.

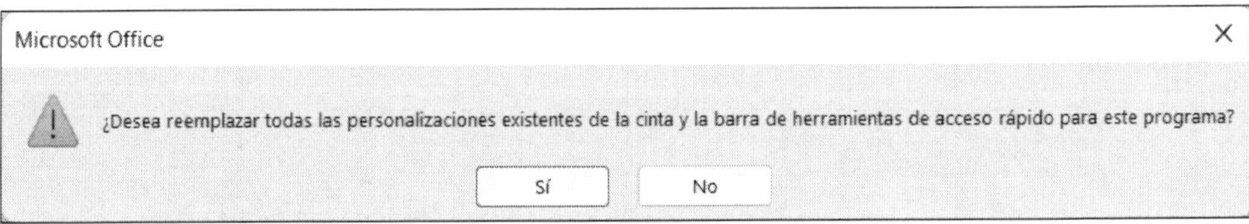

- Haga clic en el botón **Sí** cuando se le pida confirmación.
- Haga clic en el botón **Aceptar** de la ventana **Opciones de Excel** para confirmar los cambios y cerrar esta ventana.

Administración de las cuentas

Cuestiones generales sobre las cuentas de usuario

Windows es un sistema operativo multiusuario, lo que significa que varias personas pueden trabajar en un mismo ordenador. Cuando pone en marcha el ordenador, debe identificarse indicando su dirección de correo electrónico y la contraseña asociadas a su cuenta de Microsoft; la dirección de correo generalmente es una dirección de Hotmail (por ejemplo: perez@hotmail.es), Outlook.com (por ejemplo: perez@outlook.com), Messenger, Xbox Live, etc.

Para utilizar los servicios de Microsoft, como OneDrive (espacio de almacenamiento en línea) o la Tienda de Windows (sitio de descarga de aplicaciones), debe disponer de una cuenta de Microsoft; entonces podrá sacar partido de todos estos servicios desde cualquier terminal. Por ejemplo, podrá acceder a los archivos almacenados en OneDrive desde el ordenador del trabajo, desde una tableta o incluso desde su teléfono móvil; de igual modo, también dispondrá de todos sus contactos y de su agenda, sea cual sea el terminal que utilice.

Por supuesto, puede disponer de varias cuentas de usuario (una cuenta personal y una profesional, por ejemplo) y activar una cuenta u otra en función de lo que le interese.

Añadir una cuenta

- Haga clic en la pestaña **Archivo** y luego en la opción **Cuenta**.
- En el panel central, haga clic en el botón **Iniciar sesión** si no se ha conectado con una cuenta de Microsoft; en caso contrario, haga clic en el vínculo **Cambiar de cuenta**.

  Si existen varias cuentas, el nombre de la que está activa aparece en la parte superior de la lista, las otras cuentas conectadas aparecen debajo.

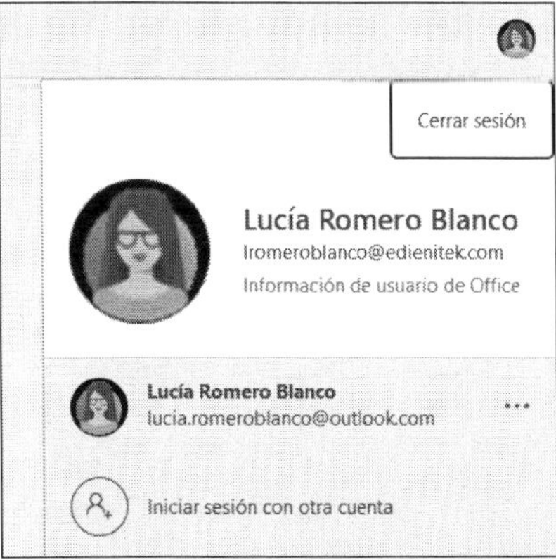

- Para añadir una cuenta, haga clic en el botón **Iniciar sesión con otra cuenta**.

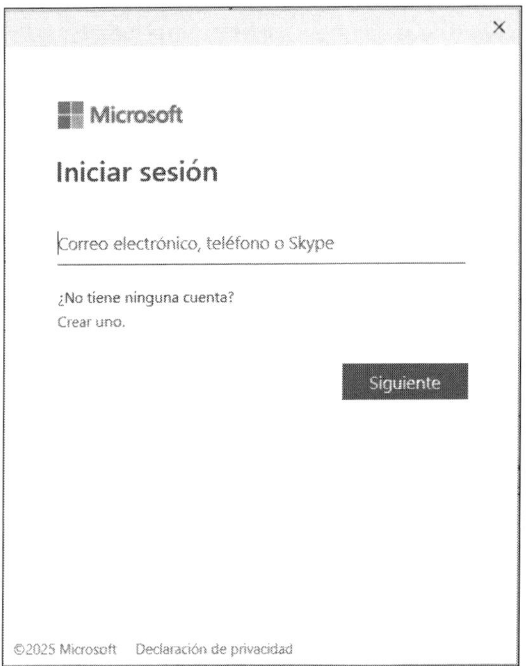

- Introduzca la dirección de correo asociada a la cuenta de Microsoft que desea utilizar y haga clic en **Next**.
- En la ventana siguiente, introduzca la **Contraseña** en la zona correspondiente y haga clic en el botón **Iniciar sesión**.

  Cada cuenta dispone de su propia configuración.

Administración de las cuentas

Activar una cuenta

Si dispone de varias cuentas (véase Añadir una cuenta), puede pasar de una a otra.

- Haga clic en el nombre de la cuenta activa que aparece en la parte superior derecha de la pantalla de Excel.

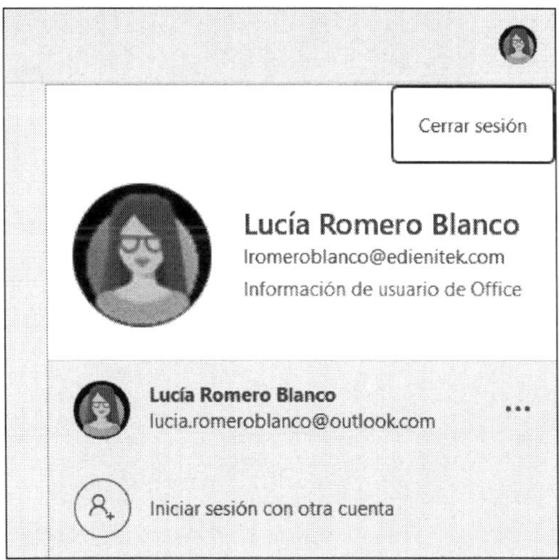

*También puede usar la pestaña **Archivo**, la opción **Cuentas**, y hacer clic en el enlace **Cambiar cuenta**.*

- Haga clic en la cuenta que desee activar.

Cambiar el fondo y el tema de Office

- Active la cuenta de conexión correspondiente.
- Active la pestaña **Archivo** y luego seleccione la opción **Cuenta**.
- Abra la lista **Fondo de Office** y señale (sin hacer clic) uno de los modelos propuestos para que se muestre de forma instantánea el efecto que produce en la barra de título de Excel.

En este ejemplo, se ha personalizado la barra de título de Excel de este usuario con la plantilla ***Fondo marino****.*

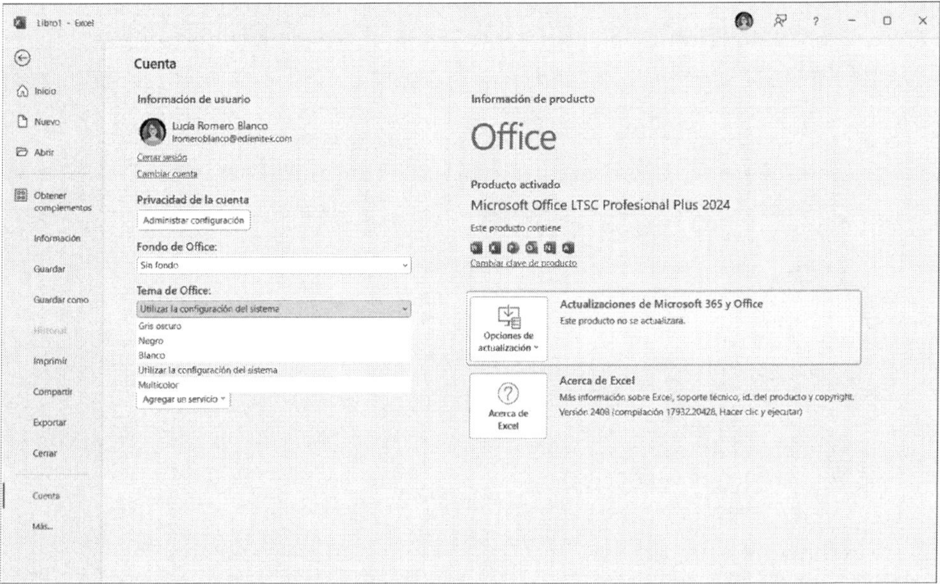

- Haga clic en el modelo que prefiera.
- Para cambiar el color de la interfaz de Excel, abra la lista **Tema de Office** y haga clic en **Multicolor**, **Gris oscuro**, **Negro**, **Blanco** o **Utilizar la configuración del sistema**.

  El resultado aparece enseguida.

  Recordemos que el fondo está vinculado a la cuenta de usuario activa.

Añadir o eliminar un servicio

Este procedimiento consiste en asociar a la cuenta activa las demás cuentas de almacenamiento en línea (Microsoft 365 SharePoint o OneDrive) con el fin de acceder a los datos gestionados por esas cuentas a partir de aplicaciones de Office. Active la cuenta a la que desea añadir un servicio.

- Active la cuenta a la que desea añadir un servicio.
- Haga clic en la pestaña **Archivo** y luego en la opción **Cuenta**.

  El servicio o los servicios a los que está conectado el usuario actual aparecen en la lista ***Servicios conectados****.*

- Active el botón **Agregar un servicio** y señale la opción **Almacenamiento.**
- Seleccione la opción correspondiente al servicio de almacenamiento que desea añadir.
- Cumplimente los indicadores de conexión del servicio y confirme haciendo clic en **Iniciar sesión.**

*Los servicios añadidos aparecen inmediatamente en la lista **Servicios conectados**.*

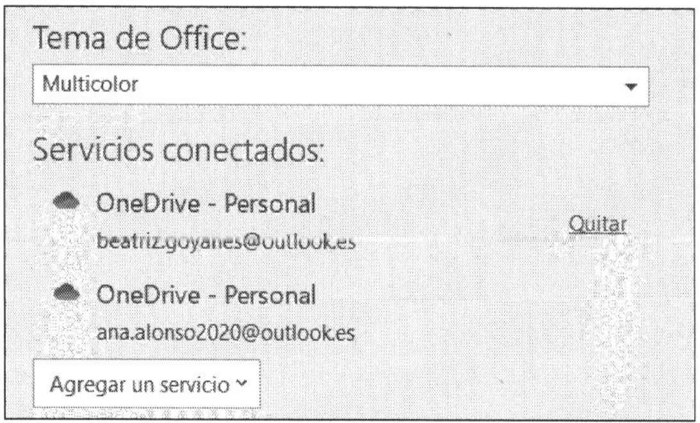

En este ejemplo, Ana Alonso dispone de un acceso al espacio de almacenamiento OneDrive de Beatriz Goyanes.

- Para eliminar uno de los servicios conectados, haga clic en el vínculo **Quitar** situado junto al servicio al que afecta la eliminación y confirme haciendo clic en el botón **Sí**.

Administrar las actualizaciones de los programas de Office

Cuando abra por primera vez uno de los programas del pack Office 2024, aparecerá un mensaje en el que se le propondrá aceptar las actualizaciones automáticas de los programas de esta suite.

El procedimiento que describimos aquí le permitirá activar las actualizaciones -si en aquel primer mensaje las rechazó-, desactivarlas y, en ese caso, iniciar las actualizaciones cuando lo desee.

- Active la pestaña **Archivo** y a continuación la opción **Cuenta**.

- En el panel derecho, haga clic en el botón **Opciones de actualización**.

- Elija una de las opciones disponibles.

Copilot en Excel Microsoft 365

Definiciones

Microsoft Copilot es la plataforma que agrupa las distintas soluciones de **inteligencia artificial** (IA) integradas en el ecosistema de Microsoft. Funciona como un agente conversacional (chatbot) capaz de interpretar consultas expresadas en lenguaje natural, es decir, en un lenguaje cotidiano.

Copilot es una **IA generativa** (al igual que ChatGPT, Google Gemini, DeepSeek, Midjourney o DALL·E, por ejemplo), lo que significa que puede generar contenido original a partir de las instrucciones recibidas. A diferencia de otras IA, Copilot está integrado directamente en las aplicaciones de Microsoft, incluida Excel.

Acceder a Copilot

Copilot no es una herramienta única, sino un conjunto de funcionalidades de inteligencia artificial integradas en las aplicaciones de Microsoft. Algunas funcionalidades son gratuitas y otras forman parte de planes de pago dirigidos tanto a particulares como a empresas.

En el caso específico de Excel, solo está disponible para quienes dispongan de Microsoft 365 y de una licencia de Copilot.

Con esta licencia, Copilot se puede usar en Excel Microsoft 365 tanto en línea como en la aplicación de escritorio. Las capturas de pantalla de este documento corresponden a la versión de escritorio.

Primeros pasos con Copilot en Excel

Copilot necesita datos ya existentes para funcionar. Por el momento, no es capaz de generar datos en Excel desde cero. No obstante, es posible utilizar **Copilot Chat** desde el navegador para generar un libro de Excel y, posteriormente, trabajar en él en Excel.

Atención: los libros creados con Copilot Chat suelen etiquetar las columnas con números en lugar de letras. Para corregirlo en Excel, acceda a **Archivo - Opciones - Fórmulas** y, en la sección **Trabajar con fórmulas**, desactive la opción **Estilo de referencia F1C1**.

Copilot analiza correctamente rangos de datos con una fila de encabezados, sin filas o columnas vacías y sin subtotales. Para facilitar su funcionamiento, se recomienda transformar el rango en una tabla.

- Para ello, seleccione el rango, acceda a la pestaña **Insertar** y haga clic en **Tabla**.
- En el cuadro de diálogo **Crear tabla**, confirme el rango y active la opción **La tabla tiene encabezados**, si procede.
- Haga clic en **Aceptar**.

Para más información sobre la creación de tablas de datos, consulte el capítulo Tablas de datos.

- Si la cuenta de Microsoft 365 incluye una licencia de Copilot, el icono de Copilot 

aparecerá en la pestaña **Inicio**. Haga clic para abrir el panel lateral.

Para poder utilizar Copilot en Excel, debe activarse el ***guardado automático****. Si no lo está, se mostrará un mensaje en el panel:*

- Haga clic en **Activar Autoguardado** y elija una ubicación en línea para guardar el libro.

El panel de Copilot estará disponible.

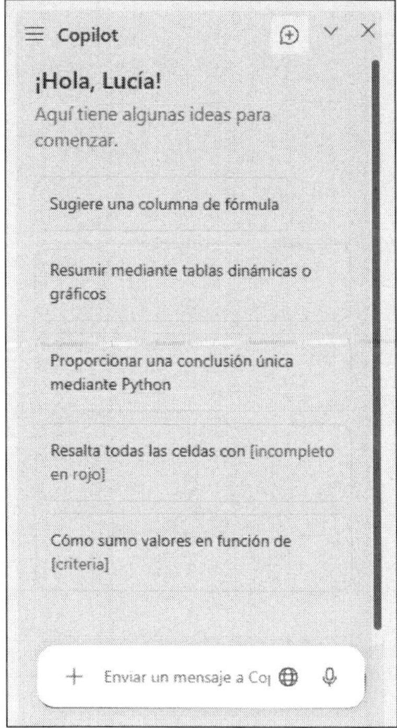

¿Para qué sirve Copilot en Excel?

Copilot permite realizar distintas acciones dentro de Excel, entre ellas:

- **Generar fórmulas** y aplicarlas a nuevas filas o columnas.
- **Analizar datos**, por ejemplo, creando tablas dinámicas o gráficos.
- **Ordenar, filtrar o resaltar ciertos valores** (formato condicional).
- **Explicar cómo llevar a cabo determinadas acciones**, como si se tratara de una guía interactiva.

Limitaciones de Copilot

Copilot **no añade nuevas funcionalidades a Excel**: permite usar las existentes mediante instrucciones en lenguaje natural. Todo lo que Copilot realiza puede hacerse manualmente con los comandos tradicionales.

Actualmente, Copilot para Excel está en **fase de prueba**. Sus funcionalidades son limitadas y se prevé su evolución. A veces puede ser necesario repetir una consulta hasta obtener el resultado deseado.

Como toda IA, Copilot puede cometer errores. Se recomienda **comprobar siempre** los resultados obtenidos.

Utilizar las consultas propuestas por Copilot

Copilot propone ejemplos de las acciones que puede realizar en Excel.

Al abrir el panel de Copilot

Nada más abrir el panel de Copilot, se muestran sugerencias de acciones o consultas que se le pueden plantear:

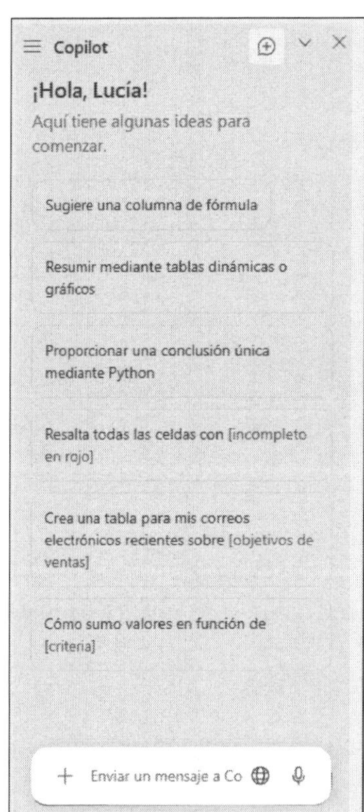

- Si alguna de estas sugerencias le resulta útil, haga clic en ella.
- Algunas sugerencias, como por ejemplo **Resalta todas las celdas que...**, deben completarse. Introduzca la información necesaria en el campo de instrucciones situado en la parte inferior del panel y confirme haciendo clic en el botón **Enviar** o pulsando la tecla .

Tras una respuesta

Tras generar una respuesta, para ampliar o completar la información proporcionada, Copilot propone nuevas sugerencias encima de la zona de edición de las consultas.

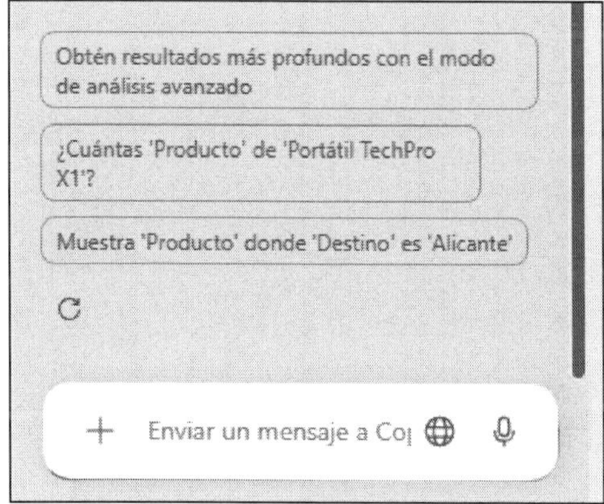

- Si es necesario, haga clic en el icono **Actualizar** para ver otras sugerencias.
- Si alguna de ellas le interesa, haga clic en ella. En general, estas instrucciones se ejecutan automáticamente.

Utilizar consultas personalizadas

Copilot no se limita a ejecutar acciones predefinidas: como cualquier inteligencia artificial generativa, es capaz de interpretar instrucciones formuladas en lenguaje natural y ejecutar acciones relevantes sobre la tabla activa (dentro de los límites de sus capacidades).

- Escriba la consulta en el campo **Enviar un mensaje a Copilot** y confirme pulsando en el icono **Enviar** ▶.

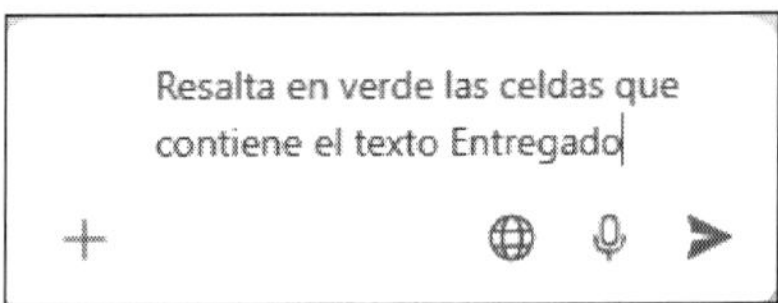

Si el dispositivo dispone de un micrófono, el icono 🎤 permite también dictar oralmente las instrucciones.

En el resto del capítulo se muestran ejemplos de consultas que ilustran el tipo de acciones o preguntas que se pueden plantear a Copilot.

Crear fórmulas

Copilot puede generar fórmulas, ya sea para copiarlas y pegarlas en celdas concretas, o para aplicarlas directamente a nuevas columnas o filas.

- Seleccione la tabla de datos.
- Escriba o elija una instrucción.
- Si le interesa alguna consulta, como **Crear una fórmula que...** o **Añadir una columna que combine [columna 1] y [columna 2]**, selecciónela. De lo contrario, escriba su propia consulta y confírmela pulsando en el icono **Enviar** ▶ o pulsando la tecla ↵.

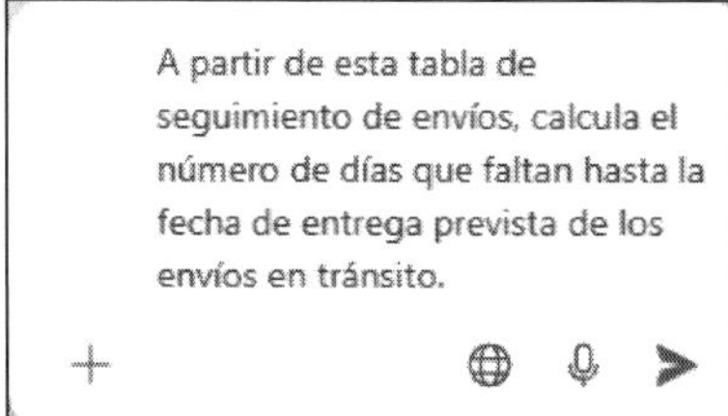

Copilot mostrará una fórmula y su explicación:

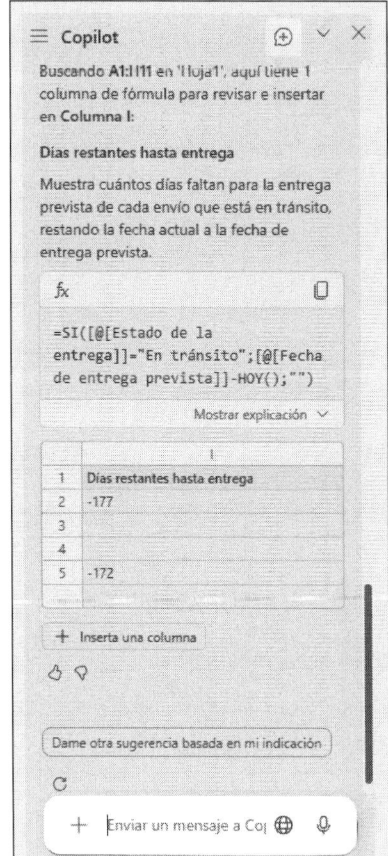

El inicio de la respuesta ofrece una breve introducción en la que se explican los aspectos esenciales del procedimiento. El recuadro muestra la fórmula propuesta.

- Para copiar la fórmula en el portapapeles, haga clic en , y péguela en la celda deseada.
- Despliegue la lista **Mostrar explicación.**

Copilot mostrará una explicación detallada de la fórmula:

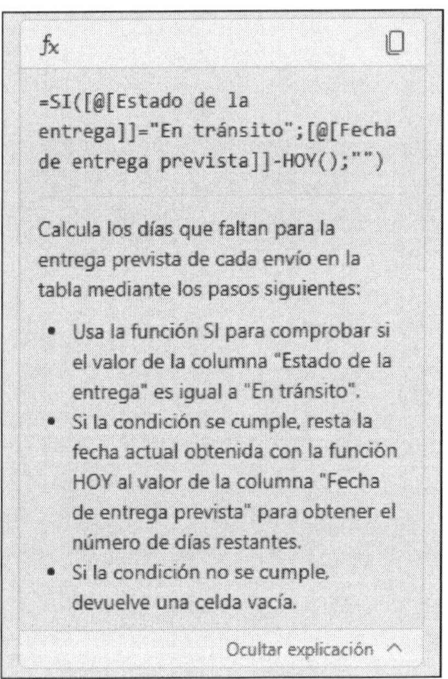

Debajo de la fórmula, Copilot muestra una vista previa de los resultados posibles.

- Para obtener una vista previa de los cambios que se aplicarán en la tabla, coloque el cursor sobre el botón **Insertar una columna** sin hacer clic.

Para aplicar los cambios propuestos, haga clic en el botón **Inserta una columna**.

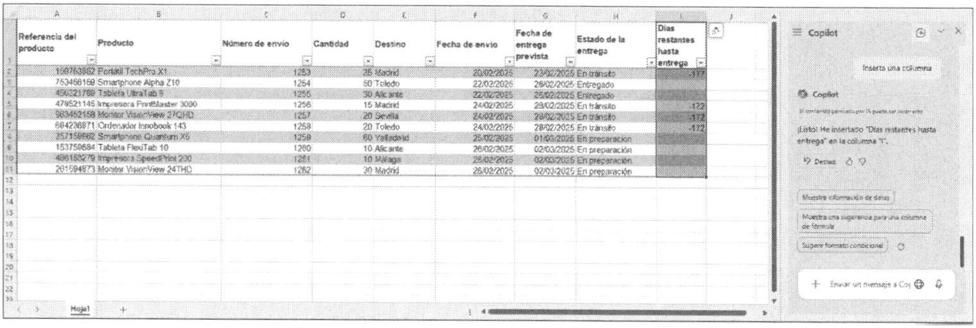

El botón **Deshaz** del panel de Copilot permite revertir el último cambio. No obstante, este botón desaparece en cuanto se realizan otras modificaciones en la tabla.

Copilot puede generar fórmulas complejas en cuestión de segundos. Sin embargo, puede cometer errores: por tanto, **es fundamental comprobar que las fórmulas generadas y los resultados obtenidos con correctos.**

A diferencia de Copilot Chat, Copilot en Excel no tiene acceso a datos en línea. Si se le solicita una operación que requiere información actualizada (por ejemplo, una conversión entre monedas), puede proponer un cálculo basado en su entrenamiento, pero no incluirá el tipo de cambio actualizado. Por tanto, asegúrese de que los datos utilizados por Copilot en sus cálculos procedan directamente de la tabla de datos o, en su defecto, proporcione a Copilot la información necesaria (en este caso, el tipo de cambio actualizado).

Analizar datos

Copilot permite buscar información concreta o analizar los datos de una tabla de Excel. A continuación, se muestran algunas acciones posibles:

- Una vez seleccionada la tabla, solicite a Copilot información específica.

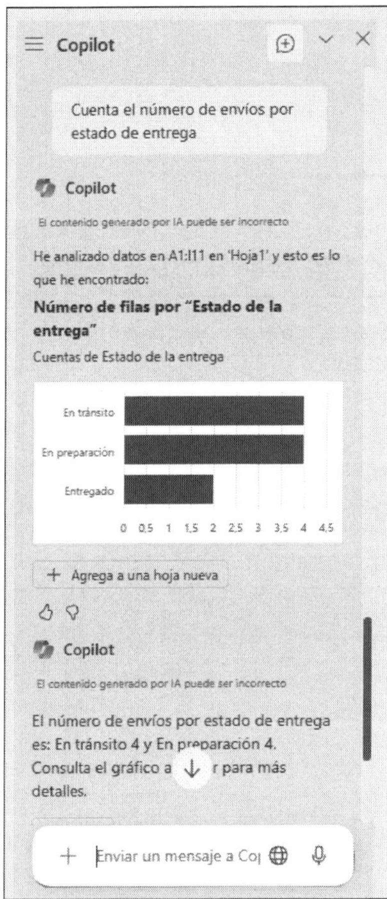

⊡ Para facilitar el análisis de los datos, puede pedirle a Copilot que cree una tabla dinámica:

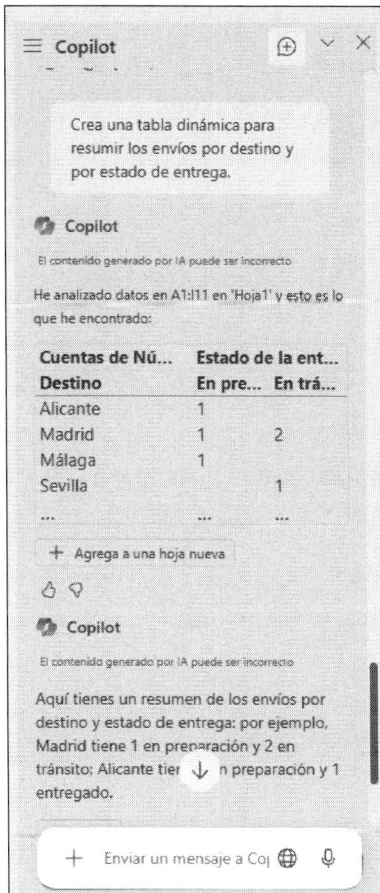

- Haga clic en el botón **Agrega a una hoja nueva** para crear la tabla dinámica en una hoja nueva.

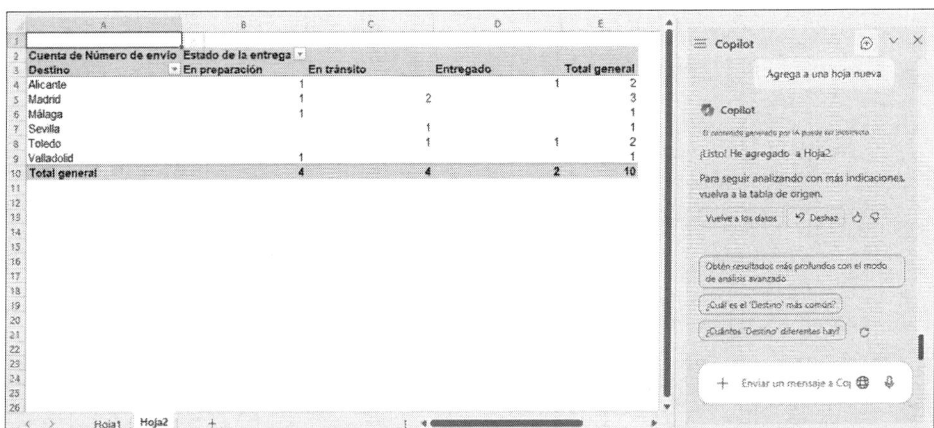

Cuenta de Número de envío	Estado de la entrega			
Destino	En preparación	En tránsito	Entregado	Total general
Alicante	1		1	2
Madrid	1	2		3
Málaga	1			1
Sevilla		1		1
Toledo		1	1	2
Valladolid	1			1
Total general	4	4	2	10

- También puede pedirle a Copilot que genere un gráfico para representar visualmente los datos. Especifique, en la medida de lo posible, el tipo de gráfico que desea y los datos que deben representarse.

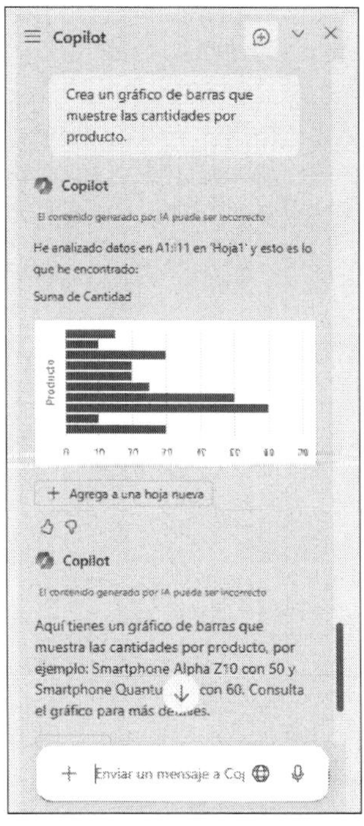

- Haga clic en el botón **Agrega a una hoja nueva** para insertar el gráfico en una hoja nueva.

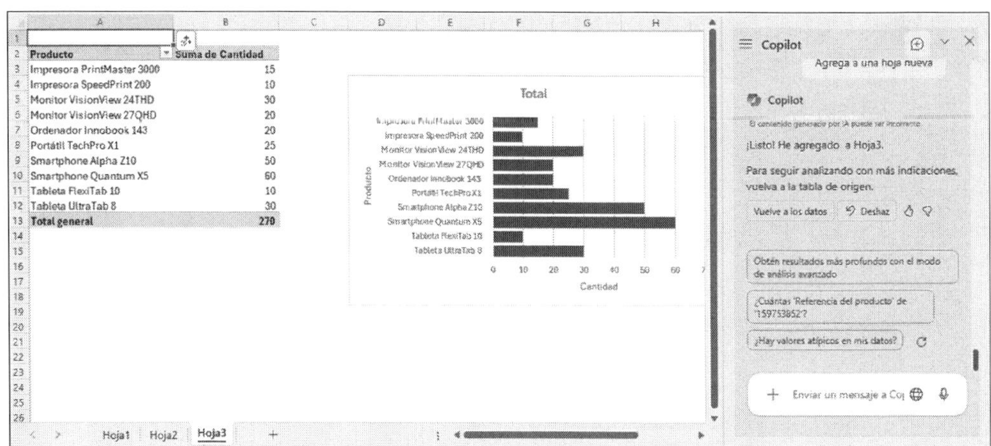

Producto	Suma de Cantidad
Impresora PrintMaster 3000	15
Impresora SpeedPrint 200	10
Monitor VisionView 24THD	30
Monitor VisionView 27QHD	20
Ordenador Innobook 143	20
Portátil TechPro X1	25
Smartphone Alpha Z10	50
Smartphone Quantum X5	60
Tableta FlexiTab 10	10
Tableta UltraTab 8	30
Total general	270

De momento, Copilot en Excel puede crear tablas dinámicas y gráficos, pero no permite modificarlos ni analizarlos. No obstante, los elementos generados por Copilot se pueden gestionar igual que cualquier otro objeto del libro.

Como ocurre con cualquier herramienta de inteligencia artificial, es recomendable comprobar siempre los resultados generados. En el caso de los gráficos, el conjunto de datos generado al mismo tiempo permite comprobar que la información representada es correcta.

Resaltar datos

Copilot puede ayudarle a resaltar datos dentro de una tabla.

Por ejemplo, puede pedirle a Copilot que filtre los datos, indicando los criterios que desea aplicar.

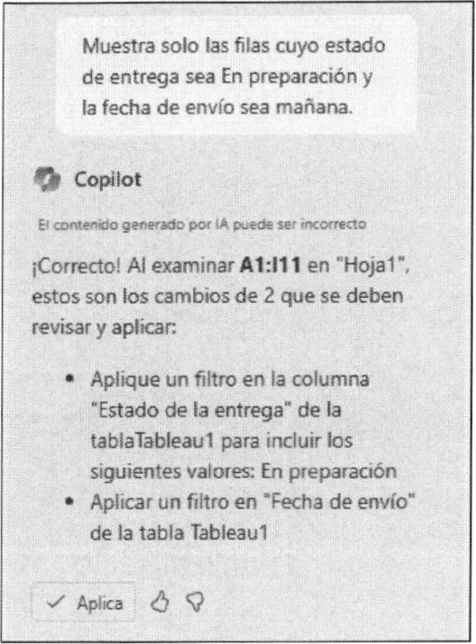

Para aceptar la sugerencia, haga clic en el botón **Aplica** que aparece en la respuesta.

- También puede solicitarle que ordene los datos, especificando los criterios de ordenación deseados.

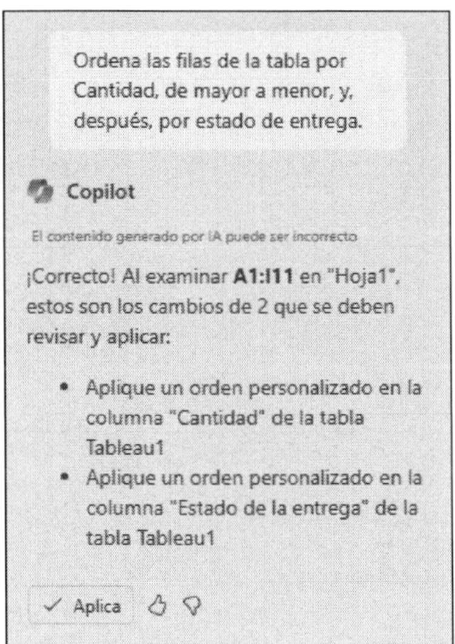

- Para aceptar la sugerencia, haga clic en el botón **Aplica** que aparece en la respuesta.

Adoptar buenas prácticas

Uno de los problemas habituales de la inteligencia artificial es que sigue las instrucciones al pie de la letra, sin resolver el problema como cabría esperar.

Para que Copilot entienda correctamente lo que se espera de él, conviene adoptar una serie de buenas prácticas: por un lado, las instrucciones deben ser **claras**, **precisas** y **específicas**; por otro, es necesario ser **exigente** con los resultados obtenidos.

Ser claro

- Evite las frases demasiado largas y la información innecesaria, ya que dificultan la comprensión por parte de Copilot.
- Del mismo modo, las expresiones ambiguas pueden inducirlo a error.

Ejemplo claro:

«Calcula las ventas totales del producto Alpha Z10 en el mes de enero de 2025 utilizando los datos de las columnas 'Ventas (unidades)' y 'Precio unitario (€)'.»

Contraejemplo:

«Calcula las ventas totales.»

- Copilot está diseñado para ejecutar acciones. Por ello, las instrucciones formuladas en negativo, es decir, que indican lo que no debe hacerse, pueden generar confusión. Es preferible utilizar formulaciones positivas.

Ejemplo claro:

«Incluye los datos demográficos.»

Contraejemplo:

«No olvides incluir los datos demográficos.»

- Para facilitar la comprensión, comience por indicar el objetivo principal. A continuación, estructure el resto de la consulta. Este aspecto se detalla más adelante en el apartado Estructurar las consultas.
- Antes de enviar la consulta, léala de nuevo y asegúrese de que sea comprensible incluso para alguien que desconozca el contexto.

Redactar consultas eficaces

Ser precido

- Cuanto más precisa sea la instrucción, más probabilidades habrá de que la respuesta de Copilot cumpla las expectativas. Precise todos los detalles relevantes, evitando la información superflua.

> **Ejemplo preciso:**
>
> «Crea una tabla para resumir los gastos mensuales del año 2024, incluyendo las siguientes categorías: vivienda, alimentación, transporte, ocio y otros.»
>
> **Contraejemplo:**
>
> «Haz una tabla de gastos.»

Ser específico

- Para evitar respuestas demasiado genéricas o fuera de lugar, conviene proporcionar el contexto adecuado en la instrucción.

> **Ejemplo específico:**
>
> «A partir de esta tabla de calificaciones, calcula la media de cada alumno en cada trimestre del curso escolar.»
>
> **Contraejemplo:**
>
> «Calcula la media de las notas.»

Ser exigente

Ser exigente implica no conformarse con la primera respuesta propuesta por Copilot.

- Es necesario evaluar la respuesta y comprobar si es completa y se ajusta a las expectativas. Cuando se utilicen datos genéricos, como tipos de cambio o fechas, compruebe que sean correctos y estén actualizados.
- Si es necesario, modifique la consulta inicial o añada detalles.

- Vuelva a enviarla para obtener una nueva respuesta. Ajústela tantas veces como sea necesario.

> **Primera instrucción:**
>
> «Convierte de euros a dólares las ventas totales del InnovBook 14.»
>
> **Segunda instrucción:**
>
> «Convierte de euros a dólares las ventas totales del InnovBook 14 utilizando un tipo de cambio de 1 EUR = 1,10 USD.»
>
> **Tercera instrucción:**
>
> «Convierte de euros a dólares las ventas totales del InnovBook 14 utilizando un tipo de cambio de 1 EUR = 1,10 USD, con el fin de crear un gráfico.»

Adaptar las consultas a cada necesidad

Las consultas pueden ser muy variadas. Algunas son muy breves y otras mucho más complejas. Las buenas prácticas se deben aplicar en todos los casos, aunque los aspectos que deben tenerse en cuenta varían en función del objetivo de la consulta.

Obtener información

- Use palabras clave pertinentes y, si es necesario, proporcione el contexto de la consulta.

> «Resalta todas las filas en las que el estado del equipo sea ‘Averiado’, aplicando un color de fondo rojo.»

Ejecutar una acción

- Empiece con un verbo de acción.
- Si procede, indique los pasos necesarios o dé ejemplos que sirvan de referencia para la respuesta.

> «Crea una columna titulada ‘Desviación respecto al objetivo (%)’ a la derecha de la columna ‘Valor actual’ en la tabla de indicadores clave (KPI). A continuación, calcula la diferencia porcentual entre ‘Valor actual’ y ‘Objetivo’ para cada KPI y rellena la nueva columna con los resultados.»

Analizar datos o información

- Para resumir información, especifique el tipo de gráfico que debe generarse o los datos que deben destacarse en una tabla dinámica, por ejemplo.
- Si desea analizar los datos desde un punto de vista determinado, indique claramente dicho enfoque.

> «Analiza los datos de ventas mensuales para determinar la rentabilidad de cada producto, calculando el margen de beneficio, e identifica el producto más rentable.»

Estimular la creatividad

- Para explorar nuevas perspectivas a partir de los datos, formule preguntas abiertas. El marco general debe ser claro, pero lo suficientemente flexible.
- Pida que se generen varias ideas. Más adelante se seleccionarán y perfeccionarán las mejores.
- Puede solicitar explícitamente ideas innovadoras, creativas o poco convencionales.

> «Analiza la tabla de simulación de escenarios financieros y genera diez preguntas innovadoras y analíticas para explorar distintos aspectos financieros.»

Estructurar las consultas

Existen cuatro elementos clave a la hora de redactar una consulta: **el objetivo**, **el contexto**, **las expectativas** y **las fuentes** de información.

El **objetivo** define claramente la tarea que Copilot debe realizar. Todas las consultas deben incluir un objetivo claro, conciso y directo.

El **contexto** sitúa la tarea o la pregunta dentro de un marco específico. Un contexto bien definido permite obtener respuestas más pertinentes. En Excel, el contexto suele venir dado por el propio contenido de la tabla, por lo que conviene indicar cualquier dato relevante que no aparezca en ella.

Las **expectativas** determinan los requisitos que debe cumplir la respuesta: formato, puntos clave, precisión, etc.

Las **fuentes** indican a Copilot dónde buscar la información. Si no se especifica una fuente concreta, Copilot utilizará todo el contenido del libro o su propio modelo de entrenamiento.

Cada consulta puede incluir estos cuatro elementos o solo algunos, dependiendo del caso.

Elegir el orden de los elementos de una consulta

El orden de los elementos puede influir en la respuesta. Este efecto es más notable en aplicaciones como la generación de texto, pero debe tenerse en cuenta en cualquier uso de inteligencia artificial.

- Como regla general, para ayudar a Copilot a seguir el hilo de su pensamiento, comience la consulta con la información general y añada los detalles después.
- No obstante, los modelos de lenguaje suelen dar más importancia a la información que reciben al principio. Por ello, conviene colocar en primer lugar los elementos que se quieren destacar especialmente.

Utilizar instrucciones en cascada

La técnica de las ***instrucciones en cascada*** *consiste en crear una secuencia de instrucciones en la que cada paso se basa en la respuesta anterior, afinando progresivamente el resultado final.*

Esto permite dividir tareas complejas en subtareas más fáciles de procesar, redactar instrucciones claras y adaptarlas paso a paso según los resultados obtenidos.

Ejemplo: análisis de ventas trimestrales y creación de un informe visual

- Defina los objetivos y divida el proceso en etapas clave.
- Detalle cada etapa con los datos necesarios.
- Aplique las mismas buenas prácticas que a las consultas estándar: cada instrucción debe ser clara y específica.
- Avance paso a paso y no se salte ninguna etapa para evitar cualquier tipo de malentendido.
- Evalúe cada respuesta antes de formular la siguiente instrucción.

- Use las respuestas anteriores como base: esta continuidad aporta contexto útil para Copilot.

Instrucción 1: Calcular las ventas trimestrales

«Calcula las ventas totales de cada producto para el primer trimestre de 2025, utilizando las columnas 'Ventas (unidades)' y 'Precio unitario (€)'.»

Instrucción 2: Calcular la media de las ventas trimestrales

«Calcula la media de las ventas trimestrales de cada producto, a partir de las ventas totales calculadas anteriormente.»

Instrucción 3: Identificar el producto más vendido

«Identifica el producto con mayores ventas trimestrales, a partir de los datos calculados anteriormente.»

Instrucción 4: Crear un gráfico de ventas trimestrales

«Crea un gráfico de barras que muestre las ventas trimestrales totales de cada producto.»

Puede ser útil ***guardar las instrucciones que le han resultado útiles*** *para poder utilizarlas de nuevo en el futuro, sobre todo en el caso de las instrucciones en cascada.*

Métodos abreviados

En Microsoft Excel 2024, la tecla Alt *permite mostrar las KeyTips de la cinta de opciones, pero tenga en cuenta que la mayor parte de los métodos abreviados de teclado que usaban* Alt *aún funcionan bien, aunque no aparezcan anotados en pantalla.*

Buscar/Reemplazar

Mayús F4	Buscar Siguiente
Ctrl Mayús F4	Buscar Anterior
Ctrl **L**	Buscar y Reemplazar
F5 o Ctrl **I**	Ir a
Alt-clic	Panel de tareas Referencia

Insertar

Ctrl **+**	Celda, Fila, Columna
Mayús F11	Hoja de cálculo
F11	Gráfico como nueva hoja
Ctrl F3	Administrador de nombres
F3	Pegar un nombre
Ctrl Mayús F3	Crear nombres a partir de la selección
Mayús F2	Comentario
Ctrl Alt **K**	Hipervínculo
Ctrl **T**	Crear una tabla de datos

Vista fila/columna

Ctrl **9**	Ocultar fila
Ctrl **0**	Ocultar columna

Macro

Alt F8	Macros
Alt F11	Visual Basic Editor

Cálculo y fórmula

F9	Calcular documento
Mayús F9	Calcular hoja de cálculo activa
Alt `	Mostrar/ocultar fórmulas

Caracteres especiales

AltGr E	Símbolo euro
Ctrl ,	Fecha del día
Ctrl Mayús :	Hora
Ctrl Mayús "	Valor de la celda de encima
Alt Mayús =	Fórmula suma automática
Supr	Borrar fórmulas y datos
Alt ↓	Mostrar la lista de la función autocompletar

Barra de fórmulas

F2	Acceso al modo de edición
=	Inicio de una fórmula
Ctrl Supr	Eliminación a partir del punto de inserción hasta el final de la línea
Alt ↵	Salto de línea
esc	Anulación de los elementos introducidos
↵	Validación
Ctrl ↵	Inserta el contenido de la celda activa en las celdas seleccionadas
Ctrl Mayús ↵	Valida una fórmula matricial
F4	Referencias absolutas/relativas
Ctrl E	Después de introducir un nombre de función muestra el cuadro de diálogo Argumentos de función

Métodos abreviados

Ctrl Mayús A	Después de introducir un nombre de función inserta los paréntesis y nombres de argumento

Formato de celda

Ctrl Mayús _	Sin borde
Ctrl N	Negrita
Ctrl K	Cursiva
Ctrl S	Subrayado
Alt '	Estilo
Ctrl 1	Formato de celdas
F7	Ortografía
Ctrl Q	Herramienta Análisis rápido
Ctrl 1	Muestra el cuadro de diálogo **Formato de celdas**

Formato de los números y las fechas

Ctrl Mayús !	Formato millares de dos decimales (0,00)
Ctrl Mayús $	Formato monetario de dos decimales (# ##0,00 €)
Ctrl Mayús ^	Formato numérico exponencial de dos decimales (0,00E + 00)
Ctrl Mayús #	Formato fecha (dd-mmm-aa)

Desplazamientos

Inicio	Principio de línea
Ctrl Inicio	Principio de la hoja: A1
Ctrl Fin	Celda correspondiente a la intersección de la última columna de la derecha usada y la última fila de la parte inferior usada.
Ctrl F6 o Ctrl ⇆	Ventana del libro siguiente
Ctrl Mayús F6 o Ctrl Mayús ⇆	Ventana del libro anterior
Ctrl AvPág	Hoja siguiente en el libro
Ctrl RePág	Hoja anterior en el libro

F6	Panel siguiente (si la ventana está dividida)
Mayús F6	Panel anterior (si la ventana está dividida)

Selecciones

Ctrl Mayús Espacio	Toda la hoja
Ctrl Espacio	Columna
Mayús Espacio	Fila
F8	Activa y desactiva el modo Ampliar selección
Mayús F8	Activa y desactiva el modo Agregar a la selección
Ctrl Mayús O	Selecciona las celdas que contienen un comentario
Ctrl Mayús *	Rango rectangular de celdas en torno a la celda activa.
Ctrl /	Totalidad de la matriz a la que pertenece la celda activa.

Modo Esquema

Alt Mayús ←	Desasocia una fila o una columna de un grupo
Alt Mayús →	Asocia una fila o una columna a un grupo

Índice

Índice

Índice

Índice

Índice

Índice

Índice